言視舎

村瀬学＝編　小川哲生＝著

編集者＝小川哲生の本

わたしはこんな本を作ってきた

はじめに

一九九〇年四月、大学卒業してはじめて編集者になった大和書房を二十年目に、故あって、辞めたときに、ひそかに決意したことがある。

それを公言することはいささか恥ずかしいことであるが、あえてここで披露しておきたい。

ひとつは、どんなに遅くまで酒を飲んでも、次の日には、決して遅刻しないということ。これはふつうのサラリーマンなら当たり前のことであるが（そのひと昔前、植木等は、「サラリーマンは気楽な稼業ときたもんだ」と歌っていたが、当時のわたしには、遅刻しないようにすることは至難だった）、サラリーマン編集者と馬鹿にするよりも、サラリーマンに徹すること、それをしてはじめて編集者じゃないか。観念的な編集者像なんぞ壊してしまえ、と妻に言われてグーの音も出なかったことがあることを正直に告白しておきたい。

遅刻しない編集者になることを決意した次第である。

もうひとつは、当時、飛ぶ鳥を落とす勢いだった草思社が、新刊書を出すたびに、編集と営業が、共にその本にかかわることをひとつのシートにまとめ、パブリシティ先に配布していたことがある。わたしどもに比べて、なんてすごいことをやるもんだ。なかなか、できるもんじゃない。当時のわたしは、それをうらやましくおもいながら、それでいて、のほほんとして、いい本を作れば、必然的に読者は買ってくれるものと、タカをくくっていた。まして、営業がわたしと共にひとつのシートを作ってくれるとも考えていなかったし、わたしの周辺ではそれができるほどの実力はなかった。その意味では彼らの力にはわたしは到底及ばないと考えていた。

それならば、ひとりでやるしかない。それをやってはじめて編集者ではないか、と。

こう記していて、考えてしまうのだが、当時の草思社はいったいどこに行ったのか。今はその面影がないのが残念でならない。盛者必衰のことわりか。

すべての会社はそうやっているのだろうか。それはだれも教えてはくれなかったのでわからないままである。もっとすごいことをやっている編集者がいるのかもしれないが、わたしの周辺には見えない。小さくても自分ひとりでもやるしかないと考えた。

編集者の自己表現としての文章なら、そう意味はない。そういう個人的な事情よりも大切なことがある。それは、一個の編集者が、著者の思いにいかに伴走するかである。つまり、ここでは自分の思いのたけを述べるよりも、著者がどんな思いで、この本に向かい合ったかを書くことにより、すこしでも書評などに取り上げてもらう材料を提供すること、その結果、取り上げてもらったら最上ではないか。そういうことを目指そうとしたものである。

このような材料を提供することで、現実に、書評に取り上げていただいたこともあり、また、反撥をかい、書評で担当者批判（つまり、わたしであります）をされたこともある。著者には傍迷惑なことだったかもしれないが（わたしにとっては、よい思い出であるが、それは今、考えてのことであって、当時は評者に反撥したものだった）、手紙形式でやることなら、わたしにも、できるのではないか、と始めた次第である。

やってみれば、結構、おもしろいこともあり、しんどいこともある。その場合、わたしが自らに課したことは次のことである。

執筆は、見本ができた当日。前の日でも、次の日でもない当日。これである。見本ができた日は、見本を著者に手渡し、一緒に、刊行を祝って、一杯やることがあるが、どんなに、酔っ払ってもこの原則はくずさない。この一念で二十年やってきた。本来、原則とは破られるためにあるらしいが、わたしには断固として守られるためにあるのである。

すらすら、うまく書けて二十分ほどでできることもあれば、二時間近くかかったこともある。時間の長さは、それほど内容のよさには関係ないのは自明であるが。

今回、編集者稼業を店じまいするに当たって、最後の仕事をともにしていただいた村瀬学さんから思いがけない提案を受けた。

今まで書いて、新刊書に同封してきた文書をこの際、まとめたらどうか、と。退職を機に、いままでその時点時点で書いてきたものが、あとでまとめて読んでみるとひとつの意味を持つようになるし、そうしたドキュメントの意味があるのでは、と。その提案を受けたとき、ありがたいことであると同時に、ある戸惑いを覚えた。果たしてそんな意味があるか、と。

ワープロ時代に書いたものだったり、フロッピーがクラッシュしたり、あげくはパソコンがクラッシュしたりして、当時のものがすべて再現できたわけではないが、九五パーセントほどは再現できたと思う。資料が散逸している現在では、これが限界と思っている。

ふつうの人間からみれば、こんな文章などどうでもいいことかもしれない。わたし自身もそう思うことがしばしばである。でも、もっとも信頼している村瀬さんの勧めもあり、そして、傲慢であった自分もたまには、人のいうことも聞くもんだぞと、いう声に促されて、恥多い文書を公開するものである。ひとつの資料として、読んでいただければ幸いである。

関係者、みなさまのご了解をいただければと存じます。

本書に収録したものは、わたしの四十年にわたる編集者生活の後半の二十年の部分、つまり大和書房を退職し、ＪＩＣＣ出版局（現・宝島社）、および洋泉社時代に書かれたものに限ることであり、資料が散逸していることでもあり、書いたものすべてではありません。でもそれを除けば内容の良し悪しで採録したものでないことを明記しておきます。いまさら不都合なことを削除するほどさもしい根性はもっていないし、うまいへたを気にすることも関係ないし、恥多きわが四十年の編集者生活にこそふさわしいと考えたからです。

　塵も積もれば山となるの喩のように二十年という歳月のなかで四〇〇頁を超えるものになってしまいました。

　わたしの編集者として最後に担当した本である『「食べる」思想』を、わたしの退職というタイムリミットがあるにもかかわらず、多忙な時間のなかで脱稿・刊行に協働していただき、あまつさえ、それをわたしに捧げていただきました村瀬学さんには心から感謝いたします。それに、拙い文章をこんなふうな小冊子にまとめていただいた友情には感謝しても感謝しきれない思いでいっぱいであります。

　それともうひとつ最後に付け加えさせていただきたいことがあります。

　それは、この冊子の表紙デザインに関して、であります。こうした私家版にしては珍しく、わが国を代表するブックデザイナーの菊地信義さんが、多忙にもかかわらず、わたしのためにデザインの労をとっていただいたことであります。それと、タイトルに関して貴重なアドヴァイスをいただきました。

　本は著者からみれば著者のものであり、デザイナーからみればデザイナーのものであり、編集者からみれば編集者のものであり、書店からみれば書店のものである一面をもっているのだから、今回の私家版は、編集者・小川哲生が関わった本についての記述のみで一冊となっているのだから、端的に「小川哲生の本」とすべきだ、と。

　お二方の友情に甘えて、『編集者＝小川哲生の本　わたしはこんな本を作ってきた』とさせていただきます。

　わたしの四十年にわたる編集者生活は、こうしたみなさまの友情に支えられて、はじめて可能であったことが、今更ながら自覚されます。生涯、誇るべき何もなく、正味一編集者でしかなかったわたしにとっては、この友情にまさる勲章はありません。その友情を信じることで、もう少し生きてゆけるのでは、そして、生きていきたいと考えております。本当に長年ありがとうございました。

二〇一〇年三月

一九八一年以来のご厚情に感謝しつつ

小川哲生

目次

1993

1994

1995

1999

2000

2006

2007

2008

2009

1990

鄭義著・藤井省三訳『古井戸』

冠省

時下、ますますご清祥のこととお慶び申し上げます。

このたび小社より「発見と冒険の中国文学」全八巻（編集委員＝藤井省三・山口守・宮尾正樹）と銘打ったシリーズの第一巻として、鄭義著・藤井省三訳『古井戸』が刊行されるはこびとなりました。

すでにご承知のことと存じますが、本書は一九八七年東京国際映画祭で、グランプリを獲得し、われわれに深い感動を呼び起こした映画「古井戸」の原作であり、その小説の完訳であります。

著者の鄭義（チョン・イー）は、あの衝撃的な天安門「血の日曜日」事件後、当局のブラック・リストに入り、一説では逮捕・入獄中、また一説では当局の追及を逃れ、山西省内を逃亡中ともいわれていますが、そのような「時局」を離れても、この『古井戸』の描く世界は、私ども日本の読者の魂をゆさぶるものと思われます。

従来の固定化された〝中国文学〟というイメージを離れて、この作品に接しますとき、中国農村共同体千年の歴史と八〇年代に生じた大変動をときにリアリスティックに、時に幻想的に描くその世界は、かつてキューバの小説家カルペンティエールが《ヨーロッパのシュルレアリストの求める「驚異的なもの」がラテンアメリカでは現実の中に偏在する》といったように、その正味の「驚異的な現実」なるものが何たるかがわかります。

その意味で、従来の硬直した社会主義リアリズムの枠を超えて迸り出ている新しい息吹きを知る絶好の書であり、また中国語で書かれた海外文学の傑作と位置づけられると申せましょう。

是非、ご一読くだされ、ご高評などいただけますようお願い申し上げます。

なお、問い合わせ等は小川までお願いいたします。

草々

一九九〇年九月

ＪＩＣＣ出版局別冊宝島編集部
小川哲生

吉本隆明著『柳田国男論集成』

冠省

このたび、小社よりようやく吉本隆明著『柳田国男論集成』刊行のはこびとなりました。

タイトルに「集成」とありますように、本書は、著者吉本隆明氏が今まで発表してまいりました柳田国男に関する論考をすべて収録するものであり、また三度にわたる改稿の末、なった力作であります。

著者の問題意識は極めて鮮明であり、それは何かと言いますと、柳田国男の〈方法〉〈文体〉〈資質〉とは何かということを明らかにすることに尽きます。

著者のことばを引用しますと――

《柳田国男の文体についてまだたしかな結論がえられるほど考えたとはいえないが、わたしのなかで柳田国男は、苦手な文章を書くひとから、しだいに、ある領域をきりひらくのに、これだけその領域にふくまれる対象に肉迫できる文体を発明したひとはないのではないかというように、イメージが変貌していった。この文体のもつ滲透力でしか掬いとれない領域がたしかにあり、それがかれの民俗学の核心のところにおもりをおろしている。これを論理の言葉で云ってみようとしたが、まだうまく底まで届いていない気がする。だがこういうモティーフがあったおかげで、柳田国男がほんとは明確な言葉で云ってみたかったのに象徴的なことばでしか表現しなかった事柄で、わたしがはっきりした言葉で指摘した箇所があるとおもう。その箇所はわたしの柳田国男についての解明にあたっている。》（あとがきより）

日本思想史上に屹立する巨人・柳田国男に、戦後が生んだ最大の思想家・吉本隆明が挑む待望の書。本書の行間のはしばしから、二人の巨人の火花を散らす白熱の内的対話が窺えましょう。

是非とも、ご一読下され、ご批判・ご高評などいただけますれば幸いです。何卒、宜しくお願い申し上げます。

早々

一九九〇年十月

ＪＩＣＣ出版局別冊宝島編集部

小川哲生

小浜逸郎・芹沢俊介他著『家族はどこまでゆけるか』

冠省

このたび、小社より小浜逸郎・芹沢俊介他著『家族はどこまでゆけるか』刊行のはこびとなりました。

本書は、一九八九年九月から十一月にかけて東京都足立区の東部区民福祉センターで行われた婦人セミナー「家族を考える」の連続講演会がもとになっており、それに加筆修正をほどこしたものです。

目次にもありますように、「家族の根拠」「家族の戦後史」「家族関係の変化」「老人問題」「子どもの死と犯罪」「家族の可能性」等々、扱われるものは多岐にわたっております。当然にも、現在、家族を思想として論じる、それも全体像として読者に届けるにはこれだけの手続きがいるということがあります。

この講演会が行われた場所が「女子高生コンクリート詰殺人事件」のあった綾瀬ということもあり、さらに夏には「幼女連続誘拐殺人事件」の容疑者・宮崎勤が逮捕されたこともあり、講演者の語りにも、それらの事情が陰に陽に影をおとしております。そして、論者のみならず、このセミナーに参加した老若男女の切迫した息づかいも、その行間から聞こえるように思われます。

それぞれ、拠って立つ場が違う六名の論者が一冊をなすことは、こと〈家族〉を論じる場合には、プラスの作用をもつものと考えております。多様な情報にとりまかれながら、それぞれが家族の日々を生き、また家族を体験する、そのなかでつかんだ問題意識が、ある偏差をもちながらも、全体像を形づくるからです。このことが本書にもプラスの作用を与えている、と私どもは考えます。

《家族という共同性の揺らめきのなかで私たちが見つめているのは何か?》この言葉は、端的に、本書のネライを示すものです。家族否定論者のように、ただ切り捨てるのではなく、どう家族の可能性を追求するのか、そして、タイトルのように、家族はどこまでゆけるかを、自分自身を問うように、家族を問う。私たちの問題意識は鮮明であると思います。

是非、ご一読下され、ご批判・ご高評などいただければ幸いです。何卒、宜しくお願い申し上げます。

草々

一九九〇年十月

ＪＩＣＣ出版局別冊宝島編集部
小川哲生

1991

村瀬学著『「いのち」論のはじまり』

拝啓

このたび、村瀬学著『「いのち」論のはじまり』刊行のはこびとなりましたので、お届けいたします。

著者の村瀬氏は『初期心的現象の世界』『理解のおくれの本質』『子ども体験』等の著作（いずれも私が大和書房時代に手がけてきたものですが）をもち、日常感覚を大切にしてき、高い評価を得てきた若手の思想家のひとりです。

いわゆる難解さではなく、普通の言葉（日常語）で、どれだけ高度な内容が伝えられるかは、著者ともども私たちに課せられてきたことです。つまり、「知的ミーハー」や「知のおたく」向けに本を作ることは、それほど難しいことではありませんが、私どもはそういう発想をとるのではなく、日常生活にいそしんでいる一般の人々に、本当に本物の思想を提供するということを常に考えてまいりました。

日常語で哲学すると世界が生きいきと見えてくる——そんな本をと考えて作ったのが本書です。

例えば、本書で展開されるなにげない言葉である《「ある」と「いる」》を一読してみてください。この論などは、その内容の深さにおいて、ほとんどハイデッカーの『存在と時間』を想起させます。また、日常語の可能性を求める試みは、「生命」ではなく「いのち」という言葉を選ぶ姿勢にも表れております。

著者は「あとがき」で次のように述べております。

《この作業の中で、それまで気づかなかったことにも気がついた。とりわけそれまで無造作に「漢字」で書いてきたものが、どうしても「ひらがな」でなければおさまりがつかないという「感じ」などがそうだった。それは単なる「ひらがな」への気づきというのではなく、「より日常的に使われる言いまわし」への気づき、というようなものだった。それは「用語からことばへ」という私のモチーフになった》と。

啓蒙的な入門書という発想を敢えてとらず、自分の言葉で思索する村瀬氏の魅力は本書に余すところなく示されていると考えております。

是非とも、日常語の世界から宇宙論を形づくる本書を、ご一読下され、ご批判・ご高評などいただけますならば、幸いです。何卒、宜しくお願い致します。

敬具

一九九一年一月

ＪＩＣＣ出版局別冊宝島編集部
小川哲生

河原巧著『学校はなぜ変らないのか』

拝啓

このたび、小社より河原巧著『学校はなぜ変らないのか』刊行のはこびとなりましたので、お届けいたします。

ここ数年、マスコミを筆頭に、学校の教師に対する批判には凄まじいものがあります。曰く、一人ひとりの個性を無視した管理教育、「厳しすぎ」「細かすぎる」校則、サディスティックなまでの体罰、そしてサラリーマン化した教師、等々。

しかし、これらの批判をただ投げつけるだけでは、現実は動きません。かえって、これらの批判に対して教師自身、身構え、耳を塞ぎ、かたくなになる傾向すら、うかがえます。何かが間違っているのです。どこか、通じ合えない、一方的な批判に終始しているのではないでしょうか。

私どもは考えます。「教育はかくあるべし」「学校はかくあるべし」そして「教師はかくあるべし」と問うのではなく、私どもが窺い知れぬ何かが「いま学校で起こっているのではないか」と自分を問うように問うことが必要ではないか、と。

そうです。性急な批判ではなく、「あるがままの姿」をまず知ること。学校をめぐる共通認識をまず、共有すること。それが学校の現在を考える第一歩だと。スーパーマンとしての教師ではなく、条理をわきまえた、普通の人間としての教師をと。そのような意味から、私どもはこの本を刊行することにいたしました。

現在の矛盾が最も先鋭に集中する中学校。だが、なぜ中学校なのか。そして、なぜ、それは起こっているのか。これに答えられない学校言説はすでて無意味です。そして、それに答えるのは、この現場に立ち会っている教師自身であり、私ども一人ひとりの親でなければなりません。

本書の目次を見ていただければ、わかりますように、輪切り、偏差値、内申書の問題からはじまり、校内暴力、いじめ、体罰、校則の問題に至るまで、現実に、今、中学校で起きている問題に、現役の中学校教師が、現場の問題に即して、「学校の共通認識を求めて」答えていく体裁をとっております。

一つひとつの問題に関して、さまざまな考えがありましょうが、そして、それを問うことは大きな意味があります。始まりの第一歩は「あるべき姿」を論じるのではなく、「あるがままの姿」をまず知ること。だからこそ、私どもは自らの立場に決して固執するのではなく、共有できるものを求めて、問題提起の意味で、本書を世に問いたいのです。

忌憚なきご批判、ご高評などいただけますならば、これにすぐる喜びはありません。何卒、宜しくお願い致します。

敬具

一九九一年一月

横川寿美子著『初潮という切札』

拝啓

このたび、小社より横川寿美子著『初潮という切札』刊行のはこびとなりましたので、お届け致します。

簡単に、著者の横川さんのプロフィールを紹介させていただきます。横川さんは一九五三年生まれ。京都大学文学部でアメリカ文学を専攻し、また京都女子大学大学院で児童文化を専攻した後、現在、（財）大阪国際児童文学館専門委員として、また光華女子大学非常勤講師として活躍される新鋭として、最近、注目をあつめている人です。

今回の『初潮という切札』は彼女にとりまして、デビュー作になります。いかなる人であれ、最初は無名の人であり、また「作家は処女作にむかって成熟していく」との言を信じますれば、この処女作は、決して見過ごしてはならない価値をもつものと確信しております。

本書のテーマを一口で申せば、《〈少女〉はどのようにして生まれ、どのように時代とかかわり、どのような問題をかかえ、どこへ行こうとしているのか――》ということになるかと思います。

タイトルの衝撃さの故に、本書をある種のキワモノととられることは、よもやあるとは思えませんが、内容を見ていただけば、わかりますように、きわめてオーソドックスかつ刺激的な内容をかねそなえた力作と存じます。

ここ数年来の少女をめぐる議論の活発さと、その内容的深化は必ずしも満足のいく状態ではないとの思いから、私どもは本書を世に問いたいと考えました。

最近の問題を取り上げ（第一章・第二章）、それら〝鏡としての〈少女〉論〟の難点を検証するさまは、まさしくスリリングな展開と申せましょう。

ですから、私どもは、何らのためらいもなく、《いま新たなる〈少女〉論の展開がこの一冊からはじまった。》と言いたいと存じます。

是非とも一読いただき、ご批判・ご高評などいただけますならば、これにすぐる喜びはありません。何卒、宜しくお願い申し上げます。

敬具

一九九一年二月

ＪＩＣＣ出版局１局
小川哲生

小浜逸郎著『症状としての学校言説』

拝啓

このたび小浜逸郎著『症状としての学校言説』刊行のはこびとなりましたので、早速、お届けいたします。

学校をめぐる論議は現在、混乱につぐ混乱の様相を呈しております。教育現場の分析などそっちのけで、普通の子どもや普通の教師が永久にたどりつけない「超越的」な教育理想をかかげることで世界を切り取った気になる言説が横行しているからです。曰く、「教育の目的はいかにして自由な精神を育てるかというところに置かれるべきであり、教育を管理と考えるのは誤っている」「すべての子どもの学ぶ意欲を最大限に引き出すような教育を」と。

しかし、現実はもっと多様化しているのです。理想主義的観念論に付き合う時間などないのです。熱心教師の精神主義や「子ども＝無垢性」神話や万年野党的スタンスにもとづく言説などでは、教育の現状をもはや総括できないし、タテマエとしての「教師―生徒」関係の崩壊にたいしても有効な視点すらもてないでいるのです。

本書はこれら「左」「右」の倫理主義や政治還元主義に対し、明確な否定にたつ、論争的な学校論として位置づけられます。

問題は、今日の日本の教育が理念としてどこに間違いをかかえているかではなく、あくまで社会総体の時代的な進展に対して、どんなずれを引き起こしているかを認識することが大事であるかを考える本であり、またそのような言説そのものが現実に切り込み得ているかを問うことこそ大事と考えます。

通念的な了解の仕方にゆさぶりと混乱をもたらし、風通しのよい自由な視覚と方法が本書によって達成されるはずと明確に主張したいと思います。

斬れば血の出る真剣勝負が展開されます。

古い構図の拘束力から私たち自身を解き放ち、現実をつかむ新しい方法をいかに作り出すか、本書はこの課題に真正面から取り組むテキストです。

忌憚なきご批判、ご意見などいただけますならば幸いです。何卒、よろしくお願い致します。

敬具

一九九一年三月

ＪＩＣＣ出版局１局
小川哲生

莫言著・藤井省三訳『中国の村から』

拝啓

発見と冒険の中国文学②『中国の村から』ようやく刊行のはこびとなりましたので、早速、お届けいたします。シリーズ第2弾です。

先に刊行しましたシリーズ第1弾、鄭義『古井戸』は幸いにも、読者の熱い支持の下に順調に版を重ねております。

このたびの『中国の村から』の作者・莫言（モー・イエン）は〝中国のガルシア・マルケス〟と呼ばれ、代表作『紅い高粱一族』の作者であり、日本でもロングランされ話題を集めた映画『紅いコーリャン』の原作者であります。

一九五六年生まれであり、中共イデオロギーを掘り崩すルーツ文学の旗手であり、また文革世代のホープでもあり、現代中国を語るのに、忘れられない作家のひとりでもあります。〈現代〉というのは、まさに字義通りの現代であり、世界文学を視野にいれ、文学を語る場合、文学史の一種の落丁と見なされる〈中国文学〉においては、貴重な証言者の一人であります。

饒舌な文体を駆使しながら、〝言う莫れ〟というペンネームをもつ「莫言」とはいったい、いかなる人物でしょうか。この作品を読めば、自ずから明らかになりますが、担当者から一言、説明させてもらえば、その「魔術的リアリズム」のしからしむるところが、大であると申せましょう。

その世界は人間の天性と生存の欲望とを描き、極端な主観化と冷厳な客観性に、その特徴があります。従来の中国文学のイメージである社会主義リアリズムに描かれてきた中国農民像とは自ずから、対極にあるといえます。虚構の農民革命の上に立つ中共イデオロギーを根本から掘り起こし、真性の中国農村の現実と農民の心性をまるごと描くには、作家の創造たる美的配慮と社会的現実に背を向けない誠実な態度——リアルな目——が重なるはずです。リアルな目は政治的・社会的なメッセージを含まざるを得なくなります。それを私たちは「魔術的リアリズム」と呼びたいものですし、また、だからこそ「中国のガルシア・マルケス」と呼びたいものであります。

多言を弄するまでもなく、まず、この作品を味わってください、とだけ申しましょう。そうすれば、文学が本来内包する〝文学の毒〟の何たるかが感じられるはずです。世界大としての中国文学の良質性が感じられるでしょう。

忌憚なきご批判、また愛情溢れるご高評などいただければ幸いです。何卒、宜しくお願いいたします。

敬具

一九九一年三月

巴金著・山口守訳『リラの花散る頃』

拝啓

このたび、小社より「発見と冒険の中国文学③」として、巴金著『リラの花散る頃』(山口守訳)刊行のはこびとなりましたので、早速、お届けいたします。シリーズ第3弾です。

シリーズ第1弾、第2弾はそれぞれ鄭義、莫言という八〇～九〇年代の中国文学を代表する作家のものを取り上げたのに比し、今回は、一九二〇年代、処女作『滅亡』により二十五歳で文壇にデビューし、今なお現役で活動する巴金の作品を取り上げるものです。巴金は、井上靖亡き後、アジアでもっともノーベル賞に近い作家と目される人であります。

巴金その人は、六十年以上の作家生活を続けてきましたが、その足跡をたどりますと、フランス帰りの新進として上海でデビューし、一九四九年人民共和国成立後、作家協会などを舞台に社会活動に専念し、また文革中には〝労働改造〟を強いられながら、文革後は、被害者の立場を声高に主張するのではなく、文革を許してしまった自らの弱さを「私は加害者」と告白し、知識人の責任問題を問う姿勢を明らかにしています。

また近年の中国の保守派の揺り戻しに対しては「革命の装いをこらした封建主義」と鋭く批判している、まさに〝中国の良心〟と呼ぶにふさわしい作家です。

今回の作品集は、巴金の知られざる多面性を明らかにする意欲的な短編集です。その作品は、ヨーロッパを舞台にした小説から寓意小説、抗日戦争時の小説までを網羅しています。他者と自己をみつめるかぎりなきやさしく、それでいて冷静なまなざしは他の近代中国の作家と作風を異にする、ヒューマニズムに裏付けられた作品ばかりです。

その意味で近代中国文学の再発見をうながす恰好の作品集と申せましょう。

シリーズ・タイトルにもあります「発見と冒険」に満ちたシリーズにしていくためにも是非とも、本書に対する忌憚なきご批判、感想なりを仰ぎたく、お願い申し上げる次第です。何卒、宜しくお願いいたします。

敬具

一九九一年四月

JICC出版局1局

小川哲生

茅盾著『藻を刈る男』

拝啓

このたび、小社より「発見と冒険の中国文学④」として、茅盾著『藻を刈る男』刊行のはこびとなりましたので、早速、お届け致します。第4弾です。

このシリーズは全八巻ですから、ちょうど、半分、折り返し点にさしかかります。シリーズ第1、2弾は、それぞれ鄭義、莫言という八〇～九〇年代の中国文学を代表する作家のものを取り上げ、第3、4弾は巴金、茅盾という大家のものを取り上げる次第です。

茅盾という作家は、皆さまもすでにご存知のように、文芸評論家の故・篠田一士がその著『二十世紀の十大小説』において、茅盾の傑作『子夜』を取り上げ、それをプルーストやガルシア・マルケスなどの作品とともに、二十世紀の世界文学の代表作の一つに数え、高い評価を与えている作家の一人であります。一八九六年生まれで、一九八一年に惜しくも北京で亡くなりました。

その軌跡は、優れた知性と民族の良心に裏付けられた典型的な中国知識人の一生であり、常に時代を直視しつづけた彼の生み出した数々の傑作には、彼の豊かで強靭な精神が息づいており、半世紀を過ぎた今日でも、我々読者を惹きつけてやまないものがあります。

本書では、彼の数ある著作の中から、比較的知られることの少ない一九三〇年代の短編小説を選りすぐり、茅盾のリアリズム作家の本領を伝えるものを提供するものです。

性のモラルを重層的に展開する表題作「藻を刈る男」のほか、「詩的恋愛」「上海からきた愛人」や世界恐慌と外国列強の中国侵略を背景に中国農村の疲弊を描き、力強く社会批評を試みる作品ばかりです。

シリーズ・タイトルにあります「発見と冒険」に満ちた作品と、わたしどもは確信しております。

是非とも、ご一読くだされまして、あたたかい言葉などいただければ幸甚です。何卒、よろしくお願い申し上げます。

敬具

一九九一年五月

ＪＩＣＣ出版局１局
小川哲生

松本孝幸著『吉本ばなな論』

拝啓

このたび松本孝幸著『吉本ばなな論』刊行のはこびとなりましたので、早速、お届け致します。

著者の松本孝幸氏は現在、山口県の公立高校の社会科の教諭を勤めるかたわら、積極的に同人誌・商業誌を問わず批評を世に発表している若手の評論家として、将来を嘱望されている人です。一九五九年生まれ、同志社大学出身です。前著『やわらかな未知のものがたり』（大和書房刊）に続いて書き下ろしたものです。

本書において著者の問題意識はきわめて鮮明です。たとえば次のように述べております。

《吉本ばななという作家は、純粋な作家の力量だけでなく、〈現在〉の無意識というところまで評価の対象に入れたら、疑いもなく、現代を象徴する重要な作家のひとりだと思う。だけど、このことをちゃんと誤解されることなく、過大評価も過少評価もせずに語り尽くすことは、とても難しい。》と。

ですから、吉本ばななの総体像に近づく方法として本書でとった著者の姿勢は、〈現在〉と交差するところに吉本ばななのイメージを置く、ということに必然的になります。単純な作品論でもなく、単なる作家論でもなく、また単純な情況論でもない、と同時にそれらすべての要素も備わっている、そんな一冊を考えた次第です。

ひとりの傑出した作家としての吉本ばななではなく、どこにでもいる「フツー」の女の子の感性を明らかにする、いうなれば、時代を象徴するひとつの感性を読み解く、というのが本書のテーマです。

出来ばえはごらんの通りです。大言壮語も卑下もするつもりはありません。ただ一頁目から目を通してください。〈現在〉を象徴する無意識がいかなるものかを、とても優しく、またやわらかい言葉で表現したものに出会えるはずです。忌憚なきご批判、ご意見いただけますならば幸いです。

敬具

一九九一年六月

ＪＩＣＣ出版局１局
小川哲生

小浜逸郎・橋爪大三郎ほか著『試されることば』

拝啓

ようやく、新シリーズ「21世紀を生きはじめるために」第一巻『試されることば』刊行のはこびとなりましたので、早速、お届け致します。

本書はまったく新しい発想のシリーズと私どもは自負しております。それは通常ある共著の形とは若干違って、全五巻というあらかじめ決められた枠内で、五人の固定執筆者が五回書くということ。それも一回八〇～一〇〇枚を年間二回、二年半をかけて全五回で完結すると通常の一冊分の単行本に相当すること。つまり、一人の著者を追っている読者にとっては必然的に一冊分のものが与えられる仕掛けとなっております。

各巻ごとに、五人の書き手がリアルタイムで何を考え、どこで共通のテーマにぶつかり、また相違点をもつか、読者はその完結にむけての著者の格闘を目の当たりに見ながら、つきあえるという趣向になっております。従来、なぜこのような本がなかったかと思わず、うなること請け合いです。

21世紀まであと十年。この長いようで短い十年間に何を考えるべきか――まさに、21世紀を生きはじめるために、私どもが考えるべきことを凝縮させて提示したいと考えております。

社会主義の崩壊とポスト冷戦時代の混迷のなかで、新しい世紀を迎えるいま、気鋭の五人の論客――小浜逸郎、橋爪大三郎、竹田清嗣、村瀬学、瀬尾育生――が現在のゆきづまりの向こう側につきぬけ、思想が生きた思想として機能する射程の長い固有なテーマを原理的に深めます。

いかにして「世界」や「社会」や「現象」や「現実」や「生活」をつかみ直すための新しい「ことば」を開発するか、そのような問題意識は、この本の五人の執筆者共通の課題であり、また知と日常性の接点をどう見いだすかということも、また当然にも射程に入っております。

是非とも、本書を一読なされ、熱いエールなり、また厳しい批判なりをいただけますならばこれにすぐる喜びはありません。何卒、宜しくお願い申し上げます。

敬具

一九九一年七月

ＪＩＣＣ出版局１局
小川哲生

ザシダワ・色波著『風馬の耀き』

拝啓

このたび「発見と冒険の中国文学」シリーズ第5弾として、ザシダワ・色波『風馬の耀き』刊行のはこびとなりましたので、早速、お届け致します。

当シリーズは全八巻ですが、現在まで四巻刊行されております。ちょうど、シリーズの折り返し地点になりました。莫言、鄭義ら八〇年代を代表する現代中国作家のものと、巴金、茅盾らの老大家の知られざる短編を刊行してまいりましたが、今回は、〝新しいチベット文学〟の紹介となります。いわば、中心と周縁にたとえれば、周縁ということになるかと思います。

なぜ、チベット文学が「中国文学」と銘打たれたシリーズに入るか若干、説明させていただきます。きわめて簡単に言いまして、このシリーズは中国語（漢語）で書かれた海外文学の一つという視点から、周縁までも包含し、その全体像に切り込むシリーズだからです。

作者ザシダワも色波もいずれもチベット族の父親と漢族の母親の間に生まれ、両方の血をひく作家であります。国内（中国）的に見ますと、純粋なるチベット族ではなく、またチベット語ではなく漢語で書かれたが故に「真のチベット文学」ではないとの評もあるやに聞いておりますが、ことはそう簡単ではないようです。

古くからある宗教的救済の観念と、現代文明への渇望とが渦巻く混沌としたチベット社会――そのチベット民族の歴史文化・民族の運命をまるごと摑むべく、いうなれば民族のアイデンティティーを確立すべく彼らのとった手法は、漢語で書きながら漢語の呪縛を取り払うこと、つまり、ラテン・アメリカ文学への注目にあったのです。循環、あるいはねじれた小説時間の手法――〝魔術的リアリズム〟の手法の内在化、これらが彼らの文学世界の特質なのです。

一見、ラテン・アメリカ文学の雰囲気をかもしだす、これらの作品集は、チベット文学の新しい伝統を築くべく奮闘する、若い作家の情熱と問題意識の鋭さがうかがえます。まさに、読者は「発見と冒険」に満ちた文学世界に出会えるはずです。知られることの少なかった世界に触れ、世界文学の一環としてのチベット文学に出会える喜びを味わって欲しいとおもいます。

忌憚なき、ご批判、ご意見いただけますならば幸いです。

敬具

一九九一年七月

白先勇・張系国ほか著『バナナボート』

拝啓

「発見と冒険の中国文学⑥」『バナナボート』が刊行されましたので、早速、お届けいたします。第6弾です。全八巻ですから、ようやく四分の三を超えたことになります。小社のこのシリーズは刊行のたびに、マスコミをはじめとして、さまざまな形で取り上げられ、また読者にも、熱い眼差しでもって迎えられてきましたことは、私どもの喜びとするものです。

さて、今回の「台湾文学への招待」というサブタイトルをもつ『バナナボート』について、担当者より、一言、述べさせていただきます。

昨今、侯孝賢監督を筆頭とした台湾映画の充実ぶりには目を見張るものがあります。だがそれに先立っての台湾文学の充実ぶりも私どもの目には触れない形で、すでにあったことは事実であり、ようやく、まとまった形での作品集をお届けできる機会に恵まれました。

台湾文学を語る際、どうしても避けて通れないのは〈台湾〉という存在そのものです。そもそも台湾は、中国歴代王朝の版図にあったとはいえ、中華文明とはあまり縁のないマレー・ポリネシア系民族の亜熱帯の島であったという事実。また、日帝五十年の植民地支配、はたまた国共内戦後の国民党支配。そして近年の経済の驚くべき成長ぶりと国際社会での孤立。総じて台湾は虚構によって成り立つ島と言えるかと思います。

そのさまざまな虚構が重層的に広がる台湾の混沌とした現実を見据え、現実もまたひとつの仮象にすぎぬと醒めた認識をもつ一群の作家――本書に収録される作品はいずれもそれらの人びとの作品です――が出現してまいりました。彼ら一群の作家が描く甘美な幻影の中国と現実の台湾の狭間に生きる人びとの生の実質は、生活者と同じ目の高さであります。本書はその意味で、読む人に必ずや満足を与えるはずです。

これらの収録作品は決して台湾本国では一冊に収録されないものであり、日本においてこそ可能だったことは特筆に価します。何も多様性を誇るための編集方針ではなく、統一性や同一性への固執といった姿勢にある種のうさんくささを感じる私どもの姿勢が、このような収録内容となっていることを付言しておきます。

何はともあれ、台湾社会の虚構と現実を活写する本書をお読みいただき、好意ある意見、あるいはきびしい意見をいただけますならば、これにすぐる喜びはありません。何卒、宜しくお願い申し上げます。

敬具

一九九一年八月

副島隆彦・山口宏著『法律学の正体』

拝啓

このたび、小社より副島隆彦・山口宏著『法律学の正体』が刊行されましたので、早速、お届けいたします。

最初に本書が主な対象として考える読者をかかげておきます。

①これから、法律学を学ぶひと。法律学の全体像を把握するための導きの書を切望しているひと。

②非法学部系のひとで、法律学についての見識をもちたいが、適当な入門書にめぐまれないひと。

③法学部を卒業したにもかかわらず、「法律学とは一体何なのか」という謎を依然として持ち続けているほとんどのひと。

いうなれば、意欲を持ちながらも、かたく扉を閉ざす門の前で佇むひと――それは私たちが最も価値あるものと認めたいひとでありますが――それらの人びとと法律学とは一体何なのか、という疑問を共有したいとの思いから、本書を作った次第です。

法律学という専門分野は、なにか、素人を寄せ付けないところがあります。それを本書の著者は〝ダマシの構造〟と呼んでおりますが、この分野にいったん足を踏み入れようとしますと、その膨大にして難解な世界の前に、私どもは躊躇し、またしり込みしてしまいます。

しかし、果たして本当にそうなのか、と疑問に思わざるをえません。

一見、難解に思われる世界をひもときますと、たとえば、法律学における顕教と密教の問題、秘儀の淵源、先験的価値判断、いうなれば、イデオロギー先行に見られる憲法学の問題、またはドストエフスキー的問題を何ら考慮に入れない、変数が二つしかもたない二元一次方程式としての刑法学の世界――いうなれば、法律学が隠そうとしてきたものを白日の下に曝そうというのが本書のモチーフです。

著者はいずれも早稲田大学法学部に学び――ということは、日本法学の主流とは違ったところで自己形成し、だからこそ、法律学が隠蔽しようとしてきたものが、かえってわかる位置にいるのですが――一方は、司法試験に合格し、現在弁護士として実務の世界に携わっており、また一方は内部の暗部を見すぎたために、二度も司法試験に失敗したがゆえに、かえって、法思想・法哲学の世界に入っていった人間でもあるのです。そうであるがゆえに、大人の学問である法律学の世界を単純に否定したり、ズブズブに取り込まれない位置に立っているのです。現在の法律学の水準を踏まえつつ、専門分野に足をすくわれない一人の常識人として、法律学を捉えられるという恰好の著者と確信をもっていえます。

本書は単なる入門書を越えて、一般の人びとを法律学の世界に誘う書であり、読めば武器になる書といって過言ではありません。

好悪の判断は別にして、まずはご一読願います。そうすれば、自ずと、本書の意味がわかっていただけるはずです。忌憚なきご批判、ご高評などいただければ幸いです。何卒、よろしくお願い申し上げます。

敬具

一九九一年九月

ＪＩＣＣ出版局１局
小川哲生

北島・史鉄生ほか著『紙の上の月』

拝啓
このたび「発見と冒険の中国文学⑦」『紙の上の月』刊行のはこびとなりましたので、早速、お届けいたします。

本シリーズも好調に刊行を続けてまいりまして、あと1巻を残すのみとなりました。これもひとえに、読者の熱いご支持とマスコミをはじめとする皆様方のご厚情のおかげと感謝しております。

さて、今回は、サブタイトルにありますように、知られることの少なかった「中国の地下文学」を一巻にまとめ、提供することになりました。

体制の言語が不断に捏造する神話に対抗し、密やかにしかし強靭に事実を記憶しつづけ、その記憶を絶えず喚起するような物語を綴っていく意志――文学はまさに、どんな過酷な状況のなかでも、己の表現を追求していくものです。

ちょうど、文化大革命後の文学の空白の下、青年たちの止みがたい表現欲求は「北京の春」という権力の空白期に、第一次『今天』を舞台に一気に花開きました。しかしそうした解放感も束の間、権力側は自らの態勢を立て直し引き締めにかかりました。また圧制と弾圧の時代に戻った訳です。そうしたなかで、あの天安門事件が起きました。

あるものは海外に逃れ、またあるものは、この地にとどまり粘り強く抵抗を続ける。

本書に収録しました作家・北島、史鉄生、萬之、尹明、等はいずれもそうした作家たちです。また彼らの拠った『今天』は、現在その根拠地を海外に移し、第二次『今天』を刊行し続けております。

彼らの描く世界は、従来の新中国がどのように建国され、社会主義が建設されたかの神話ばかりを押し付けきたそれとは違い、神話の英雄でも悪魔でもない等身大の人間を、その人間であることにこだわって語り、行動する人間を描くことに主眼があります。

私どもは「廃墟の文学」を通して現代中国の青年像に接し、同時代人として彼らと向き合えると思います。まさに、いま、ようやく中国地下文学の全貌が明かされるのです。

是非ともご一読下され、ご高評などいただけますならば幸いです。何卒、よろしくお願いいたします。

敬具

一九九一年九月

JICC出版局1局
小川哲生

松居スーザン著『あした天気になあれ』

拝啓

このたび、小社より松居スーザン著『あした天気になあれ』刊行のはこびとなりましたので、お届けいたします。

著者の松居スーザンさんは、一九五九年生まれ。少女時代をニューヨーク州ナイアック町ですごし、マサチューセッツ州ウイリアムス大学音楽科在学中にオーストリアのザルツブルク・モーツァルテウム音楽院に留学。かの地で、後に夫となる日本人と出会い、その後一九八二年に結婚のために来日し、九年目に入るアメリカ女性です。その彼女が三人の子どもを育てつつ創作・翻訳・作曲に取り組みながら、にほん語で綴ったエッセイが本書です。

内容は具体的に本書を見ていただくにしくはないのですが、四つの章にわかれております。アメリカですごした少女時代、ヨーロッパ留学、東京での結婚生活、そして北海道での新しい生活と。それらを自伝的にではなく、いつも今の視点から、今の自分と重なるように、著者自身の言葉でいえば、「二重現在」の視点で綴ったものです。

アメリカ生まれのアメリカ女性が、結婚のために来日してから覚えたにほん語で書いたもので（なぜにほん語かは本書の「新しいことばの不思議」をご参照ください）、彼女自身、《みなさんには何も気のきいたことをお教えすることができませんが、ただ女性として、そして妻、母親として生きていくあいだのいろいろな経験や想いをみなさんと分かち合うことによって、共に笑ったり泣いたり元気づけ合ったりすることができると思う》と若干卑下して述べておりますが、内容とともに、実に堂々とした日本語であり、これを書いたのがまさかアメリカ人とはとても思えないほどです。

著者はじめてのエッセイ集でありますが、必ずや日本人であるわたしどもにも共感をおぼえるものがあると考えます。ぜひとも、本書にたいするご意見、ご高評などいただけますならば、これにすぐる喜びはありません。何卒、よろしくお願い致します。

敬具

一九九一年十月

JICC出版局1局
小川哲生

村上啓二著『「ノルウェイの森」を通り抜けて』

拝啓

このたび、小社より村上啓二著『「ノルウェイの森」を通り抜けて』刊行のはこびとなりましたので、お届け致します。

著者の村上啓二氏は、皆さまもまったくはじめて目にする名前だと思います。一九四四年生まれです。団塊の世代のひとりですが、七六年以来、健康を害し（脛肩腕症候群ということであります）、就職することなく、両親の扶養のもと、「社会生活」を中断したまま療養につとめる傍ら、本書を書きついできました。いわば、一個の無名者が己れの世代感覚に忠実に、リハビリとして書いた正真正銘の処女作が本書であります。彼の言を借りますれば、《「このまま何もできずに衰えて、死ぬのを待っているだけなのか」と思うと、やり場のない怒りや哀しみに捉えられる》思いから、そして《彼らが思想的に切り拓きつつある地平にどんな可能性が現前してくるのか？「それを見届けたい、見届けるまで生きていたい」と思っていた》人間が綴ったのが本書です。

本書はいわゆる作品論でも作家論でもありません。それであってそれでありません。いわば、もっともっと切迫したものになっております。まず作品を読み解くこと。先に「己れの世代感覚に忠実」云々と記したものをかいつまんで説明すれば、シックスティーズの一人として、現在の六〇年代の神話化の動き＝革命的ロマンティシズムを解体するという一点に向かって読み解くこと、これです。題材として村上春樹は恰好のものです。

著者の問題意識は鮮明です。『ノルウェイの森』の入口から出口へとつながる道筋を見つけること、それが『ノルウェイの森』を読むことになり、その意味は《ぼく個人に即して言うと、この入口を入ってゆくことは〝69年〟に別れを告げることを意味している。そして、この出口を出てゆくことは〝69年〟のあの解体と喪失のただなかにあった蘇生の予兆の輝きを現前させることになるはずだ。》と。

〝六九年〟から八七年に至る村上春樹の成長の道筋を精緻な読みで跡付け、到来する未知への成熟の途を明らかにする。これこそ著者にとり生きていることの証しとなり、『ノルウェイの森』を通り抜ける」ことになるはずです。両村上が格闘する本書の出来具合の可否は私が云々するものではなく、皆さまの判断を待つべきと考えます。

出来ますれば、何の偏見もなしに、直接本書に当たっていただき、著者の問題意識を真正面から受け止めていただき、ご高評などいただけますならば望外の喜びです。何卒、宜しくお願いいたします。

敬具

一九九一年十月

張愛玲・楊絳著『浪漫都市物語』

拝啓

このたび「発見と冒険の中国文学」シリーズ最終巻、張愛玲・楊絳『浪漫都市物語』刊行のはこびとなりましたので、早速、お届けいたします。一年有余をかけてシリーズ完結をみました。このシリーズは一九八九年六月四日の「血の日曜日」事件の衝撃後、中華人民共和国の意味を問い直し、ひいては共和国再生期としての九〇年代を展望するという壮大な試みのもとになったシリーズであります。幸いにも、各巻ともに大きな反響をいただき、従来の中国文学シリーズとは比較にならないほど若い読者にも、食い込むことができました。

この最終巻は、人民共和国成立以前の一九四〇年代文学の再検討をめざす一巻として位置づけられます。

四〇年代は、日中戦争のさなかであり、また日本軍占領下でもあり、そのような状況下の文学は、ともすれば、占領政策に右顧左眄したものと考えられ、また亡国の時代、暗黒期とみられがちですが、事実はまったく違っており、実はもっとも豊かな成熟期を迎えていたことは、あまり知られておりません。

この時期に上海文壇に彗星のごとく登場したのが張愛玲で

あります。若き張愛玲がデビューし、華々しく活躍した四〇年代の中国は諸国家・諸政府が興亡する激動の時代であり、魯迅が生きた十九世紀末から一九三六年までの半世紀余りと比べても遜色のない時代と専門家は述べております。

租界都市上海と植民地都市香港を舞台とする本書の恋愛小説は〈文明論としての恋愛小説〉といっても過言ではありません。その意味するところは、日中戦争とそれに続く第二次世界大戦のなかで、中華文明とヨーロッパ文明と、それらの混血児たる上海・香港の文明が世界的規模で同時崩壊していく時代を映してあまりあることにほかなりません。

まさしく、崩壊していく文明の本質を鋭く問い直す恋愛小説集という本書のキャッチフレーズは等身大の表現と申せましょう。

本書を通じて知られざる〃一九四〇年代中国文学の魅力〃を堪能してください。そして、可能性としての中国文学に目を開いてください。このシリーズタイトルにもあります「発見と冒険」の何たるかが必ず見えるはずです。

忌憚なきご批判、ご高評などいただけますれば幸甚に存じます。何卒、よろしくお願い申し上げます。

敬具

一九九一年十一月

ＪＩＣＣ出版局１局
小川哲生

1992

吉本隆明著『甦るヴェイユ』

拝啓

このたび、吉本隆明著『甦るヴェイユ』刊行のはこびとなりましたので、早速、お届けいたします。

昨今の「社会主義」の崩壊やソ連邦の消滅をまじかに見ますとき、既に半世紀も前に、ソ連の体制を批判していたヴェイユを想起せざるをえません。そして、思想の可能性を真正面から問うことは、ヴェイユ思想の核心を〈現在〉を読むように読むことではないかと考えます。

ヴェイユの思想は、初期の「革命」の考察から後期の「神」の考察にいたるまで、広い振幅をもっています。そこが、ヴェイユを理解する際に、彼女の思想の難解さとして、私どもには映ってまいります。

そこを一つの転向の問題と考える人もあるかとはおもいますが、著者のいうように、《革命思想を内在化し、内攻させていった資質の方向に掘り進んで、神の考察にどうしてもぶつかったといった方があたっていると考えたい》と思います。

つまり、思想の可能性と資質のドラマのゆくえを考えるという立場からヴェイユに接近したい、というのが私どもの立場であります。

同時代のいちばん硬度の大きい壁にいつも挑みかかり、ごまかしや回避を忌みきらったシモーヌ・ヴェイユに、私どもが真正面から向かいあうということは、そのようなことだと考えるからです。

著者は本書で、初期ヴェイユのかんがえを説明しながら、できるだけわからないように自身のかんがえをブレンドするよう試みたとのべております。これが『甦るヴェイユ』というタイトルにした理由のひとつだとものべております。

著者自身を宮沢賢治とともに、最も強い関心で惹きつけてやまないヴェイユ思想の核心に迫り、ヴェイユ像の全的転回を迫る本書の価値は、ここ数年来の世界史のうごきをも射程に入れたものと断言できます。

思想が思想として生き残ること、このきびしい問いを孕む本書を是非ともご一読くださされまして、ご高評などいただければ幸いです。何卒、よろしくお願い申し上げます。

敬具

一九九二年一月

ＪＩＣＣ出版局１局
小川哲生

清水眞砂子著『子どもの本のまなざし』

拝啓

このたび、ようやく、清水眞砂子著『子どもの本のまなざし』刊行のはこびとなりましたので、早速、お届け致します。

著者の清水眞砂子氏は前著『子どもの本の現在』（私が大和書房時代に手がけた一冊でもありますが）において「児童文学における真の批評を生む本」と評され、また「エポック・メイキングな一冊」と称され、一大センセーションを巻き起こしたことは記憶に新しいことです。前著は現代日本の児童文学者の世界を取り上げたのに比し、今回は英米圏の文学者を取り上げた次第です。

前著刊行以来、多くの読者より、続編をとの要望が数多くよせられましたが、執筆開始以来、四年有余の歳月をかけてようやく刊行のはこびとなりました。五三〇枚の書き下ろしです。

本書で取り上げられる作家はたったの三名であります。具体的には、E・L・カニグズバーグ、フィリパ・ピアス、ヴァージニア・ハミルトンです。これら現代の児童文学に重要な位置を占める三人の作家を取り上げたのはなぜかといいますと、この三人のなかに、〈現在〉が解かねばならぬ問題があると考えたからにほかなりません。たとえば、日々を生きのびる技術、たとえば、生きてあることの不思議、そして時代を曳く思想のあり方等々の問題が。

著者のことばをそのまま引用しますと、次のようになります。

《この世をしのいでいく技術と、未来への展望と、その間に立って、原点に立ちかえって人間を考えたい思いと……。つまりは社会と時代と人間と、この三つを押さえておきたいとの思いが私にこの三人の作家を選ばせたのだと思う。》と。

子どもの文学の批評の不在を云々される状況に対し、「現代の児童文学はなにを問題にしようとしているのか?」を自前の論理で答え、時代の感受力のありようを示す本書の価値は自ずから明らかと思われます。自信をもってお薦めする次第です。

是非とも、ご一読下されまして、ご批評などいただければ幸いです。何卒宜しくお願い申し上げます。

敬具

一九九二年一月

ＪＩＣＣ出版局１局
小川哲生

相澤啓三著『オペラの快楽』

拝啓

このたび、相澤啓三著『オペラの快楽』刊行のはこびとなりましたので、早速、お届け致します。

著者の相澤啓三氏はご存知のように一九二九年生まれの詩人・評論家で、その方面でご活躍の方です。いわゆる音楽にも音楽教育にも音楽産業にも従事しておりませんし、また音楽評論家という範疇にも括られる人でもありません。しかし、高校時代よりオペラを聴き、見始めた人であり——一九四八年の日本初演『ドン・ジョヴァンニ』からオペラに立会いはじめ、日本オペラ史の八割がたを同時代人として体験しております——、いわば年季のはいった〈ふつうの聴き手〉として最良の人です。

昨今のオペラ・ブーム——引っ越し公演の盛況やLDソフトの大量の発売などで、いながらにして本物のオペラが享受できる——のなかで、ようやくオペラに出会った人にとり手ごろな「オペラとは何か」とか「オペラの作品解説や演奏紹介」といった類いの入門書が少ないという状況を考えますと き、本書が刊行される意義は大きいと思われます。

著者も言うように、オペラの真の土壌は《オペラを生きて愛したオペラ歌手の〈想像力=歌唱力〉とその想像力をかきたてる聴衆の〈想像力=感応力〉が相互に作用して長い年月をかけて養い育てるもの》と考えますから、なおのこと、本書のように〈ふつうの聴き手〉が聴き手の〈快楽〉にこだわる立場からの一つのパースペクティブが必要になります。

本来、入門書というものは、手頃でそう厚くもない本をイメージしがちですが、本書では敢えて、そういう発想はとりませんでした。

なぜなら、入門者・初心者は常に入門したその先をもっともっと知りたがり、「通」になることを選ぶことが必然だからです。また、よくある概説書のように、二〇~三〇の作品を解説するという形やよく知られた一〇やそこらのオペラを論じることで事足れるという発想もとりませんでした。それほどに、オペラは奥行きが深く大きな広がりを持っているからです。

初心者は初心者なりに、また上級者は上級者なりに読める本というのが本書の特長です。

ひとりの著者がモンテヴェルディから現代まで、二三〇余曲を取り上げるのは無謀のそしりをまぬがれませんが、聴き手の〈快楽〉という立場からみると、このような形こそ普通となります。ですから書き下ろし九二〇枚というのは当然のことになります。

本書はまさに「オペラ好きのオペラ好きによるオペラ好きのためのオペラの本」と申せましょう。

《ねがわくは、偏愛が積もり積もって普遍すれすれに変じたこの遍歴的オペラ案内がオペラの世界へ、そしてオペラを取り巻いているところの人間精神の営為が生み出す豊かで広大な世界への悦ばしい航海となりますように》と願って、本書を刊行いたしました。

是非とも、ご一読くだされまして、ご高評などいただければ幸いです。何卒、よろしくお願い申し上げます。

敬具

一九九二年一月

JICC出版局1局

小川哲生

村瀬学著『児童文学はどこまで闇を描けるか』

拝啓

このたび、村瀬学氏の書き下ろし新刊が刊行のはこびとなりましたので、早速、お届けいたします。題して『児童文学はどこまで闇を描けるか』です。

村瀬氏は一貫して本を刊行するときは、書き下ろしと決めているようで、今回も力のはいった原稿四三〇枚の力作をわれわれの前に届けてくれました。

彼のスタイルはつねに一貫しています。自分が感応した作品なら、その作品ととことんつき合い、その感応したバックグラウンドそのものを問い、またそれらが自分にとってどういう意味をもつかを問う、というスタイルがそれです。

そのあたりのことを、たとえば次のように述べております。

《「大人」の私でさえおもしろがらせたのだから、きっとたくさんの少年少女たちの心に残るだろうと私は思った。その心に残った形象は「大人」になった時、再び「問い」として蘇ってくる時があるに違いない。私はひと足先に「大人」になっているので、今この物語からうけたおもしろさを三たび思い出して、これはなんだろうと問うていった。そしてそのおもしろさに誘われるままに他の作品を読みすすんでいって、気づくと私は「上野瞭の作品」の全編を流れる基調を問うところまで来ていた。ここから問える問いは、たぶん今のところは私しか問えないのではないか、何かしらそんな予感がした。》と。

そうです。批評家としての村瀬氏と作家上野瞭氏の活動が、ぴたりと重なり合い、それが同じ土俵で火花を散らすのが本書です。

上野氏の作品を手掛かりに、「知」の伝達と「肉」の伝達という大枠から読み解き、世界の仕組みの〈謎〉を知るとはどういうことか？　を問うというのが本書のテーマです。そこでは上野瞭を語ることが、即、村瀬学自身を語るスタイルになっております。そういう意味では、本書はまことに批評らしい批評と申せましょう。そこで繰りひろげられる主題群の多様さと論点の深まりは、是非とも本書で確認していただきたいと思います。

忌憚なきご批判、ご助言などいただければ幸いです。何卒、よろしくお願い申し上げます。

敬具

一九九二年二月

ＪＩＣＣ出版局１局
小川哲生

川喜多八潮著『〈日常性〉のゆくえ』

拝啓

このたび、小社より川喜多八潮著『〈日常性〉のゆくえ――宮崎アニメを読む』刊行のはこびとなりましたので、早速、お届けいたします。

著者の川喜多八潮氏は一九五二年生まれで、京都大学工学部を中退し、その後考えることあって、同志社大文学部に編入・卒業、現在、予備校教師として若い人に接している人です。同人誌体験やマスコミに登場することなど、いわゆる活字の世界とはほとんど縁をもたず、己の問題に固執する――いわば一個のことばを持った無名の生活人として――ことで、思想を深めてきた一人です。

皆さま方には、はじめての著者としてお目にかかります。つまり、本書は彼の処女作となります。彼のことばをそのまま記せば、《私は、一介の無名の生活人の場所から、己の肉声のみによって書くようつとめた。／これは、生涯、私が堅持してゆきたいとおもう場所だ。》ということになります。

一見、倫理主義的に聞こえる向きもありますが、そうではなく、生活と思想という、長年、この国の思想風土に影を落としてきた無意味な二項対立の図式を超えることを目指す若い世代の書き手の登場のマニフェストとして考えていただければ、著者の真意が少しはっきりするのではないかと思います。《本書は、現在の世界に猛威をふるっている〈死〉の思想に対する、ひとりの無名の生活人によるたたかいの産物だ。／そして、〈死〉の風景を、日常の物語を通じて、優しく力強い〈生〉の風景に塗り変えてゆこうとする懸命の産物である。(中略)『トトロ』を中心とする宮崎アニメをよみとくことは、世界をよみとくことであり、それはまた、私にとってひとりの〈生活人〉としての己の固有の身体を蘇生させることでもあった。》と。

幾分、気負いもみられますが、著者の問題意識は鮮明です。現在を象徴する表現者のひとりである宮崎駿にただ己の日常的な皮膚感覚に根ざした感受性を武器に真正面から向かい、その豊饒な世界を読み解き、現在、世界に蔓延する〈死〉の思想に対置すべく、生活思想の活路の可能性を追求する力作であることは、偏見なく本書に接する読者にとりましては、自明のことと思われます。

是非とも、限りなき可能性を秘めた若き書き手の登場に対しまして、忌憚なきご批判、または好意溢れる批評などいただければ、これにすぐる喜びはありません。何卒、よろしくお願い申し上げます。

敬具

一九九二年二月

小川哲生

河原巧著『学校は甦るのか』

拝啓

このたび、小社より河原巧著『学校は甦るのか』刊行のはこびとなりましたので、早速、お届けいたします。

本書は先に、小社から刊行し、好評をいただきました『学校はなぜ変らないのか』に続く同氏の書き下ろし第二弾です。まず本書の目次を見ていただければと思います。そこには集団化、画一化、空洞化、家庭化、相対化という文字が目につくはずです。従来、一方的に〈悪〉のイメージを押しつけられていたものを、本当にそうなのかと根底から問う視点が、じつはここにあるのです。

世間が学校に抱くイメージは、マスコミ等を通じて流される言説の影響を色濃くもつのです。すべての人びとが、いま抱くイメージの共通項は「学校はこの頃ちょっとおかしいのではないか」であることは疑えませんが、それがどこから由来するかは、ひとそれぞれで、一つに括ることはできません。

一方的な教師批判・学校批判では片手落ちの感は免れません。だからこそ、もう一度、学校をめぐる現在の「本当の姿」をまず知ること。そしてそこからしか本当の議論は生まれません。しかし、「本当の姿」を知ることはなんとむずかしいことか。

だからこそ、と私どもは言いたいのです。いま学校の一方の当事者である現場の教師のタテマエではないホンネの言葉こそが求められるのです。それに耳を塞ぐことは大きな損出です。

曰く、家庭の教育力の低下が学校の肥大化を招いた。「子ども性善説」神話によりかかっていては、子どもの真の姿が見えない。横並び一線の平等主義が落ちこぼれ児童を生んだ。等々。

学校をめぐるすべての「神話」を排し、現実を見据える〝常識的学校論〟こそが、いまもとめられるゆえんです。

是非とも、本書にたいするご批判、ご感想などいただければ幸いです。何卒、よろしくお願い申し上げます。

敬具

一九九二年二月

JICC出版局1局
小川哲生

橋爪大三郎・竹田青嗣ほか著『照らし合う意識』

拝啓

ようやく、「21世紀を生きはじめるために」②『照らし合う意識』刊行のはこびとなりましたので、早速、お届けいたします。

本書は、新しい形式のオムニバスシリーズであり、先にお届けいたしました『試されることば』に続く第二弾であります。

この新しさについて、再度説明させていただきますと、本書は従来ある共著とは形態は似ていても、その実態はかなり違っております。

そこのところを私どもは「新しい」といいたいのですが、それは、あらかじめ全五巻という枠をきめ、五人の固定執筆者が五回書くということ。それと一回八〇～一〇〇枚を年二回、二年半かけ全五巻を完結するとそれぞれの長所をいかしながら、完結にむけて、各巻ごとに、それぞれの書き手がリアルタイムで何を考え、どこに共通のテーマをもち、また相違点をもつか、がわかる仕掛けになっていること。

そして長期的にみると、相互に影響しながらテーマを深めるという協奏的＝競争的な仕掛けを有するということになるかと思います。

一冊の本に、このような仕掛けを有するものは、そうざらにあるとは思いません。読者は著者たちの格闘を目の当たりにしながら、楽しみ、つき合えることになります。

私たちの生きる時代と社会をいかに総括するのか？――各自のテーマを集約すれば、こうなるかと思われます。経験的・実感的に認識される「世界観」の解体に瀕している、今20世紀思想の険しい難所を超えるべく、それぞれ個性も専門分野も生きるスタイルも違うが、新たなる思想の創出に向けてというただ一つ共通する姿勢を有する五人の論客が挑む成果が本書からうかがえるはずです。

是非とも、本書を一読なされまして、熱いエールなり、また厳しい批判なりいただければ、これにすぐる喜びはありません。何卒、よろしくお願い申し上げます。

敬具

一九九二年三月

ＪＩＣＣ出版局１局
小川哲生

西山里見とＱＱＱの会・編述『辞書がこんなに面白くていいかしら』

拝啓

このたび、小社より、西山里見とＱＱＱの会・編述『辞書がこんなに面白くていいかしら』刊行のはこびとなりましたので、早速、お届けいたします。

本書は「三省堂『新明解国語辞典』主幹に宛てた三つの手紙」とサブタイトルにありますように、実際に投函された手紙をもとに、いささかの粉飾をほどこし、本書の理解を深めるための脚注を付したものであり、日本の辞書学の〈水準〉のなんたるかを明らかにする本格的な書であります。

本来、辞書は読むものというより、実際に使うものであると、私どもは考えます。しかしながら、現在の辞書の実態をみますとき、本書のように、〈否定的に〉読まねばならぬ場合もあることは、炯眼の士ならば、納得できるはずのものであります。厳密の学としての辞書学と実用の学としての辞書学がほどよく均衡を保つ辞書学の出現のためにも、本書の問題提起及び存在意義は大きいと私どもは考えます。

辞書を論ずることは、ひとり、本書で取り上げた三省堂『新明解国語辞典』の問題のみならず、大きく国民の文化の問題を考える視点をも含まざるを得ないもののはずです。

本書は、ことさらスキャンダラスに書かれておりますが、そして諧謔の精神に満ちみちておりますが、その底には本物の辞書出現への希求こそが、主調低音と認めていただけると確信しております。その意味で、本書は単なる辞書批判、告発の書などではなく、ましてや興味本位の書などでは断じてなく、人間観察の恰好の書として読んでいただけるものと考えます。

敢えて大風呂敷を広げさせていただければ、本書は①弾劾の書、②憂国の書、③文明批判の書、④人間性回復の書、⑤思索と模索の書、⑥希望渇望の書、⑦辞書入門の書、⑧抱腹絶倒の書、⑨快楽の書、という重層的な性格を有するものであり、まさに知性を揺さぶり、感性を刺激し、平成の眠りをさます「辞書学書簡」と申せましょう。

まずは本書を楽しんでお読み下さい。そして、その後で、じっくり、わが国の辞書学の現状に思いを馳せて下さい。間違っても、どうか作者の詮索などには深入りなさらないで下さい。必ずや有益な時間を保証致します。

ご批判、ご叱正、またご賛同の声などいただければ、幸いです。何卒、宜しくお願いいたします。

敬具

一九九二年五月

小川哲生

清水眞砂子著『幸福の書き方』

拝啓
このたび、ようやく清水眞砂子著『幸福の書き方』刊行のはこびとなりましたので、早速、お届けいたします。好評をいただいております『子どもの本のまなざし』に続く小社の第二弾です（彼女にとっては第三弾です）。

タイトルは「幸福の書き方」です。「〜の書き方」とは、あまりにも実用書の類いという印象を受け、反撥される方もいらっしゃるかもしれませんが、カニグズバーグの本をして「実用の書」と位置づける著者とすれば、これはあまりにも当然です。そうです。本書は、生きること、そして生きつづけることへのひとつのヒントを与える類いの本と考えていただいて結構なのです。

当然にも、「幸福」ということばは何か、照れを隠さなくては言いにくい、または、ようシラフで、そんなことばが言えるな、という雰囲気をもっていることも私どもは知っております。まして、トルストイのあの例のことばがあるではないですか。《幸福な家庭はどこまでも同じだけれど不幸な家庭はそれぞれに不幸である。》と。

しかしながら、ちょっと待ってください。幸福な家庭だって、一様に幸福なわけではないし、それぞれに幸福なはずなのです。幸福にもさまざまな表情があるのです。

本書で取り上げられる幸福のありように触れてみてください。たとえば、「ベルリン天使の詩」がよびさますあの幸福感、ピアスの作品に描かれる至福、そして賢治がすくってみせたしあわせ、私どもは、もっともっと幸福の書きように貪欲でありたいものです。

人生の深淵を描くには、深刻なことばが必要だとは、私どもはつゆ、考えません。そうではなく、日常のことば、等身大のことばこそが必要と考えます。幸福に関してもそうなのです。

子どもの本を通して見えてくるもの――最良の子どもの本とは「人間とは何か」「私たちが生きるというのは、いったいどういうことか」をトータルにつかんでいこうとすることを「いのち」とするものです――を低い静かな口調で語りかけ、幸福のありよう、またその豊饒さに誘ってくれるはずです。単なる肯定ではなく、否定をくぐり抜けた肯定をこそ私たちは持ちたいものです。

本書は、小型な判判型ではありますが、その姿に似ず、そのような問題を考えるのに恰好の場を提供してくれると確信しております。ご高評いただければ幸いです。

敬具

一九九二年六月

村瀬学著『恐怖とは何か』

拝啓

このたび、小社より村瀬学著『恐怖とは何か』刊行のはこびとなりましたので、早速、お届けいたします。

村瀬学氏は、先に『恐怖論ノート――子どものおびえ、大人のおそれ――』という小冊子をきわめて私的な形で提出しておりますが、今回は、そうしたノートを整理して、もう少し一般的な理解を示せる論をつくろうとして、本書をまとめました。

村瀬氏は、この「恐怖」というテーマを考えはじめたきっかけは、「自閉症児」と呼ばれる子どもたちの「こわがり」をどう考えたらよいか――この「自閉症児」に対する原理的考察は、すでに『初期心的現象の世界』『理解のおくれの本質』として結実していますが――、そして「こわがり」を「恐怖論」の一環として捉える視点をつくるためには、子どもと大人の区別なく体験する「何かを恐れる」という現象について考えなくてはならぬと思いいたったわけです。

村瀬氏の「恐怖論」の出発はきわめて明快です。恐怖とはなにか。それは「安全からのはずれ」あるいは「安全でなくなること」への反応である、と捉え、同時に「安全」とは何かについての問いへと重なります。安全とは、確実なもの、確固としたものとしてのイメージ、つまり、「土台」です。この安全を守ってくれる「土台」を三つにわけて、身体・倫理・論理という三領域から発生する「恐怖」を考えるのです。

もし、恐怖という現象がたいへんつかみにくいとするならば、それはこの三つの領域にそれぞれ固有の問題をもっていたことがあるからです。とするならば、それはこの三つの領域のもつ固有の問題を明らかにすることで、「恐怖」という現象をもっともっとイメージ豊かにできるのではないか。そう考え、それに答えるのが本書です。

小型本ではありますが、中身はたっぷり、「発見」への旅に皆さま方を誘います。

是非とも、ご一読くだされまして、ご高評などいただければ幸いです。何卒、よろしくお願い申し上げます。

敬具

一九九二年七月

ＪＩＣＣ出版局１局

小川哲生

夏木智著『誰が学校を殺したか』

拝啓

このたび、夏木智著『誰が学校を殺したか』刊行のはこびとなりましたので、早速、お届けいたします。

著者の夏木智氏は現役の高校教師（数学担当）で、先に由紀草一氏との共著『学校の現在』で好評を博した人です。約三年ぶりの刊行です。

学校をめぐる論議も最近ではようやくイデオロギー先行や教師バッシングあるいは願望の表出よりは、現実を直視し、問題をなるだけ多くの視点から見直す潮流がつくり出されてきておりますが、著者の夏木氏もその潮流をつくり出してきた一人でもあります。

本書のタイトルは若干、刺激的でありますが、中身はすごくまっとうです。　本書のアプローチは次のごとくです。

1. 教員の資質向上に関して、人々が資質向上を望めば望むほど、逆に資質が下がるというパラドクスについての考察。
2. 教育実践の記録というものが、その実態を離れて、幻想としてひとり歩きするさまを描く。

3．入学試験、輪切り、底辺校などの選別をめぐる諸問題に関する考察を通して、人々を苦しめる問題の本質が「エゴイズムのジレンマ」であることを明らかにする。

本書は、以上のアプローチのようにわれわれが学校に抱きがちな幻想を白日のもとにさらし、今日の深刻化する学校題の本質としての「幻想」の犯罪性に迫る問題提起の書です。是非とも、学校現場からの問いである本書に対し、ご批判ご感想などいただければ幸いです。何卒、よろしくお願い致します。

敬具

一九九二年八月

ＪＩＣＣ出版局１局
小川哲生

莫言著・藤井省三訳『花束を抱く女』

拝啓

このたび、莫言著・藤井省三訳『花束を抱く女』刊行のはこびとなりましたので、早速、お届けいたします。

「発見と冒険の中国文学」シリーズ全八巻の実績を踏まえ、さらに一歩を進めるために、いま、鮮烈なる輝きを放つ、「中国文学」のもっとも良質な部分――世界文学の一環として――を伝えようとするのが、本書の出版の意義でもあります。

ご承知のように、前著『中国の村から』は刊行されるや、各界からの反響が山のように寄せられました。若干、それらを抜き書きしてみます。

《莫言の小説は中国という範疇を越えて、今日の文学に新しいエネルギーをもたらしている。》（財部鳥子氏評）

《莫言は有望な新人だ。ひょっとすると彼によって現代中国は大きく変るかもしれない。》（丸谷才一氏評）

《天変地異を活写するさいの莫言の文体で、そこには黙示録にもグリューネヴァルトの聖人図にも比すべき一種異様な映像と喩の結合が見られる。》（四方田犬彦氏評）

このように、各界からの好評に支えられて、読者からも好感をもって迎えられました。

私どものように、中国文学プロパーの出版社ではないものにとって、中国文学がかくも好評をもってむかえられましたことは望外の喜びとするものですが、翻って考えてみますと、現在のように売れる分野にしか目が向かない時代にあっても、もっとも地味な分野である「中国文学」というジャンルに果敢にチャレンジするということは、言葉の真の意味において、出版ということに賭ける意味を噛みしめざるを得ません。良書は真の読者に必ず届く、と。

本書は、莫言の邦訳による第二短編集であり、前著にもまして、読者に好感をもって迎えられると確信しております。

一九八九年六月四日の天安門事件以来、事実上の発禁処分にあっていた莫言の二年ぶりの文壇復帰の記念すべき黙示録的作品「花束を抱く女」をはじめとする作品集は、巨大にして怪奇なる現代中国の不条理な世界を的確に描き、新しい中国文学の胎動を伝えるものと、私どもは、自信をもってお薦めします。

是非とも、流動化する現代中国の実情、いや、世界といっても過言ではないでしょうが、それを知る恰好の書物として、お読みいただければと存じます。よろしく、ご配慮のほどお願い申し上げます。

敬具

一九九二年九月

松本孝幸著『遊園地の現在学』

拝啓
このたび、ようやく松本孝幸著『遊園地の現在学』刊行のはこびとなりましたので、早速、お届けいたします。

前著『吉本ばなな論』に続いて、小社からの第二弾です。前著に続いて本書もそうですが、著者の松本氏のキーワードは〈未知〉ということになるかと思われます。そして、著者の関心は、現在という〈未知〉に向かいます。

とすれば、現在とはなにか。そして現在を象徴するものを追いかけることはなにを意味するのか。それを明らかにすることが、この著者の書くことであり、書くことの変らざる姿勢なのです。吉本隆明氏もいうごとく、〈現代〉と〈現在〉とは明らかにちがいます。後者はいってみれば、単なる時間概念などではなく、社会が未知の段階に入ったことを問う視点を指していっているのです。その視点から考えるとき、いちばん先端的なところに入っている社会を分析することが、全体を分析する場合の基礎となるという考え方になると思われます。

ですから、私どもは、何の躊躇もなくこう断言したいと思います。

《最先端の遊園地を体験することは、同時に現在の最先端を体験することを意味する。》と。

それでは、なぜ〈遊園地〉なのか、についても若干触れてみましょう。

それは、ほぼここ十年のジェットコースターの発達と「東京ディズニーランド」の出現によって、高度な〈未知体験〉を実現していったのが遊園地であり、また人類が今まで体験したことのない〈未知なるもの〉という視点から見るのに最も適した題材が遊園地だからです。

思想というものは、なにも大文字のことばでいうものばかりを指しているとは私どもは考えません。そうではなく、日常の、それも等身大の事象からでも問うことができるというのが私どもの姿勢です。遊園地など、まさにその対象としてぴったりと考えます。それを語ることによって、ことさら暗くもならないし、重くもならないテーマだからです。

どこまで、ことばがその対象に届いているか、まず本書でお確かめください。

若き世代のひとつの達成点が具体的に見られるはずです。ご高評などいただければ幸いです。何卒、よろしくお願い申し上げます。

敬具

一九九二年九月

ＪＩＣＣ出版局１局
小川哲生

由紀草一著『学校はいかに語られたか』

拝啓

このたび、由紀草一著『学校はいかに語られたか』刊行のはこびとなりましたので、早速、お届けいたします。

著者の由紀草一氏は、夏木智氏との共著『学校の現在』の著者をもち、「教師」という構えをできるだけ抜いていくことから「学校」を語ろうとする現役の公立の高校教師（英語担当）であります。その意味では新しいタイプの教師であります。

著者の立場は鮮明であります。すなわち、はじめに〈言葉〉ありき、というのがそれです。まず、言葉を信じること。現在の教育の混乱とは、とりもなおさず、言葉の混乱であり、いわゆる実践より先に、自分の力で、できるだけ言葉のあり方を正していかなければ、我々は本当に身動きがとれないという立場に立つひとです。

こういうふうに述べますと、世の中には、「実践に結びつかない言葉など無力だ」などと無邪気にも言い募る人もいるようですから、このところを少し説明させていただきます。

現在、問題となっているのは、ある教育イデオローグがいうように、学校をめぐる言説が、「観る者」と「する者」の対立などにあるのではないということ、そうではなく、学校に関する新たなイメージ、新たな言葉をどう作るか、という以外にはないということです。戦後四十年以上にもわたる上(行政)からの「改革」の何と無力だったことか。新たなイメージを生み出さない制度的な「改革」とは、学校の現実を眺めれば、「一切無だ」といっても、決して言い過ぎではないでしょう。

制度をいじることに汲々するのではなく、新たな学校イメージをつくるために、われわれはなにをなすべきか、問題はこう立てられなければなりません。そのための第一歩として、いままで、学校がどう語られてきたかをもう一度検証する作業が必要になってくるのです。つまり、人々が学校について語りはじめたとたんに陥ってしまう偏向、いうなれば語り=騙りの構造をはっきり指し示す必要があるのです。

一つ目は報道の言葉。具体的には、例の校門圧死事件を題材にマスコミ報道のあり方の検証。

二つ目は行政側の言葉。十四期中教審の審議を題材に戦後の文部省の「改革」がなぜすべて失敗にしか行き着かなかったかの検証。

そして三つ目に「子どもの人権」をめぐる法律的言語から親の発言の問題点。

以上のアプローチから見えるものは何か。そして我々はそこから何を学ぶべきか。

私どもが求めるものは、システムを変えようとしてますますそれを強化するという、戦後日本の教育政策が一貫してとってきたやり方を正し、学校制度をどう相対化してゆけるか、という姿勢以外にはないのではないか、ということです。

本書はこれらの問題に切り込みます。一見、遠回りで、抽象的に見えるこのやり方こそが、今、一番現実的な方策なのだということを、私どもは強調したいと思います。

まず己を知ること。そうして、何ものにも煩わされない風通しのよい自由な視角を、本書を通じて獲得されますことを。本書に対して、忌憚なきご批判、共感などいただければ幸いです。何卒、よろしくお願い申し上げます。

敬具

一九九二年十月

ＪＩＣＣ出版局１局
小川哲生

高橋康雄著『心に不思議あり――南方熊楠・人と思想』

拝啓

このたび、ようやく、高橋康雄著『心に不思議あり――南方熊楠・人と思想』刊行のはこびとなりましたので、早速、お届けいたします。

著者の高橋氏は、すでにたくさんの著書をもち、とりわけ、宮沢賢治、黒岩涙香、稲垣足穂といった、日本がもっとも健康な時代にあった人々を追いつづけてきた人であります。今回の南方熊楠も、これらの流れのなかにあるといっても過言ではないでしょう。

現在、南方熊楠ブームといわれるほど、昨今熊楠をめぐる催し物や出版が頻繁になっていることは周知のことでありますが、今回の本書は、ブームに乗って屋上屋を重ねる投機的類いと思われることは、私どもとしましては心外であります。

そうではなく、熊楠の株が上がる一方のときに、何が、現在において熊楠を追いかける原動力となるのかというものを追求するのが、本書の大きなモチーフの一つであります。

著者の高橋氏はこう述べております。

《わたしにとっての熊楠への関心は、自分の都合に引き寄せて論ずるのではなく、巨大な体系となって迫ってくる南方学を生んだ源は何かということである。》と。

そうです。この箇にして要を得た表現に表れているように、著者は、熊楠の現在性をこそ問いたいのです。

ですから、《熊楠は明日の、否、きょうの我々でなければなるまい。熊楠が格闘した幾多の確執を解き放つのは、我々がなさなければ、誰が果たすというのであろうか。》と言い放つ訳であります。

限定を拒む――融通無碍な精神運動を試みるといってもいいでしょう――南方熊楠という一個の人間の全体像、まさに極微の粘菌に大宇宙の不思議を発見した不思議探求家の生涯をこそ、現在の私どもの鏡とするためにも、彼に接近せねばなりません。

近年の新資料を駆使し、〈縛られし巨人〉南方熊楠の精神の軌跡に迫らんとする本書こそ、まさに待たれた書物として位置づけられるはずです。

是非とも、本書に真正面から、取り組まれまして、好意あるご紹介などいただければ幸いです。何卒、よろしくお願い致します。

敬具

一九九二年十月

ＪＩＣＣ出版局１局
小川哲生

加賀山耕一著『少年野球は誰のもの?』

拝啓

このたび、加賀山耕一著『少年野球は誰のもの?』刊行のはこびとなりましたので、早速、お届けいたします。

皆さんも薄々は感じられていると存じますが、近年の少年野球をはじめとした少年スポーツ全般の隆盛にたいし、何かしら「変だ!」という思いを抱かれたことはないでしょうか。

一方における「塾通い」や「受験戦争」にたいしては牽制というか、相対化の視線があり、それは、なにほどかの抑止力を持ちうるのに対し、もう一方の子どもたちの「スポーツ活動」に対してのそれは、ほとんどみられないのが実情ではないでしょうか。

スポーツと言えば、健全さの代名詞の感がなきにしもあらずですが、はたして実情はどうなっているのでしょう。

汗と涙と感動という健康的イメージに彩られ、非行防止や「しつけ」という教育的効果を押し付けられ、また、勝敗に一喜一憂する現在の少年野球の実態は、炯眼の士以外にはなかなか窺い知れないのが実情ではないでしょうか。

スポーツをスポーツ自身として楽しむのではなく、そこになんらかの「効用」を求め、内心では勉学にくらべ軽視しておきながら、少年野球を賛美の対象にしてしまうのでは、あまりにお粗末といっても言いすぎにはなりません。

最近、とみに指摘される若者の「指示待ち族」化の現象も、「少年野球」の実態に少し立ち入ってみれば、あながち無根拠なものとは申せません。スポーツが本来もつべき「遊び」の要素を捨象し、近視眼的に勝敗にこだわり、百年の計を忘れたスポーツ・ブームでは百害あって一利なしとしか申せません。

子どものためにスポーツがあるのではなく、スポーツ団体のために子どもがいるといった逆転現象をこそ問題にし、少年野球、ひいては子どものスポーツ全体の見直しの一助として本書はなにほどかの材料を提供しうると私どもは考えます。

一九五六年生まれの若き著者の少年野球に対する熱いまなざしとクールな問題提起を是非とも真正面から受け止められますことを著者ともども望む次第です。ここ二十年来の子どもの習性の変遷に無関係とは言いがたい少年野球の実態に迫る本書に熱きご支持などいただければ幸いです。何卒、よろしくお願い申し上げます。

敬具

一九九二年十月

JICC出版局1局
小川哲生

中山治著『「ゆとり受験」の方法』

拝啓

このたび、中山治著『「ゆとり受験」の方法』刊行のはこびとなりましたので、早速お届けいたします。

本書は、表面上は受験テクニック本の体裁をとっておりますが、本質はそうではなく、中学受験を「ゆとり」をもって合理的にどう乗り切るかから、日本教育の宿痾である受験戦争の深層心理までを分析したものです。またタイトルも、文部省の主唱する「ゆとり教育」ときわめて似ておりますが、そのめざすところは、まったく似て非なるものだということを、最初に述べておきたいと思います。

受験なんて、学校の授業をまじめに受けてさえいれば、受かるとか、現在の私高公低という現象を真正面から受け止められず、公立全盛時代を懐かしむようななにかロマンティシズムに彩られた言説などが、いまだにまま見受けられます。しかし、事態はそんなところにはありません。そんな割り切り方では、一般の親の切ない悩みには届くものではありません。

毎日のような塾通い、日曜日ごとのテスト、はては夜中の一時、二時までの勉強、小学校低学年からの塾通い、子ども数の減少下の中学受験戦争は過熱化するばかりです。「十五の春を泣かすな」のスローガンの下、高校全入運動が、こと志とは違って、結果として招来したのは、「底辺校」の出現と登校拒否児の増加という誰もが予期しえなかった事態です。それはいったいなぜ起きたのか。

一般の親たちの無意識の「欲望」を無視した「改革」のいきつくところは、善意の改革など寄せつけないところことはあまりに自明です。ですから、本書では、「受験たたき」などといったロマンティシズムなどに加担するつもりなど毛頭ありません。

そうではなく、その親たちの無意識を肯定的に受け止め、それでいながら、今の状態を少しでも合理的に乗り切り、親の受験といわれる中学受験から、ムリ、ムラ、ムダの詰め込み勉強を取り除き、子どもの負担を極力減らす方法——特別なものではなく普通の人間が普通にやれるもの——はないものか、またそのために親はなにをやるべきかを提示しようとするものです。要するに、子どもの未来を見据えつつ、心理学、脳生理学の知識を活用して、「ゆとり」と「合格」と「子どもの能力開発」を同時に獲得しよう、いわば「ゆとり受験」の方法のすすめなのです。

受験を単に必要悪と考えるのではなく、それを通して、子どもの潜在能力を高め、21世紀を見据えた教育理念に裏打ちされたものを求める。そしてそのためにも日本の教育における矛盾と混乱をも明らかにし、それへの処方箋をも提示します。

ルサンチマンからなされる「批判」や成功者の傲慢から出た現状肯定などではなく、現在の病理を見据えつつ一歩を進める視点こそ、今こそ必要なときはありません。その意味で、本書は、受験の弊害を抑え、「子どもの能力をどう伸ばすか」という現実と遊離しない視点と方策を提唱する九〇年代の思考に沿ったものと確信しております。

忌憚なきご批判、または大いなるご賛同などいただければ幸いです。何卒、よろしくお願い申し上げます。

敬具

一九九二年十一月

ＪＩＣＣ出版局１局
小川哲生

小浜逸郎著『家族を考える30日』

拝啓

このたび、小浜逸郎著『家族を考える30日』刊行のはこびとなりましたので、さっそくお届けいたします。

ちょうど一〇日ほど前に、草思社から刊行されました『人はなぜ結婚するのか』と姉妹編をなす著作であり、このいずれを欠いても真に著者の力量を知るには、不足を感じるはずの作品であります。つまり、相互に影響を及ぼし合っている著作なのです。

本書の特色は、「家族の病理」「家族の解体」「血縁に代わる新しい共同性」などといった、インテリ好みの大振りなテーマを真正面から振りかざさず、そうではなく、家族を概念で語るのではなく、あたかも日めくりをめくるように、家族を普通にやっていればどこかでぶつかる出来事を一日一項目のスタイルで、さりげなく提出し、それを繊細な倍率で照らし出すというところにあります。

たとえば、目次をご覧になってください。

「食卓は気分を食べ合うところ」「『出ていけ』ということば」「母親の『ハラハラ』から学ぶもの」「子ども部屋の功罪」「子

ども服をめぐる親子の対立」「子どもに言えない親の話」「コードレスの魔力」――等々。

これをみれば、おわかりのように、いずれも身近な話であり、われわれが家族生活のなかで出会うものばかりです。自らの経験に照らして、ある「心当り」が感じられ、また「腑におちる」ところ大と思われます。つまり、本書で描かれる世界はあなた自身なのです。

《家族を思想の対象として語るためには、それを生きている人が周りの人々との間で交感しあっている日常の息づかいそのものを、何らかのかたちで繰り込む必要がある。》――このことばは、小浜逸郎氏の思想的方法論を端的に述べているものです。

単に、対象として客観的に語るのではなく、自分の日常の立ち居振る舞いまでも、思想化＝肉体化するために何が必要か、つまり、思想を語る手続きへの心構えとでもいっていいものでしょう。そこに、小浜逸郎の新しさ（本当は新しさというよりまっとうさと言ったほうが正確でしょう）があるのです。

家族を語るには、デジタルな思考ではなく、アナログのそれでなくてはなりません。毎日毎日の積み重ね、生活そのものが、それぞれの家族の歴史だからです。

そう考えるとき、本書で採用したスタイル――一日一項目、ひと月で家族を考えるヒントを提出する――は、まさに等身大の視点で読者と共に考えるスタイルと申せましょう。

この一風変わったエッセイ・スタイルの本書を手に取られた皆さま方のご意見、ご感想に支えられて、この本の生命は永らえるはずです。何卒、よろしくご高評などいただければ幸いです。

敬具

一九九二年十二月

ＪＩＣＣ出版局１局
小川哲生

1993

竹田青嗣・村瀬学ほか著『身体の深みへ』

拝啓

ようやく、「20世紀を生きはじめるために③」『身体の深みへ』刊行のはこびとなりましたので、早速、お届いたします。好評をいただいております『試されることば』『照らし合う意識』に続く、九ヶ月ぶりの第3弾です。当初より全五巻と銘打ち、五人の固定執筆者が、自らの切実なテーマを一回八〇〜一〇〇枚書き継いで、最終的には一人ひとりが普通の単行本と同じく一冊として完結すること。と同時に各巻ごとに、それぞれの書き手がリアルタイムで何を考え、どこに共通のテーマをもち、また相違点をもつか、そして相互に影響しあいながら、テーマを深めという趣向をもった論文集というのが本シリーズの特徴です。

今回は第三巻ですから、ちょうど中間点・折り返し地点ということになります。普通なら、緊張感が緩むということも、ままおきるのですが、当初よりその危険性を避ける意味での仕掛け——単独の書き下ろしではなく（読者の反応を確かめながら書き下ろす）、細切れの雑誌連載でもなく（一挙に八〇〜一〇〇枚書き継ぐ）、それぞれの長所をうまく取り込むこと——を本書は有するものです。

執筆者は、いずれも団塊の世代に属するということ、そして未だ他人が手をつけていない未踏の分野に、己の感受力と考えるまでに詰められた思考を武器に言葉を届かせること以外には共通項をもちません。ですから、互いの馴れ合いや世代的党派性を組もうなどというさもしい心根などは一切ありません。

すぐれた思想がその条件として、かかえもつある世界像の〝壊れ〟の感受と、各自がそれぞれの分野で追究する緊張感——それこそ「思想の冒険の試み」と言いたいものですが——といったものが、本書から窺えるはずです。

20世紀的言説が無秩序に流れている、思想的混乱の時代にあって批評の言葉はどこまで、事の本質に届き得るのか。この五人の論客の競作的論文集は、その答えを何ほどか指し示すものと私どもは考えます。

是非とも、本書をご一読なされ、熱いエールなり、また厳しい批判などいただければこれにすぐる喜びはありません。何卒、よろしくお願い申し上げます。

敬具

一九九三年一月

ＪＩＣＣ出版局1局
小川哲生

産経新聞文化部編『闘うコラム——斜断機352』

拝啓

このたび、産経新聞文化部編『闘うコラム——斜断機352』刊行のはこびとなりましたので、早速、お届けいたします。

本書は一九九〇年四月二日のスタートから九二年十月までにわたって産経新聞に掲載された「斜断機」というコラムから、352本を厳選し、それを15のジャンルにわけ、ジャンルのなかはドキュメントとして新聞掲載日順に編集したものです。

一読されれば、おわかりのように、ジャンルは多岐にわたっております。そこでは〈文学〉も一つのジャンルを占めるにすぎません。かつて他誌紙にあった同様のコラムが〈文学〉を特権視したのとはちがい——まさに文化の「解体期」にわたしどもは立ち会っている——、文化の全領域を等価に眺める視線こそが、この「斜断機」というコラムの保持している姿勢だからです。

本書のもとになったコラムは、現代の文化状況を満遍なくフォローし、なんでもありの観を呈していますし、〈文壇〉内部のゴシップや噂話に活路を開いてきた従来のそれとは違い、〈業界〉内部ばかりではなく、広く一般大衆へ開かれた視線をもつものと考えられます。

一般に、「匿名批評」は「匿名」という名の下に、「言いっぱなし」あるいは「後ろからバッサリ」ゆえに「卑劣」といった語られ方をされてきましたが、本書をひもといていただければ、わかりますように、決してそんなことはありません。そうではなく、コラムの中身がその中身で勝負するのではなく、かえって、筆者の実績や社会的評価などに寄りかかることで曇らせがちな〈事大主義〉の対するアンチとして位置づけられるはずです。

また、当コラムの名物ともいえる、筆者同士の内ゲバも展開されているさまは、開かれた批判・反批判を保障するコラムといえましょう。

小さなコラムに毒をこめた私心なき指針、愛ある罵倒をこそお楽しみ下さい。そして、この筆者はいったい誰かといった推理小説的楽しみも味わって下さい。

中身もボリュームもともに退屈させない一冊と私どもは確信しております。

最後に、蛇足ながら、是非とも、ご高評などいただければとつけ加えさせていただきます。何卒、よろしくお願い申し上げます。

敬具

一九九三年一月

JICC出版局1局
小川哲生

吉本隆明著『追悼私記』

拝啓

吉本隆明氏の最新刊をお届けいたします。題して『追悼私記』といいます。

タイトルからも、即座にわかりますように、本書は追悼文のみを集成したものであります。今まで、追悼文を集成したものは、皆無とはいわないまでも、意外と数少ないことに気づきます。編集者であれば誰もが、いちどは考えたはずのものですが、そして雑誌であれば、追悼号というのは、毎号とはいわないまでも、ことあるたびに刊行されているのに、なかなか本という形ではないことにある種の不思議さを感じざるを得ません。

それならば私がそのような本をつくってみようと思ったのは、「究極の人間論は追悼文にあり」という思いをずうっと抱いてきたからにほかなりません。

ひとりの人間の生涯を、その死を契機にして、凝縮した形で、しかも短時日のうちに仕上げる、いわば、即興の芸ともいうべきものを追悼文は求められるからです。そしてそれは亡くなった人の姿とともに書き手の等身大の姿をも直截に映していると考えられるからです。

そこのところを、著者はこう述べております。

《その人間の死が仕事の中絶につながっていて、その全体像から痛切（切実）な実感を与えられたとき、死を悼む即興にちかい文章をのこしてきた。自発的に書いたばあいも、書きたい気持と雑誌や新聞からの依頼がちょうど折合って書いたばあいもある。また依頼があったから書いたこともあった。ただ依頼があっても、そんな気もないのにいやいや書いたことは一度もなかった。》

《もしこれらの追悼の文章に共通項があるとしたら、死を契機にして書かれた掌篇の人間論というほかないということだ。そしてただの人間スケッチの断片とちがうところを強いていえば、痛切（切実）がモチーフになっていることだ。》

端的に、これらにのべられていることに、もはや、私ごときが、付け加えることは必要ないことと思われます。

本書を読むひとは、必ずやある種の痛切さを禁じえないことでありましょう。単なる生前への讃歌と愛惜ばかりでなく、儀礼的な愛惜や敬虔な気分を逸脱していることにもそれは表れております。その意味で、本書は、著者の「赤裸なこころばえとあざやかな人間論」を余すところなく伝える貴重な一書と申せましょう。

是非とも、何らかのかたちで、ご高評などいただければ、これにすぐる喜びはありません。何卒、よろしくご配慮のほど、お願い申し上げます。

敬具

一九九三年二月

松居友著・小田イト語り『火の神《アペフチカムイ》の懐にて』

拝啓

ようやく、松居友著・小田イト語り『火の神《アペフチカムイ》の懐にて』刊行のはこびとなりましたので、早速、お届けいたします。

今年は、国連の国際先住民年の年にあたりますが、私どもは、その年にあたり、タイムリーさを狙って、この書をだすわけではありません。確かに、タイムリーさということは否定できませんが、本書の意味は、そんな投機的なものとは関係のないところから出発しているからです。

著者の松居友氏は、東京生まれで東京育ち、自分の専門分野であるゲーテの自然科学やユングの研究で、いっとき、ザルツブルク大学に留学しております。帰国後、児童書の編集者のかたわら、ゲーテやユング、ゼーデルマイヤーの著作に、一貫してコスモロジーの問題を追求してきた在野の学徒であります。

東京時代より、アイヌ文化に強い関心を抱いてきた著者が、ある日決意して、北海道の地を終いの棲家として、偶然のごとく——著者の言葉を借りますれば「運命のように」——ひとりのアイヌの古老に出会うところから、本書は生まれたのです。

本書の主人公であるイトばあちゃんの語る言葉そのもの、またその生き方にアイヌ文化のもつすぐれたコスモロジー（世界像）を見いだした著者は、震撼をうけます。そして、どうしても一冊にまとめる必要を感じます。

そのところを著者はこう述べております。

《この作品の目的は、あくまでもこのイトさんの言葉からあふれる事実をふまえ、その言葉のなかに、コンカニ（黄金）のようにきらめくコスモロジーをできるだけ忠実に浮き上がらせて描写することであり、大上段にかまえてアイヌ文化とは何かを解説するものではありません。ですからこの作品はいわゆるアイヌ文化研究者による調査報告書とは異なります。》と。

一人の古老の生き方に、本物の人間を認め、それを忠実に写しとろうとしたこの情熱とは一体何でしょうか。そしてそこに描かれるアイヌ文化の精神性の高さとは一体何でしょうか。

その答えはすべて本書の中にあります。

新しい文化を切り拓く言葉の贈り物として、お楽しみ下さい。そして、一人でも多くの人に本書の「黄金のようにきらめく」姿をご紹介してくださいますようお願い致します。必ずや、期待を裏切らないことを保証します。

何卒、よろしくお願い致します。

敬具

一九九三年二月

ＪＩＣＣ出版局１局
小川哲生

李昂著・藤井省三訳『夫殺し』

拝啓

このたび李昂著・藤井省三訳『夫殺し』刊行のはこびとなりましたので、早速、お届けいたします。

本書の原書は一九八三年に『殺夫——鹿城故事』の原タイトルで、台湾で刊行され、現在、台湾本国では版を重ね二万八〇〇〇部を数えるに至っております。台湾の人口二〇〇〇万人という事情を考えますとき、日本ならば優に一五万部を超えることになります。わが国の純文学で一五万部を超えることは、そうたびたびあることではなく、間違いなくベストセラーとして位置づけられます。

台湾はいうに及ばず、世界的にも高い評価を受け、ドイツ、フランス、アメリカでもすでに翻訳がなされております。特にドイツでは、ハードカバー版に続いてペーパーバック版も出てベストセラーに近い売れ行きを示しております。

台湾という地理的には日本に近い国で刊行され、その文学性の高さが世界的にも評価されていることを考えるとき、アジアの一員である日本の読者の手に、いっときも早く、世界文学の共有財産として日本語版を届けるのが私どもの責務と考えます。またそうすることが、台湾を五十年もの長きにわたって植民地として支配・収奪し、現在にいたるまで台湾文学に冷淡な態度を取り続ける日本の出版状況に対する異議申し立てにもなると考えます。

中国社会の暗部を怒りと悲しみで描き、容赦なく人間性の最深部を抉る現代台湾フェミニズム文学の最高傑作といわれる本書が、なぜかくも日本に紹介されるのが遅れたのか？

それは、日本の出版状況が欧米にばかり目を向けており、アジアへの視点が欠けていたという事情も確かにありますが、もう一つ問題として、本書の末尾の「付記」に記したように「差別語」の問題があったからであります。

日本語版の刊行が、本来の意図とは異なり、「差別」を助長するおそれがあると判断されたためか、あるいは「臭いものにフタをする」業界の自主規制のためか、真正面から作品に立ち向かう姿勢を欠いていたといっても過言ではありません。

私どもは、内部討議、訳者との討議を経て、本作品は決して差別を助長するものではなく、かえって中国の伝統社会に流れている差別を告発する作品であり、この問題はひとり中国だけの問題ではなく、わが国の問題でもあるとの結論に達し、この作品を世に問うことにしました。そうすることで、差別や偏見を生みだす社会への警鐘にもなると信ずるからでもあります。

本書の内容は必ずや、皆さまの期待を裏切ることはありません。

是非とも、この知られざる傑作をなるべく一人でも多くの人に紹介していただければと存じます。何卒、宜しくお願い申し上げます。

敬具

一九九三年五月

宝島社1局
小川哲生

森崎和江著『買春王国の女たち——娼婦と産婦による近代史』

拝啓

このたび、森崎和江著『買春王国の女たち——娼婦と産婦による近代史』刊行のはこびとなりましたので、早速ながらお届けいたします。

すでにご承知のように、著者の森崎和江さんは、『まっくら』『からゆきさん』などの著作を通じて、欧米直輸入のことばではなく、論理にはなりきらない生活言語とでもいうべき民衆のことばを発掘し、それに論理を与え、作品化してきました。また、「女とは何かを探すために」ことばを発してきた信頼に足る思想家の一人であります。私たちは、彼女の活動にどれほど勇気づけられてきたことか。

本書は、長年「近代化過程の女の歩みを自分で辿ってみたい、個的体験を多くの人から聞き取りつつ同時に全体史を踏みしめたい」と願ってきました。そして、いまようやく、協力者を得て、数多くの資料の掘り起こしを進め、また著者自身がこれまで書いたり聞いたりしてきたものをも資料の一端に加え、成ったのが本書です。

藩政末期から売春防止法成立までの百余年。この国の女たちはどう生きたのか。一方は家系を保つためにのみ子を産み、他方は男の性欲の対象となり、子を産むことを拒絶された女たち。家制度下の妻と公娼制度化の娼婦たちは、まったく隔絶し、相対立するかにみえてきました。しかしながら、両者を同時に捉える視点なくしては、近代女性の全体像は見えてきません。

　これを同時に捉える視点を提出し、性差別の根源を見つめようとするのが、本書の刊行意図であります。

　今日、公娼制度は廃止されましたが、依然として、不法な管理下で売春させられる女性はあとを絶ちません。また「ジャパゆきさん」の存在すらも周知の事実です。性の平等と女たちの解放の歩みに資する一助として、本書の意義は大きいものと考えます。

　是非とも、ご一読くださいまして、ご高評などいただければ幸いです。何卒、宜しくお願い申し上げます。

敬具

一九九三年八月

宝島社1局
小川哲生

本間公著『思いっきりオペラ』

拝啓

　このたび、本間公著『思いっきりオペラ』刊行のはこびとなりましたので、早速、お届けいたします。

　著者の本間氏は㈱電通に勤務し、現在、営業の第一線で活躍中のビジネスマンです。学生時代にコーラス部に所属し、声の魅力に取り付かれ、その後、オペラへの趣味が高じたひとです。だからといって、よくある、町の発明家といった偏狭な人間などではなく、同時代人として、また愛好家として、この国のオペラの興隆につき合い、二十余年の年季を重ねてきた人です。音楽評論家の立場とは一線を画し、いいものはいい、好きなものは好きだといった、純然たるオペラ愛好家の立場から、歌唱芸術としてのオペラの楽しみを追求している〈ふつうの聴き手〉としては最良の一人であります。

　たとえば、現在、「オペラとは何か」「オペラの魅力とは何か」を知るために本屋を訪ねたとします。そして最良の入門書を店頭で、あの膨大な中から一冊選ぼうとして呆然としたことはないでしょうか。選ぶことが大変なのではありません。もちろん、そうではなく、選ぶべき本がないことに愕然とするのです。

そうです。まともなオペラ入門書の類がほとんどないというのが実情なのです。これは一人の読者としてばかりではなく、編集者としても不幸なことです。このオペラブームといわれる昨今ですら、依然としてこの状態です。

なければ自分で書いてしまおう、なければ自分で作ってしまおうと考えた著者と編集者とが幸運にも出会ってできたのが本書なのです。

たしかに作品の解説だけの本とかＣＤやＬＤの紹介だけの書、特定の歌手についての本はあるでしょうが、これら全部を合わせ、しかも読み物ふうにした書物、それも筆者の独自の視点――オペラの〈快楽〉にこだわる立場――で、それらを総合するパースパクティブを持ちうるもの、それを最良の入門書の条件とするなら、本書は曲りなりにもその条件を満たす本と申して過言ではありません。

オペラとは本来、額に皺を寄せ、しかめっ面で聴くジャンルではありません。そうではなく、歌唱のドラマとしての声の響きや音色、超絶技巧やはたまた人間技とは思えぬ高音（ハイＣ）に昂奮させられる類のものです。教養主義などに煩わされることなく、自由に、そして気ままに楽しみたい、そう考える読者の座右の書にしてほしい一冊として作りました。

是非とも、ご一読下さいまして、ご高評などいただければ幸いです。何卒、宜しくお願い申し上げます。　敬具
一九九三年九月

村瀬学著『「怒り」の構造』

拝啓
このたび、ようやく村瀬学著『「怒り」の構造』刊行のはこびとなりましたので、早速、お届け致します。

村瀬氏の本は、小社からの四冊目であります。思想といえば、難解さが何か意味があるものとおもいこまされてきたわが国の思想風土に、「いやそうではない」、思想を紡ぐ源泉は〈日常性〉にこそあるのだ、といい続けてきた著者の面目がいかんなく発揮されたものと考えます。

たとえば、私どもは、日常のなかで「怒る」ことがしばしばあります。しかしながら、その「怒り」を「怒り」として意識することは稀です。いわんや怒っていることの意味など考えようとしません。原因があるから怒っているのであって、怒った後はすっきり、それ以上は考えてもみない、というのがどうも実情のようです。

村瀬氏の独特さは、この「怒り」の問題を、とことん考えてみようということにあります。一見すると穏やかで、愛想よくニコニコしている人が、自分の触れられたくない「不本意」に触れられると、ちょっとしたことで表情をかえ、腹を

たてることがしばしば起きます。

この「不本意を生きるかたち」——これを怒りの本質とし、「怒り」を「社会の不均衡」に対するセンサーとしてみるところに類書にはない本書の独自性があります。

目次にありますように「日常の風景から」「ニュースと生活のはざまで」「作品にみる怒り」など、さまざまな問題に対応しながら、「怒り」の諸相を明らかにしていきます。「怒り」を考えることが、とりもなおさず世界のしくみを考えることにつながる道筋を明らかにする新しい試みとして本書を受け止めてほしいものです。

是非とも、ご一読くだされ、ご高評などいただければ幸いです。何卒、よろしくお願い申し上げます。

敬具

一九九三年十月

宝島社1局
小川哲生

中山治著『「きずな」の心理』

拝啓
このたび中山治著『「きずな」の心理』刊行のはこびとなりましたので、早速、お届け致します。

著者の中山治氏は『「ぼかし」の心理』『「ゆとり受験」の方法』等の著書をもつ気鋭の臨床心理学者であります。氏は心理学という狭い枠にとらわれることなく、隣接の学問分野にも目配りをし、文明論的な視座に基づいてより大きな人間科学というものを構想しております。その人間科学の中核としての「きずな学」を構築せんとする壮大な意図のもとに本書を執筆した次第です。

今日、時代は激しく変動し、またそれに連動する形で人々の「きずな」のあり方も大きく揺らいでおります。しかしながら、時代がどうかわろうとも人は「きずな」を求めずにはいられないはずです。

この解体に瀕している「きずな」をこれから新しい時代に合うように再構築するにはどうしたらいいのでしょうか。

本書は大きくわけて三つの特徴があります。

ひとつは、きずなを考えるとき、われわれは人と人との「きずな」や家族とのそれだけを思い浮かべがちですが、じつはそうではありません。たとえば、自分というアイデンティティを束ねる「きずな」、会社や家族を超えた地域や社会との「きずな」、そして宗教に見られる超越的なものとの「きずな」等、人間の「きずな」をマクロの視点から捉えたことです。

第二は、「きずな」を「甘えの心理」から分析した点です。「甘え」のポジティヴな役割を評価すべく「甘え」の三層構造――エロス的甘え、ライス的甘え、シュガー的甘え――を明らかにしたことです。

さらに、もう一点、「きずな」に対立するものとしての「ケガレの心理」の重要性を指摘していることです。

本書は、巷に氾濫する「〜の心理」といった通俗本とは異なり学問的裏づけをもったものです。また学者が書いた解説本の類いとはひと味違うのはじつは、日常性の文脈に立脚するという著者の学問的態度にあります。ある特定の理論を絶対化するのではなく、ありふれた日常性の中からさまざまな姿勢や理論を汲み上げようとする姿勢が本書を貫いております。

「二一世紀はきずなの時代」――、是非とも、最新の心理学、脳生理学、行動生物学、社会学、精神医学の成果を踏まえた問題提起の書として本書を受け止め、ご高評などいただければ幸いです。何卒、よろしくお願い致します。

敬具

一九九三年十一月

宝島社1局
小川哲生

吉本隆明著『背景の記憶』

拝啓

このたび、吉本隆明著『背景の記憶』刊行のはこびとなりましたので、早速お届け致します。

本書は、「吉本隆明による吉本隆明！」とオビに謳いましたように、三十余年にわたる自伝的エッセイを集成するものです。著者自身による著者自身への証言であると同時に、ひとつの〈時代〉の貌が明らかになる貴重なモニュメントとなる試みとして、私どもは考えます。

じつをいえば、このような本を作ろうとおもったのは、七〇年代の後半のことであり、かれこれ十五年ぐらい前のことになります。具体的にいえば、「小学生の看護婦さん」「わたしが料理を作るとき」「うえの挿話」というエッセイを読んだときの感動といったものが根っこにあります。

当時は、重厚長大といったような論考がもてはやされ、また私自身、そのようなものに親しんでもいたのですが、これらの短編のエッセイを読んだとき、評論集の末尾に入れるような本づくりでは、どうにもならないと、しきりに感じたことを憶えております。

思想家・吉本隆明の本質は、黄金期ともいえる「少年時代」を抜きにしては語れませんし、また、彼の生活思想と世界思想の橋渡しをするには、必ずや、これらの身辺にまつわる文書を抜きにしては語れないとの思いが、当時から私にはあったからです。

たとえば、次のような一節はどう読めばいいでしょうか。

《時間がかかる料理、それはどんなに美味しくても〈駄目〉である。ままごと料理、それも〈駄目〉である。見てくれの良い料理、それも〈駄目〉である。なぜなら、日常の繰返しの条件に耐えられないからである。料理の一回性、刹那性の見事さ、美味さ、それは専門の料理人の世界であり、かれらにまかせて、客のほうにまわればよいと思う。》

私は、ここに、思想の本源を見る思いがします。

生活をなくしたインテリなどがけっして言えない珠玉のことばをここに見ます。それでいて、これを言ったのは、生活リアリズムなどに一方的に身を寄せている人ではなく、戦後思想に屹立する思想家でもある吉本氏でもあるからです。

その意味では、吉本思想を解く鍵は、彼の自伝的エッセイにあると思われます。比較的己を語ることの少ないと思われてきた著者の自伝的文章を集成した本書は、あえて言えば、彼の思想の秘密のアルファーからオメガまで見る人には見えると言っても過言ではないでしょう。

前著『追悼私記』と同様に、本書のもつインパクトが広く読者に伝わることを私どもは念願しております。是非とも、一読され、ご高評などいただければ幸いです。何卒、よろしくお願い致します。

敬具

一九九三年十二月

宝島社1局
小川哲生

1994

勢古浩爾著『中島みゆき・あらかじめ喪われた愛』

拝啓

このたび、勢古浩爾著『中島みゆき・あらかじめ喪われた愛』刊行のはこびとなりましたので、早速、お届け致します。

この本は、著者・勢古浩爾氏にとって正真正銘の処女作であります。現在四十七歳ですからけっして若い世代ではなく、端的にいって遅い出発といえます。

氏は、商業誌であれ、自立誌であれ、また同人誌であれ、いかなる雑誌にも未だ原稿を発表せず、孤独な作業のなかで、己を研鑽してきた人であります。これは、従来、物を書くひとにはあまり例のないことであります。しかしながら、われわれの前に姿を現す前の研鑽努力がいかなるものであるかに、われわれは余り意識を集中する必要はありません。要は、発表されたものが、〈水準〉を一歩でも越えているかが問われればいいのです。

そうです。その意味で、本書は優に〈水準〉を越えているものであり、ひとつの完成の姿を示すものとしてわれわれの前に提出されていると、編集者である私はそう確信するものです。

本書は、「中島みゆき」のファンを目当てにしたいわゆるファンブックのたぐいではありません。そうではなく、中島みゆきという類い稀なひとりの歌い手を描くことがそのまま、現在の「愛」をめぐる情況をさぐることであり、なによりも、関係のなかで「ひとりの女（男）」が生きることとは何かを明らかにしようとしたものです。

そこのところを著者はこう述べております。

《「ひとりの女」の愛とはなにか、あるいは「ひとりの女」の生とはなにかという軸の周辺で、中島みゆきの歌についてまともに書いてみようとかんがえたのである。／先行する評論が数冊存在していることは知っていた。ただ臆面もなく言ってしまえば、現在の時点における最高の中島みゆき論を書いてみたいと思った。そしてできることならその縦糸のなかに、ある一定の水準にまで達した恋愛論を横糸として繰りこんでみようと試みた。》と。

われわれは、本書を通じて、ある〈無名〉の才能の出現に立ち会える幸運に出会えるはずです。

この新たな才能をもっともっと伸ばすことに、少しでも力を貸してみようと思っていただけますならば、是非とも、ご一読いただきまして、酷評であれ絶賛であれ、それは問いません、何らかの反応をいただければ幸いです。その反応こそが著者を大きくするものだからです。

何卒、よろしくお願い申し上げます。

敬具

一九九四年一月

横川寿美子著『「赤毛のアン」の挑戦』

拝啓

このたび、横川寿美子著『「赤毛のアン」の挑戦』刊行のはこびとなりましたので、早速、お届け致します。

著者の横川寿美子氏は処女作『初潮という切札』（ＪＩＣＣ出版局刊）において、第二五回日本児童文学者協会新人賞を受賞しておりますが、前作と同様、今回もそのモティーフ、もっとはっきり言えば、問題意識ははっきりしております。いわば、単なる研究書としてのそれではなく、著者のライフワークと位置づけられる〈少女論〉というテーマとして『赤毛のアン』に取り組む姿勢がそれです。

彼女は言います。

《私自身が本書で試みようとしているのは、作家モンゴメリの全体像に迫ろうとするような大がかりなことではない。じつは『赤毛のアン』に関する私の最大の関心とは、それを書いたモンゴメリにではなく、それを読む少女たちのほうにある。》と。

端的に、このように言うと、ある種の誤解を生む危険性がありります。これは単なる自分のテーマを追求するために、『赤毛のアン』をダシにした類いかという。しかし、そうではありません。

彼女の問題意識は的確にして鮮明であります。

欧米はいうに及ばず、長年にわたって高い人気を保ちながら、ほとんど文学的価値を認められてこなかった『赤毛のアン』とはいったい、何か。その意味で、問題作と位置づけられるとはどういうことか。

彼女は考えます。

この作品を熱狂的に支えてきたのは少女であり、一般文学の歴史においても長く、女性が二流の読者であったように、児童文学の世界においても少女は二流の読者であった。

そうであるならば、作品を考えることがそのまま、日本の少女たちについて考えることにつながる〈読み〉は可能か――そう、問いは立てられるはずです。まさに〈現在〉的テーマです。

そう声高には彼女は述べたてませんが、子どもの本であるがゆえに識者たちから「無視」あるいは「軽視」されてきた、この作品に光を当て、新たなる〈読み〉を可能にする――『赤毛のアン』はどのような詳細な分析にも十分耐えうる、すみずみまで計算の行き届いた、戦略に富んだ、精緻なテキストである――との確信から、この一冊を仕上げました。

その出来ばえは、本書をひもといてもらえば、わたしなどが百万遍、言葉を費やすよりあきらかです、精緻な分析と的確な方法意識――ローカルな問題とはけっして片付けられない豊饒なものが本書には展開されております。

《少女はなぜ『赤毛のアン』に魅かれるのか？》

日本ではじめて『赤毛のアン』の魅力に迫る本格的評論である本書は、少しでも、〈知的〉なテーマに関心をもつ人々の興味をそらせることはけっしてありません。まずは一頁目からどうぞ。

是非とも、本書を一読され、ご高評などいただければ幸いです。何卒、宜しくお願いいたします。

敬具

宝島社1局

小川哲生

一九九四年三月

松居友著『昔話とこころの自立』

拝啓

このたび、松居友著『昔話とこころの自立』刊行のはこびとなりましたので、早速、お届け致します。

著者の松居友さんは先に『昔話の死と誕生』を表しておりますが、それは主に昔話のコスモロジー、つまり宇宙論の展開というものを強く打ち出したものです。今回は、それに加えて著者自身言うように、ひとりの父親として、自分自身に向かって書いた自立のための覚書きといった趣きが色濃くあります。

現在ほど子どもの自立が難しい時代はありません。その理由は、簡単に申せば、家庭における父親の不在、その裏返しとしての母親の影響力が強すぎること、また子どもに自由な遊びや活動の場が与えられていないこと、さらに自然環境が破壊され、生命や宇宙の神秘を感じさせる場が身近から失われたことなどがあげられます。

古来、人類は昔話を語らなかったことはありません。それは、とりもなおさず、昔話がこころの成長にとり必要だったからに他なりません。昔から無意識に伝えられないことを伝えるのが昔話を含むお話の役割でした。昔話には、私どもが普通考える以上に、こころの自立を考えるための豊かな知恵や勇気を与えるものが含まれているのです。

そうした視点にたって、昔話のもつ意味を考えるのが本書です。

本書で取り上げられる昔話は誰でもが一度は親や祖父母から、または絵本をとおして折りにふれて聞いたものばかりです。具体的には「大工と鬼六」「三びきのやぎのがらがらどん」「三びきのこぶた」「ヘンゼルとグレーテル」「三枚のお札」「白雪姫」「てんぐのこま」「桃太郎」などです。

これらの昔話を深層心理学の方法で読み解きます。その読み解きの鮮やかさは、まさに目から鱗の思いです。

しかしながら、本書の鮮やかさは、この読み解き（解釈と分析）にあるばかりではありません。その背後に脈々と流れているのは、一人の父親としての切実な思い——自分自身が子どもの成長と共に自立しなければという——ということです。そこのところを著者は《愛がなければ残酷さは単なる残酷さである》と端的に述べ、その意味で、昔話は、絵本の読み聞かせと同様に「愛の体験」であると申しております。

こころの成長にとって昔話が果たす役割の重要性を自身の体験と深層心理学の方法で綴った本書は、ひとつの研究書にとどまらずきわめて実践的な思いに裏づけられております。その意味で学術と生活者の知恵の幸福な出会いが本書によってはじめて可能になったと申してもけっして過言ではありません。

是非とも、本書をご一読下さいまして、ご高評などいただければ幸いです。何卒、よろしくお願い申し上げます。

敬具

一九九四年六月

宝島社１局

小川哲生

菅原千恵子著『宮沢賢治の青春――〝ただ一人の友〟保阪嘉内をめぐって』

拝啓

このたび菅原千恵子著『宮沢賢治の青春――〝ただ一人の友〟保阪嘉内をめぐって』刊行のはこびとなりましたので、早速、お届け致します。

宮沢賢治に少しでも親しんできたものにとっては、保阪嘉内という存在は、何かシコリとなって残る名前です。賢治自身、「ただ一人の友」と言い、また「私が保阪嘉内、私が保阪嘉内、私を捨てるな」と悲痛なまでに言わせた友であり、全集をひもとけば、七十三通という半端ではない書簡を受け取った人間とは一体誰か、そしてそれはなぜなのか、という疑問が浮かぶのは、普通の感覚からいえば、あまりにも当然のことです。

しかしながら、従来、この保阪嘉内という人間にスポットを当てた著作といったものを自らの浅学菲才を省みず言わせてもらえば、寡聞にして知りません。これは一体どうしたことでしょう。

本書では、〈宮沢賢治の生涯を解く鍵はすべて保阪嘉内が握っている!〉というモチーフを深化させ、宮沢賢治の文学的転回となったのは、実に保阪嘉内との訣別であったことを実証的に論証するものです。

ここで著者について若干ふれてみたいと思います。著者の菅原千恵子さんは、宮城学院女子大学の副手として研究者生活をはじめられましたが、結婚を機に公的な研究生活を離れ、一人の主婦として、また一人の母親としての日々の生活を続けながら自らのライフワークたる宮沢賢治論に取り組んできた篤実な人であります。

私はこのように世に知られることなく、それでいて自分の初発の志を守りながら研究するひとを畏れます。そう。これこそ研究イコール生活そのものであり、アカデミズムに浸りながら十年一日のごとく賢治を護教論的に語ることで食を糊する人とは対極の人であるからです。

本来、研究にとっては、有名・無名は一切関係のないことです。本質に一歩でも近づくかどうかだけが問題だからです。しかし日本の出版界を見渡せば、一社が何か当てれば、柳の下のドジョウよろしく追随し、本質的な作品が著者が無名であるという理由だけで、日の目を見ない例はゴマンというのが実情です。

私どもは微力ながらこうした風潮に一つでも風穴を開けたいという思いが、本書の刊行に駆り立てた原因です。

内容の出来ばえについては、あえて私が云々するまでもありません。率直に読んでいただければ、この本の独自性はおのずと見えてくるはずです。

一つの本を読むことで、今まで何かシコリとなって胸にモヤモヤしていたものが、一気に晴れて、腑に落ちるという体験がしばしばあります。本書は、まさにその種の本と申しても過言ではありません。

是非とも、本書を一読されまして、批評などいただければ幸いです。何卒、よろしくお願い申し上げます。

敬具

一九九四年七月

宝島社1局
小川哲生

史鉄生著・山口守訳『遙かなる大地』

拝啓

このたび、史鉄生著・山口守訳『遙かなる大地』刊行のはこびとなりましたので、早速お届け致します。

作者の史鉄生氏は、一般的には知名度はそれほど高くはありませんが、文化革命終息後の一九七〇年代以降の新しい中国文学を代表するひとりであり、日本でももっと名を知られてもよい作家です。

小社では、先に「発見と冒険の中国文学」シリーズ全8巻を刊行し、その後も莫言、李昂の単行本も順調に刊行して、新しい中国文学の紹介に意欲的に取り組んできましたが、今回、もっとも良質の文革世代の記念碑ともいうべき作品を紹介できますことを喜びたいと思います。

本書は、「文革」物によくあるような時代の証言者として、とりたてて波瀾万丈な世界を描くわけではなく、声高なメッセージを伝える質のものではありません。

そうではなく内省的で静謐ともいえる筆致で、自分の文革体験そのものを真正面から描いて、その意味と本質をさぐろうとするものです。社会的に文革を捉えることも必要でしょうが、無名の民衆に文革はどう影響を与え、また与えなかったことも知ることが今は必要なのではないでしょうか。

ひと口に文革世代といっても、一枚岩として括れるものではありません。

ある者は、自らの世代のエリート意識を肯定しつつ、懐旧的に過去を語り、またある者は被害者意識で、どれだけ迫害を受けたかを語る。そしてまたある者は、歴史的事件としての文革を鋭く分析するが、近代史全体を視野に入れて中国社会を考えるあまり、個々の無数の無名の人間が文革期の日常をどのように生きたかには、それほど目を向けない。

ところが、本書の作者・史鉄生は、その無名の中国人が文革期をどう生きたか、その生活のディテールの微細な感情を丹念に追うことにもっとも意を向け、自らの文革期の青春の〝光と影〟と今を生きる自分の思考を重ねるように、過去への巡礼として総括する。何かのためなどではなく、まさに現在を生きることが、過去をどう対象化しうるかにかかっていることを信じるからです。

その意味で、本書の意義は、史鉄生の原点としての文革期の農村での生活と「障害」者としての体験における世界認識や人間存在についての思索をさぐるのに最適の書であると私どもは考えます。

地味な本ではありますが、ズシリと重い読後感を与える、ものと考えます。

是非とも、日本では知られることの少ない才能豊かな作家の存在とその作品を皆さまのお力添えで世に知らせていただければと存じます。何卒、宜しくお願い申し上げます。

敬具

一九九四年八月

宝島社1局
小川哲生

小浜逸郎著『ニッポン思想の首領たち』

拝啓

このたび、小浜逸郎著『ニッポン思想の首領たち』の刊行のはこびとなりましたので、早速お届け致します。

思想を論じることが、即、そのまま思想を担った人間を論ずる、いわば、思想論=人間論といった、新たなジャンルである「思想批評」の確立をめざそうというのが端的に言えば本書のネライです。

のっけから結論めいた言い方になってしまいましたが、その意味するところを、少し言葉を補ってみたいと思います。

たとえば、輸入思想を粘り強く追求し、自らの生活課題との緊張ある闘いを展開することが、思想を生きることのひとつの指標であるとします。しかしながら、そのような問いをたてた端から、本来の課題をネグることで単なる思想輸入業者のごとく、あるいは思想オタクのように振る舞う風潮がいま蔓延していることに気づきます。一部の先端的な思想が（当然、外来思想であるが）その全体像を知らされる前に思想のつまみ食いよろしく、自己にとって都合のよい形で紹介され、食い尽くされ、なんらその全体像が検証されることなく捨て去られることのなんと多いことでしょう。

このような負の伝統の中において、からくも西欧思想の概念やタームを援用しつつ、それなりの努力によって自前の思想的個性を打ち出している思想家は必ずいるはずですし、また見つけださなければなりません。そして、そのような思想家を、一方的な批評やオマージュに陥らず等身大の思想を検証する作業ほど現在待ち望まれることはありません。

本書が一貫してとる姿勢は以下のようなものです。

共感、違和感をいたずらに表白することに意義があるのではなく、他者の思想と自らの思想の対話的交渉を通じて、対象と自己との正確な距離を浮かびあがらせること。

この姿勢のもとに、論ずるに足る代表的な論客——西部邁、上野千鶴子、西尾幹二、柄谷行人、中沢新一、栗本慎一郎——六人の思想に根底から迫り、彼らに固有な気質や関係への執着の仕方までも切開する。その意味で、これこそ「思想批評」と呼べる内容になっているとひそかに自負しております。また、本書によって達成された水準を無視しては、この国の「思想批評」というジャンルは、〈無〉に等しいとさえ、敢えて私どもは言いたいと思います。

是非とも、本書の内容に呼応する反応（批判や同意）をお寄せくださいますように。何卒、宜しくお願い申し上げます。

敬具

一九九四年九月

宝島社1局

小川哲生

吉本隆明著『情況へ』

拝啓

このたび、吉本隆明著『情況へ』刊行のはこびとなりましたので、早速、お届け致します。

本書は、一九七九年から九四年までのおよそ十五年間にわたって自ら主宰する『試行』の巻頭を飾った「情況の発言」と、産経新聞連載の「社会風景論」十六回分をすべて収録したものです。普通の本のほぼ倍の分量となっております。

本書の特徴を一言で申せば、いわゆる「日付のある文章」ということにあります。こう述べたとしても何気ないことで、それがどうしたという呑気な言い方も聞こえそうですがじつはそうではないのです。

この種の情況論という文章は、事後にアリバイ的に自らの発言を糊塗することは不可能であり、自らの情況に対する認識が等身大にでてしまう類の文章ということになります。自らの予見がどう当ったか、あるいはどうはずれたか、あとで言い訳ができない真剣勝負の趣きがあります。その真剣勝負を忘れ、パースペクティブのない発言をつらねる人士のなんと多いことか。

昨今、左右のメディアに「吉本隆明は終わった」などと論者の願望ばかり肥大したタメにする記事がしばしばにぎわすことがあります。酒席でのタレ流し的な噂話によりかかった怠惰な、あるいは党派的な願望がそうさせるのでしょうが、彼らのなかにある吉本叩きの本質は、実は大衆嫌悪以外のなにものでもありません。この国の思想風土にある大衆拝跪と大衆嫌悪は実は一色のものなのです。その負の伝統を壊し続けるのが、吉本思想の大きな柱の一つでもあるのですが、どうもそれを存じていらっしゃらない。

本書の醍醐味は、オビにも書きましたが、情況への認識の徹底さ、透徹度ばかりでなく論敵への仮借ない辛辣さ、罵倒ぶり、そしてそこに醸し出される巧まざるユーモアにこそあります。

氏は、論争の態度として、「目には目を」「党派性からの批判には必ず反撃する」ことを明言しております。「それだけが、人間が人間の至上物と考えられる道に至る過渡的な課題を貫くための態度だからなんだ」と。

それは、本書でもいかんなく発揮されております。戦争責任、戦後責任と同じように、スターリニズム責任も必要なのだと。かつての政治的三バカ批判——竹中労、太田竜、平岡正明——と同様に、いやかえってそれ以上に、知的三バカ批判——柄谷行人、蓮實重彥、浅田彰——が、本書の中心を占めるのは故ナシではありません。知的めかした彼らの本質がスターリニスト以外のなにものでもないからです。

恫喝とデマゴギーと逃亡の三種の神器をもった彼らの本質をあますところなく暴き続ける著者の眼は、さらに確かであると申しても過言ではありません。

是非とも、本書をご一読の上、ご高評などいただければ幸いです。何卒、よろしくお願い申し上げます。

敬具

一九九四年十月

宝島社1局
小川哲生

村瀬学・瀬尾育生ほか著『喩としての生活』

拝啓

このたび、ようやく、本当にようやく『21世紀を生きはじめるために④ 喩としての生活』刊行のはこびとなりましたので、早速、お届け致します。

高評をいただいております『試されることば』『照らし合う意識』『身体の深みへ』の続く、ほぼ一年半ぶりのシリーズ第4弾となります。このように時間が予定よりも大幅に遅れ、読者の方には多大なご迷惑をおかけしましたことをお詫び申し上げます。

思ったより時間がかかったのは、なにも筆者の力量ばかりでなく、また編集者の怠慢にあったわけでもございません。なによりも思想を思想として論じることの情況的難しさに私どもも無縁ではなかったと申せばあまりにも無責任な物言いと取られるでしょうか。

五人の固定執筆者が、自らの切実なテーマを一回八〇〜一〇〇枚書き継いで、最終的には一人ひとりが普通の単行本と同じく一冊として完結すること、と同時に各巻ごとに、それぞれの書き手が相互に影響し合いながら、テーマを深め合うという趣向をもった論文集をめざしてきましたが、このような発想をもったシリーズは他にはないものと私どもは自負しております。固定したメンバーということで、普通なら緊張感が緩むことも、ままおきるですが、当初よりその危険性を避けるため、読者の反応をたしかめながら書き下ろすことおよび一挙に一〇〇枚近く書き継ぐことなど、普通の書き下ろし作品と雑誌連載の互いの長所をうまく取り組むことで、筆者相互の馴れ合いを排することを目指してきました。第4弾ともなると、その意図する全体像もほぼ見えるところになっております。

執筆者は、いずれも団塊世代に属するということ、そして未だ他人が手をつけていない未踏の分野に、己の感受力と考えるまで煮つめられた思考を武器に言葉を届かせること以外に共通項はもちません。互いに馴れ合いや世代的党派性を組もうなどというさもしい心根など一切ありません。

基準なき時代にあって、今ほど思想が試されることはないと私どもは考えます。それならば、思想の任務といったものをどう考えればいいのでしょう。

それは究極のところ、橋爪大三郎氏のことばを借りますれば、〈自分をよりよく活かすか、社会をよりよく生きるか、どちらかの課題に通じている〉ものです。各々は、そのめざすところで、前者から後者に幾分か偏りをもっております。しかし、その五人に通底するのは、各自の場所から自分の直感した構造に向かって掘り続ける姿勢であるように思われます。

幾分、抽象度は高いのですが、取り組むテーマは一言でいってしまえば、思想を生活化する、生活を思想化するということはどういうことか、です。

この五人の競作的論文集のめざすものを、真正面から受け止めて、熱いエールなり厳しい批判などいただければ、これにすぐる喜びはありません。是非とも、書評なり、紹介記事などいただければと思います。何卒、よろしくお願い申し上げます。

敬具

一九九四年十一月

宝島社1局
小川哲生

本間公著『この声が魅了する――続・思いっきりオペラ』

拝啓

このたび本間公著『この声が魅了する――続・思いっきりオペラ』刊行のはこびとなりましたので、早速お届け致します。

オペラの楽しみは究極のところ歌唱によるドラマだ――この視点にたった書き下ろしオペラ入門書第2弾になります。先に刊行しました『思いっきりオペラ』は、一オペラ愛好家の立場から書かれた、オペラの醍醐味を余すところなく伝える本と高く評価され、たとえば、吉田秀和氏は朝日新聞「音楽展望」欄でまるまる取り上げ、絶賛しております。

著者の処女作、しかもマスコミ的にはまったく無名の著者であったにもかかわらず、読者の熱い支持を得て（これは、この国ではめったにないことで、特筆にあたいします）、幸いにも数多くの版を重ねることができました。この国の読者の成熟した識眼の高さにあらためて敬意を表したいと思います。

今回は、前作ではそれほど頁を割くことができなかった多くの歌手たちについて、もう少し突っ込んで取り上げようとするものです。それは読者カードでの要望がもっとも多く寄せられた事情もありますが、一般のオペラ・ファンが歌手についての知識がかなり限定されているという事実を折に触れて聞かされたことがあったからです。

職業的なオペラ評論家ではなく、一オペラ愛好家という立場は、なにやら偏狭さを感じさせる一面があることは否定しませんが、逆に考えると、レコード会社資本の思惑など何ら感じることなく、ひたすら自分の目と耳を信じることができる立場ということもできます。

ある高名なオペラ評論家が自分の好みで、ある特定の歌手にあらゆるところで悪罵を投げつけているのを見るにつけ、啞然とするばかりでなく、この国のオペラ批評の水準の低さを見せ付けられる思いがしたことがあります。

幸いにも、われわれは音楽業界に住まい、そこで食を糊するものではないという有利さがあります。いいもの（客観的評価）と好きなもの（個人的嗜好）を区別するという最低の基準といったもの、いうなれば、偏見や先入観に曇らされない批評意識といったものを展開しているという自負があります。

本書は、ただのオペラ歌手ベストテンといった地点から遠く離れて、その歌手の実像と芸術に迫ろうとするものです。その意味では、敢えて網羅主義という発想はとりませんでした。入門者は入門者なりに、上級者は上級者なりに読めるという、すべての読者に広く公開されたスタイルの本づくりを心がけたことを強調したいと思います。

オペラは声か、演出かという、不毛の対立を持ち込むのではなく、おおらかにオペラを楽しむ、そんな姿勢をこの本から読みとっていただければと思います。

是非とも、ご一読いただきまして、一人でも多くのオペラ・ファンにこの本の価値など紹介いただければ幸いです。何卒、宜しくお願い申し上げます。

敬具

一九九四年十月

宝島社１局
小川哲生

1995

一橋大学リレー講演実行委員会編『人は誰と生きるか』

拝啓

このたび一橋大学リレー講演実行委員会編『人は誰と生きるか――家族をめぐる6章』刊行のはこびとなりましたので、早速、お届けいたします。

本書は、「学生自身の手で日本一おもしろい講義をつくろう」という趣旨で、学生自らの手で団体を設立し、時代のニーズを捉えたテーマを掲げ、学内外の講師を招き、自主的に講座を開いていったものを一つの成果としてまとめたものです。それは学生たちの「内なる改革」の試みでもあるわけです。

いま、なぜ学生たち若い世代が〈家族〉を問題とするのか。

彼らは言います。

《私たち学生には、いますでに一つの家族に属し、かつ、これから社会にでて自立し、それがいかなる形態であれ、やがては新しい家族の営みを紡いでいくという事実が控えている。一人の人間として家族を考えることは、現在の生をよりよく生きる同時に、未来の生をも豊かにする上で欠かせないと考えるのである。つぎに、現代の家族を取り巻く社会状況がある。家族形態の多様化、婚姻率や出生率の低下、家庭内暴力や自殺、男性性や女性性の揺らぎ、過労死……数え切れないほどの問題のなかで、家族はいま、新たなあり方や存在の意味を求めて迷走している。その答を学問的に多角的視点から探ろうとしたのが第二の理由である。》と。

若い世代の切実な関心に真正面から応えて、六人の論者――吉岡睦子（弁護士）、日高敏隆（動物行動学）、一番ケ瀬康子（社会福祉）、島田晴雄（労働経済学）、上野千鶴子（ジェンダー論）、小浜逸郎（現代思想）の各氏――が多角的に〈家族〉に取り組んだ学際的な成果が本書なのです。

各論者の意見はけっして一枚岩ではありません。相互に違った意見もあり、ということは私どもも承知しております。それがかえって、現在の〈家族〉が抱えもつ問題だというふうに理解さえしております。表面的な整合性を求めなかった所以です。

現在の矛盾が集中する〈家族〉を論じること、そのためには、この一冊は手ごろな問題提起の書と申しても過言ではありません。また学生たちの新しい大学「改革」の試みを知っていただく恰好の書と申せましょう。

是非とも、一読いただきまして、好意ある紹介などいただければ、これにすぐる喜びはありません。何卒、よろしくお願い申し上げます。

敬具

一九九五年一月

宝島社1局
小川哲生

中山治著『親子で伸ばす学習戦略』

拝啓

このたび、中山治著『親子で伸ばす学習戦略』刊行のはこびとなりましたので、早速、お届けいたします。

本書は、先に刊行し、好評を得ている『「ゆとり受験」の方法』をさらに進めた本であります。

著者の中山治氏は、いわゆる受験業界とは何のかかわりあいもない人で、慶大で社会心理学を専攻し、東大、慶大で神経生理学を勉強してきた人であります。本来、受験という分野とは無縁の人なのですが、自分の子どもの受験を契機として掴んだノウハウを全公開しようとするものです。それは受験屋的な発想ではなく、自分の体験と専門分野の知識を生かし、真に親と子どものために役立つ書物を書くことが、今ほど必要とされるときはないという思いからであります。そのため小学校一年生から高校三年生までの学力を各時期で分断せずに大人になってからの知的活動の基礎作りとしてトータルに位置づけ、その上で学力と知能の問題を扱おうとするものです。

巷間、いじめ問題に関して、馬鹿の一つおぼえのように、俗説がはびこっています。それは「偏差値教育」の弊害、「知育偏重」の結果、式の俗耳に入りやすい意見ばかりです。なんでも「偏差値教育」「管理教育」に悪を押しつけ、現在をみつめようとしない態度は、知の荒廃すら感じます。今こそ学力を伸ばす必要が叫ばれる所以です。

二十一世紀を生きる子どもにとって、人類の高度な文明の進展に応じたより高い学力がますます求められます。だからこそ、受験を単に受け身の必要悪としてとらえるのではなく「学力養成を主軸とし、得点力を方便として利用する」方法こそが必要とされるのです。

そのために単なるハウツーに陥らず、かといって現実ばなれした観念論ではない、日本の教育の現状に立脚した上での未来に向けた啓蒙理念を提出し、同時にそれを実践するための具体的な方策・情報を提供できなくてはなりません。

本書は、あまたある受験ハウツー本とは異なり、ハウツーを超えた真に役立つ情報、自学自習のための具体的なステップを提供するものです。いうなれば、「実用版学問のススメ」といっても過言ではありません。

親子二人三脚、三人四脚で伸ばす画期的な学習方法として広くご紹介いただければ幸いです。何卒よろしくお願い致します。

敬具

一九九五年二月

宝島社1局
小川哲生

小浜逸郎・諏訪哲二編著『間違いだらけのいじめ論議』

拝啓

このたび、小浜逸郎・諏訪哲二編著『間違いだらけのいじめ論議』刊行のはこびとなりましたので、早速、お届けいたします。

いまさら、「いじめ」でもないだろう。阪神大震災があり、サリン事件があった後で、なんだという思いをもつかもしれません。しかし、私どもはそうは思いません。

考えてみれば、昨年末は「いじめ」一色で、学校バッシング、教師バッシング、あるいはいじめっ子を処罰せよとの勢いのよい声ばかり溢れておりましたが、一時のブームのように昨今では、あまり「いじめ」に言及する論は見当たりません。だが、いじめは全国の学校で沈静化したわけでなく、ましていじめ現象の原因が解明され、問題が解決したわけではさらにありません。

射程距離一メートルといったふうな言説が溢れるなかで、私どもは、せめて射程距離一キロメートルに届くことばを用意しなければと考えてまいりました。いじめ論議とは、一時の激情にかられるそれではなく、長い時間をかけて考え、ことばを尽くして議論するに価する文明史的な問題と思うからです。

いじめは学校にあってはならない、いわば、いじめ根絶路線といったものが、かえっていじめを激化させる逆説といったものを考えねばならないと常々思っております。

通説とは違って、私どもの出発点は、本書の巻頭に掲げた『いじめ』をめぐる7つの逆説」にあります。煩をいとわず、ここに再録してみましょう。

1、「子どもがいじめの実態を教師や親に告げないのは、報復が恐ろしいから」ではない——それはなぜか?

2、「仲が悪い子どもどうしのあいだでいじめが発生する」というのはウソだ——それはなぜか?

3、「ケンカの強い子はいじめられない」というのは事実に反する——それはなぜか?

4、「偏差値教育や管理教育がいじめの原因だ」という指摘は的ハズレだ——それはなぜか?

5、「みんな仲良く」という発想こそがいじめの温床になる——それはなぜか?

6、「子どもの人権擁護や〝話し合いと説得〟はかえっていじめを激化させえる」——それはなぜか?

7、「自由な校風や、子どもの自主性を尊重する教師のクラスは荒れる」——それはなぜか?

それらに答えるのが本書です。誰かをスケープゴートにし、それでこと終われりとする風潮に対して、「間違いだらけ」といいたいのです。

しかし、私どもも、「いじめ」問題がはらんでいる本当のむずかしさに対して、学校内外の人どうしのあいだに共通の認識が得られ、生産的な議論を深める材料を提供したい思いでいっぱいです。小型の本ですが、いじめ論議を不毛に終わらせないだけのインパクトを持っているという自負はございます。

是非ともご一読くださいまして、皆様の媒体で取り上げていただき、生産的な議論を深める一助としていただければ、これにすぐる喜びはありません。

敬具

一九九五年四月

宝島社1局
小川哲生

西尾幹二著『教育を摑む』

拝啓

このたび西尾幹二著『教育を摑む』刊行のはこびとなりましたので、早速お届けいたします。

今さら、教育でもないだろうという声がチラホラ、聞こえるときにあたって、私どもは「教育」の問題に敢えて、こだわりたいと考えております。すべて、自分の主体的責任を脇において教育のせいにする言説に対して、本当にそうなのか、本当に今考えるべき「教育」の問題とは何なのかを明らかにし、その解決策がどこにあるかを提起したいからであります。

著者は若干の絶望の気分を漂わせ次のように述べております。

《私が改革を求めていた問題点が、臨教審のときから何十年を経て今日なお、ほとんど何ひとつ解決されていない事実の示す鬱陶しい感情である。解決されていないからこそわたしの分析も、問題提起も、いまなおなまなましくリアルであり、少しも古くなっていないと言えるのだが、同時にかほどまで大量に語り書きつづけてきた私の（あるいはわれわれの）努力はいったい何であったのだろうかと、一方では途轍もない空しさと疲労感とに襲われるのもまた事実である。》と。

子どもは学びたがっているというロマン主義や、教師のヤル気で生徒たちは生きいきとするなどという言説、いうなれば、被害者意識や万年野党精神で、この国の教育の病理現象は解決するといった類の言説には、もはや私どもは満足できません。

問われるべきは、調子のよいきれいごとを排した政策的見地からの論議です。

文部省と日教組の和解が、何か意味あることのように報道される昨今、問題の本質は、そんなところにある訳ではないのです。

本書の目次にあるように、臨教審や中教審がさぐってきたのは、理念的にいえば、教育自由化とは何か、あるいは教育における自由の問題なのです。

本書の収録範囲は同じ著者の『日本の教育　智恵と矛盾』と『教育における自由』とほぼ重なる時期（一九八四年九月から八七年八月にかけての臨教審批判と、八九年四月から九一年三月までの中教審答申まで）のものですが、本書の特徴である、生身の人間がことばをぶつけ合う微妙な呼吸や具体的エピソードの示す手ざわりが堪能できることがあります。そのために難解にすぎた氏のことばがより直接的に読者の胸にひしと伝わるものになっていると確信できます。

本書は、この国はこのままでいいのか、教育改革はどうあるべきかに答える警世の書といえましょう。単に「教育」問題を考えるための素材というよりも、この国の未来を考えるための指標として読まれるべき本と考える次第です。

絶望の先に少しでも希望が開かれるための第一歩として、本書を何らかの機会に取り上げてくださいますよう、広告などおぼつかない弱小出版の身である私どもは切に望む次第です。何卒、よろしくご高配いただければ幸いです。

敬具

一九九五年八月

洋泉社編集部
小川哲生

村瀬学著『「いのち」論のひろげ』

拝啓

このたび、村瀬学著『「いのち」論のひろげ』刊行のはこびとなりましたので、早速、お届け致します。

村瀬氏は、先に『「いのち」論のはじまり』を上梓し、「日常語で哲学を再構築」「日常の言葉で生命を考える」と好評をもって迎えられ、その結果として、幸いにも版を重ねることができました。今回、本書を刊行するにあたり、論の連続性を慮り、前著も新装版として復活し、再度読者の手に渡るようになりました。これはひとえに読者の支持の賜物と考えております。その熱烈なる読者の是非とも続刊をという声に応えるべく刊行するのが、本書であります。

著者のスタンスはきわめて明瞭です。いわゆる難解さではなく、平明なことばで、どれだけ通俗的ではない高度な内容を伝えるかにこそ思想の役目があるというのがそれです。それは一見、簡単なように見えますが、それほど簡単ではないことは、巷間、流布する思想書の類が、オリジナルな思想というより、単に頭がよいだけの思想の輸入業者の本によって、すでに証明されていることです。だからこそ、一見、迂遠に見えるようなことがらに著者は足を止めて、問いを発し続けます。自分が生きることを探るように、問いを発するとはどういうことか、と。

自分の生きる形をもう一度とらえ直すために、日常感覚で、「いのち」と「名づけ」、「いのち」と「すわり」、「いのち」と「すがた」という問題にわけ入る必然性は、生活思想の可能性を追求するというモティーフでもあるからです。

著者は「いのち」とは、どこかにわかりやすい自明の形としてあるのではなく、私たちがそう呼ぶことによって、つまり、名づけることよって「姿」として感知されるものと言い切っております。

これは、考えるほどにかなり納得できることばです。まさに「コロンブスの卵」と呼んでいいことばでしょう。

しかし、著者の論はまだまだ発展途上のものです。本書で論じたことで満足しているわけではけっしてありません。これからも、さらに先に進め、考えを煮つめたいと考えております。すぐれた対立者との切磋琢磨こそがオリジナルな思想の発展のために求められるからです。

その意味で、本書に対するご批判、ご高評など、著者のさらなる発展の大きな糧となり得ましょう。この本に対する〈反応〉をと考える次第です。何卒、よろしくお願い致します。

敬具

一九九五年九月

洋泉社編集部
小川哲生

宮崎哲弥編著『ぼくらの「侵略」戦争――昔あった、あの戦争をどう考えたらいいのか』

拝啓

このたび、宮崎哲弥編著『ぼくらの「侵略」戦争――昔あった、あの戦争をどう考えたらいいのか』刊行のはこびとなりましたので、早速、お届け致します。

今年は戦後五十年ということで、〈戦争〉を考える企画が目白押しの活況を呈しましたが、私どもはそれらのいずれにも、ある種の違和感を抱いてまいりました。それらは、いずれも回顧的であったり、戦後一貫して平和主義に拠ってきたものの願望としか言えないものや、「こうすれば、あの戦争に勝てた」式の自分の現在置かれている場を忘れたある種の居直りであったり、というふうなものしかなかったからであります。いうなれば、マゾ的なまでの日本断罪か、居直りに近い日本全面肯定というものに単純に分類されるものしかないということです。

なぜ、戦後五十年という現在に〈戦争〉を語るのか、〈語る〉主体とは、いったい何者か、という問題意識が、ひとつもうかがえないのです。

本書の執筆者はほとんど戦無世代です。一九四七年生まれを中心に、戦争を体験しなかった世代が、戦争を考える、あるいは戦争責任を考えるというところに、他の本には見られぬ特色があります。この世代は戦後教育のなかで、〈公〉よりも〈私〉の利害を優先する教育を一貫して受けてきた世代であり、また高度資本主義とミーイズムが実現した浮遊で自由な都市社会を肯定したはじめての世代であります。だからこそ、現在の視点が必ずあるはずです。

巷間、流布する日独同罪論や、日独ファシズム=悪、英米デモクラシー=善、といった戦後のイデオロギーをいったん疑うこと、そして当時の合理性をその歴史的時間のなかで検証しなおさなければ、過去に体験した、その愚をまたまた繰り返すことは明らかです。

私どもの問題意識はつぎのようになります。

戦争を体験しなかった人間に戦争を語る資格はあるのか、また戦争を体験しなかった人間にも戦争責任はあるのか、ア・プリオリに日本人であるだけで、あの戦争に責任はあるのか、日本人は邪悪な民族であるために侵略したのか、あるいは欧米の植民地主義と日本の植民地主義は何が同じで何がちがうのか、そして同じ植民地主義でありながら日本だけがなぜ断罪されるのか、従軍慰安婦問題について考えなければならないポイントとは何か、等々。

本書で、私どもは、まとまった主張や規範的な史観を押しつける気は毛頭ありません。まったく相対立する見解が本書に同居しつつ、各自の主張がある射程をはらむことを望んでいるのです。過去五十年、延々と繰り返されてきた不毛な戦争観・平和論に還元されない視点を提供することだけが、何ものかであるという姿勢をこそ大切にしたいのです。

いま「戦争を語ることの困難さ」は私どもとて免れてはおりませんが、可能な限り〈戦争〉にアプローチし得たという自信があります。是非とも、ご一読され、ご助言、ご批判などいただければ幸いです。何卒、よろしくお願い申し上げます。

敬具

一九九五年九月

洋泉社編集部
小川哲生

金原克範著『〝子〟のつく女の子は頭がいい』

拝啓

このたび、金原克範著『〝子〟のつく女の子は頭がいい』刊行のはこびとなりましたので、早速、お届け致します。

私どもは、中身を読まずに本書のタイトルだけで、「あー、姓名判断の本か」とかタイトルで人を驚かす類の通俗本か、という反応を恐れます。本書は決してそのような本ではなく、きわめて真面目かつ本格的な内容をもつ本です。

著者の金原克範さんは、現在、三十一歳の少壮の社会学者です。東北大学大学院理学研究科で学び、修士号を持ち、その後一転して社会学に転じた異色の研究者でもあります。現在、東京工業大学の社会学研究生です。本書が社会学者のデビュー作になります。

「まえがき」にありますように、彼が少女論に取り組むキッカケは、院生時代に塾講師として子どもたちに接し、従来考えられてきた子どもたちと目の前にいる子どもたちとの落差に愕然とし、なぜこのような子どもが出現したのか考えるところから出発した訳です。

子どもたちの変化は二つあります。

①彼らは子ども同士で、あるいは両親や教師のあいだで言葉が通じなくなっていること

②本能的な衝動を抑制できなくなっていること

そして、この現象をさぐっていくなかで、もっとも端的にあらわれているのは、少女問題であり、少女の変貌はメディアの浸透により大きく影響を受けていることに気づきます。彼女たち（著者の言葉でいえば、メディア二世）の受信する情報は、両親（メディア一世）のマスメディアへの依存によって大きく、コントロールされている、と。つまり、彼女たちの両親こそが、間接的に彼女たちの夢を規定しているということです。

女の子の「名前」の調査——「子」のつく名前と「子」のつかない名前の比率を調べると有意の差がある！——をさぐることで得た発見はまことに鮮やかなものです。

名前の変化を追跡することで、マスメディアが両親に与えた影響を測定することができ、受信者の「名前」の調査によって、社会の情報化の影響を生の形で追跡することができるというものです。

この大胆な仮説は、①高校入試に必要な学習情報　②少女雑誌情報　③フィクション情報　④身体制御情報等の綿密な調査によって可能となったのです。

その意味で、本書は少女論であり、メディア論・コミュニケーション論の性格をもち、理解を絶するメディア新世代たる現代の若者を考える必読書と申しても過言ではないでしょう。

『サンデー毎日』『週刊女性』『週刊女性自身』等、発売以前にもかかわらず著者への取材も入っており、すでに話題を集めております。話題先行のきらいはありますが、内実は果たしてどうか、実物をごらんになって、その真偽のほどを確かめてほしいのです。決してキワモノではなく、現代社会を可視化している本書の価値が読み取れるはずです。

是非とも、ご一読下さいまして、ご高評などいただければ幸いです。よろしくお願いいたします。

敬具

一九九五年十月

洋泉社編集部
小川哲生

1996

玉木明著『ニュース報道の言語論』

拝啓

このたび、玉木明著『ニュース報道の言語論』刊行のはこびとなりましたので、早速、お届け致します。

昨年来の過剰なるオウム報道に接したとき、何か、日本のジャーナリズムはおかしいのではないか、抜き差しならぬ深刻な病に巣くわれているのではないか、と思わなかった人はいないはずです。それはなぜなのか。それを根底から明らかにする本が切実に欲しい、そう思った人はかなりの数にのぼるはずです。そのような人に恰好な本がようやくあらわれました。それが本書です。

ジャーナリズムの言語論というジャンルは、わが国では、ほとんど省みられなかった分野でありますが、それなくしては、ジャーナリズムの根底的な批判はできません。現場を知らない高みからの分析や現場にどっぷり漬かりきった発言だけでは、見えるものすら本当は見えません。

それを二つながらにやれる努力と才能があって、はじめて可能になるはずのものです。その意味では、著者の玉木氏は最適の人です。

ニュースとは言葉であるとはあまりにも自明なのですが、なぜか、その視点からの論は皆無でした。その前提に立てば、ジャーナリズムが変わるためには、まず、その言語論、言語システムが変わらなければならないのは言うまでもありません。

まず、根底を撃たねばなりません。そうであるならば、日本の戦後ジャーナリズムが依拠してきた言語システムである無署名性言語（〈一人称＝わたし〉禁制化された言語）とはなんであるかをあらゆる角度から分析しなければなりません。

本書の構成は、大雑把に言ってほぼ三つからなります。

ひとつは、戦後ジャーナリズムを支配してきた〈ニュースは事実をありのまま伝えることができる〉という確信が、現代思想、現代言語論の水準からみれば、錯覚・誤解に過ぎず、その論理的根拠を明らかにすること。↓理論篇。

つぎに、その錯覚・誤解に基づく言語システムの具体的な現象として、〈イエスの方舟事件〉〈サンゴ落書き事件〉〈松本サリン事件〉〈オウム・サリン事件〉の報道局面を分析する。↓現象批判篇。

さらに、では、戦後ジャーナリズムを根底から改変するには、どうすればいいのか。言葉の原点である〈いま・ここ・わたし〉をジャーナリズムの基底に据えることを主張し、その試みの具体的実践を提言する。↓展望篇。

この三つです。

総じて、本書は、なによりも日本のジャーナリズムの改変と再生への思いが全編に溢れていることは申すまでもありません。本書と先に刊行しました『言語としてのニュー・ジャーナリズム』とを合わせて、著者のジャーナリズム言語論のほぼ全容が整ったことになります。

遅々とした歩みではありますが、本書の波及が、必ずや日本のジャーナリズムの再生に寄与するものと、著者ともども私たちは確信しております。

是非とも、ご一読くださいまして、一人でも多くの読者の手に渡りますよう書評などで紹介いただければ幸いです。何卒、よろしくお願い申し上げる次第です。

敬具

一九九六年一月

洋泉社編集部
小川哲生

河上亮一著『プロ教師の生き方——学校バッシングに負けない極意と指針』

拝啓

このたび、河上亮一著『プロ教師の生き方——学校バッシングに負けない極意と指針』刊行のはこびとなりましたので、早速、お届け致します。

著者の河上亮一さんは、埼玉県の公立中学の現職の教師であると同時に、別冊宝島「ザ・中学教師」シリーズの中心的執筆者でもあり、また氏自身、『プロ教師の道』『プロ教師の覚悟』の著書をもちテレビなどの教育討論番組に欠かせない教育界の有名人でもあります。

著者は自分自身を〝現実派教師〟と位置づけ、社会に向かって、現場の教師の意見を積極的に押し出してきました。本書は、ここ二年間の著者の学校での取り組みと現場で考えたことをまとめたものです。

著者の立場をひと言であらわせば、次のようになります。

《この十年、マスコミを中心とするはげしい学校たたきのなかで、学校の教育力は大きく後退してきた。個性、自由・人権、平等第一という観念が教育を困難にしてきたものである。極端ないじめは、このようななかで登場してきたものであり、子どもの変質は戦後の子育ての行きつく果てを示している。》と。

あまりにストレートな物言いであり、進歩的を自認する人や観念論に陥りやすい人からは、即座に忌避されそうな発言に一見きこえそうですが、その言わんとすることを、現実の学校に即してみるとき、なんと説得力のある言い方かと思わざるを得ません。

それほど、現在の学校を取り巻く状況が厳しいことのあらわれでもあるからです。たとえば、いじめ問題を考えるとき、ひとにぎりのいじめっ子と見て見ぬふりをする教師の無責任さが事の本質にあるのではなく、いつどこででも、明日にでも起こりうるのが〝いじめ〟であり、現在起こっていないのは微妙なバランスが保たれているにすぎない、と言い切る著者の姿勢は、見るべきほどのことは見るという厳しい認識に裏付けられていることがわかるはずです。

本書は三部構成になっております。〈第一部　プロ教師の覚悟〉では、最近の学校とそれを取り巻く状況について、〈第二部　プロ教師の取り組み〉では、著者の具体アクション、そして〈第三部　プロ教師のいじめ論〉では、学校が現在直面する最大の問題である〝いじめ〟についてまとめたものです。

著者の発言の裏には、多数の物言わぬ教師たちの本音があります。今追いつめられている学校のなかで、教師としてギリギリできることを誠実にやりぬき、そこで考えぬいたことを世間に語り始めることの必要性が本書を書かせたとも言えます。現場からの発言を世間に向けて語ることは、教師としての責任であると同時に一人の大人として日本の社会に対する責任でもあるからです。

いったい、日本の学校はどうなるのか、と一度でも悩んだ人にとって本書は、的確な答えを与えてくれるものと著者ともども確信しております。

ひとりでも多くの人に本書の存在を知らしめ、読んで欲しいと切実に願わざるを得ません。是非とも、本書を一読されまして、書評・紹介の労をとっていただければ、これにすぐる喜びはありません。何卒、よろしく、ご配慮のほどお願い申し上げる次第です。

敬具

一九九六年一月

洋泉社編集部
小川哲生

中山治著『〈甘え〉の精神病理』

拝啓

このたび、中山治著『〈甘え〉の精神病理』刊行のはこびとなりましたので、早速、お届け致します。

著者の中山治氏は慶応大学大学院で、教育心理学、臨床社会心理学を修めた気鋭の心理学者であります。その出発点である『「ぼかし」の心理学』で、土居健郎東大教授に高く評価されて、心理学者としての道を歩み始めた人でありますが、今回は、その評価者である土居氏の名著『甘えの構造』を批判的に超えるべく、土居「甘え」理論をさらに発展させようと本書を著しました。

『甘えの構造』刊行からはや二十五年が過ぎようとしておりますが、その書が刊行された時の状況と同じように、あるいは七〇年にもまして九〇年代の日本社会がゆらいでいることが実感されます。連続幼女誘拐殺人事件やオウム・サリン事件、あるいは今なお燃え盛る「いじめ」、拒食症や家庭内暴力といった精神病理の蔓延といったように不安の種は尽きません。

このような時代こそ、ゆらぎかけた日本人のアイデンティティを見つめ直すきっかけ、正確な自己像は必要とされるはずです。その意味で、本書は、日本社会が抱える問題解決へのヒントを提示するものとして刊行するものです。

土居理論と中山氏の理論には決定的ともいえる違いが見られます。土居理論では、「甘え」が否定的で好ましくない側面ばかりが強調されるきらいがありますが、中山氏は、母親と乳児の関係に見られますように、好ましいどころか精神の発達に必要不可欠な側面があることを強調している点であります。

「甘え」一般を問題にするのではなく、その位相の違いをこそ問題にするのです。著者は「甘え」の身体性とその三層構造──シュガー的甘え、ライス的甘え、エロス的甘え──に着目し、その機能の違いと、「甘え」の肯定性、否定性の両面を明らかにします。特に、エロス的甘えの挫折が現代の病理を生みだすという視点から、現代社会が抱える病理、具体的には、対人恐怖、家庭内暴力、拒食症、オウム事件に代表される宗教病理、さらにいじめや学歴偏重社会に見られる教育病理を分析し、問題解決への手がかりを考えます。その論理のはこびはスリリングと申せましょう。

まさに、〈甘え〉というキイワードで捉え直す新しい日本人論、日本社会論といっても過言ではないと思われます。

是非とも、本書の意義を読者に伝えるべく、書評等で取り上げていただけますよう切に望む次第です。何卒、よろしくお願い致します。

敬具

一九九六年四月

小川哲生

副島隆彦著『斬り捨て御免！』

拝啓

　このたび、副島隆彦著『斬り捨て御免！』刊行のはこびとなりましたので、早速、お届け致します。

　タイトルは、なにやら物騒で、いささか品にかけるきらいはありますが、この業界の論争の類を瞥見するとき、妙に品のいい振る舞いをしている御仁が、いったん、批判にさらされると、もう血相をかえ、なりふりかまわずの悪罵のかぎり、というのが常態です。

　私どもは、もっと素直になるべきです。品のなさは、生まれ育ちのせい、かっこつけなど必要はないのです。問われるべきは、その批判、一太刀が相手にどれほどの深手を負わせるかです。また、運悪く返り討ちにされたら屍体は適当に片づけてもらえばいい、との覚悟なくして、相手と切り結ぶことなど到底ありえないでしょう。軽蔑すべきは「金持ち喧嘩せず」と逃げを決めこむ怯懦な論者その人であるはずです。

　本書は、目次にもありますように、三部構成です。Ⅰ　斬り捨て御免　Ⅱ　言いたい放題　Ⅲ　折々の倒錯　いわば一冊丸ごと〝ケンカ評論〟集といえるものです。

　本書が相手にした最大の敵は、ソビエト崩壊以後、倫理的に自己を問い詰めたかつての社会主義者たちが重苦しい沈黙のなかに退却していったあとの空白地帯でバカ騒ぎをやっている〝三人〟——この三人は本書を読んでいただければわかるはずです——及び、戦後思想界を領導しかつ現実に敗北しながら、口をぬぐって知らぬ顔の半兵衛を決めこむ某書店新書の執筆者たちです。

　思想は人を生かしもし、また殺しもするものです。しかし、その責任だけははっきりさせねばなりません。このことがもっとも肝心なところです。

　まして、思想の判断は右か左かにあるわけではありません。著者の拠って立つ基盤は、明瞭で簡潔な正義〔ジャスティス〕と公平〔フェアネス〕と善〔グッドネス〕の実現ということにあります。このケンカ評論に一貫して流れている通奏低音は、いかにも上述した価値——思想と知識をめぐっての課題——であります。

　辛辣な批評と巧まざるユーモア。本書の重いテーマとは別に一個の読み物としても、思わずニヤリとしてしまうこと請け合いです。これが〝いまどきのケンカ評論〟かと、思っていただければ以て瞑すべし。

　是非とも一読されまして書評などに取り上げていただければ幸いです。あえて、好意あるとは申しません。悪意も結構。それこそが、著者ともども私どもが望む思想の有りようでもあるのですから。何卒、よろしくお願い申し上げます。敬具

一九九六年六月

宮崎哲弥著『正義の見方』

拝啓

このたび宮崎哲弥著『正義の見方』刊行のはこびとなりましたので、早速、お届け致します。

本書は著者の処女評論集であります。単独の著書よりも珍しくも編著を刊行した著者の待望久しい本であり、著者の意気込みがそのまま伝わってくる書物でもあります。

オビにあります〈ニューエシックス30〉とは、浅羽通明、切通理作、宮台真司といった、倫理なき時代に倫理を考える一群の三十代の書き手を指すことばですが、まさにこの世代の理論的な支柱と目される著者の満を持して世に問う作品です。

内容的には三部構成となります。〈第一部　夫婦別姓大駁論〉は言わずと知れた「夫婦別姓」批判ですが、著者の意図するところは、フェミニスト批判ではなく、まして平等批判でもなく、「個人主義批判」「アトミズム批判」そして、「選択の自由」の美名の下になされつつある「共通善解体」への抵抗であります。

続く〈第二部　ぼくらの「宗教」戦争〉は、オウム論であり、従来の書では避けられてきた感のある教義としてのオウム真理教批判、仏教正統論です。オウム信者とほぼ同世代に属する若き知性が展開するこの章は必ずや腑に落ちる指摘と申せましょう。

そして〈第三部　騒がしい話題〉は表題通り、戦争責任問題から小泉今日子・宮崎勤まで、世間を騒がせた話題に斬り込んだ、問題意識に満ちた切り口を見せます。

総じて、著者のいう「倫理」とは、「共同体」なくして、人間は生きられない、ということになります。そのことを端的に述べた一節を引用してみましょう。

《私は、人間の実質倫理の基礎となるのは、家族や近隣関係、地域コミュニティ、ギルドのような職能集団などの自然発生的な共同体であると確信している。ここでいう共同体とは、モダンな社会像の基本的枠組である「国民国家と個人」の中間、あるいはポストモダンな社会像の枠組である「超国家と脱個人」の中間に位置し、共生の場の維持と成員のアイデンティティの確保だけを目的とする比較的小さな人間集団である。》と。

西部邁氏をして「十年に一人の逸材」と言わしめた宮崎哲弥氏の力量を示すものとして自信をもってお勧めしたいと存じます。

是非とも、一読されまして、書評などでご紹介いただければ幸いです。何卒、よろしくご高配のほどお願い申し上げます。

敬具

一九九六年七月

相澤啓三著『オペラ知ったかぶり』

拝啓

このたび、相澤啓三著『オペラ知ったかぶり』刊行のはこびとなりましたので、早速、お届け致します。

「オペラ知ったかぶり」とは、ちょっと物騒で、厭味たらしいタイトルですが、著者自身は、露ほども知ったかぶりするような人間ではありません。そうではなく、空前のオペラブーム(時あたかも、六月二十九日、国立競技場での三大テノール競演には、六万人の人々が駆けつけました)に対し、それを肯定しつつ、オペラとはもっともっと奥行きの深いものであり、誰もが知りたいが、誰も教えてくれないことを教えてあげましょうという意味で、このようなタイトルにした次第です。

たとえば、誰もが知りたいが、誰も教えてくれないことことはどんなことでしょうか。

・ウォータンはなぜ黒い眼帯をしているのか
・トスカはどこから飛び降りたのか
・歌手はなぜ第三幕から肥るのか
・プッチーニ・ヒロインとは何か
・カウンターテナーはいまなぜもてはやされるのか
・オペラの歴史はなぜ逆オペラ史でなければならないか

等々、いずれも、聞かれればウッと詰まるような疑問を噛んで含めるように答えてくれます。

オペラ・ファンはどことなくミーハー的に行動し、時には知ったかぶりにもなったりしますが、芯はひどく真剣な知的探求者であったり、美的求道者でもあったりする人のことをいいます。その意味で、相澤氏は言葉本来の意味でのオペラ・ファンと申しても過言ではありません。

オペラ評論家を名乗る人がCD・LD解説に明け暮れていることを考えますと、やはりオペラ・ファンの立場にたったオペラ評論というものが必要とされる所以です。

記憶に残る一節をちょっと引用してみましょう。

《死を前にしてカヴァラドッシが、アリア「星は光りぬ」で直視したのは、日常のなかで見過ごしてしまった細やかなものの豊かさである。そして、それが突然失われる口惜しさに他ならず、オペラ・ファンとはその歌の非日常的な力に共振する者なのである。》と。

軽く手にとって、オペラの世界を堪能してください。そして、これは書評ででも取り上げてみようと感じましたら、是非とも、ご紹介くださいますようお願い致します。

目利きの人と出会うことは私どものもっとも喜びとするところです。何卒、よろしく、ご高配のほどお願い申し上げます。

敬具

一九九六年七月

中山治著『中学生のための「個性別」超勉強法』『高校生のための「個性別」超勉強法』

拝啓

このたび、中山治著『中学生のための「個性別」超勉強法』『高校生のための「個性別」超勉強法』刊行のはこびとなりましたので、早速、お届け致します。

著者の中山治氏は、教育心理学を専攻する研究者ですが、心の悩みなど広く人間性にかかわる領域と受験・学力・進学問題にかかわる領域をも研究しているひとです。著者は先に『親子で伸ばす学習戦略』を著し、読者の熱い支持を得て版を重ね、六万部をすでに超えております。本書では、とくに中学生、高校生の皆さんの勉強に関しての悩みを解決するヒントを提供しようとするものです。

野口悠紀雄氏の『「超」勉強法』の爆発的売れ行きにも見られますように、現在ほど効果的な勉強法が求められる時代はありません。それは、安易なハウツー本が求められるというよりも、一つには時代の急速な変化に対応するために、勉強を続けていかないと、本当に取り残されるという危機感がしからしむるということがあります。また、短期的視野（たとえば高校受験など）と同時に長期的視野（たとえば21世紀の高度情報化社会をどう生きるかなど）を射程に入れた勉強法が求められる所以です。

本書は、従来からあった類書とはまったく異なった視点から書かれております。

人それぞれ個性があるように、勉強法にも個性があるべきであるし、皆が皆同じ勉強法でいいわけはないのです。しかも「学力養成を主軸とし、得点力を方便として利用する」との観点からの勉強法でなければ、短期的な視点は達成できたとしても、長期的視点は達成できません。「敵を知り、己を知る」ために、勉強する者の個性のタイプと勉強法のタイプを教科別に考える必要があるのです。たとえば、個性別に「テキパキ型とのんびり型」「完璧型といい加減型」「理解型と暗記型」というふうに分けたとき、自ずとその勉強法が違ってきます。

今までのように、英語の勉強の場合、「教科書を丸暗記せよ」だけでは、一部の暗記型の人間には合った方法でも、「なぜ、そうなのか」とひっかかってしまう理解型の人間には意味のない方法となります。

「個性別」勉強法とは、自分に一番合った勉強法を編み出すためのものであり、時に応じて、正統派勉強法と裏ワザ勉強法とを使い分け、併用し、また折衷、あるいはつまみ食いしながら、自分にもっとも合ったやり方をとることです。

そのためのヒントは本書にすべてこめられております。

総じて、この本は勉強法について考えることを通して希薄になりがちな親と子、先生と生徒、生徒同士のコミュニケーションをはかることを目的としており、凡百のハウツー本とは異なり、真に役立つ情報、自学自習のための具体的ステップを提供するものです。

勉強法で悩む子ども（中学生・高校生）のためのバイブルとして本書の意義は大きいと思われます。より多くの人にこの本の意義を伝えていただけますよう是非とも書評等でご紹介いただければ幸いです。何卒、よろしくお願い致します。

敬具

一九九六年八月

洋泉社編集部

小川哲生

小浜逸郎著『人生と向き合うための思想・入門』

拝啓

このたび、小浜逸郎氏の最新刊、刊行のはこびとなりましたので、早速、お届け致します。題して『人生と向き合うための思想・入門』。

思想と入門のあいだに中黒がありますことにご注意願います。これは思想入門ではなくあくまで人生と向き合うための思想の入門書です。

人生と大上段に振りかざしますと、あー、人生論ね、という一種冷ややかな反応が聞こえてきます。それらに対しては、否、然り。然り、否。と答えたいと思います。なぜなら、人生論ということばは——かつて、私自身、〝人生論の大和書房〟という会社に二十年間も勤務していた関係上、どうしても、この〈人生論〉ということばがネガティブに響いてきます——〈人はどうやったら成功するか〉〈人に好かれるにはどうしたらよいか〉という人生の御利益本をイメージするもの言いでしかないからです。人生論までハウ・ツーにしてしまっている。

しかし、真の人生論とはそんなものではないはずです。人生という課題に思索をもって立ち向かうものこそが、ことば本来の意味での人生論と考えたいのです。あえて私どもは人生学講座を名乗る所以です。

本書のテーマはきわめて簡単です。

私どもが〈現代〉を生きていくなかで、ぶつかる切実な課題を思想として、どのように考え、どのように解きほぐしていけばよいかを考える、これがテーマです。具体的には①現在をどうみるか　②男と女は何を考えればよいか　③これから家族を作るなら　④教育はどうなるか　⑤父親として生きるには　⑥差別問題をどう考えるか　⑦老い・孤独・死を思想する　といったように、題材は多岐にわたっていますが、人が年齢を重ねていくにつれ出会う課題を順番に考えてみる体裁となっております。

誰しもがぶつかる人生の諸問題について、日々の生活のなかで深くつっこんで考えるいとまもなく宿題としてかかえこんでしまったものを解きほぐし、等身大のことばで明快な示唆と生きる勇気を与えるのが本書です。

著者は、自らの思想的スタンスを端的にこう述べております。

《人生とか生活などというと、とかく塵芥や通俗や退屈にまみれた、考えるに値しない陳腐な領域のことをイメージしがちであるが、私は反対に、人生や生活以外に思想するに値する領域などないとひそかに確信している。なぜならば、それが私自身ものを考える唯一の切実な動機だからである。》と。

思想や哲学などといえば、何か高級なものをイメージしがちですが、その実態たるや、学説の受け売りや知識本の類が多いなかで、なにげない生活のなかに潜む思想として一番大切なものは何か、それは必ずや自分の生きる指針を思想することだ、言い切る著者の存在感が伝わる本だと胸をはって言いたいと思います。

是非とも、ご一読されまして、もう一度生きなおしてみようと考える若者や中年の読者にこの本をご紹介していただけますようお願い致します。

何卒、よろしくご高配のほど申し上げる次第です。

敬具

一九九六年九月

洋泉社編集部
小川哲生

八木秀次・宮崎哲弥編『夫婦別姓大論破！』

拝啓

このたび、八木秀次・宮崎哲弥編『夫婦別姓大論破！』刊行のはこびとなりましたので、早速、お届け致します。

なんで、夫婦別姓といった、どちらかといえばマイナーな問題に異を唱えるのか、どうせ、選択性なのだから、好きにまかせればいいではないか、大多数の人間はそんなことに見向きもしないぜ、という声が聞こえてきます。

そうです。当初、私自身、そのように考えたことがありました。しかしながら、この問題を少し知るにつれ、そうとばかり言ってはいられないということに気づき始めました。

「まえがき」にありますように、この夫婦別姓問題には、複合的な争点がいくつか含まれております。曰く、家族と個人、国家と社会、男と女、父と母、親と子、自己決定とパターナリズム、アイデンティティとポストモダン……ありとあらゆる思想のキーワードが挙げられるほどです。このような現代的テーマに満ちた問題を語りにくいという理由で止めたのでは、現代を語るべき「思想」を手放したも同然と思うのです。

しかも、この夫婦別姓論議は、国民皆に直接関わる問題にもかかわらず、意図的に密室での議論に終始して、国民的議論にまで高められたことはありません。一部の民法学者、弁護士、フェミニスト、市民団体といったラウド・マイノリティの声の大きさだけで、これは「時代の流れ」といった雰囲気づくりが行われ、一国の民法を改正する動きは断じて許せません。

大多数のサイレント・マジョリティの目に晒されてはじめて、事の成否が論じられなければならないのは自明だからです。サイレント・マジョリティなど烏合の衆にすぎないから無視すればいいという発想はファシズム以外の何ものでもありません。

本書の拠って立つ視点はきわめて原則的です。夫婦別姓反対の言論を通してやろうとすることは「フェミニズム反対」ではなく、「平等批判」でもなく、「個人主義批判」「アトミズム批判」であり、「選択の自由」の美名の下に遂行されつつある「共通善解体」への抵抗ということであります。

思想と思想の闘いとは、一部専門家による密室での談合ではあってはならず、本書のように公然とした場での言論の闘いであるべきと考えます。

本書が夫婦別姓にたいするまとまった反対を表明するはじめての本であることは、きちんとした対応をしてこなかったマスコミへの一つの批判の意味すらあります。

意図的にか、あるいは無知のためか、本書で展開されている批判に対して、別姓推進派がダンマリを決めこむことはもはや許されません。せめてこの本が発している問題点に対して答えてから運動を進めてほしいというのが私どもの願いです。

　ともあれ、本書によって「国民的議論」を繰り広げるための共通基盤と議論のための材料が提供されたことになります。

　是非とも、一人でも多くの人に本書の紹介をしていただき、稔りある議論を進めるための材料としてアピールしていただければと存じます。何卒、よろしくご配慮のほどお願い申し上げます。

敬具

一九九六年十月

洋泉社編集部
小川哲生

1997

諏訪哲二著『〈平等主義〉が学校を殺した』

拝啓

　このたび、諏訪哲二著『〈平等主義〉が学校を殺した』刊行のはこびとなりましたので、早速、お届け致します。

　著者の諏訪哲二氏は、現職の高校教師（英語担当）であり、また「プロ教師の会」の精神的支柱として活躍中のひとです。著書に『反動的！』『学校の終わり』その他がありますが、氏の一貫した姿勢は、教師として現場で見えることだけを思想化することを心がけるということであります。

　タイトルは、いささか刺激的ではありますが、感情的ではなく、クールにドライに「現実」を眺めてみれば、そのようにしかみえないことが、本書を一読していただければわかる内容になっております。

　本書は三部構成から成っております。そのあたりを少し説明させていただきます。

　第一部は、「学校の病理現象を読む」と題して、いわゆる「いじめ」「体罰」「登校拒否」「偏差値・業者テスト」といった問題に果敢に発言しております。これらの現象は、学校がもつ前近代的な要素がしからしむるもので、近代化すれば、自ずと解決するといったような楽観的な考え方にたつのではなく、かえって、生徒やその親たちの「超近代的」な欲望によって、学校が翻弄されつつあることの反映と考えるべきであり、従来の捉え方では理解できない現象であるということができます。マスコミが捉えるようには、簡単に解決できない問題と申せましょう。

　次に第二部は「近代の物語」と題して、いわゆる「教育という幻想」崩しの問題に取り組みます。この章は、著者の力量がもっとも発揮されるところであり、もっとも吟味して読まれるべき箇所です。そもそも学校とは、その出発点から近代の器としてであり、国民形成のためのものであり、進歩派がいうように生徒一人ひとりの個性を伸ばすようには作られていないことを種々論点をあげて明らかにします。

　最後に第三部は「教育改革のゆくえ」で、しからば、学校の改革は可能かと問題をたてます。結論的に申せば、現在、行われている教育改革の延長線上に「教育の喪失」が招来すると著者は考えます。なぜなら、これらの改革の根っこには、強固な原理や哲学がうかがえず、ひたすら福祉国家のイメージと安直なヒューマニズム、そして「規制緩和」と「市場論理」の絶対視しかないからです。

　本書で、著者が追究している問題は、マスコミ等に見られる教師バッシングの言説が当の現場の人間にとっての実感にそぐわないのはなぜかを教師自らが「ことば化」することで明らかにすることであり、ひいては教育の困難に立ち向かっている教師たちにとっての励ましの書を提出しようとするものです。

現在の学校が抱えもつ問題が奈辺にあり、それを解決するにはどうすればいいのか。その意味で、現実を誠実に生きる一人の教師、いや一人の人間としての重みのある思想表現＝実践の書といっても過言ではないと申せましょう。

是非とも、ご一読されまして、書評等でご紹介いただければ望外の喜びであります。何卒、よろしくお願い申し上げます。

敬具

一九九七年一月

洋泉社編集部
小川哲生

村瀬学著『ことわざの力』

拝啓

このたび、村瀬学著『ことわざの力』刊行のはこびとなりましたので、早速、お届け致します。

本書の元となりましたのは、「21世紀を生きはじめるために」というシリーズの連載原稿ですが（本書収録に当っては構成の見直しと大幅な加筆訂正をほどこしたことは申すまでもありません）、数年にして二十一世紀を迎える今、「なぜ、いまことわざなのか」という疑問を向けられることがあります。ことわざとは、好事家でもないかぎり振り向きもしない古いものであり、現在的ではないというのがその真意なのでしょう。

しかしながら、著者によれば、ことわざの真骨頂は「渡し」の思考法にあります。

「世界」は「所の集まり」であり、その「所」を越えることは難しい。また、ことわざとは「所」を越える試みのなかでつくられてきたものであり、「神」と「民」を越える所、「国」と「国」を越える所、「村」と「村」を越える所、そういう「共同体」と「共同体」の闇を超えるなかで、人間はなんらかの変形を被ることを覚悟しなければならないからです。

この変形への覚悟こそが、実は「ことわざ」として伝えられてきたものであるというのが著者・村瀬氏のまったく新しい「ことわざ」論の骨子です。

現在、世界はたくさんの「世界」に分かれつつあります。ロシアや旧ユーゴだけでなく、この日本ですら例外ではありません。そのときに求められるのが、うまく境界を越えて行き来できる共生の道であり、その知恵が「ことわざ」の中に「力」としてぎっしりつまっていることを明らかにしようとするものです。

ですから、本書においては従来のことわざ論のようにことわざを過去のものとして扱うのではなく、未来に向けられたものとして扱う姿勢を片時も手放しません。ことわざの源にある「風物」に立ち返り、昔の人がやったようにことわざの風物的なものを味わいながら再現することで、現在にことわざを生き返らす。それは「思想」のテーマとしても、まさに現在的と申せましょう。あえて生活世界の現象学の試みといわせていただきます。

人生のめぐりを「植物」のことわざに、同一からの旅立ちとしては「親子」のことわざに、力のめぐりを「動物」に、侵犯情報のめぐりを「身体」に、粉飾のめぐりを「衣」に、安全のめぐりを「食」に、安全のめぐりとしては「住」にといったように、人間の生活を視野に入れた一〇三〇のことわざを包括的に取り上げるものです。

ことわざなんて所詮、処世訓にすぎないなどと切り捨てるのではなく、じっくり本書を味わっていただき、この著者の試みが射程距離の長い仕事であることを実感していただければと思います。そして、この地道な仕事を広く読者に伝えるよう書評等で取り上げていただければこれにすぐる喜びはありません。

何卒、よろしくお願い申し上げます。

敬具

一九九七年三月

洋泉社編集部

小川哲生

大月隆寛著『若気の至り』

拝啓

このたび、大月隆寛著『若気の至り』刊行のはこびとなりましたので、早速、お届け致します。

総頁三九六頁という、ちょっと厚目の本でありますが、本書に一貫して流れているのは〈いま・ここ〉の現在こそが身体を張って取り組むべき課題であるという心意気にあります。

書かれた時期は一九八八年から九三年までのものです。当時は、冷戦構造が本格的に崩壊し、バブルがはじけ、昭和天皇が死に、という時代でありました。いままでの価値観が崩れ、何でもアリの時代であったと、ある種の懐かしさをこめていってしまうところに〈ある種〉の時代性を感じてしまいますが、当時二十代後半にさしかかっていた著者が本格的に都市民俗学を志し――学界の無視をはねのけ、これこそフィールドワークと勇ましくもあらゆる題材に果敢に挑戦していた時期であります――、従来、民俗学がテーマにしそうもないものに〈いま・ここ〉という問題意識で迫ったものです。

本書に収録されたものは、すべて『別冊宝島』に掲載されたものであり、テーマもそのときどきの個別性に沿ったものであり、そして約五年ほどの時間の幅がありますが、こうして一書にまとめられたものを通読しますと、より大きな時代の流れが感じられます。

また、現時点からみて、執筆当時の舞台裏と九七年という現在からの視点を交差せることによって、八〇年代（バブルがまだコケていなかった時期）のばかばかしくもあり、なにか知らないけど熱気をもっていた、あの時代を巧まずして浮かび上がらせる仕掛けの本づくりになっていると自負しております。

タイトルは、いささか韜晦をこめて「若気の至り」としました。時あたかも、三月三十一日付をもって国立歴史民族博物館の助教授の職を辞し、この原稿を書き継いでいた時期と同じように徒手空拳の一介のもの書きとして、この時代に相渉るワープロ無宿の心意気として本書を刊行するものです。《かつての自分自身をも含めて、そういう時代をジタバタしてきたくだらない魂たちのささやかな餞になってくれればいい。》と。

「あの頃の気分」――そう、オンリー・イエスタディ'80s

現在進行形の同時代史として、少しでも感じるところがありましたら、是非とも書評などで取り上げてください。何卒、よろしくお願い申し上げる次第です。

敬具

一九九七年四月

洋泉社編集部
小川哲生

諏訪哲二著『「管理教育」のすすめ』

拝啓

このたび諏訪哲二著『「管理教育」のすすめ』刊行のはこびとなりましたので、早速、お届けいたします。

本書は、長らく品切れ状態にありました『反動的！』を改題して新装再版したものであります。なにゆえ、あの悪名高き「管理教育」なるものをタイトルに冠して、皆さまにお届けしようとするのか。声高に叫ばれる「私権」の擁護、あるいは人間の「私権」からだけ学校を論じても、そこには何ら生産的なものは生まれません。また、学校の教師たちは説得はされないし、かえって反撥すら感じてしまいます。

現在、学校は、牧歌的な時代を過ぎています。つまり、中学校はいうにおよばず小学校ですら「席につかせること」が困難であり、「おしゃべりさせないこと」が困難であり、「うしろをむかせないこと」が困難であり、「たち歩かせないこと」が困難であり、「教材を机の上に出させること」が困難である。簡単に言えば、「授業をすること」が困難な時代なのです。

そのような時代にあって、教師にも通用する教育の論理が今ほど必要なときはありません。人権の論理と教育の論理の双方に通底することが必要なのです。そこのところを、私どもは「教育・学校の論理は人権の論理だけでは語れない！」と表現したいところです。この本の初版は七年前であったのですが、当時は、このようなことを言うことすら「犯罪」的という雰囲気がありました。しかし、昨今のいじめ事件、また例の神戸の小6殺人事件を見るとき、もはや「管理教育」や「受験競争」という教育の「悪」の犠牲者としての子ども像を組み立てても、論の有効性を信じられないほどには、時代は進んだという感慨にとらわれます。

学校は管理から出発せねばならないのは当然であり、その土台を無視しては何も始まりません。管理が成立してはじめて人間の成長や自立も語り得る、という視点こそが、はじまりの一歩と考えたいと思います。

この本のなにほどかの意義は、その点をすでに七年前に全面的に論じ尽くしていることであり、読者の熱い要望によって復刊されたという点にこそありましょう。長い時間の風雪にさらされながらも、その本の命が長らえて、今こそかえって生きいきとして甦ってくる瞬間に立ち会うことができたことは編集者冥利に尽きると申せましょう。

是非とも、この機会に再読していただき、何らかの紹介などしていただければ、これにすぐる喜びはありません。何卒、よろしくご高配のほどお願い申し上げます。

敬具

一九九七年七月

小川哲生

河上亮一著『プロ教師の仕事術』

拝啓

このたび「プロ教師の会」のリーダーである河上亮一氏の第四弾、刊行のはこびとなりましたので、早速、お届けいたします。題して『プロ教師の仕事術』です。

今回は、とくに学校での教師の取り組みの指針となるものを中心にまとめてみました。「学校叩き」のなかで、萎縮する教師がいかに多いことか。「どうせ叩かれるのは私たちなのだから」と諦めに陥ったり、「どうせ学校の現在なんかわかりっこないさ」とマスコミや文化人の学校批判に沈黙している教師に対して、それでも、あなたがたの現実を知ってもらう努力をすべきであるし、そうすることによって現在の学校を少しでも生きやすい職場にし、ひいては、子どもたちにも、その姿勢がはねかえってくるはずとの願いから本書を刊行することにしました。

私たちが学校を語ることは、彼岸からの視点ではなく、まして、かつてあったかどかわからない懐古的な「ユートピア」の視点ではありません。そうではなく、現在おかれている学校をそのまま認め、その事実を共有することから出発するしか道はありません。その上で自分に何ができるかハッキリさせることが大事です。

しかしながら、自分一人でなんとかなると思う思い上がりを捨てることもまた必要なのです。

ところで、最近の生徒の変貌はすざまじいものがあります。自分の関心のないことにはかかわらない、つらいことや面倒くさいことはしない、相手が弱いとわかるとどこまでも自分を主張し、放っておけば弱肉強食のアナーキーな世界になってしまう。「受験競争」や「管理教育」に喘ぐ子どもたち、という姿となんと違うことでしょう。もう、お客さまは神さまというような「お子さま教」に単純にしがみつくのではなく、クールに現実を見る目を養うべき時です。

私どもが考えるべきことは、生徒の社会的自立をどう育てるか、ということに尽きます。そのために一人ひとりの教師がどうすべきか。ほんの一歩先を行く一人の教師の生きざまとその取り組み方（技術と知恵）を示そうとするのが本書の眼目です。

本書は三部構成になっております。第一部では最近の学校を取り巻く状況を押さえ、第二部では生徒の社会的自立をはかるためにどういう取り組みをしてきたか、さらに第三部では教師の自治的な動きをどうつくろうとしたか、をまとめてみました。

「私ならこうしてきた！」といささか大上段に構えたもの言

いになっておりますが、一つひとつは、悩み苦しみながらつかんできた誠実な実践記録と申せましょう。

　是非とも、一読されまして、「同時代を生きる教師の読むべき本」として紹介などしていただければ幸いです。何卒、よろしくお願い申し上げます。

敬具

一九九七年七月

洋泉社編集部
小川哲生

山口宏・副島隆彦著『裁判の秘密』

拝啓

　このたび、山口宏・副島隆彦著『裁判の秘密』刊行のはこびとなりましたので、早速、お届けいたします。

　本来ならば、前著『法律学の正体』より間をおかず刊行する計画でありましたが、その間、多々問題があり、六年という時が経過しましたことは著者ともども担当編集者である私の怠慢とすることであり、深くお詫び申し上げる次第です。その間、読者からの励ましや叱声やらに直に接しますと、生半可な書物を提供することがためらわれることがありました。是非とも、読者の期待に応えずばなるまいとの思いで成ったのが本書であります。

　かつて、この国では「経済一流、政治三流」ということばがございました。しかしながら、昨今の経済界の度重なる不祥事（野村、一勧、山一などの事件を想起されたし）をみるにつけ、そのことすら虚構であったことが白日の下に曝されたわけです。だが、待て、政治・経済が駄目でもまだ〈司法〉があるさ、という声が聞こえます。司法こそが日本の根幹をささえているということでしょう。だが、そんなことが本当にあるでしょうか。政治も経済も駄目ななかで司法だけが揺るぎなく王道を歩むということが果たしてありうるでしょうか。

そう思いたいという心情は、私とてもけっして否定しません。いや、そうあってほしいという思いは、他の誰にも負けないという自負さえあります。裁判とは、何かを解決したり、被害を回復したり、自分の権利を実現できる制度なはずですから。

しかし、そう思いたい感じをいだきつつ次のような疑問がすぐ湧いてまいります。曰く——

・なぜダラダラと十年裁判は続くのか？
・状況証拠だけでは有罪にされないはずなのに、なぜ有罪になるのか？
・裁判に勝っても権利が実現されないのは、なぜか？
・「はじめに有罪ありき」はなぜ起きるのか？
・偽証のし放題を裁判所は、なぜ放置しているのか？
・裁判の多くは、判決ではなく、なぜ和解で決着するのか？
・行政訴訟は常に国側の勝訴になるのは、なぜなのか？
・いつ迅速な裁判は実現されるのか？　……等々。

法曹内部にいればあまりにも普通のことで疑問にも思わない出来事であるこれらのことに対して、私たち日常を生きる人間に、これまでタブーとされてきた裁判制度の秘められたカラクリを暴くのが本書の使命です。

「借りたものはかえさなければならぬ」というあまりにも当たり前のことをないがしろにしてきた、この国の裁判制度への批判と、このデタラメな司法制度への改善提言を含む本書は、必ずや反響を呼ぶものと確信しております。

是非とも一読されまして、「ウン、そうだ」という率直な共感を書評という形で著していただきたいのです。誠に不躾なお願いではありますが、私どもの意向をお汲み取りいただけますならば幸いです。何卒、よろしくお願い申し上げる次第です。

敬具

一九九七年九月

洋泉社編集部
小川哲生

藤田敏明著『単位制高校は教育改革の切り札か？』

拝啓

このたび、藤田敏明著『単位制高校は教育改革の切り札か？』刊行のはこびとなりましたので、早速、お届け致します。

著者の藤田氏は、「プロ教師の会」＝埼玉教育塾の創設者の一人であり、また三人目の論客でもあり、長年、定時制高校の教師として底辺を支えてきた人であります。現在、埼玉県立浦和北高校に勤務する教師で、氏の勤務する高校が、埼玉県初の全日制普通科の単位制高校として歩きだして二年、この最先端の歩みに主体的に立ち会ってきた経験から、この〈単位制〉のもつメリット、デメリットを踏まえ、問題提起をしようとするのが本書の眼目です。

昨今、〈自己決定〉なることばが颯爽としたイメージをふりまいております。私など若干、へそ曲りの人間からすれば、そもそも〈自己決定〉を錦の御旗として持ち上げるならば、女子中高生の〈援助交際〉すら、彼らの〈自己決定〉においてなされるのだから、それは善きことであり、われわれオジンやオバンが眉を顰める類のことではないだろう、などと半畳をいれたくなるというものです。

ただ、単純に「個性化」や「自己決定」を持ち上げることなど、到底できません。そもそも、学校というところはいかなる場所か。昨今の人権論者や学校自由化論者のいうことを信じれば、なんらの束縛も許さず、子どもの「個性」を伸ばすための場所ということになるのでしょうが、どうもそう言い切ってしまっては、学校というものは成り立ち得ない感じがします。そうではなく、近代とともに発生した学校、もっと正確に言えば、近代が学校をつくったと言うべきでしょうが、文化を次世代に伝えるという教育を行う場所が学校とすれば、自ずと野放図に子どもの個性を伸ばすための場所ではないことは言うまでもありません。かえって、押し付けてでも、規範＝文化を教える所というイメージが実態に即していると申せましょう。であるゆえに「知識の授受」だけで学校が成り立ちうるはずがありません。

しかし、現在の文部省をはじめとした教育改革論者は知ってか知らずか、「生きる力」「学ぶ意欲」を刺激することに学校の主力を注げと強調する。その言やよし。だが、現在の学校が手を焼いているのは、「学ぶ意欲」以上に、その意欲を持続させ、中途で投げ出させずに三年間で卒業させることに尽きることにあるのです。

従来の「学年制」とは異なり、「規制緩和」と「個性化」を目指した単位制高校はそう楽観できるものではありません。当然にも学ぶ自由は学ばない自由を含むからであります。とすれば、この単位制は教育改革の切り札たり得るのか。

これまで保ってきた「学校文化」を切り崩す、この試みを前にして、果たして生徒たちは「自己決定」の幻想、「自己責任」のルールに耐えられるのか。

官主導の学校制度の改革は、百戦百敗の歴史をもっており、その事実を踏まえるとき、若干、暗澹たる思いを禁じえませんが、この試みに殉じようとする現場の無名の教師たちの行動にはエールを贈りたい思いがしきりにします。

本書は、その試みに主体的に関わってきたひとりの教師の実践記録であり、問題提起の書です。また、現場からするはじめてのリポートでもあります。この問題をどう受け止めるのか。単なる学校バッシングに付和雷同することよりも、この問題に立ち向かうことははるかに生産的であることは自明であります。

是非とも、一読されまして、エールなり、こうすれば、もっとよくなるぞ、という励ましなり、のことばを書評をとおしていただければ、著者ともどもこれにすぐる喜びはありません。何卒、よろしくお願い申し上げます。

敬具

一九九七年十月

洋泉社編集部
小川哲生

中山治著『親だけが伸ばせる知力・学力・人間力』

拝啓

このたび、中山治著『親だけが伸ばせる知力・学力・人間力』刊行のはこびとなりましたので、早速お届け致します。

著者の中山氏は、すでに『「ゆとり受験」の方法』『親子で伸ばす学習戦略』の著書をもち、今回の書で三部作が完成することになります。

従来、わが国では、受験や学力といった問題に接しますと、私は「教育ママ」「教育パパ」ではないから、子どもをのびのび育てるといった形で、この種の本にソッポをむく傾向がなきにしもあらずということがあります。その実、塾の隆盛を見ますとき、どこか、本音と建前の使い分けで処しているのがどうも実情のようです。とくにマスコミに従事している人たちのダブルスタンダードぶりを見るにつけ、その感を強くします。

なにも本音と建前の乖離をけしからんと言いたいのではありません。そうではなく、そのような状況のなかで、子どもたちに日本の教育の矛盾がしわ寄せされているのをもっとも恐れるからです。

それはどういうことか。

わが国の幼児教育や小学校の教育の世界をみるとき、有名人の言うことをなんら疑問に感ずることなく鵜呑みにしたり、馬鹿げたエセ科学やオカルト科学に惑わされ右往左往したりしている現状があるからであります。たとえば、ソニーの井深大氏の教育論しかり。公文式は言うに及ばず、ドーマン博士、七田眞氏、シュタイナー教育などなど。五五〇万部を超えたといわれる、あの『脳内革命』への熱狂ぶりなどおぞましいかぎりであります。

これはダブルスタンダードを決めこんできたマスコミの態度にも責任の一端はあると言えます。巷に流布している非常に有害な教育論を批判し、それがなぜ有害なのかという明快な根拠を示さなくてはなりません。

このような有害な教育論で、わが子を駄目にしたのでは、親として死んでも死に切れません。教育を学校にまかせるのではなく、子どもの教育は親がする時代がきたのです。「親だけが伸ばせる」所以です。

本書の内容は、子どもの知力、学力、人間力をどうバランスよく伸ばさせるかを平易な文章で示すことにあります。そのための基本方針として、①愛情ある合理主義　②正しいプラス発想　③自然体の教育　の三つをかかげます。

「教育バブル」でわが子を駄目にしないためにも、親として心がけたいことを、以上の基本方針をもとに、わが国の教育の現状と著者自身の子育て経験と専門の教育心理学を総合して出来上がったのが本書です。

是非とも、一読されまして、本書に賛同していただき、さまざまなルートでほかの方に紹介していただければ幸いです。何卒、よろしくお願い致します。

敬具

一九九七年十月

洋泉社編集部
小川哲生

米本和広著『洗脳の楽園――ヤマギシ会という悲劇』

拝啓

このたび、米本和広著『洗脳の楽園――ヤマギシ会という悲劇』刊行のはこびとなりましたので、早速、お届けいたします。

オウム以降、洗脳、マインドコントロールなることが話題にされることがおおくなりました。大川隆法の「幸福の科学」、深見青山の「コスモメイト」、福永法源の「法の華三法行」なるものをすぐ思い出しますが、著者米本氏はいずれも、それらの団体を早くから取材してきた人であります。

そして、このたび、ヤマギシ会を取材の対象にし、約三年間を要してなったのが本書ということになります。

著者は端的に次のように述べます。

《ヤマギシ会をひと言で言えば、洗脳された人間が洗脳されていない人を探し出してきては自分たちと同じような脳内回路をもった人間に改造しようとするクローン集団だということに尽きる。》と。

著者が、なぜヤマギシ会を取材の対象にしたかといえば、ある小学校の女教師――自殺未遂を企てた自分の担任の生徒がヤマギシ学園にいた事実があった――から「ヤマギシってどんな団体ですか」との問いに答えるためでありました。

ユートピア、地上の楽園をめざすヤマギシ会は、なぜ家族崩壊や子どもの不幸を招いてしまうのか――この問いに答えるには、単なるイデオロギーの問題ではありません。善意の人の集まりがなぜ、地獄に通底してしまうのか、この古くて新しい問題に答えるために、著者は自らヤマギシ会の「洗脳」の要ともいえる特別講習研鑽会＝「特講」に潜入し、体験取材を通していままで隠されてきた、この会の秘密のヴェールを剝ぎ、明らかにしようとしたものです。

本書で、多くの枚数をこの「特講」に割いたのは、なにも自己主張の強さというよりも、この会の強さの秘密に迫るためには避けて通れなかったからに他なりません。

自らを安全地帯において著者の取材態度を批判することも可能ではあります。しかしながら、正規の取材では、「特講」の秘密のヴェールの一枚すら剝がすことはできなかったにちがいありません。批判する夫子自身、それにたいしていかなる意見をもつかをまず明らかにしてから、本書を批判してほしいものです。

従来、ユートピアは美しい響きをもつことばです。しかしながら、その美しいことばとは裏腹にユートピア社会を実現しようとした歴史の結末は、いずれも無残な結末もたらしました。ヤマギシ会とて例外ではありません。世にあるユートピア思想で家族の共同性を解決しようとした試みはすべて、かえって社会的な弱者、子どもや女性の不幸、つまり家族の解体に至るということに帰結したからです。それがヤマギシ会という悲劇の本質と言っても過言ではありません。オビコピーにいう〈「善意」の道は一直線に地獄に通じる！〉所以です。

「特講」という日本の風土に根ざした独創的な洗脳にはじめてメスを入れた本書の意義をお汲み取りいただきまして、ご高評などいただければ、著者ともども私どもの喜びとするものです。

何卒、よろしくご配慮のほどお願い申し上げます。

敬具

一九九七年十二月

洋泉社編集部
小川哲生

平澤正夫著『電磁波安全論にだまされるな』

拝啓

このたび、平澤正夫著『電磁波安全論にだまされるな』刊行のはこびとなりましたので、早速お届け致します。

人類最後の公害と言われる（荻野晃也京大助手）電磁波は、ひところの危険論から今や安全論が大勢を示すかのようであります。そんななかで、「安全論にだまされるな」という直截的なタイトルをもつ本書などは、「良識」（あくまでカッコつきと強調しておきましょう）派からみれば、なんと時代遅れな、と半ば呆れられる類いの本として、一顧だにされず、無視されて終わる運命と位置づけられる危険性を私どもは承知しております。だが、待ってください。

それは、権威に弱いと言われる日本人にとって、まったく不思議でもなんでもありません。ある権威をもった筋から「安全だ」と言われれば安心し、「危険だ」と言われればパニックに陥りオタオタする、日本人特有の付和雷同型の人間に対して、緻密な現地取材と海外の科学文献の徹底した読み込みによって、その真実を明らかにしようとするのが本書の趣旨だからです。

洋泉社などという弱小の出版社からの本など、大新聞社や大出版社からの本に比べて信頼するに足りないと切って捨てたい心情もわからないではありませんが、昨今の大蔵省・通産省のありさまやＨＩＶにおける厚生省の体たらくぶりを見るにつけ、大きいことが即、信頼に結びつくなど信じられません。

ちなみに、まず第五章をごらんください。

もっとも権威あるかに見える「アメリカ国立ガン研究所（ＮＣＩ）」発表の「電磁波はガンと無関係」と報道した際のＡ新聞社、Ｂ出版社の対応はどう考えればいいのか。彼らは総じて、背景説明抜きで報道をタレ流した。あたかも彼らの願望を嬉々として語るように。しかしながら、このアメリカ国立ガン研究所なるものは、いわくつきの研究所にしかすぎません。はじめから「電磁波安全論」をもくろむ彼らは、調査時点で調べる範囲を線引きしており、また一貫して加害企業の立場に加担しているからです。それに対して腰のひけたマスコミの対応は、知ってか知らずか、独自の取材などせずに、彼らにすり寄っているといっても過言ではありません。情けないではありませんか。

昨今の刑事裁判を見るにつけ、「疑わしきは被告人の利益に」という〝推定無罪〟の原則などとうに忘れ、マスヒステリー状態で、疑わしきは有罪、即刻死刑にせよ（三浦和義事件、地下鉄サリン事件を想起されたし）と比べてなんという違いでしょう。

安全性の考え方は、それとは違っていなければなりません。もはや古典的とも言える「〝危険が証明されない間は問題にしない〟というのはもっとも非科学的な態度である」「公共・公衆の安全を守るためには〝安全が証明されなければやってはならない〟のであって、危険が証明されたときには、すでにアウトになっている」（武谷三男編『安全性の考え方』）という視点が忘れられているのが現状です。

いかにも、本書は少数派の意見と言えるかもしれません。しかし、真実はどちらにあるかは論を俟ちません。権威の前に沈黙を強いられ立場から、「いや、違う！」という声を上げることこそ今、もっとも必要なことなのではないでしょうか。「思いやりと優しさが圧殺する」多数派の暴力を見極めるためにも本書の意義を声を大にして語らねばなりません。ぜひとも本書を一読されまして、「うん、そうだ」「ひょっとすると、本書の言っていることが正しい」とのあと押しのことばをいただければ、まことに幸甚に存じます。心ある皆さまのことばを求める所以です。何卒、よろしくお願い申し上げます。

敬具

一九九七年十二月

洋泉社編集部
小川哲生

1998

河谷史夫著『読んだふり――書評百片』

拝啓

このたび、河谷史夫著『読んだふり――書評百片』刊行のはこびとなりましたので、早速、お届けいたします。

本書は、朝日新聞書評欄に約三年半にわたって書かれた一一一本の書評を収録したものであります。著者の河谷氏は、「専門もなければ格別の志もない」などと自らを卑下しておりますが、察するところ、新聞書評とは、スペシャリストの立場ではなく、ジェネラリストの立場からするものとの思いが、こう言わせていると考えたほうが妥当のようです。そうです。かつて鶴見俊輔氏が、朝日新聞の書評委員を辞するにあたって言ったとされることばが、いま鮮明に思い出されます。概要は以下のようなものです。

――この頃、朝日の書評が面白くないのは、皆、専門に凝り固まって、自分の専門分野へのエールの交歓に堕しているからではないか。そうではなく、一般の読者にかわって、自分ならこう読むぞという気概で、本に立ち向かう勇気なくして、なんの書評ぞ。書評によって自分が試され、そして、その選択がそのまま批評といえるようなものにチャレンジしなければ、いずれ新聞書評なぞ誰からも相手にされなくなる、と。――

この言は、又聞きですから、真偽のほどはわかりかねますが、私としては、当時、まさに「そのとおり」と膝をうったことを覚えております。

私自身、編集者ですから、新聞・雑誌の書評は自らの商売にかかわるゆえに常に興味をもって眺めてきました。だが、なんとなく影響力の無さや、どこか面白くないな、という思いも同時に禁じ得ませんでした。どれもこれも仲間ぼめか……と。

しかしながら、ある時、ふと「オヤッ」と思う書評に出会いました。また、数週間を経て、「アッ」と思い、「オオッ」と思うことがたび重なってまいりました。

この書評はなかなかのものだと感じたとき、その評者をみるといつもきまって「河谷史夫」という名前があるではありませんか。ビッグネームであるか無名であるかにかかわらず、このような人の本を出さねばというのが信条にして心情の私としては、無視することはできません。

何回かの折衝のなかで、ようやく本書のような形で刊行することになりました。内容は約三年半の間に書かれた一一一本の書評を「喜・怒・哀・楽」の四章構成に、すなわち感情の赴くままに分類し、一本を見開きで供するものです。題して「読んだふり」。タイトルの由来は「あとがき」をご覧になっていただければ納得いただけるはずです。

《書評そのものは、第一に重要なニュースである》《選択が重大である。選択がそのまま批評である》。あえて私どもは「書評芸の見本帖！」と本書を位置づける所以です。

ぜひとも、本書を通読されまして、「書評集」を書評するという贅沢な愉しみに挑戦していただければと存じます。「良き本」は良き読者、良き評者を常に欲し、待っているものです。なにとぞ、よろしくご配慮のほどお願い申し上げます。

敬具

一九九八年一月

洋泉社編集部
小川哲生

池田香代子著『魔女が語るグリム童話』

拝啓

このたび、池田香代子著『魔女が語るグリム童話』刊行のはこびとなりましたので、早速、お届けいたします。

著者の池田さんは、あの『ソフィーの世界』の翻訳者として一躍、有名になりましたが、本来、ドイツ文学・口承文芸の世界では早くからこの人ありと目されてきた人であります。

近年、「グリム童話」が静かなブームを呈しておりますが、それに先立って、昔話研究もフォン・フランツや河合隼雄氏のユング派やベッテルハイムなどのフロイト派の分析などをとおしてブームに拍車がかかったことも否めません。従来、私ども（団塊の世代）が子ども時代に慣れ親しんだ「グリム童話」とはまったく趣を異にする世界が登場してきたことになります。

そこでは、血が噴き出る残酷さやいじわるな母親が継母などではなく実の母親であったり、わが娘に迫る父親が出てくるといった、ひとむかし前には到底考えられないリアリティをもった世界といえます。

そして、ここにまた、その道統を正式に継ぐ一書があらわれましたことを素直に喜びたいと思います。それが本書ということになります。

本書は、これまで「グリム童話」研究にいそしんできた人によるパロディの書といえます。パロディとは、知的なゲームに似てどこかで冷めていなくてはなりません。

まして、「グリム童話」のように人口に膾炙した作品ともなれば、生半可なひっくり返しなどではだれも見向きもしません。もっともその人の手腕が試される作品といえましょう。

著者は端的に次ぎのように述べております。

《パロディストは、自分に毒を盛り、自分に落とし穴を掘るのです。つまり、この本のなかでぶざまな格好でずってんどうと転んでいるのは、いずれもなにがしかは作者であるわたしなのです。》と。

そんな著者が、いっちょ笑って、自分と世の中のどちらにも落とし前をつけたいと考えて執筆したのが本書です。

内容は見てのとおり、「白雪姫」「いばら姫」「七羽のカラス」「赤ずきん」をはじめとした十八のパロディからなります。知的で懐が深く、棘のある十八のパロディのなかに人間と世間の深層を解くカギが秘められております。

スズキコージ氏の絵も本書をひもとく楽しみを倍加させるものとなっていると確信しております。笑いながら人生に思いをいたし、『グリム童話』って本当はこうだったのか？

と思っていただければ、著者ともども私どもの喜びとするところであります。

ぜひとも一読されまして、書評などの労をとっていただければ幸いに存じます。何卒、よろしくお願い申し上げる次第です。

敬具

一九九八年二月

洋泉社編集部
小川哲生

森隆著『阿呆ぼん――マニラ保険金詐欺事件犯の懺悔録』

拝啓

このたび、森隆著『阿呆ぼん――マニラ保険金詐欺事件犯の懺悔録』刊行のはこびとなりましたので、早速、お届けいたします。

すでに、皆さんもご承知とは存じますが、本書の著者・森隆氏の第一審判決が下されております(一九九八年三月十六日、大阪地裁)。懲役四年という実刑判決です。

この事件の第一報を聞いたとき、誰しも馬鹿な男だな、という感慨を禁じ得ませんでした。しかしながら、彼の獄中での手記(本書の前身となったもの)を読むとき、ただ倫理的な非難ですませていいものかと、思ったことも事実です。ダメな男だが、どこか憎めない男だ、というのが正直な感想であります。

獄中九年の筋金入り元共産党員で地方政治家として輝かしい実績を残した父親と、「女赤ヒゲ先生」と呼ばれるほど地域医療に貢献した母親との間に生まれ、なんの苦労もなく育った著者が、バクチ、オンナと放蕩のかぎりを尽くし、まわりから食い物にされ、あげくは、保険金詐欺事件に至る、というお定まりの転落の道を歩んだ男の人生など読むに足りぬと、一言で斬って棄ててしまうには、あまりにも破天荒で面白い内容に仕上がっております。

プラスであれマイナスであれ、その符号をとり去ってしまえば、絶対値としての人生の面白さというのがあるのは間違いありません。まさに、その面白さが、この本の主人公にはあります。

かつては、「貧困が犯罪を生む」と言われましたが、高度消費社会と大衆民主主義の時代である現在においては、そうした古典的な図式で説明される犯罪はもはやありません。かえって政治家や有名女優の息子がクスリ絡みの事件を起こしていることは、昨今の事例からも明らかであります。

本書の著者が転落した人生を歩んだように、そこに共通するのは、生来の犯罪者というワルそのものではなく、気弱な性格ということが浮かびあがってきます。親が多忙でかまってやれない免罪符に、不相応な小遣いを与えて甘やかすことが、それを倍加させることは言うまでもありません。

しかしながら、私どもは大衆のルサンチマンよろしく、庶民感覚では想像もつかないカネ遣いやモテる男に対して、ただ反感をもって非難したくはありません。彼の転落の人生を他山の石とする視点を持ちたいと正直思うからです。

その意味で、甘えにどっぷりと漬かったと非難されるのを覚悟のうえで、不倫をはじめ、競馬や賭場での過去の様子を言い訳ではなく、まさに自分の「阿呆ぼん」人生をありのままに綴った本書の意義はそれなりにあるものと考えます。

自分の人生をすべてさらけ出すことによってしか、新しい人生を歩むことはできないからです。

笑うもよし、蔑むのもよし、ただ突破者になれなかった男の半生＝反省の記として、人生の悲哀といったものを感じていただければ幸いです。もし、なにがしかの感想などいただけますればこれにすぐる喜びはありません。

何卒、よろしくお願い申し上げます。

敬具

一九九八年三月

洋泉社編集部

小川哲生

マサオ斎藤著『ヘアケアが髪をダメにする！』

拝啓

このたび、マサオ斎藤著『ヘアケアが髪をダメにする！』刊行のはこびとなりましたので、早速ながら見本として一冊お届けいたします。

本書は、実用書というよりは、一つのカウンター・オピニオンの書として刊行するものです。

本来、髪によかれと思ってやっていたヘアケアが、髪をダメにしていると唐突に言われると、読者は相当ショックを受けるに違いありません。たぶん、「エッ、そんなことあるの」と。だが、事実はそうなのです。

経済的に豊かになり、栄養状態も良好なはずの日本女性の髪にいったい何が起こっているのでしょうか。

リンス、トリートメント、ムースやスプレーなどのヘアケア商品を使えば、確かに何もつけないよりも枝毛は目立たず、ツヤも出て、髪が美しくなったように見えるかもしれません。しかしながら、こうした商品は大量のシリコンなどのコーティング剤による見せかけにすぎません。そして、こうしたヘアケア商品には、髪を傷める原因成分が大量に含まれているのです。

美しくなりたいという女性の願いが、かえって女性の髪を瀕死の状態に追いやっているという事実は密かにこころある人たちが知っていたことであります。

本書は、そうした風潮に対して、正しい毛髪診断とオーツーパーマの技術で、髪の健康が蘇ることを願って書き下ろされたものです。

著者のマサオ斎藤氏は、現役の美容師であり、また髪の健康によい粧剤の研究開発を独自に手がけている人であります。（本書、著者プロフィールをご参照願います）

これ以上、日本の女性の髪が傷むのを放置しておくことはできません。「本当に正しいヘアケアとは何か」を知っていただくことは急務を要することだからです。

本書の提言するところを一人でも多くの女性に知っていただくためにも、ぜひとも貴社の媒体で取り上げていただければ幸いです。何とぞ、よろしくお願い申し上げます。

敬具

一九九八年三月

洋泉社編集部
小川哲生

山下柚実著『トレンドのゆくえ』

拝啓

このたび、山下柚実著『トレンドのゆくえ』刊行のはこびとなりましたので、早速、お届けいたします。

著者の山下氏は一九六二年生まれのノンフィクションライターで、主に取材対象をエイズ、インド、エステなどに求め、活躍している若手の女性ライターの一人です。

サブタイトルに、ちょっと聞きなれぬ「コラム・ノンフィクション」なることばがありますが、これは著者の命名ですが、「過去のコラムを素材にし、今・ここに流れる時間を接続させたノンフィクション」というのが、その意味するところであります。

過去のコラムとは『日本経済新聞』夕刊に掲載された連載コラム「ヤングヤング」がそれです。月一回のペースで、その時々の若者の風景や現象を切り取り、その意味をさぐる視点で書かれております。

本書を作るにあたって、ただ単にコラム集を作るのではなく〈現在〉の視点から流行現象を見ることにこだわったわけです。そのため、見出しは初出時とは違い、すべてキーワードにしてあります。現象の先端こそが端的にキーワードに現れると考えたからであります。

　数年たった、今からもう一度その現象を見直すとどうなるか。かつてあれほど一世を風靡した現象がどう変わり、また拍子抜けするほどに変貌したり、萌芽でしかなかったものがとんでもなく本格化していたり、といったことが、たった数年間の間に起きることがわかります。

　そのあたりの面白さを著者は次のように述べております。《過去と現在を並べ二つの落差に目を凝らす。するとタイムラグの谷間に、もう一つ別の場所が現れる。別の風景が姿を現す。そこへジャンプするスリリングな「遊戯」》と。

　コラムという限られた紙数に現象を切り取るのはそれなりの〈芸〉といったものがためされます。まして本書は、過去と現在を架橋する新しい試みですからなおさらです。そのための仕掛けも本書にはあります。扉にその年の「主な事件・出来事」「ヒット商品」「新語・流行語」などをならべ、その時代の表層を提示するというのもその一つであります。また、過去と現在を測る装置として次の四つを設定しております。つまり「場の変化」「出来事の変容」「時空間の拡大」「出来事の出自」という四つがそれです。

　これらは読み手の世代の違いによって、さまざまな読まれ方をすると今から楽しみにしているところです。小さな書物ではありますが、きわめて意欲的な仕掛けと実験精神に富んだ書物と私どもは自負しております。

　是非とも一読されまして、ご高評などいただければ幸いです。何卒、よろしくお願い申し上げます。

敬具

一九九八年五月

洋泉社編集部
小川哲生

諏訪哲二著『ただの教師に何ができるか』

拝啓

このたび、諏訪哲二著『ただの教師に何ができるか』刊行のはこびとなりましたので、早速お届けいたします。

本書は、著者にとりまして七冊目にあたりますが――当社にとっては、『〈平等主義〉が学校を殺した』『「管理教育」のすすめ』に続く第三弾目になります――ここでも、著者は、自らを「ただの教師」と位置づけております。これは何も表現者として自らを責任回避するためではなく、自分を表現者ではあるが、「ものかき」ではなく自分を「ただの教師」であり、「ただの教師」として言説方向に膨張しているだけあるとの自己認識がそう言わせるものであります。

神戸の連続児童殺傷事件や栃木の女性教師刺殺事件以降、何やら風向きが変わったやに感じられます。単純な教師バッシングはもはや説得力がないと見たのか、マスコミを初めとした教育論議は、教師叩きが影をひそめてまいりました。そりゃ、そうでしょう。教師が殺されても、それは教師が悪いからだとは、いくら鉄面皮な人種でもそうは言い切れません。したがって、これら以降の主流をなす言説は、とにかく子どもにストレスを過剰に与えないように、学校のシステムや動かし方をソフトにすべきだ、という方向にシフトを変えたということがあります。ありていにいえば、学校が変わったから子どもが変になったのか、子どもが変わったから学校が変になったのか、という相も変わらぬ非生産的な犯人探しゲームに席を譲ったにすぎません。

いずれも自らを安全地帯において無罪とする、いわば主体としない立場からの発言に他ならないのです。

そうではなく、現在、世に顕現する教育現象をどうとらえるのか、いつまでも子どもをつねに変わらぬ純粋な存在であるとするあまりにもナイーヴな観点を疑うことから出発しなければ何も始まらないのです。

いみじくも著者は次のように述べております。

《子どもに合わせなくては教育は成り立たないし、子どもに合わせてしまったら教育ではなくなる。これが私たちのジレンマである。》と。

この物言いは、わかる人にはわかる、きわめてまっとうな言い方であります。そして、それを認めない人にとっては――こういう人は常に一定程度必ずおり、その人を説得することは不可能に近い困難さをもつものですが――責任回避とすら聞こえてしまうものです。

本書に通底するただひとつのこと――新しい教育現象を論じて旧いありきたりの教育幻想・学校幻想に回帰する再確認

するのではなく、新しい教育現象から新しい認識・主張が作られていくこと——を求めて著者がひたすら現実をドライにしてクールに見ていく姿勢こそが現実を変え、乗り越えていく原基ではないでしょうか。

ただの教師を甘く見てはいけない。子どもと向き合う教師の現場性から発する声こそが、訳知り顔の論者を遙かに凌駕する視点であり、また新しい認識を示す端緒でさえあるからです。

私どもはあえて言います。教師のやっていることを甘くみたり、馬鹿にしている教育論や学校論は根底のところに大きな欠陥がある、と。

その意味で、本書で展開された論理に真っ正面から向き合う勇気を！　と言いたいところです。忌憚なきご批判、ご叱正こそ切に望むところです。

何卒、よろしくお願い申し上げる次第です。

敬具

一九九八年六月

洋泉社編集部
小川哲生

小浜逸郎著『無意識はどこにあるのか』

拝啓

このたび、小浜逸郎著『無意識はどこにあるのか』刊行のはこびとなりましたので、早速、お届け致します。

本書の元となったのは、「21世紀を生きはじめるために」というシリーズで、橋爪大三郎、竹田青嗣、瀬尾育生、村瀬学、そしてこの本の著者の小浜逸郎の各氏が競作の形で、四回まで書かれたものを改稿し、新たに五〇枚ほどを加筆して、一冊にまとめたものであります。

最初の考えでは、「思想が生きた思想として機能するために射程の長い固有のテーマを原理的に深める」という共通了解のもとになされたものであります。はじめは、五回完結を考えたのでありますが、四回ほどで中断し、完結は各自の判断で、単行本で出すということになったものです。当社刊行の村瀬学氏の『ことわざの力』に続いての第二弾となります。

無意識という言葉は、私たちは日常生活のなかで、なにげなく、それこそ無意識的に使っている言葉であります。

本書をはじめるにあたって、著者は〈無意識〉を定義して次のように述べます。

《日常的に生きられてはいるが、未だはっきりと言葉で明示されていない〈生〉のありように、私は「無意識」という呼び名を与えたいと思う。》と。

いうまでもなく、「無意識」という言葉は、精神分析の創始者であるフロイトが提出したイメージに強く規定されております。それ故に、私どもは、フロイトが言うような意味での、意識から隠された実体論的な様相のことを思い浮かべがちになります。

それに対し、著者は、フロイト心理学やユング心理学が自明としたその実体論的な無意識概念の古典性をなんとかして乗り越えたいと考えました。

日常の生活世界と知的言語をつなぐ方法——これこそ、従来、著者が〈思想〉を語る際に、決して手放さなかった方法でありますが——を模索し、〈生〉を言葉で生きいきと語る世界を開発することが、端的に言えば、本書の目的でもあるのです。

目次にありますように、第一章『夢判断』批判、第二章抑圧論批判、第三章「無意識」概念は成立するか、第四章無意識の原理的条件　と続く、この本は、きわめて原理的志向を強くもつものではありますが、日常生活に根ざした自分の言葉を与えるという著者特有の方法のもとに書かれたが故に、きわめて面白い——小浜逸郎という思想者の——書物となっております。

著者のライフワークの完成に向けての経過報告として、本書を読んでいただければ、これにすぐる喜びはありません。ぜひとも一読されまして、忌憚なき意見とご高評などいただければ幸いです。何卒、よろしくお願い申し上げます。

敬具

一九九八年七月

洋泉社編集部

小川哲生

原裕司著『極刑を恐れし汝の名は――昭和の生贄にされた死刑囚たち』

拝啓

このたび、原裕司著『極刑を恐れし汝の名は――昭和の生贄にされた死刑囚たち』刊行のはこびとなりましたので、早速、お届け致します。

本書の著者、原裕司氏は現役の新聞記者で、死刑問題を二十年にわたって追ってきた人であり、著書に『殺されるために生きるということ』他をもち、本書のテーマにとりまして、うってつけの筆者と申せましょう。

本書は、死刑問題の是非を問う本ではありません。しかしながら、死刑の賛否を問う前に、まず必要なのは、感情論的に論ずるのではなく、事実を一つひとつ検証していくことがより重要と思われます。本書は、まさに、ここから出発するものです。

一九九七年八月一日、ご承知のように東京拘置所で死刑囚・永山則夫に対して、突然のように刑が執行されました。当時十九歳という連続射殺魔・永山則夫の犯罪の悲惨さ、少年法の絡み、そして犯罪の背景にあった無知と貧困、さらには獄中での執筆など世間の耳目を集めるに十分な人物の処刑だったわけです。

ほぼ同時刻、東京拘置所から約一〇〇〇キロ離れた札幌拘置所でも、死刑囚だった日高安政と信子という夫婦に対しても刑が執行されていた事実はそれほど知られておりません。この夫婦が本書の主人公です。昭和の舞台を生きてきた彼ら(永山および日高夫婦)は、違うレールを走ってきたにもかかわらず、同じゴールに向かっていたのです。

この夫婦は、昭和の時代が終わろうとした時に、昭和天皇の大喪の恩赦に期待をし、控訴を取下げて自ら死刑確定囚になった人物でした。生きんがために「恩赦の噂」に一縷の望みをつなぎながら、その恩赦が実現されないまま処刑されていったのでした。

なぜ、著者がこの二人の死刑囚を取り上げるに至ったかを端的に述べた一節があります。

《この本は、この疑問(なぜ、おのれの命を賭けて死刑確定囚になったのかという)を私なりに解決しようとして出発した。日高夫婦という死刑確定囚が主人公だが、テーマは昭和という一つの時代をターゲットにして、夕張という舞台で人間が操られていくようなドラマを描こうと試みたものである。……彼らにとって、昭和の終焉は運命の悪戯、と言ってよいだろうか。昭和を信じて生きた二人は、その終焉しつつある昭和に自分の生命を賭けた。昭和の最終章に自分の生き方を預けたのだ。》と。

そう、昭和という時代で、したたかに生きようとした人間だったが、実は彼ら以上に昭和という時代のほうがしたたかだったのかもしれません。

　生きる、死ぬ、殺す、殺される……　時代に翻弄された死刑囚の真実に迫る本書は必ずや読む人に大きな感慨をもたらすに違いありません。

　ぜひとも、本書を一読されまして、ご高評などいただければ幸いです。何卒、よろしくご配慮のほどお願い申し上げます。

敬具

一九九八年八月

洋泉社編集部
小川哲生

エドワード・ファウラー著、川島めぐみ訳『山谷ブルース――〈寄せ場〉の文化人類学』

拝啓

　このたび、エドワード・ファウラー著、川島めぐみ訳『山谷ブルース――〈寄せ場〉の文化人類学』刊行のはこびとなりましたので、早速お届けいたします。

　著者のファウラー氏は、一九六四年にＡＦＳの交換留学生として初来日して以来、延べ十年間、日本に滞在し、日本語の堪能な学者（専攻は近代日本文学で、カルフォルニア大学バークレー校から博士号を取得しています）であり、現在、カルフォルニア大学アーバイン校で教鞭をとる教授です。

　彼は一九八九年に山谷に入り、本当にそこの住人とわかり合えるために、自らドヤに住み、共に働きながら信頼を得、語られることの少なかった寄せ場に生きる人々の心の襞に分け入り、長時間をかけて貴重な証言を得ることに成功しました。それが本書ということになります。

　わが国の為政者は、よく日本の民族的・文化的単一性を強調します。しかしながら、日本は彼らが言うほど単一性でしょうか。そうではなく、日本社会がどれほど多様で複雑であるかは、心ある人にはわかるはずのものです。著者の視線もまた、そのところに注がれます。

著者は、本書の執筆の目的を次の四点に整理してあげております。
①山谷とその住人を徹底的に詳述することで通俗的な概念とはやや相いれない日本の側面を紹介すること
②日雇い労働者と山谷在住・在勤者を描写して上記の記述を補うこと
③日雇い労働者にとって仕事がいかに重要かを証明するために、路上生活者の場ではなくれっきとした職場としての山谷に焦点を合わせること
④ただの統計資料や調査ではなかなか理解できないこの土地の味を出すため、山谷での個人的な体験を提供すること
そのために歴史的記述は当然のこと、聞き書き、自らの日記を公開することで上記の目的を達し、山谷の全体像を描くことに成功したのです。

『ニューヨーク・レビュー・オブ・ブックス』(一九九八年六月二十八日号)でイアン・ブルマ氏は次のような評価を寄せております。

《ファウラー氏は出会った男たちを絶望のイメージに押し込んで安堵するのではなく、それぞれの事情を持つ個別の人間として描写することによって山谷に命を吹き込んだ》と。

かつて、日本の書き手が山谷を描くことに努力を傾けてきたことは否定はしませんが、この著者ほど、全体を語ることに成功していたかは留保したいところです。日本語が堪能とはいえ、外国人の身で、山谷に入りそこの住人の信頼を得ることは、それほど簡単ではありません。文化的背景の違いを超え、山谷の住人の本音を引き出し、《全力で自らの境界線に逆らい、また、常に物語としての直線性とぶつかり合う、一連の連動するいわば交響曲的な随筆を書こう》とした本書は、いささかわたしどもには、日本人の怠慢を突きつけるものとして映ってしまいます。しかし、それは不愉快な体験では決してありません。それでも、いやそれだからこそ、彼の提出した書物に真正面から向き合いたいと思ってしまいます。

ぜひとも、本書を一読されまして、ご高評などいただければ、著訳者ともども私たちの喜びとするものであります。何卒、よろしく、ご配慮のほどお願い申しあげる次第です。

敬具

一九九八年九月

洋泉社編集部
小川哲生

諏訪哲二著『学校に金八先生はいらない』

拝啓

このたび、諏訪哲二著『学校に金八先生はいらない』刊行のはこびとなりましたので、早速お届けいたします。

著者、八冊目にあたる本書は、いささか刺激的なタイトルではありますが、けっして奇を衒《てら》った、ただ辛口だけの書物ではありません。

昨今の教育論議を見ますとき、ひところの単なる教師叩きは影をひそめ——当然といえば当然のことですが、子どものムカつきのなかで教師が殺されるという事態が起きているくらいですから——、学校のシステムをソフトにすべきだ、というところにシフトを移しつつあります。

しかしながら、ある種のノスタルジアとともに、必ず、次のような声が聞こえてくるのも否定できないのも事実です。このごろの教師は、どうもサラリーマン的で、しょうがない。現実に、あのテレビドラマの「金八先生」のような熱心教師がいれば、子どもはもっと授業に身をいれるのに……、だって子どもは学びたがっている存在なのだから。それにもかかわらず、一人ひとりの個性の存在を認めず、ただ偏差値教育に狂奔し、管理でこと足れりとする、怠慢な教師こそが諸悪の根源だ、云々。

このような言葉を書き連ねながら、自分自身でその身勝手さにいささかうんざりしてきます。相もかわらぬ自己逃避の論理だからです。

少しでも、自ら子どもを育てた経験があれば、そして少しの想像力があればわかることですが、何も学校の教師が受験=偏差値教育を煽っているわけではありません。そうではなく、私であり、あなたであり、総じて一般の親が、自分の子どもによかれと思うことが必然的に過熱した教育を煽るということに気づかねばなりません。だから、私自身、そのことに対して自ら無罪とはどうしても思えないのです。

総じて金八先生、金八先生的なるものは何を意味しているのでしょうか。言葉を尽くす労を惜しんで、一気に述べてしまえば、次のようになります。金八先生とは畢竟するところ、戦後進歩思想の学校における体現者にほかならない、ということになります。主観的には、「教育熱心」で「生徒思い」であり、一人ひとりの子どもの身になって考えている、その姿は、客観として現れるとき必然的に子どもへの抑圧と教育の自殺行為に通ずるということです。

「やればできる」と子どもを鼓舞するとき、「やってもできない」子どもにたいしては、限りなき抑圧となり、自由放任にして、子どもに好きなようにさせ、あたかも「生徒思い」

の立場に立つとき、他者として子どもの前に立ちはだかり、「嫌でも強制してでもやらせる」という教育のモメントを切り捨てるが故に、教育の自殺になることに一片の想像力すら働かせない鈍感さが、その行為の裏にあるからです。

目次を一読していただければ、一見、辛口のもの言いこそ現実の教師の現場に立つ、ひとりの教師の矜持こそが見えるはずのものです。現実の教育を疑い、「疑いもなきもの」どもを疑い、しかしながら、その「疑い」を「いまある教育」に「真の教育」を対置するような相補的な立場に立たない、ましてや「理想の教育」を求める立場などに立つはずのないものです。「理想の教師像」など百害あって一利なし！　です。教育の牧歌的物語などとうに終ったところから出発する本書は、「教育」や「学校」という大きな河の流れに翻弄され、巻き込まれながらも、河の流れの質や瀬の浅さなどを値踏みし、河を泳ぎきったり、渡りきることを身体をとおして課題にしてきたひとりの人間の営みとして提出するものです。

ぜひとも、ロマンティシズムに流されずに、クールにしてドライに本書を一読されまして、忌憚なきご批判、ご叱正などいただければ幸いです。

何卒、よろしくお願い申し上げる次第です。　敬具

一九九八年九月

洋泉社編集部
小川哲生

池田香代子著『続・魔女が語るグリム童話』

拝啓

このたび、池田香代子著『続・魔女が語るグリム童話』刊行のはこびとなりましたので、早速、お届けいたします。

著者の池田さんは、あの『ソフィーの世界』の翻訳者として一躍、有名になりましたが、本来、ドイツ文学・口承文芸の世界では早くからこの人ありと目されてきた人であります。前著の好評さを踏まえ、さらにパワーアップしてのお目見えであります。

近年、「グリム童話」がある種のブームを呈し、味噌も糞も一緒といった様相が見られます。グリムの何たるかをわきまえず、したり顔で、残酷さを云々する書も見られますが、それらを一読すれば一目瞭然、思い付きと剽窃、あるいは女性の著者でありながら女性蔑視といった内容であります。ブームは徒花を必然的に生み出すとはいえ、なんと罪つくりなことでしょう。

「あとがき」にもありますように、本書は編集者のイニシアティブによって無理矢理、空雑巾をしぼるように書かされたものではなく、著者＝パロディストのパロディが止まらなく

なって、その結果として結実したものです。ですから、意欲の点はもちろんのこと、その中身にもその自然性が表れているのです。

内容は見てのとおり、「蛙の王さま」「しあわせハンス」「ラプンツェル」「美女と野獣」をはじめとした14のパロディからなります。知的で懐が深く、意地悪な人間理解、ほろりとさせ、またクスッと笑わせる14の話のパロディのなかに人間と世間の深層を解くカギが秘められております。

前著同様スズキコージ氏の絵も本書をひもとく楽しみを倍加させるものとなっていると確信しております。笑いながら人生に思いをいたし、『グリム童話』って本当はこう読むのが正しい！　と再確認していただければ、本書の意義が少しでも伝わったものと考える次第です。

ぜひとも一読されまして、書評などの労をとっていただければ幸いに存じます。何卒、よろしくお願い申し上げます。

敬具

一九九八年十月

洋泉社編集部
小川哲生

デイヴィッド・ボウツ著　副島隆彦訳『リバータリアニズム入門――現代アメリカの〈民衆の保守思想〉』

拝啓

このたび、デイヴィッド・ボウツ著　副島隆彦訳『リバータリアニズム入門――現代アメリカの〈民衆の保守思想〉』刊行のはこびとなりましたので、早速、お届けいたします。

「リバータリアニズム」とは、ちょっと聞きなれない言葉ではありますが、現在のアメリカの政治思想を考える際には、けっして見逃してはならない一大政治思想の潮流であります。

本来、リバータリアニズムは、十九世紀イギリスの古典的リベラリズムの正統な嫡男でありますが、自由主義（リベラリズム）の旗を現代リベラル派（大きな政府・福祉優先派）に奪い取られてしまったため、仕方なく自らをリバータリアンと名乗っております。

彼らは、徹底した個人の自由と小さな政府、市場主義の立場に立っております。現在の国家が福祉国家理念や中央集権モデルのみに依拠することに異を唱え、人間本来のもつ自己を強く求めます。スローガン的に彼らの立場を申せば、反税金、反過剰福祉、反官僚制、反統制経済ということになります。本書の著者のデイヴィッド・ボウツ氏はワシントンD．C．のシンクタンク群のなかでひときわ異彩を放つリバータリアニズムの本拠地ともいうべき政治・経済・外交・社会・文化問題全般にわたる総合研究所であるケイトー研究所の副所長を永年務める人物であります。このケイトーという名前はローマ時代のシーザーに抵抗したカトーという人物の名前に由来するものです。ボウツ氏の書物は今回はじめて邦訳されるものです。

極東の日本から見ると、アメリカは唯一の覇権国家であり、世界の警察官としてふるまっているように見えがちですが、もっと微細に見てゆけば、「アメリカは外に出て行くな！」というリバータリアンとの相克が見える筈のものです。

その意味では、リバータリアニズムを知らずして、アメリカの政治思想を語ることはできません。

本書は入門書として現代アメリカの政治諸問題を網羅的におさえており、最新のアメリカの政治社会情勢を理解する本としては恰好の一冊と申せましょう。

原著の刊行は一九九七年、約一年遅れての日本紹介ではありますが、内容的には決して古びておらず、かえって、昨今の不良債権などの金融崩壊現象を見るにつけ、本書の示唆するところは大であると確信する次第です。

ぜひとも、現代世界を動かしつつあるアメリカの新しい一大思想勢力の全貌を明らかにする本書を一読されまして、紹介の労などいただければ幸いです。

何卒、よろしくお願い申し上げます。

敬具

一九九八年十月

洋泉社編集部
小川哲生

米沢慧著『「幸せに死ぬ」ということ』

拝啓

このたび、米沢慧著『「幸せに死ぬ」ということ』刊行のはこびとなりましたので、早速、お届けいたします。

著者の米沢さんは、今まで都市・住居という視点から家族の問題を取り扱い、われわれが何気なく見過ごしてきた問題を白日のもとにしてきた人として知られております。近年は看護・医療、生命を考える自主ゼミにも積極的に取り組んでおります。その成果の一部が本書になります。

今回、提出する本書は、私どもが自分のなかに問題とすることを避けようとしてきたこと、しかるが故に大切な問題――「幸せに死ぬ」とは、いったいどういうことか――をあえて俎上に載せようとするものです。

「幸せに死ぬ」――この本をつくる過程で、ある人間から「死ぬ」と「幸せ」は、結びつかないのではないか、という問いを突きつけられたことがあります。そうそう。そうなのだ。私自身、この本をつくりながら、本当にそうなのか、と絶えず突きつけられた問いでもあるからです。そうであるが故に、然り、「幸せに死ぬ」ということは「あり」とあえて断言したいと思います。

たとえば、私自身、終末期に入り、病院であらゆる管に取り巻かれ、自分の意思とは関係なく生かされることになることを考えてみればよいでしょう。病院で生まれ、病院で死ぬことが自明のようになったことが本当に幸せなのか、と。

そうではなく、これまで医療の領域で語られてきた、終末期の問題は医療の外で考えてもいいのではないか、そう考えたとき、ふと、自分でも「軽さ」を感じたことを大切にしたいと思ったのです。

医療の発達により、ガンなどの死病については余命がある程度、判断できるようになり、ターミナルライフ（終末期の人生）という視点がわれわれに与えられたと考えられるのではないか。このターミナルライフの視点から見れば、従来の救命・延命治療を推し進める指向性をもつ流れを「往きの医療」とすれば、今もっとも求められるのは、「安楽に死にたい」「苦しみをなくしたい」という「還りの医療」ではないか、著者の問題意識は、このように展開されます。

確かに、言うは易しという指摘はあり得ます。余命何ヵ月かを宣告されれば、私自身、バタバタするかもしれません。否、かもしれないではなく、確実にバタバタするに違いありません。しかしながらバタバタしながらも、自分を省みる貴重な時間を与えられたことを思わざるをえません。

私どもは、高齢社会になっているにもかかわらず、ライフサイクルとしてあまりにもターミナル期を問題にしてこなかったのではないでしょうか。

今、臓器移植法が施行され、これまでさんざん論議されてきた死の定義は、議論を超越してしまっております。もはや、命は生きることではなく、生と死を含むものとしてわれわれの前に迫ってきております。

そうであるなら、生のなかの出来事として死を排除せず、受容することの重要さに気づくことが必要なのではないでしょうか。

死をタブー視せず、医療専門家にまかせるのではなく、医療の枠を超え、「死」と向き合うこと、「治療（ケア）」ではなく、「心のこもった世話（キュア）」こそが必要なのではないか、というメッセージこそ大切にしたいと思います。

ターミナルライフの主役は患者です。あなたであり、私であり、つまり、われわれ自身なのです。「死」をめぐる論議は、従来、哲学の分野とされてきましたが、私どもは日常を生きる人間のもっとも切実な問題でもあるのです。

死ぬまで生きる――このもっとも当たり前の問題を端的に言えば、「幸せに生きる」ということにつながる筈であり、また、E・キューブラー・ロスのいう人間は段階に応じた希望をもつという視点を大切にしたいと思うのです。一見、とてつもなく観念的なタイトルをもつ本書が、もっとも現実的な課題に迫る所以です。

ぜひとも、一読されまして、新しい死に方=生き方を追求する本書の〈希望〉についてご高評などいただければ幸いです。何卒、よろしくお願い申し上げます。

敬具

一九九八年十一月

洋泉社編集部
小川哲生

1999

村瀬学著『13歳論——子どもと大人の「境界」はどこにあるのか』

拝啓

このたび、村瀬学著『13歳論——子どもと大人の「境界」はどこにあるのか』刊行のはこびとなりましたので、早速、お届けいたします。

「13歳論」と聞くと、あー、近頃の子どもの荒れや逸脱行動について論じたものだな、という早トチリする人もあるかもしれませんが、本書はそれだけのものではなく、もっと射程の長い本であります。端的に申せば、子どもと大人の「境界」を「国境」のように意識し直す、という主題になります。

かつて、十三歳とは、元服する年齢であり、著者の言う「人類史的な視野」で見るなら、十三歳とは、親とおさらばし、剣を取って闘うことが求められ、性として生きることが求められる年として自覚されてきたものです。

しかしながら、近代にはいって、子どもと大人の「境界」はどんどん後ろへ後ろへと設定され、この「境界」のイメージが希薄化され、果てはモラトリアム人間などの概念のもと、二十歳を過ぎてもまだ子どもという時代に入ってきています。

いったん、十三、四歳の人間がおこした事件に遭遇すると、本来、十三歳がもつ力などに思いをいたさず、「近頃の子どもは……」などと、ことさら驚いたり、嘆いてみたり、憤ったり、などというリアクションが見られがちになります。それで本当にいいのでしょうか。どこか間違っているとしか思えません。

「小学生論」「中学生論」「学校論」ではなく、正味、「13歳論」が書かれなくてはならない所以です。

現在、「中学生の犯罪・事件」と呼ばれ気味悪がられている出来事の根っこには、巷間、マスコミなどで言われているごとく、管理教育・偏差値教育の問題や、またしつけのできない家庭教育の問題というように学校や親の問題にしたり、「思春期」の病理というように心理学的な発想したりでは、どうにも捉えきれない「人類史な問題」があるのです。

言っている本人がそれほど信じてもいない「犯人探しゲーム」にうつつをぬかし、即席の解答を与えるよりも、もっと深い問いこそが今求められるのです。

本書は、第Ⅰ部、第Ⅱ部構成となっております。第Ⅰ部では「物語のなかの13歳」を論じて、「物語」に「年齢」があったことがあらためてわかる仕掛となっております。また第Ⅱ部では、その「13歳」を理念として、主題として追究されることになります。

そこのところを著者はこう述べております。少し長い引用になりますが、肝心なところなのであえて引用してみます。《ここで、私は「年齢」という問題を、人類史の現象としてだけではなく、生命のサイクルや共同体のシステムの問題としてとらえ直そうという試みをしている。……ここで「13歳」問題が、「個人」の「成長」や「発達」の問題としてあるだけではないのだということに、いくらかでも関心を向けていただけることになったら幸いである。》と。

大人になることが「心理学の言葉」で語られ過ぎている現状を省みるとき、「個人の心理」の問題にせずに、「社会の仕組み」の問題として、もう一度「大人になる」ことを捉え直す――六〇〇枚を超えるこの本で著者が言いたかったことがこれです。

ひと味違ったこの本を一読されまして、忌憚なきご批判などいただければ著者ともども喜びとするものです。ご紹介の労などいただければ幸いです。何卒、よろしくお願い申し上げます。

敬具

一九九九年一月

洋泉社編集部
小川哲生

中山治著『あせらない・あせらせない受験の本』

拝啓

このたび、中山治著『あせらない・あせらせない受験の本――受験を逆手にとって子どもの能力を伸ばす』刊行のはこびとなりましたのでお届けいたします。

一般に「受験の本」などと言えば、識者と言われる人は眉を顰《ひそ》めることがしばしばあります。受験よりももっと大切な、本当の教育の問題があたかもあるかのように。しかしながら、そうした識者自身、受験戦争の勝者であり、あるいは自身の子どもにはちゃっかり私立受験を行わせ、受験の王道を歩ませたりと、いったようなホンネとタテマエを使い分けしていることを私どもは自分の身近な例から知っております。

こうした風潮はどこかおかしい。タテマエとホンネが乖離しているからです。一般に学歴偏重を批判しながらわが子にはそれに乗ってほしいと思う。それは親のエゴイズムと果たして簡単に批判していいものか。

21世紀の高度情報化社会の適応ひとつ考えただけでも、好むと好まざるとに拘わらず、知的水準の高度化は避けられません。実際、世界的規模でトーフルの点数を考えれば明らかなように、閉鎖された北朝鮮にも抜かれ日本は世界最低にランクされている状態です。いずれにしても競争は避けられません。それを競争そのものをなくすことによって競争の痛みを消し去ろうというのでは本末転倒です。しかしながら、日本の現状を考えれば、この本末転倒の実験をやっているのがまさにわが国の現状なのです。

そうではなく、これからの日本を考え、また親のホンネを満たすにはどうすればいいのか。ここに本書でいう「受験を逆手にとり子どもの能力を伸ばす」という視点が出てくるのです。ただやみくもに勉強すればいいのではなく、とくに幼児教育の弊害を脳科学から分析し、ムリ・ムダ・ムラをなくす合理的な勉強法を示すことで、この一見無駄と思える受験戦争に一石を投じる書となっております。

わが子を燃え尽き症候群にせず受験を突破し、来るべき高度情報化社会を生き残る知恵を持たせることは親としての責務と考えます。この本が受験を越え、21世紀の大競争時代を生きる子どもの能力開発の一助になればと著者ともども考える次第です。ぜひとも本書のもつ役割をご紹介いただければ幸いです。なお、読者プレゼント用として提供させていただく用意もしております。率直な申し出を期待しております。なにとぞよろしくご配慮のほどお願いいたす所存です。

敬具

一九九九年一月

小川哲生

相澤啓三著『オペラ・オペラ・オペラ！——天井桟敷のファンからの』

拝啓

このたび、相澤啓三著『オペラ・オペラ・オペラ！——天井桟敷のファンからの』刊行のはこびとなりましたので、早速、お届けいたします。

著者の相澤氏は、詩人として有名ではありますが、氏のもう一つの面として、日本のオペラ界の揺籃期より見届けてきたオペラ歴五十年という年季の入ったオペラ・ファンであることは知る人ぞ知るところであります。旧制高校時代にオペラに魅せられて、約五十年、一介のオペラ・ファンとして、この国のオペラ・シーンに立ち会ってきた人であります。

招待客や批評家の陣取る席を横目に身銭を切る一人の天井桟敷のファンとしての発言は、その故か、往々にして「批評」と著者を代表とするファンの「感動」や「落胆」の間に落差を生じることがあります。専門家と称するひとがレコード業界に何か遠慮する発言をしているときに、そんなこととは無関係にズバリ本質を衝く発言が頼もしくおもうこともしばしばです。

かつて、氏はその著書（『オペラの快楽』）で次のように述べたことがあります。

《ロシアではファンのことを〈崇拝者〉というそうですが、彼らは自分たちが崇拝する歌手のためには政治も社会的圧力も踏みこえてしまいます。ヴィシネフスカヤがロシアを去るときに、四半世紀ものあいだ同じ舞台で歌っていた歌手仲間はだれひとり空港に見送りに来なかったのに、彼ら崇拝者はKGBに身元を知られるのを恐れることなく、見送りに来て彼女と別れを惜しんだのです。》と。

そう、ここでいう〈崇拝者〉こそ、著者がロシアのファンのことを言いながら、自ずと自分を表現してしまったところと言ってよいとおもわれます。オペラ狂、オペ・キチというのは古今東西、国境を超え、時代を超え、このような人種を言うのでしょう。

本書でいう天井桟敷のファンとは、このようなロシアの〈崇拝者〉と同じ人種であり、これからその仲間になるであろう人びとであります。また〈オペラの楽しみ〉というのは、彼ら崇拝者の切ないまでのオペラへの共感こそを言うのでしょう。

本書は、そうしたファンである著者が、オペラ・ファンでない人にもわかりやすく、音楽論や演奏批評に陥らず、オペラへの関心をそそる〝人物面白話〟として綴ったものであります。

各一回読み切りの形ではありますが、通読しますと、著者の自分史と各歌手をめぐる話がシンクロし、自ずとオペラへの熱き思いが切々と伝わってまいります。また、単に歌手の面白エピソードばかりでなく、その裏にある知識・教養の深さともあいまって、イマドキの〈オペラ批評家〉を心胆寒からしむものがあります。

いうなれば、初心者への入門書でありながら、すれからしのオペラ通には毒気をもつ趣向があり、そこが本書の仕掛の重層的な面と言ってもよいかもしれません。

全二十四話、それに番外編、余話を入れて二十六篇の本書は、どこからでも読めて、それでいて、〈マリア・カラス〉に収斂されるものです。マリア・カラス没後二〇年は、彼女の世界デビュー、ディーヴァとして君臨しての五〇年目にもあたるのです。まさに、本書の最初と最後にマリア・カラスが位置するのも故なしではありません。

小さな本ではありますが、思いはいっぱいつまった本でもあります。気軽に読めて、それでいてずしりと胸にひびく本でもあります。「オペラ・オペラ・オペラ!」とかけ声をかけたくなるばかりです。本書のタイトルの所以です。

ぜひとも一読されまして、ご紹介の労などいただければ幸いです。何卒、よろしくお願い申し上げます。

敬具

一九九九年二月

洋泉社編集部
小川哲生

中山治著『日本人はなぜ多重人格なのか』

拝啓

このたび、中山治著『日本人はなぜ多重人格なのか』刊行のはこびとなりましたので、早速、お届けいたします。

本書は、日本人論、日本人の国民性、日本文化論を研究テーマとする著者の最新刊であります。

私たちは、自ら省みるとき、あいまいで、変わり身が早い、左右に激しくぶれ、外圧に弱い、そのくせ反撥する。心理的矛盾・葛藤に直面するや自分に関係ないものとし、ぼかし、なかったことにしてしまう――このような特性を否定できない思いにとらわれ、妙に納得してしまうことがあります。なにもこれは自虐的なもの言いではなく、結構、腑に落ちる自己像といっていいものです。

外から見れば、これは多重人格以外の何物でもありません。多重人格とは、正式には解離性自己同一性障害と呼ばれますが、幼児期に受けた強いトラウマがもとで生じるとされているものであります。とくに日本人の場合、この解離のメカニズムが認知的不協和の際に強く働いていると考えられます。

近現代史をひもとけば、日本人は拝外と排外、内向と外向、好戦と反戦、誇りと卑屈、謙虚と傲慢、躁と鬱、といった両極の性格の間で揺れ動き、一貫性を欠いていたことが指摘されます。まさにアイデンティティの断絶であります。

本書は、そのような性向がなぜ日本人に生じたのか、またそれが日本人のいかなる心理・行動メカニズムに根ざしたものであるかを多角的に分析すると同時に、日本人が己の多重人格を強く自覚し、そこから脱却しないかぎり、早晩、人格崩壊が待っていることを強く警告するものです。

まさに、日本人の国民性を知ることが自己改革の出発点との認識から出発するものです。認知不協和理論と解離のメカニズムという社会心理学の知見で分析する本書は、必ずや私ども日本人を認識するのに資すること大であると考えます。まず認識すること、この一歩が、そしてこの一歩だけが自己変革につながるものと強く言いたいと思います。

是非とも、一読されまして、ご紹介の労などいただければ、これにすぐる喜びはありません。何卒、よろしく、お願い申し上げる次第です。

敬具

一九九九年三月

洋泉社編集部
小川哲生

大月隆寛著『歴史の消息について』

拝啓

このたび、大月隆寛著『歴史の消息について』刊行のはこびとなりましたので、早速、お届けいたします。

いささか古風なタイトルを持つ本書は、著者のこれまでの仕事の流れからすると、民俗学の思想史的批判とその可能性の同時代的再検討といった系統に位置するものであります。

著者のここで言う「歴史」とは、いわゆる学的なそれではなく、メンタルマップとしての「歴史」、〈いま・ここ〉の自分にとって、その位置から一点透視で見通せる風景としての「歴史」を意味するものです。

翻って、いま、本当の「歴史家」というのがいるのか、と考えてみれば、どうも歴史研究者はいたとしても、歴史家というのが見当たらないのが実状です。これは、なにも歴史プロパーの問題であるばかりではなく、哲学を考えても同様のことが言えます。つまり、哲学研究者は数えられても、哲学者と呼べる人がいないというのが定説ですから、こと歴史学に限っての問題ではないかも知れません。

著者の日頃からの発言――著者の言葉で言えば「もの言い」――を見ればわかりますように、大文字ではない歴史に迫る、言うなれば、等身大の歴史とは、「気持ち」「昔」「思い入れ」「ノスタルジー」、そして「雑本の一行」にすらあるとの断言が生きてくる筈です。一般につまらないものと思われてきたもののなかに、今ある自分、〈いま・ここ〉という場所にしか存在していない、自分の位置から見通せる遠近法のなかでの「社会」や「歴史」を言葉にする作業に向かうのは必然と申せましょう。

著者がこのような思いに辿りつくには、陰に陽にあの「新しい歴史教科書をつくる会」でのすったもんだの悪戦苦闘があります。

《何かが決定的に違う。今ある歴史に異義を唱え、彼らが熱っぽく奉持しようとするその「歴史」と僕や僕がこれまで信頼するに足ると思ってきた知性たちの「歴史」とは違う。》と。

本書はその意味でも著者の三十代を総括する筈のものであり、ニュー・大月隆寛の門出となるものと言えます。

歴史につながる回復を求めて総括する民俗学の新しい可能性は、必ずやこころある人には届くものと確信する次第です。是非とも一読されまして、〈いま・ここ〉からの「歴史」に思いを馳せる著者に熱いエールなどいただければ、これにすぐる喜びはありません。御高評などいただければ幸いです。何卒、よろしくお願い申し上げます。

敬具

一九九九年四月

洋泉社編集部
小川哲生

玉木明著『「将軍」と呼ばれた男——戦争報道写真家・岡村昭彦の生涯』

拝啓

このたび、玉木明著『「将軍」と呼ばれた男——戦争報道写真家・岡村昭彦の生涯』刊行のはこびとなりましたので、早速、お届けいたします。

岡村昭彦といっても、ある年配以上のひとにはイメージが浮かぶかもしれませんが、若い世代にとってはなんの感慨もなく、ましてやどんな人間だったのかまったく知らない忘れられた日本人かもしれません。

端的に申して、本書は毀誉褒貶《きよほうへん》相半ばする彼を正確に、現在時点の問題意識から論じ、検証するものです。

この現在時点の問題意識とは、〈ようやく戦後が終った〉ということであります。はじめて庶民が歴史に参画できるようになったのは戦後のことであり、たかだか五十数年の歴史しか持っておりません。戦後のもっとも評価できるものは、まったき「私性」に依拠できることでありますが、昨今のわが国の現状を見るとき、この「私性」の緊張なき主張がかえって〈「私」より「公」の大義に生きよ〉などとの声を生み、なんらの反省もなく、それに単純に唱和しているさまはなんと、情けないことではないでしょうか。

このような問題意識から岡村昭彦を見るとき、彼はどのような相貌をあらわすか、が著者を駆り立てます。人は自分を見つめるとき、自分を写す鏡が必要となります。その鏡こそが岡村昭彦なのです。

彼は常々こう語ったといいます。生きるとは歴史を知ることを意味し、歴史を知ることは生きることを意味する——と。このことを考えるには、彼の出自、活動、晩年まで、つまり生涯の軌跡をさぐるに如くはありません。

六〇年代のベトナム戦争にたった一人の人間として向き合ったのはなぜか？

ベトナム戦争後、バイオエシックスの問題にのめり込んでいったのはなぜか？

それを解く鍵は彼の人生における戦前・戦中と戦後の意識に深く関係しております。著者はこう言います。

《岡村昭彦は戦後の時間を生きるために、戦前・戦中に橋を架ける以外になかった、自分を戦前・戦中と結びつけてくれる歴史の太い綱を発見するしかなかったのだ、……彼が戦後という時代を超えて、戦後的でなく生きられた（生きざるをえなかった）理由もそこにある。／おそらくその発見したときを境に、彼の人生が大きく変貌を遂げていくのである。彼にとってベトナム行きとは、まさに新しい人生の発見を意味したといっていい。》と。

ジャーナリストである前に一人の人間としてふるまった国際的なフォト・ジャーナリスト岡村昭彦とはいったい誰か。同時期、ベトナム戦争にかかわった開高健、本多勝一との対比のなかで明らかにされていく個所は本書の白眉と申せましょう。

稀有な日本人、〝第二のキャパ〟の苛烈なまでの生きざまの真実に迫る本書は必ずや、私どもに新たな感動を生むに違いありません。

是非とも、本書を一読いただき、御高評などいただければ、著者ともどもこれにすぐる喜びはありません。何卒、よろしくお願い申し上げます。

敬具

一九九九年五月

洋泉社編集部
小川哲生

山本一典著『さんざん働いてきたから定年後は夫婦で田舎暮らし』

拝啓

このたび、山本一典著『さんざん働いてきたから定年後は夫婦で田舎暮らし』ようやく刊行のはこびとなりましたので、早速、お届けいたします。

恐ろしく長いタイトルですが——多分、現在、刊行されている書籍のなかでもこれを超える長さはないと思います——、本書の中身をもっとも端的に示すものはないと自負しております。

本書に登場する三十組の夫婦の方々が異口同音に「さんざん働いてきたから」と自分の経験を話す枕詞に、この語をおくという事実は、私どもが考えるより重いものがあります。定年後で、もっとも求めるものは、「会う人がいる」「行くところがある」「人の役に立つことができる」、この三つと言われておりますが、この三つを完全に満たせれば、定年後もまんざら捨てたものでもありません。

現在、ムード的に田舎暮らし志向を煽る雑誌などありますが、本書はその種のものとは一線を画す内容となっております。つまり、別荘生活や地方生活とは違って、本書で言う田舎暮らしの舞台とは、あくまで過疎の農村集落でなければならないということです。

なぜならば、田舎暮らしの最大の目的は地域社会とのふれあいにあると考えるからです。都市生活者がそのまま農村部に移住しても温かく迎えてくれる保証はありません。過疎地だからこそ地域の未来をともに創っていく人間になると考えるのです。

著者は十数年の田舎暮らしの取材をつづけてきたこの世界のパイオニアであり、また村おこしに関わってきた経験をもつ人間です。その村おこしに関わってきた福島県都路村を中心に三十組の夫婦を取り上げたのが本書なのです。

「自給自足をめざす」「趣味を生かす」「自営業を始める」など、主にライフスタイル別に章が設けられておりますが、一貫して本書を流れているテーマは「移住者が地域とどう関わっていくか」ということがあります。

田舎暮らしに憧れてはいるが、いざ、自分で始めるとなると不安がいっぱいになります。そんな不安を抱えもつ人々にとっては、成功談だけではあまりリアリティを感じません。そうではなく、田舎への移住の葛藤や失敗談を見聞きするところからこそ自分の方向性が見えてくるはずです。

本書は、そうした豊富な実例を紹介することで、失敗しないためのノウハウを提供するものです。また、豊かな老後をおくるには生きがいが必要です。その意味では、現に豊かな老後の田舎暮らしを営んでいる人の生きいきとした生活ぶりに励まされることも多いかと存じます。いうなれば、田舎暮らしを考えている人にとっては、なんともかゆいところに手が届く本と言っても過言ではないと思われます。

是非とも、本書の内容を一人でも多くの人に伝え、紹介いただければこれにすぐる喜びはありません。何卒、よろしくお願い申しあげます。

敬具

一九九九年五月

洋泉社編集部
小川哲生

西村佑子著『「グリム童話」の魔女たち』

拝啓

このたび、西村佑子著『「グリム童話」の魔女たち』刊行のはこびとなりましたので、早速、お届けいたします。

またもや、『グリム童話』かと、いささか食傷気味の方もいらっしゃるでしょうが、ちょっとお待ち下さい。「本当は恐ろしい」などと私どもは言うつもりはありませんから。そんなことは、グリム兄弟やグリム童話に対する半可通の言うことです。

たぶんテキストの書き直し以前の話が残酷さに満ちているということを言いたいのでしょうが、二百年前にドイツに生まれたグリム兄弟が近代をデザインしたことを忘れ、なぜ彼らが書き直したのか、そしてそれを子どもたちにどう伝えようとしたかを無意識のうちに封印し、残酷さを強調して、単に新奇さを当て込んだにすぎません。

なにか片手落ちとは思いませんか。

本書は、逆に怖いぞ、恐ろしいぞと思いこまされてきたものが、そうではないという新鮮な驚きを伝えるものであります。

魔女は魔女というだけで、怖い存在と思われ、だれも疑いません。しかし、それは本当でしょうか。

著者の西村さんは、実証的に『グリム童話』で描かれる魔女の犯罪リストを作ります。それによれば、魔法かけ11件、殺人未遂4件、継子いじめ3件、監禁3件、殺人2件、おどし1件、略奪1件となります。なるほど、思われているほど残酷なことはしてはいない、ということです。

とすれば、彼女たちを魔女という名で一括りにするのは間違いではないのか。トルストイの言葉をもじれば、「お姫さまはどれも同じだけれど、魔女はそれぞれに個性的である」と。

それに対して、魔女たちの最期たるや、例外なく死罪だった。なぜそうなのか。

グリム兄弟が生まれる十年前には、魔女裁判がドイツで行われていたことに注意を喚起すれば、自ずと疑問がとけてくるというものです。魔女狩りはグリム兄弟の時代にとっては、そう遠い過去ではなかったのです。

昔話の魔女は殺されて当然と思われておりますが、どうして魔女は殺されるのかを考えていけば、魔女狩りの暗い歴史が『グリム童話』の魔女たちにも色濃く投影されていると言わざるを得ません。また、ドイツの伝説の魔女たちも魔女迫害の歴史から生まれたものと考えられます。

ただ単に、怖い、恐ろしいなどと言っているより、怖い魔女はなぜ、どこから生まれたのか、と問いを立てるべきと考えます。

是非とも、従来のイメージを一変させる「魔女発見の旅」を本書を通じて行ってほしいのです。そしてその新鮮な驚きを読者の方に広く伝えてほしいのです。

御高評などいただければ幸いです。何卒、よろしくお願い申し上げます。

敬具

一九九九年六月

洋泉社編集部
小川哲生

由紀草一著『思想以前——今を生きぬくために考えるべきこと』

拝啓

このたび、由紀草一著『思想以前——今を生きぬくために考えるべきこと』刊行のはこびとなりましたので、早速、お届けいたします。

この本の著者の由紀さんは、現職の高校教師で、著書に『学校はいかに語られたか』などをもつ人です。高校教師と言えば、学校論となるのでしょうが、今回はそうではありません。しかし、高校教師というものに深く関係することがあります。

それはこういうことです。

教師をしていれば、生徒と向き合わなければなりません。その向き合いかたのなかで、気づくことは、生徒たちが、自分をちっぽけで、つまらないと考えていることです。いつの時代でも、そのようなコンプレックスに苛まれるのは普通ですが、現在の若い世代は、そこに往々にして罪悪感が加わることになります。

ちっぽけで、つまらないままではいけないのではないか、と。

教師をしている関係上、同世代の他の人間よりも若い世代と接触する機会があるはずだからこそ、これにちゃんと対応できるのか、そして彼らが自分の言うことに耳を傾けてくれるなら、いったい何を伝えられるのか、こう考えたのが本書の執筆動機となります。

題して「思想以前」。出来合いの「思想」ではなく、ましてや思想の輸入業者としてではなく、自前の言葉で、ちっぽけな自分に苦しんでいる若者に、人生の先輩として照れずに真剣に向き合ってやるというのが本書の基本姿勢です。

本当の自分とは何か？　この世界で何をすることが正しいのか？　自分と他者、自分と世界との「間」をどうつなげばいいのか？

著者は端的に次のように述べます。

《肝心なのは、安直な答えに飛びつかないことです。そんなもの、本当はないんですから。……むしろ、とうてい答えが出そうにないことをこそ、形を変えて何度も問い返し、できるだけ長く問いを持続させること。そういう問い方をすること。これ以上によく「自分」を保つ道はないのではないかと思います。》と。

自前の思想をつくり出すために、そして今を生きぬくために考えるべきことのはじめの一歩は本書の中に必ずあると確信しております。「思想以前」と題した所以です。また各章末に【ブックリスト】をそえて今後の読書案内に役立つようにしております。

出来栄えはごらんの通りです。従来の思想入門書とはひと味もふた味も違った「入門書入門」ですが、現在という時代性にもっとも切り込んだもの、時代の要求にもっとも応えたものと考えます。

是非とも、一読されまして、若い世代にお勧めしていただければ幸いです。何卒、よろしくご高評のほどよろしくお願い申し上げる次第です。

敬具

一九九九年六月

洋泉社編集部
小川哲生

矢貫隆著『通信簿はオール1——テストを通じて子どもの個性を見つめた父親の記録』

拝啓

このたび、矢貫隆著『通信簿はオール1——テストを通じて子どもの個性を見つめた父親の記録』刊行のはこびとなりましたので、早速、お届けいたします。

本書の著者・矢貫隆氏はノンフィクション作家であり、今までは、交通問題、医療問題を中心に執筆をしてきましたが、今回は父親としての自分と子どもの関係を見つめ直したものであり、〈教育問題〉に挑んだものであります。

本書は、大上段に、そして声高に教育を語るのではなく、わが子のテストにていねいにつき合うことで見えてきたもの——テストの答えがひとつでしかないこと、そしてそれが何に由来するものであるか——を探りつつ、テストの結果に一喜一憂するのではなく、わが子がテストに書き込んだ答えを丹念に追うことで息子の個性やら感性を見つめた記録ということになります。

まず、皆さんは、以下のことをどう考えるでしょうか。

時間が経過すると、かげが動くのはなぜか、という問いに対して、本書の主人公は「ちきゅうがまわっているから」と書き、×をもらいます。先生の正答は「太陽が動くから」。これは中世の話ではありません。いま現在の学校の話です。もう常識になっている地動説ではなく、いまだに天動説がまかりとおっているのが現状です。おわかりでしょうか。

著者は、子どもがもって帰ってくるテストを見、何点とったかという〈点数〉よりも、どんな答えを書いたのか、それを見てやるほうが大切と考えたのです。

そこからが、著者の真骨頂があらわれます。一般の親が、点数ばかりにこだわり、わが子がどう答えたかに一顧だにしない現状に対して、けっして声高にではなく、かえって低い声で執拗にせまります。どうしてそのような答えが導き出されるのか、と。

〈キュウリ事件〉〈からすの学校事件〉〈とき・と事件〉〈くまの子ウーフ事件〉……

その一つひとつにふれるのは避けます。本書を読んでいただけばわかるはずですから。

ここに通底するのは、テストは必ず絶対的な正解があり、それ以外の答えは、論理的であろうとなかろうと、すべて×であるという〈唯一絶対の法則〉が小学校の現場には原則的に存在しているということです。

いくつも考えられる答えがあるのに、その全部を否定して、たったひとつの答えだけを求めるテストとはいったい何なのだろうか。正しい答えを書いても〈唯一絶対の法則〉に外れているという理由だけで×になるテストとは何なのか。

そう考えた著者は、わが子に「勉強しなくてもいい」と告げることになります。かくして〈通信簿はオール1〉は当然の帰結となります。

だが、そこから見えてきたのは、たんなる「オール1」だけではないのです。

本書を通読していくとき感じられるのは、ブラックユーモアの世界であります。ただ、ブラックユーモアのみに終らせない著者の筆力は、巧まずして、〈唯一絶対の法則〉が何に由来するかを探り当てていることにあります。

その正体とは、「指導書」の呪縛であり、「教科書の広域採択」です。

こう言ってしまえば、本書はありきたりの〈教育批判の書〉とみなされるかも知れませんが、それに終始するのではなく、それでしかない教育の現状を踏まえるのは当然ですが単なる告発に終ることなく、〇か×か、それだけの〈答えはひとつ〉でしかないテストを超えて、しなやかな親子関係を築いた感動の記録としても読めることに本書の魅力はあるのです。

だからこそ、私どもは声高らかに次のように言いたいのです。〈テストの成績は悪くても子は育つ!〉と。

見えにくい教育の状況を少しでも本書から垣間見ていただければ、もう観念的な言説——右であれ左であれ——を吐くことはできません。

是非とも、本書が提起した問題点を真正面から受けとめていただきたいのです。そして、すべての人に本書の魅力を伝えていただきたいのです。何卒、よろしく、ご高評のほどお願い申し上げます。

敬具

一九九九年七月

洋泉社編集部
小川哲生

松居友著『沖縄の宇宙像——池間島に日本のコスモロジーの原型を探る』

拝啓

このたび、松居友著『沖縄の宇宙像——池間島に日本のコスモロジーの原型を探る』刊行のはこびとなりましたので、さっそくお届けいたします。

本書でいう宇宙像とは、いわゆるコスモロジーであり、あの天文学などの宇宙を意味するものではありません。

一般に近代科学の領域では、コスモロジーは物理学的・天文学的な世界像としてとらえられておりますが、古代の人々にとっては神々の世界との関連においてとらえられていたものです。

ここで舞台となる池間島は沖縄・宮古諸島に位置する離島であり、離島であるが故に、今でも古い信仰が色濃く残る風俗習慣などが見られます。しかしながら、今に残るものは断片であり、その断片を集めて古代同様の完全な全体像を再現することは至難の業になります。

それでも可能なかぎり、その全体像を修復しようとした試みであります。

《明らかに迷妄である古代の宇宙像に、ひょっとしたら今も消えることのない、ある真実があり、その真実が二十一世紀から始まる新たな時代の新たな宇宙観を形成するための重要な要素になるとしたら、何であろうか》

この言葉こそ、著者が本書にこめたモチーフと言いうるものでしょう。

著者の松居友氏は、児童文学者であり、民俗学や文化人類学の専門家ではありません。しかしながら、終の住処と決めた北海道に移住し、アイヌの古老の聞き書きなどをとり、また学生時代より、ユングやゲーテのコスモロジーを勉強してきた人であるが故に、単なる素人でもありません。

本書は池間島の古老・前泊徳正さんや川上メガさんをはじめとする複数のお年寄りの生の言葉から、著者がくり返し丹念に聞き取って抽出し十年の歳月をかけて構築したものです。

何も長い時間をかければいいというものではありません。短時間で寝そべりながら書いてもいい本というものはありえるということは、私自身認めないわけではありません。

しかしながら、本書の性格上、短時間では不可能なのです。柳田國男のいう、旅人、滞在者、定住者ということを思い出してほしいのです。

十年という歳月は、古老の信頼を得、丹念に聞き出すには必要な時間なのだということを。

ある象徴的なエピソードがあります。

ある日、著者はふと気づいて前泊じいさんに聞いてみます。「おじいちゃん、いままで学者の方に、自分の知っていることをすべて話していたとおもうのですが、今、お話しになったことは初めてじゃないですか」と。

　前泊徳正さん曰く、「だって、そんなことは聞かれなかったからな」と。

　そうです。蟹は自分の姿に似せて穴を掘ると言われますが、研究者とて例外ではありません。自分の知りたいこと、自分の問題意識の範囲内でしか問いを立てられない、ということです。考えてみれば、ずいぶんお粗末なことです。

　一年の三分の一、池間島に滞在し、十年間をかけるということは生半可なことではできません。そうすることでしか滞在者は信頼を得られないからです。

　まして、大学などの研究機関から給料をもらっているのではなく、一介の児童文学者が、この仕事を成し遂げたことは特筆されるべきことであります。出来栄えはごらんのとおりです。

　古老の聞き書きにアイヌ・シベリア等の少数民族のシャマニズムを重ねながら、比較検討し、総合する労作はこうして完成したのです。

　前泊徳正さん亡き今、二度と聞き得ぬ貴重な証言と申せましょう。

　死後、霊魂はどこへ行くのか？　これに対する回答は本書にあります。

　ぜひとも一読されまして、自分だけで知るよりはより多くの方々に知らせたいとお思いになりましたら、ご紹介の労をとっていただければ幸いです。なにとぞよろしくお願い申し上げる次第です。

敬具

一九九九年九月

洋泉社編集部
小川哲生

中山治著『「ひとり勝ち社会」を生きぬく勉強法——勝ちぬくためにどう知力をつけるか』

拝啓

このたび、中山治著『「ひとり勝ち社会」を生きぬく勉強法——勝ちぬくためにどう知力をつけるか』刊行のはこびとなりましたので、早速、お届けいたします。

本書は掛け値なしに、就職戦線を勝ちぬこうと考えている学生から世界的な大競争時代、大失業時代をどう生きぬいてゆこうかと考えているビジネスマンのための知的実用書です。

実用書と銘打つためには、それなりの方法論が備わっており、しかも役に立つものでなければなりません。著者は大学院博士課程を修了した現役の心理学者であり、日本人と日本人の国民性を研究テーマとしてきた人ですが、もう一方で、自分の子育て体験と専門の心理学の知見を組み合わせて、中山式勉強法を確立した、知る人ぞ知る〝勉強法の達人〟と称される人であります。

今回は、従来の勉強法の成果を踏まえ——ちょうど、氏の勉強法で育ってきた世代が早くも大学生から社会人に達しております——、大学生・社会人に向けた一書を仕上げたのが本書ということになります。

勉強法というのは、一律にすべての人に適用できるわけではありません。一人ひとりの個性によって違ってきますし、どれが自分に一番合うのかを見つけることが成功のカギなのです。

ただやみくもに勉強してもあなたは勝ちぬけないのです。ムリ、ムラ、ムダを避けることは受験勉強とそうかわることではなく、本当に役立つ情報を与えることは、そうした視点に立つことであり、本書の有用性はそうした実績を持つ著者にして初めて可能となるものです。

わが国では、個性尊重のかけ声の陰で、学級崩壊、学力崩壊が進行しております。小学校の算数がわからない大学生や英語のＴＯＦＥＬの成績がアジアでビリということを多分どこかで聞いたことがあると思いますが、このままでは日本は世界に伍していけないことは火を見るよりあきらかでしょう。経済のグローバル化が言われる昨今、「勝ち組」になるか、「負け組」になるかは、能力開発次第なのです。そのためにも、良質な勉強法の本が求められる所以です。

本書の目次にありますように、役に立つ情報の集め方、論理力と表現力の磨き方、決断力のつけ方から歴史の学び方、自分のビジョンを持つ方法まで、いうなれば、現代を生きぬく知力をどう身につけるかを懇切丁寧に教えるというのが眼目であります。
学び直しの意欲に燃えている人から今持っている知識を有用に活用したい人まで、危機の時代を生きぬくための能力開発をして少しでもかしこくなるためのノウハウがぎっしりつまった本書を一人でも多くの方に紹介していただければ、幸いです。何卒、よろしくお願いいたします。

敬具

一九九九年九月

洋泉社編集部
小川哲生

ウイルソン晴海＋糸井成人著『電遊族が会社を滅ぼす』

拝啓

このたび、ウイルソン晴海＋糸井成人著『電遊族が会社を滅ぼす』刊行のはこびとなりましたので、早速お届けいたします。

タイトルにあります「電遊族」なる言葉はあまりなじみのない言葉と思います。そうです。この言葉は、本書の著者が命名した新造語だからです。

しかしながら、本書を読み進めていくうちに、やはり、この「電遊族」という概念なくしては、現在の情況を解き明かすことはできないと、おのずから納得できるはずです。いわゆる腑に落ちるということです。

著者たちのいう「電遊族」とは、いったいなんでしょうか。電遊機器、つまり電気で遊ぶ玩具、たとえば、「プレステーション」「カラオケ」「ファミコン」「ゲームボーイ」「セガサターン」「電動パチンコ」などのバーチャルのものによりリアリティ感じる世代を総称して「電遊族」と名づけたものです。まだまだあります。携帯電話然り。インターネット然りです。「何もしないでいることが無駄に思える」というのは電遊慣れした人間の大きな特徴です。

著者のように団塊の世代に属する人間から見れば、彼らはまさにエイリアンのように映ります。

彼らの特徴は次のようにまとめられます。

挨拶できない、すぐキレる、自己中、面従腹背、仮面生活、常識破壊、そして無気力……と。

こうした特徴は、現代の人間に多かれ少なかれ見られるものですが、そして自分にも思い当たることもままありましょうが、それが先行する世代と際立って大きく見えるのです。

気がつけば、理解しようにも理解しがたく、また不愉快な連中が、あなたのまわりに増殖していることに、気づくはずです。

直接、本書では触れておりませんが――この原稿の脱稿後に生起した事件なので――あの全日空ハイジャック事件の犯人や九月八日に発生した池袋の通り魔殺人犯を思い浮かべる方が多いと存じます。あの犯人こそが「電遊族」の典型なのです。まさに本書は、あの事件を予見していたことになります。

行きつく果てはどうなるか？　もはや打つ手はないのか？

コンピュータや電遊機器に囲まれて生きてゆくか、豊かな自然に抱かれて生きてゆくか、それとも両方のイイトコ取りをするために試行錯誤してゆくか、社会も個人も選択を迫られるときがやってきたのです。

さて、あなたはどうするか。

ぜひとも本書を一読のうえ、本書に価値ありと感じましたら、紹介の労をとっていただければ幸いです。なにとぞ、よろしくお願い申し上げる次第です。

敬具

一九九九年九月

洋泉社編集部
小川哲生

諏訪哲二著『教師と生徒は〈敵〉である』

拝啓

このたび、諏訪哲二著『教師と生徒は〈敵〉である』刊行のはこびとなりましたので、早速、お届けいたします。

このタイトルを見て、ギョっとする方もいるかとは存じますが、これはなにも鬼面人を驚かす類いやウケを狙ってのことではありません。現実を冷静にリアルに見ることで、見えてくることをそのままタイトルしたというのが実情です。

しかしながら、本当のことをいうのはなかなか勇気がいるものです。著者は現職の教師ですからなおさらです。現実を見ない、見ようとしない御仁には「教師ともあろうものが、教え子を〈敵〉とするなど論外」と切ってしまうかも知れません。当然のごとく、彼らは「教育」を本質的に一度も疑っておりません。つまり、教育の聖性ということです。

そうではなく、いまもっとも考えるべきことは、「教育は可能か」ということなのです。

図式的に申せば、

①教育の不在↓教科教育の不成立↓一方的な教師批判へ向かう道

②社会の変容↓子どもの変容↓教育そのものの不成立の根源を問う道

分かれ道はここにあります。

どちらがより困難な道か、結論はすぐにもわかります。しかしながら、人間とは不思議な動物です。事態がうまくいかなければ、必ず自分以外の何者かをスケープゴートに仕立てあげるものです。それは、きまって「教師バッシング」「学校バッシング」に向かいます。このままでは事態は一向に改善されません。事態はもっともっと深刻なのです。

また、ノー天気な論者は次のようにもいいます。

「私立に比べて公立に学級崩壊が起きるのは公立の教師に力量がないからだ。教師の資質向上に取り組め」と。

本当にわかっていない人は無敵です。教師は生徒を指導し、教えることができるが、生徒から離脱しつつある自由な子どもや少年（少女）は誰も指導できないのです。私立は曲がりなりにも入学してくるのは子どもではなく、生徒として入学してくるがゆえに教えることができるということがわかっていないのです。おわかりでしょうか、無敵という意味が。

本書は、こうした俗耳に入りやすい意見をすべて論破する論争の書であります。風当たりの強さはもちろん折込み済みです。

文部省のいう「新しい学力観」とて例外ではありません。いや、かえって「学級崩壊」の真犯人こそがこの「新しい学力観」と言い切るほどの覚悟の書ともいえます。

著者の覚悟のほどを述べた一節を引用してみましょう。

《おとなや社会は教育しなければならない。人間の社会性や歴史性から言って、何を教えなければならないか、何を学ばなければならないかは子どもの選択にまかせることはできない。おとな（社会）は「一方的に教え込まなければならない」し、子どもは「自ら学び考えなければならない」のである。この二つのヴェクトルの齟齬はつねにあったし、現在ますます膨らみつつある。だが、子どもも主体なのだから、この「すれちがい」は避けられない。おとな（社会）はこの事実に耐えなければならないし、子どもたちに耐えさせなければならない。》と。

是非とも一読されまして、本書に呼応する発言を期待してやみません。何卒、よろしくお願い申し上げる次第です。

敬具

一九九九年十一月

洋泉社編集部
小川哲生

中野京子著『かくも罪深きオペラ——スキャンダラスな名作たち』

拝啓

このたび、中野京子著『かくも罪深きオペラ——スキャンダラスな名作たち』刊行のはこびとなりましたので、早速、お届けいたします。

オペラは売れないと相場が決まっていましたが、約七年ほど前にオペラの本を手がけまして、五冊ほど刊行し、今回が六冊目となります。音楽書のプロパーではなく、オペラにはまったくの素人の私ではありますが、オペラに魅せられたからに他なりません。その間にオペラブームと言われた時期もありましたが、現在の沈滞ぶりを考えますと、あのブームとはいったい何だったのか、やはりオペラもバブルだったのかという思いがしきりですが、やはりファン性の故か、なかなか抜け出せません。

それでは、いったいなぜ魅せられるのか。それは、オペラにある〈過剰性〉がなせるわざと思いたいものがあります。

そこで、今回は、その〈過剰〉さをキーワードに名作オペラの誕生〈裏〉物語という趣向で、お目にかけたいと考えた次第です。

従来のオペラ書は、ユーザーズブックというか、CD・LDガイドの類いか、作品鑑賞の手引きといった感が免れません。お役立ち本というのがウリなわけです。

しかしながら、今回の本はまったくそうではありません。一見、役立つ情報といったものとは縁のない世界やに思われるかも知れません。

作品理解には作品そのものに直接ぶつかるにしくはないという正論があります。それはたしかにそうなのですが、なにかそれだけではないというのもあながちウソではないはずです。

生身の人間——作曲家本人——を知ることが、作品理解に役立つということもあるのです。楽聖とか、そういう意味での作曲家理解ではなく、まさに作曲家の生身性——あまりこなれた表現ではありませんが——を知ること、オペラばかりではなく、作曲家自身の過剰さを知ることは、もうひとつオペラへの親近感を増すこともあるという立場に身をおきたいのです。

本書で取り上げる過剰さとは具体的には次のようなものです。

たとえば嫉妬、淫蕩、憤怒、傲慢、マザコン、愛妻家、そして大食漢……などなど。あたかも七つの大罪を作曲家自身が有するかのような趣きであります。美徳というにはあまりにも強烈なものばかりです。そのような過剰さを抱えこんだ人間であるが故に、かえって人々を惹きつける曲がかけるのではないでしょうか。

《彼らの凄さは、そういう日常の枠に押し込められながらも、それでも天才性を発揮したという点にある。しかもその枠を逃れたり、破ったり、拡げたりするやり方に、おのおのの個性がきらめく。闘い方の美学が見える。》

そうです。その闘い方の美学こそが今回のテーマなのです。

本書を通じて、オペラの裏ドラマともいうべき物語を楽しんでいただければ幸いです。そして本書に面白さを感じていただけたならば、ぜひとも読者に向けて、自分が感じた面白さを紹介していただければと存じます。オペラは嫌いだなどと食わず嫌いを言う前にぜひともご賞味いただければ、著者ともどもこれにすぐる喜びはありません。

なにとぞ、よろしくお願い申し上げる次第です。

敬具

一九九九年十一月

洋泉社編集部

小川哲生

大伴茫人著『姫様と紀貫之のおしゃべりしながら土佐日記』

拝啓

このたび、大伴茫人著『姫様と紀貫之のおしゃべりしながら土佐日記』刊行のはこびとなりましたので、早速、お届けいたします。

勘のいい方ならすぐお気づきのことと存じますが、本書の奥付の日付十二月二十一日は奇しくも『土佐日記』の出発の日と重なります。刊行の日付を合わせるのは単なるシャレだけではありません。

少しくだけたタイトルは、端的に本書の性格を表しております。

著者によれば、本来、『土佐日記』とは、初心者（とくに権門の女子で将来の后候補である姫）に歌や古典常識を教える教科書だった、というものです。この視点から作者の紀貫之とその姫との対話という形をとって進めたことを明示するタイトルになっている次第です。

著者がめざすものは、一般の人が気楽に古典世界に入っていけるようになるための橋を架けることであります。そのため以下のような方針を考えるに至りました。

・根本に詳しい研究がしてあり、その上にわかりやすい読み物が乗っている
・表面の話だけでなく、できる限りその作品の〈本質〉を伝える
・作品ごとにそれにふさわしい〈文体〉を考え、安易に同じパターンをくり返さない
・どのような形の注釈もつけずに、すべてを本文の中でこなす
・なによりも、読み物として面白いものを目指す

簡単に言ってしまえば、〈すらすら面白く読めて深く理解できる〉ものとなります。

著者の大伴茫人とはもちろんペンネームであります。著者は予備校界において有名人であり、とくに現代文・小論文の世界では、その人ありと言われ、『現代文講義』他の著書は三十数冊をかぞえ、延べ部数三五〇万部を超えており、受験生から圧倒的に支持されている人であります。

その人が、専門分野を越え、古典に挑む——それも、より通じた田村秀行という本名ではなくペンネーム——姿勢には、並々ならぬ決意と自負が込められております。

本書は《大伴古典ワールド》の第一作目にあたります。現在の出版界の現状から見て、大々的なスタートを宣すること

は難しいので、ひっそりとした船出となっておりますが、構想は大きく、すでに十冊ほどのラインアップの準備はできております。

単なる古典の現代語訳ではなく、一作ごとに違うスタイルを考えております。

古典といえば、受験で苦しめられた記憶しか残っていない人や現在、苦しんでいる人が、〈古典とはこんなにも面白いものか〉とスラスラ読んでいけるものになっている、と私どもは確信しております。

楽しい仕掛けと学問的裏付け、それを兼ね備えた、まったく新しい『土佐日記』の出現は、心ある人にとっては、まさに一つの〈事件〉と申せましょう。

是非とも、一読されまして、若い人はもちろんのこと、年配の方々にもお勧めくださいますよう切に願う次第です。よろしくお願い申し上げます。

敬具

一九九九年十二月

洋泉社編集部
小川哲生

2000

中山治著『中学受験らくらく合格術』

拝啓

このたび、中山治著『中学受験らくらく合格術』刊行のはこびとなりましたので、早速、お届け致します。

中学受験は、よく親の受験と言われます。意図的に誤解する意見に、親の受験とは、親の見栄のために子どもを受験に駆り立てるものでしかない、というのがあります。しかしながら、実情はそうではありません。

教育ママ、教育パパという揶揄した言葉があります。本来の意味より、悪意がこもったものとして流布されることがしばしばあります。昨年末に起きた「お受験殺人事件」なども、実情がはっきりしない時点で、恰好の標的にされ、そのような観点からのコメントがまま見られましたが、どうも、そう簡単なものではありません。

公立中学の「荒れ」や「学級崩壊」「学力崩壊」に接して、いったい、学校はどうなるのか、わが子をこのまま公立中学にやるよりも、わが子によりよい教育を与えたい、私立受験を考えたい、というのは、それほどバカにされることでしょうか。

マスコミなどで、受験狂想曲を批判を繰り広げている御仁が、ちゃっかり、自分の子どもは私立にやっているのは周知の事実です。タテマエとホンネの使い分けとだけ笑って済ませるわけにはまいりません。本気になって、わが子によりよい教育環境を与えてやるのは、親の務めでもあるからです。

しかしながら、少子化の影響から、ずいぶん緩和したとはいえ、名門中学受験は厳しいものがあります。ひとつ対応を間違えれば、こと志に反して、わが子を「燃えつき症候群」にしてしまう危険性があるのです。

それを避けるためにも、本書の著者・中山治氏は、受験を逆手にとって子どもの能力開発をはかる「ゆとり受験」を提唱しております。

本書は、実際に子どもの受験を経験した母親や現在、受験を考えている母親たちに直接取材し、彼らが今一番必要としている、あるいは悩んでいる問題、もっとも知りたい問題をゆとり受験から入学後までの五つのステップに分け、90の質問をQ&A形式でわかりやすくまとめたものです。

〝しっかり勉強、ゆったり合格〟の中山式スーパー受験法で、挫折しないわが子の能力開発をはかってもらえるものとして、私どもは、内容に自信をもっております。

ぜひとも、ご一読のうえ、マスコミ媒体でご紹介などいただければ幸甚です。何卒、よろしくお願いいたします。

敬具

二〇〇〇年二月

近藤誠・中野翠・宮崎哲弥・吉本隆明ほか著
『私は臓器を提供しない』

拝啓

このたび、小社から新書（シリーズ名「新書y」と呼びます）の第一弾として近藤誠・中野翠・宮崎哲弥・吉本隆明ほか著『私は臓器を提供しない』刊行のはこびとなりましたので、早速お届けいたします。

ご承知のとおり、小社の新書は、自社名をシリーズ名に冠しないわが国最初の新書であります。その名が示すように、知名度や権威にいたずらに寄りかからず、トピック性、話題性、切り口で勝負したいからであります。通常、ヒューマニズムや誰もが反対できない大文字言語に敢えて反対できないという雰囲気が醸しだされることがあります。「臓器移植」がまさにそうです。あたかも大政翼賛会のように反論をだすことが、なにか犯罪、人非人であるかのように錯覚させられてしまいがちです。

ですから、私たちはそのような雰囲気に対して、「カウンター・オピニオン」を作り出す必要を言いたいのです。

この第一弾の『私は臓器を提供しない』がこの最初の証明であると私どもは自負しております。

平成九年十月十六日に臓器移植法が施行され、その間に四例の脳死体から移植が行われましたが、昨年の六月より八ヵ月も移植が行われず現在に至っている現状をどう考えればいいでしょうか。

一般に「愛の行為」「いのちのリレー」という美名の下になされる脳死・臓器移植の実態はあまりに知られておりません。臓器移植はマスコミが言うようにけっして「新しい医療」ではなく、欧米では三十数年の歴史をもち、いま倫理的な面から見直しが叫ばれる、一世代遅れて日本で実施される技術なのです。「地雷原医療」という人さえいるのが実情なのです。

賛否の論議を究めることなく闇雲に「ことを進める」真意はいったい奈辺にあるのでしょうか。

治療を待つ人間がいるのを見捨てるのか、という推進派の声は俗耳には入りやすいことですが、では、わが国での脳死・移植における高知、古川の例に見られるように、ドナーが本当に脳死だったのかすら徹底した検証がなされていないない現在、ドナーカードをもつことは、救命救急医療で手抜きされることになる危険性は避けられないのです。

あらゆる世論調査でも必ず一定の割合（四〇％強と言われております）の人間が、脳死に反対なり違和感を表明しているのは、わが国の医療現場が密室化され、一般国民に知らされていないことの証左にほかなりません。

私どもが一番恐れるのは、バイオ・ファシズムの出現です。

ですから、本書は、十名の論客がそれぞれの「私」から発言することで、けっして深く考えることのないマスメディアの付和雷同型の言説への対抗言論として耳を傾けるに値するものを心がけたいと考えました。

臓器移植は「医療の名による殺人」とみなす見解、臓器移植そのものの有効性への根本的な疑問、脳死者への医療現場での非人間的な対応、ヒューマニズムというイデオロギーと死生観の間に横たわる齟齬など基本的な論点はほぼ押さえているはずです。

本書を通じて、読者が「自分の立場」を選択するための材料を得られる最適の本と確信しております。そうせず、ただヒューマニズムを叫ぶだけでは、あの「善意」の道は一直線に地獄に通ずるということを繰り返すことに他なりません。是非とも一読されまして、少しでも本書の意義を広く社会に伝えていただければ幸いです。

なにとぞよろしくお願い申し上げます。

敬具

二〇〇〇年三月

洋泉社編集部
小川哲生

小浜逸郎＋佐藤幹夫著『中年男に恋はできるか』

拝啓

このたび小社より「新書ｙ」のシリーズ第二弾、小浜逸郎＋佐藤幹夫著『中年男に恋はできるか』刊行のはこびとなりましたので、早速、お届けいたします。

小社の「新書ｙ」は、従来の新書とは違って、読者のニーズにどれほどそそえるか、知名度や権威に寄りかからず、しかも日常の見逃されやすい等身大のテーマで勝負したい、という意欲から出発したシリーズであります。

いまや日本は一億性欲過剰者と言われるように女子中高生の援交から援交オヤジといった風に、マスコミで面白おかしく取り上げられることが多くあります。

しかしながら、本当に実態はそうでしょうか。それほど信じていいものでしょうか。

例えば、中年のエロス。世間といった目があるかどうかは別として、われわれ中年にとっては、「いい年をして」とか「そろそろ枯れたら」という言葉ほど敏感に響くものはありません。かつて人生五十年と言われた時代なら、中年とは「枯れて」もいい年齢かもしれません。

しかし、考えてみれば、子育てを終えてからの人生が二十数年以上も続く現在では、中年のみならず老人すらエロスの問題は避けてとおれません。

あるタレントが言う「家庭に性を持ちこまず」といったギャグとしてはそれなりのインパクトはありながら、現実にかすりもしないこの物言いは、かえって「家庭外にエロスを求めよ」という風にとられ、それが滑稽なほどにある種の人間に強迫観念を生み出すといった笑えぬ現実があります。

本書のタイトル「中年男に恋はできるか」も一見、そのような言いように与するかに感じられるかもしれませんが、実はそうではないのです。

そうではなく、いい年をしながら枯れることができない、中高年にとって性愛こそがもっとも切実なテーマであることの表現なのであります。

性愛は語ることではなく、するものだという言い方もあります。半面の真実を衝いた言葉ですが、それは半面でしかないという立場に私たちは立ちたいのです。

一般に性愛（エロス）問題は、理論的、哲学的な言説はとにかく敬遠されてきたきらいがあります。しかし、人間にとって性交や恋愛、性愛の問題はけっして避けてとおれないはずのものです。しかしながら、このテーマは語りにくいことも事実です。その語りにくさを承知のうえで何とか語ってみよう——こうした発想から本書は成っております。

取り上げられる内容は援助交際から不倫・セクハラまで。ハゲからもてない男まで。形而上学的話題から下世話な話まで。性教育から江藤淳の自殺まで。きわめて多岐にわたっておりますが、そこに一貫して流れている通奏低音は「なぜ人はかくも懲りずに性愛にゆさぶられるのか」という愚直な問いであります。

けっして高みからの批判ではなく、自己を語るように性愛を語るという節度は、この著者たちは備えております。

恋愛の「達人」——もしいればの話しですが——からみれば、なんとウブな、と一顧だにされないことは重々承知のうえで、まじめに、しかもユーモアを失わずに、かつ単なる私的な事実や感覚や感情の好悪を垂れ流さず、観念的にも追い込まずに語る本書は、必ずや新書のメイン読者と言われる四十～五十代読者の腑に落ち、共感をもって迎えられる内容と自負しております。

是非とも一読のうえ、好意的な批評や辛辣な批評、いうならば本書に真正面から向かい合っていただき、メディアなどで取り上げていただければ幸いです。なにとぞよろしくお願い申し上げます。

敬具

二〇〇〇年三月

洋泉社編集部
小川哲生

河谷史夫著『一日一話――人生の断章365』

拝啓

小社の「新書y」もおかげさまで、第二回配本を数えることになりました。第一回配本も好評をもって迎えられ、発売一週間ほどで再版を重ねるものもあって、上々のスタートです。

さて、今回の河谷史夫著『一日一話――人生の断章365』刊行のはこびとなりましたので、早速、お届けいたします。

太田蜀山人のひそみに倣って、タイトルは「一日一話」と名づけました。なんの変哲もないタイトルであり、形式そのまま表題にしたに過ぎず、なんら内容を表していないではないか、とお叱りの声も聞こえてきますが、そこはわが「新書y」のこと、ゆめゆめご油断めされるなと申しておきましょう。

従来のこの種の本には、「今日はいったいどんな日か」「きょうはこんな日」を訳知り顔で説明する類いに満ち満ちておりますが、本書はそれらとはひと味違う趣きがあります。そのあたりを少し説明してみたいと思います。

著者の河谷史夫氏は自ら卑下して、《どだい大通りより路地横町が好きな性質で、へそ曲がりに出来上がっているから、それだけでも今日の新聞には向いていないに違いない》などと申しておりますが、なかなかどうして一筋縄ではいかない人物のように思われます。

本書の任意の頁を開き、そこに書かれているものに接すれば、そのことがすぐにわかるはずのものです。

たとえば、本書の大きなモティーフのひとつに人の出処進退ということがあります。人の一生を見るとき、その人間の出処進退を見れば、その人間のだいたいのことはわかります。晩節を汚すという言葉がありますが、まさに進退を誤った例は多々あります。また逆に肩書きの高低に関係なく、なんと潔くすがすがしい所作の人がいることか、と驚きを持つことがしばしばあります。

そのことに触れた著者の筆遣いは、巧まずして著者の批判精神を余すところなく伝える思いがします。

また、人の生と死に関しても然りです。「生死一如」を信念とする著者は《死を述べることは生に触れることであり、死者を語ることは生者を叙することだ》と述べ、死者のほうが自分には近しいとまで言いきります。これは「見るべきことのほどは見つ」覚悟をもった人間の言葉ではないでしょうか。

「人生の断章365」をサブタイトルにもつ本書は、そうした人生の中の運命的ともいうべき決定的な日付けのもつ意味、そして記憶されるべきその日を達意の文章で切り取ります。実に人生は二〇〇字で描けると喝破する著者の面目躍如といったところです。まさに類書とはひと味違うといった所以です。

その意味で、先人の逸話を通じて読む人に生きる指針を与える書と申しても過言ではありません。

朝日新聞夕刊を飾った名コラム「きょう」を加筆・集成した本書をとおして、人生の真実に立ち会っていただければと存じます。そして、一人でも多くの方々に本書の魅力をひろく紹介していただければ、これにすぐる喜びはありません。

何卒、よろしくお願い申し上げます。

敬具

二〇〇〇年四月

洋泉社編集部
小川哲生

鈴木淳史著『クラシック名盤ほめ殺し』

拝啓

このたび小社より「新書y」の六月新刊として、鈴木淳史著『クラシック名盤ほめ殺し』を刊行いたしましたので、早速、お届けいたします。

クラシック音楽の名盤ガイド風の新書は、各社の新書シリーズにもラインアップされていますが、それらはいずれも、クラシック音楽を啓蒙的に解説することに主眼に置いている点で共通したものになっています。本書もガイド本の体裁をとっていますが、それらの啓蒙路線とは一線を画した初めての新書です。

著者は、昨年小社より刊行されて話題になった『クラシック悪魔の辞典』の鈴木淳史。クラシック音楽を多角的な価値観から相対化させるその手法は、既存の音楽評論が持ち合わせなかった批評性を持っていることが最大の長所であるといえます。日本の音楽評論の多くが、レコードジャーナリズムとの利害関係の中で主観的な価値基準によって音楽の良し悪しを語っていることは、多くの読者の知るところです。文学や美術ではあたりまえのように持ち合わせている現代的な批評的な契機が、こと日本の音楽評論の中ではこれまで、ほとんど芽生えてきませんでした。

著者と編集部は、このような現状に満足することなく、硬直化してほとんど印象批評や太鼓もち記事に堕してしまっている日本のクラシック音楽の評論とはまったく違ったかたちの新書をつくろうと考えました。

本書は、作曲家の年代順に話題になった八十六枚のCDを見出しとして、「天使」と「悪魔」が、それぞれのCDを聴きながら対話するという形式をとっています。しかし、この「対話」には、一つひとつ仕掛けがあります。

たとえば、メンゲルベルク指揮のバッハの《マタイ受難曲》では、「キリストへの民衆の審判」と「ペテロの慟哭」の場面をパロディとして、二つの価値観を対比させたり、マゼール指揮によるドヴォルザークの《スラヴ舞曲集》では、この演奏を聴いた小学生に扮した天使が、すべてひらがなで学校の先生に質問を投げかけることで、演奏者の狡猾な手口をパロディとして再現させたりと、その巧妙な仕掛けは思わず苦笑を誘いながらも、演奏への深い洞察を秘めたものになっています。つまり、形式そのものが、ひとつの批評的視点を持っているのです。中身に凝ることは文体に凝ることに他ならない。この著者にとってそれは自明なのです。そしてそれは芸の域にまで達していることは、慧眼の士には私どもが丁々するまでもなくおわかりのことと存じます。

クラシックの入門書としては、少々レベルの高いものになっていますが、そこで語られている内容は、クラシック音楽を知らなくても、ある程度の知識レベルがあれば充分にその面白さを楽しめる内容になっています。同時に、それこそが既存の音楽評論への大きな批判にもなっている点で、マニアックな聴衆にも読みでのあるものになったと自負しております。本来、よくできた入門書とは、初級者にとっては「はじめの一歩」への誘いであり、中上級者には含蓄の深い読み物となっていなければなりません。その意味で、本書は入門書らしい入門書と自負している次第です。

ご一読の上、貴社媒体におかれましてご高評たまわれば幸いに存じます。何卒、よろしくお願いいたします。

敬具

二〇〇〇年六月

洋泉社編集部

小川哲生

小浜逸郎著『なぜ人を殺してはいけないのか』

拝啓

　このたび洋泉社・新書yの七月新刊、小浜逸郎著『なぜ人を殺してはいけないのか』刊行のはこびとなりましたので、早速お届けいたします。

　十四歳の少年Aの「酒鬼薔薇事件」からちょうど三年を経て、十七歳の少年の殺人事件が相次いで起こっております。私どもは「いったいこの少年たちに何が起こっているのか」と思わざるを得ません。マスコミには、心理学者や精神科医らが登場し、なにやら辻褄のあった理屈を述べ立てていますが、実際に少年たちにクライアントとして立ち会うことなく、処方箋を出しているのを見るにつけ、これらの学問はそれほど偉大だったのか、本当にそういえるのか、疑問に思わざるをえません。

　一方に、ただ個としての生の手触りを得たいために「理由なき殺人」に踏み込む少年がおり、もう一方に、自分の内部に社会で生きていく確かな情熱を発見できずに、個室に引きこもる人間がおります。

　いったいこれらをどう考えればいいのでしょうか。すべての規範が疑われ、人倫のタガが緩んだ「退屈と空虚と焦燥の時代」にあって考えるべきこととはなんでしょうか。

　本書のタイトルとしました「なぜ人を殺してはいけないのか」はさしずめその筆頭にあげられましょうが、これに尽きるわけでもありません。

　殺人、自殺、売買春、「私」、愛、死刑、戦争……等々。これらはすべて人間の生き方の根幹にかかわる事柄ばかりであります。

　本書で取り上げる問いは以下の十問です。

第一問　人は何のために生きるのか
第二問　自殺は許されない行為か
第三問　「私」とは何か、「自殺」とは何か
第四問　人を愛するとはどういうことか
第五問　不倫は許されない行為か
第六問　売春（買春）は悪か
第七問　他人に迷惑をかけなければ何をやってもよいのか
第八問　なぜ人を殺してはいけないのか
第九問　死刑は廃止すべきか
第十問　戦争責任をどう負うべきか

　いずれも目新しいものではなく、古くて新しい「永遠の課題」ばかりです。純粋に「個」としてのありようから説き起

こし、私的な「関係」の問題に触れ、さらに「法」や「社会」や「国家」などの公的な問題にいたる体裁になっております。問いが問いを生み、それらが螺旋状に発展し、一段階高いところに上がるよう工夫しております。

　これらの問いは、いずれも時代の無意識が提示してくるものばかりです。それを抽象的な問題として提出し、事足れりとするのではなく、現在の具体的状況を生きるひとりとして、状況の接点で考えるというのが本書の特徴です。

　ぜひとも一読されまして、ご高評などいただければ幸いです。何卒よろしくお願い申し上げます。

敬具

二〇〇〇年七月

洋泉社新書編集部
小川哲生

橋爪大三郎著『言語派社会学の原理』

拝啓

　このたび、橋爪大三郎著『言語派社会学の原理』刊行のはこびとなりましたので、早速、お届けいたします。

　著者が最初にこの書の構想をたて、研鑽を続け、約十年にして完成にこぎつけたものであります。著者は端的に本書の構想を次のように述べております。

《社会（科）学はこれまで、人間が言語を操る事実に十分目を向けてこなかった。そのため、社会空間について、きちんと解明することができなかった。／言語など人間が操ることのできる社会形式に注目し、それを手がかりに社会を考察する立場を、〈言語〉派という。本稿は、〈言語〉派の立場から、社会というものの骨格的な成り立ちをどう考えて進めていけばよいかを試行する》と。

　何ごとかを考えていく場合、出来合いのやり方や方法・観念ですませることは簡単であり、手っ取り早い場合があります。しかしながら、そうすると必ず、何かこぼれてしまう。たとえ、迂遠の道であろうとも、自前の論理を構築することが血のかよった〈知〉になることを信じる、というのが、この著者の本領であります。

従来の構造＝機能分析を乗り超えるためには――自ら命名する言語派社会学を構築するために――西欧的な概念系の起源から解き放たれた記述と説明の装置を用意する必要があり、それを提出するのが本書となります。

　言語と意味に関する二十世紀の諸学説やポストモダニズムにいたる権力に関する議論の成果を、同時代人として踏まえていることは申すまでもありません。ただ既存の社会学のさまざまな潮流とは、ある場合に対立し、ある場合に補完し、ある場合に協働する関係でもあります。

　読みやすく、広く一般読書人向けの本と私どもは考えているわけではありませんが、今後、社会学を専門とする人々や、もっと広く、人間と社会をトータルに考えていこうとする人々にとっては、この書を無視しては決して前に進めない、と著者ともども私どもは考えております。

　一介の社会学学徒が単独で、学問の名前の前に自らの名前を冠する――これこそ橋爪社会学です――ジャンルを打ち立てた記念碑的労作として、長く記憶に残る一冊と申しても過言ではありません。

　ぜひとも一読の上、広く読者人に向けてお勧めいただけるようお取りはからいいただければ、望外の喜びであります。なにとぞよろしくお願い申し上げます。

敬具

二〇〇〇年八月

小川哲生

村瀬学著『なぜ大人になれないのか――「狼になる」ことと「人間になる」こと』

拝啓

　このたび、村瀬学著『なぜ大人になれないのか――「狼になる」ことと「人間になる」こと』刊行のはこびとなりましたので、さっそくお届けします。

　著者の村瀬氏は先に『13歳論』を世に問い、子どもと大人の「境界」はどこにあるかを鮮やかに提出しました。つまり、現在の子どもたちの逸脱行動を管理教育の問題や家庭のしつけ、「思春期」の病理という俗耳に受けやすい心理学的な発想ではなく、もっと深い人類史の問題から探ることの必要を強調しましたが、今回の書き下ろしもその延長線上で、大人になることの困難性を明らかにしようとするものです。

　普通、子どもから大人になることを誰も疑う人はありません。自然過程で言えば、そうなるのが当たり前だからです。しかし、「子ども」とは何か、「大人」とは何かと単に年齢だけを無前提に言うことはあまりにも意味をもちません。

　著者は「やさしさ」と「残酷さ」が同居する現在の子どもの問題に関して、面白いことを指摘しております。「これはコップだ」と言えばいいところで「コップじゃぁないですか」と言う若者の話法に触れてである。《「だ」という「断定」を避けて、「じゃぁ（断定）ない（否定）です（肯定）か（尋ね）」というように、自分の断定を自分で否定して見せながら、でも最後には自分の意志を出すという、とても回りくどい意志の出し方がこの話法に工夫されている》と。

　現在の若者に共通の話法は、互いの意志の出し方を和らげるためであり、相手にストレートに自分の意志の強さを見せつけることの危険を避けるために、こうした話法を身につけている。それほどに「やさしく」なっている一方で、残酷な事件を簡単に引き起こす若者も出てきている。いわゆる「キレる」というやつです。

「やさしいい子」がなぜ残酷な事件を起こすのか？

　統計上は、戦後の少年犯罪件数は激減しているのに、不可解としか言いようのない事件に遭遇すると、一見、残酷な事件が急激に増えているように感じてしまうのは、やはり、「やさしさ」と「残酷さ」が同居している現在の子どもたちに私たちが不気味さを覚えるからに他なりません。

　サブタイトルにあります〈「狼になる」ことと「人間になる」〉とは、こうした若者たちの問題を考える際に大きな力になります。

「狼になる」という言い方で著者が追求するものは、「自国」で「人間」と考えてきたイメージを、あらためて問い直し、もう一度「人間とは何か」を考え直す機会をもち、あらためて「人間」の中の「異類性」や、「日本人」の中の「異人性」を考えようとすることです。

　大人になることの困難さを「狼になる」というキーワードで読み解く本書は、テレビや新聞・雑誌等に登場する心理学者や精神科医の分析に少なからぬ違和を感じている読者にとっては、必ず満足感を覚えること請け合いです。ぜひとも一読されまして、ご高評などいただければ幸いです。

　何卒、よろしくお願い申し上げます。

敬具

二〇〇〇年九月

洋泉社編集部
小川哲生

松居友著『絵本は愛の体験です。』

拝啓

このたび松居友著『絵本は愛の体験です。』刊行のはこびとなりましたので、早速、お届けいたします。

本書は処女作『わたしの絵本体験』を十四年前に発表したその中身をさらに発展させ世に問う、絵本を与えられ育った世代からのメッセージであります。

著者の松居友氏はすでにご存知のように、日本の創作絵本のパイオニアとして活躍した編集者＝松居直氏の長男であり、自身絵本編集者を経て現在、絵本論、昔話論、そして創作活動をしている児童文学者であります。執筆のかたわら、ほぼ年間二ヶ月ほどを講演活動に時間を割き、保育園の現場に赴き、お母さんがたや保母さんがたとじかに接している方です。

彼は、《自分の家以外は知りませんから、わたしの育った家庭は、すべてにおいてすばらしい環境であったかどうかはわかりません》と述べています。しかし彼が強調するのは、《両親がときどき読み聞かせしてくれたことだけは、本当によかったなあと思います》と何気なく記していることです。

そうです。絵本とは、一冊の書物のことではなく、一つの体験であるという事実を強く主張したいというのが、本書に一貫して流れているテーマなのです。

父親・母親のひざにのせられ、絵本を読み聞かせられた体験はなににもまして貴重なものです。なぜそう言えるのでしょうか。

それはテレビやビデオやテレビゲームとは違って、一方的に与えられるのではなく、視覚的に（目で見ること）、聴覚的に（親の声をとおして語り聞かせられるということ）、そして触覚的に（父親・母親の手触り、肌触りなど、具体的に言えば、父親のちくちくしたヒゲや母親の乳房の手触りが想起されます）語られる三つの言葉が一体となったものであります。著者はそれを「愛の体験」と呼びます。

かつて絵本が家庭にないときには、親は子どもに昔話を語って聞かせました。長じて自分が子どもに話をしてやるときに、自分がかつて聞いた親や祖父母の声がなつかしく聞えてよみがえります。

このような体験をもったことはなんと素晴らしいことでしょう。

現在のように親と子が向かい合う、黄金時代があまりにも少ないことを考えますとき､ああ､なんと素晴らしい体験だったのかと今さらながら思い出される人は多いことでしょう。

絵本とは考えることではなく、感じるものです。それこそ

「愛の体験」なのですから。

　本書はそうした絵本の第二世代（絵本を与えられ育った世代、そして次の世代への橋渡しする世代）からのメッセージに満ち満ちた内容になっております。

　絵本が語ってくれるものをどう受け止めるべきかをやさしい言葉で展開して、これこそ絵本が与えてくれる贅沢な贈り物＝至福の時間を現出させます。

　ぜひとも一読されまして、子育てに悩むお母さん方に、ちょっと深呼吸して絵本の一ページを開いてみませんか、もっとゆったり、そして現在を子どもと楽しむためにも「愛の体験」をしてみませんか、と本書を勧めていただければ幸いです。

　何卒、よろしくお願い申し上げます。

敬具

二〇〇〇年九月

洋泉社編集部
小川哲生

宮崎哲弥編著『人権を疑え！』

拝啓
　このたび、宮崎哲弥編著『人権を疑え！』刊行のはこびとなりましたので、早速お届けいたします。
　私どもの「新書y」は、進歩・保守という軸ではなく、世間やマスコミの流れに対し、読者が何かしら違和感を覚えるような問題を根底から問いなおす、言うなればそれらに対しカウンター・オピニオンを提供することをシリーズの基本的柱にしております。先に、脳死・臓器移植問題に一石を投ずべく『私は臓器を提供しない』を刊行し、読者が自分の立場を選択するための材料を提供しました。このたびは「人権」にスポットを当てようと考えました。
　世に人を黙らせる言葉があります。「人権」はその最たるもので、人権という言葉は、戦後の日本では「神聖にして侵すべからざる」言葉となりおおせ、ちょっとやそっとでは、この言葉に異を唱えることができなくなっております。すなわち、タブーとなっているのです。戦前の天皇制がそうであるように「神聖にして侵すべからず」ものが存在することは、けっして望ましいことではありません。

あらゆるタブーを排して、真実を口にすることは、言論に携わるものにとって、大きな課題であるはずです。

人権概念は果たして普遍的か。この問いは、静態的に語るのではなく、具体的な紛争状況のなかでこそ問われなければなりません。

人間という概念の相対化があきらかになった現在、人権の台石として自然法を据えることは不可能に近い、という指摘はとても貴重に思われます。何もかもが「人権」という拡大化こそがかえって人権の拡散・雲散霧消を招きかねません。具体的に語りましょう。

被害者に人権はあるのか、という問いは、少年犯罪において加害者が未成年というだけで、実名も明かされず、刑事罰も減免される一方で、被害者の実名、顔写真も公にさらされ、あげくはプライバシーさえ無視される事態に際し、保守派から「加害者の人権が守られるなら被害者の人権をどうしてくれる」という経緯があります。

しかしながら、それは間違った理解なのです。

ドメスティック・ヴァイオレンスにおける妻への夫の暴力においてもこうした誤った理解が見られます。「妻の人権」をどうしてくれるのか、と。それは刑法上の問題ではあっても人権問題ではないというのが、本書でのわれわれの立場です。なぜなら、人権とは、ポジティヴな概念ではなく、あくまで国家権力がなんらかのアクションを起こしたときに、それへの反作用としてはじめて、問題となる概念だからなのです。

しからば、少年犯罪の実名報道は加害者の人権を守るとは、どういうことか。犯罪者を匿名性の闇に隠し、過保護に扱うことは、自分のしたこの重大さと社会の繋がり認めさせ、自分の罪の重さを悟らせる機会を奪いかれらの人間性の尊厳を認めない、という判断があるからです。なぜ犯罪を犯したのか、たとえ、劣悪な環境に育ったとしても、そうならかえって、その劣悪な環境をまるごと報道する必要があるはずです。実名報道を禁じた少年法六十一条を鵜呑みするだけの表現者は加害者の人権を認めていないと断言したいのです。

総じて、私どもの立場は、人権の氾濫現象は、「人権のインフレーション」「人権の安売り」を招くことを恐れることにあります。

二十世紀最大の迷信「人権」に真っ正面から挑む、「人権論の再構成」の試みである本書は、通俗的正論を垂れ流す言論人に対する痛烈な一撃の書と申せましょう。

敢えて「人権を疑え！」と問題提起する所以です。

是非とも、一読されまして、批判なり共感なり、紹介の労をいただければ幸いです。何卒、よろしくお願い申し上げます。

敬具

二〇〇〇年十月

洋泉社編集部
小川哲生

勢古浩爾著『わたしを認めよ！』

拝啓

このたび勢古浩爾著『わたしを認めよ！』刊行のはこびとなりましたので、さっそくお届け致します。

著者の勢古氏は一九四七年生まれですから、現在五十三歳。この本で四冊目ですから、決して多い著作とは申せません。それもそのはず、氏は、現在、サラリーマン生活を送りながら、自らの思想の立脚点を「ふつうの人」の立場におき、「自分」が生きていくことの意味を粘り強く問い続け、言葉本来の意味で、生活思想を表現する人だからです。

一般に思想が思想として試されるのは、生活そのものをどう生きるかにあるはずです。また、書くことからもっとも遠くにいる人にその書く言葉がどう響くのかが問われるはずです。従来、言われてきた生活と思想とは決して二律背反するものではありません。そうではなく、生活そのものが生きていくことそのものが思想である、そういう生き方の確かさこそが、わたしたちは、言葉本来の意味において思想と呼びたいものです。

中江丑吉の言う、〝自覚した大衆《マッセ》〟とは、決して難しいものではなく、このような生き方をこそ言ったものだと私たちは考えます。

ところで、前触れが長くなりましたが、本書のテーマはありていに言えば「承認論」です。いまなぜ「承認論」なのか。たとえば、ある哲学者（正確に言えば哲学研究者）は次のように述べます。

《人間は自分のことをわかってくれる人なんかいなくても生きていけることこそが、人間が学ぶべき、なによりたいせつなことなんだ》と。

そう、そうなれれば、どんなにいいことか。人間はほんとうに「自分のことがわかってくれる人がいなくても生きていける」と言えれば、どれほどいいことか。

こうした強い人間の語る言葉に本当の真実があるのか。もしもわたしたちが世界のただのひとりからも「理解されたり、認められたり、必要とされたりしない」とき、自分の生きている意味を失ってしまう存在ではないのか。

わたしたちは、その立場にたちたい。ひとは〈承認〉なしには生きられないし、認められるためには、ひとを殺すことも辞さない存在である。そのことを認めることは決して弱い人間であることを意味するものではないからです。

なぜ日本の哲学者と称する人は、この点をみとめないのでしょうか。

地に足をつけない知とはいったいなんなのでしょうか。

著者は言います。
《人間のほとんどすべての言動は、承認原則と証明原則の力学として読み解くことができる》と。

この「承認」への欲望をいかにして自分の生に据えなおすことができるか、最も根源的な承認から最も現在的な承認にいたるまで、さまざまな承認の形を考え、そして他人の毀誉褒貶に翻弄されない自己承認の道は、本書を読むことによって納得できるはずです。

一般の人に届く言葉、腑に落ちる言葉を吐くこと、この著者の思いは、必ずや裏切られることはありません。

承認が欲しい、たとえ承認がなくても、私たちが生きる意味とは何か、〈少しだけ大きな他者〉とは何か、その答えは本書の中にあります。

ぜひとも、一読されまして、本書の価値を伝えていただければ幸いです。何卒、よろしくお願い申し上げます。

敬具

二〇〇〇年十一月

洋泉社編集部
小川哲生

2001

中山治著『日本人はなぜナメられるのか』

拝啓

このたび、中山治著『日本人はなぜナメられるのか』刊行のはこびとなりましたので、早速、お届けいたします。新年早々の刊行です。

一見、「日本人は外国からナメられている。外国人など日本から叩き出せ」式の右翼的、排外的なタイトルにみえますが、中身はけっしてそうではありません。これは外国からあなどられと同時に、国内においても、ウソ、ごまかしにだまされる日本社会全体に対しての克服をめざす書であります。

身近な例を挙げてみましょう。たとえば、小は海外旅行に行けば、いいカモがきたとばかりに、バカにされコケにされる日本人から、大は国際貢献の名のもとにカネをムシリとられるだけで、なんら尊敬も得られず、すべてカネで解決すると無視される日本人まで。一方、国内に目をむければ、金融危機から政治の混迷にいたるごまかしにいっこう怒らず、あまつさえ首相の失言などでもなんら追及できず、あいまいなままことを納めてしまう日本人とはいったい何なんでしょう。

本書では、こうしたウソ、ごまかしに弱い日本人がなぜ生まれたのか、そしてなぜ日本社会は、ウソ、ごまかしを克服できないかを探るものです。

自分を知らずして何かを語ることは意味がありません。ただ自分を否定するだけの自虐的態度や自分をずぶずぶに肯定するだけの自愛型の態度を否定し、いかに自らの弱点を克服するかを考える自己批判型の日本人論こそ求められる所以です。

臨床心理学者である著者の中山治氏は、それを解く鍵はごまかしの背後にある日本人のタテマエとホンネの心理構造にあると考えます。

「タテマエとホンネ」は世界中どこにも見られる普遍現象でありながら、日本独特のものととられるのはなぜでしょうか。アメリカの外交などを見ていると、コソボ紛争では「人道」「人権」を口実に軍事介入する一方、旧ルワンダにおける大虐殺では、国益にプラスにならないとなると軍を派遣せず平気でいられる。この二重基準（ダブルスタンダード）こそ、われわれの「タテマエとホンネ」の使い分けと寸分も違わない証左ではないか、と思わないわけにいきません。

しかし、仔細に眺めれば、違った面が見えてきます。それは認知不協和を解消するその仕方の違いにあるのです。「能動的解消」と「消極的解消」の違いです。日本人に見られるタテマエとホンネでは、「自分のホンネがどこにあるかわからない」というあいまいさを生ずるのに、西欧諸国に見られる「原則－例外思考」とその発展である二重基準（ダブルスタンダード）では、二重性が外在化されているが故に、心の中には矛盾が存在しない、ということがあります。

国民が「矛盾、葛藤ぼかし」を好む国民性を持っているのと「矛盾、葛藤の外在化」を好む国民性とでは、どちらがだまされやすいであろうかは論をまちません。

だまされやすい国民には未来はない。日本人はこの「流されやすい国民性」を変革できるか、そしてそれを可能とするには、どうすればいいのか。それを考えるのが本書です。

日本人にはいささか苦い指摘も多々ありますが、従来の自己愛型の日本人論や自虐型の日本人論を超えて、本書のような自己批判型の日本人論こそが、日本と日本人を強くすると考えるものです。

ぜひとも一読されまして、一人でも多くの方々に本書を紹介していただければと存じます。何卒、よろしくお願い申しあげます。

敬具

二〇〇一年一月

洋泉社編集部
小川哲生

加地伸行・小浜逸郎・佐伯啓思・西部邁ほか著『この思想家のどこを読むのか』

拝啓

このたび、加地伸行・小浜逸郎・佐伯啓思・西部邁ほか著『この思想家のどこを読むのか』刊行のはこびとなりましたので、早速お届けいたします。

サブタイトルに「福沢諭吉から丸山真男まで」とありますように、近代日本の代表的思想家八人をある一点から読み込む試みです。この一点からこそ、その思想が孕む問題が見えてくるという意欲的な作品です。

昨今、思想と名がつく本は読者から敬遠されがちと言われることがあります。そんなカッタルいことよりも、実利につく、ということがあるのでしょうが、そうとばかり言えない状況も見えてきます。

私ども出版社が企画を発表し、書店から事前注文をとるときに、書店の人は異口同音に「思想家論なんて」と言われるのではないか、若干、不安を感じていたのですが、嬉しい誤算と言いましょうか、意外にも反応が高かったことに驚かされたことがあります。

当然、それは、この思想家＝論の特徴を書店、そして読者が無意識のうちにつかんだ、と私ども考えたいのです。

私どもは言います。

重要なことは、思想家なり知識人の片言隻句をとりだすことではない。そうではなく、発言された場所と息づかい、表現された固有の文体を見据えて、その意味を点検し、現在によみがえらせることが大事だ、と。

このような姿勢は、私どもが考える以上に、読者にストレートに伝わるものだということがあります。

単に知識を簡単な言葉で伝えることに、従来の「新書」の意味があると考える既成概念にあきたらない読者がいることに、私どもは、大いに意を強くするものです。

もちろん、本書で取り上げる八名の思想家をもって、近代日本の思想家を論じ尽くしたとは一切考えておりません。これはほんのとば口に過ぎません。全体を包含することよりも、誰が誰をどのように論じるのかに、本書の眼目があるからです。

福沢諭吉vs.佐伯啓思　内村鑑三vs.山折哲雄
柳田国男vs.大月隆寛
西田幾多郎vs.松本健一　小林秀雄vs.小浜逸郎
三島由紀夫vs.高澤秀次
吉田茂vs.西部邁　丸山真男vs.加地伸行

こうした組み合わせをみるとき、なにやら従来の本にはなかった新しさを感じさせるものが必ずあるはずです。

いま、思想・論壇の第一線にある学者・評論家が現在のテーマから発して、それぞれの問題意識と交差し、避けてとおれない固有の問題を先人との対話をとおして見つけ出す作業であるからです。

それは、単なる対話を超えて切り結ぶ「vs.」論といっても過言ではないでしょう。

出来栄えはごらんのとおりです。

好悪の感情の表白ではなく、その思想家の認めるべきところと虚名としか言えないところを確実に裁断する本書は、小さいながらも確実に本質を穿っていると、私どもは自負しております。

ぜひとも一読されまして、広く世の読書人にお薦めいただけますようお願い申し上げる次第です。

敬具

二〇〇一年二月

洋泉社編集部
小川哲生

中山治著『「勝ち抜く大人」の勉強法』

拝啓

このたび、中山治著『「勝ち抜く大人」の勉強法』刊行のはこびとなりましたので、早速、お届けいたします。

現在は、勉強法ブームと言われております。とくに社会人においてそうです。小学校や中学校において「学級崩壊」が言われ、高校や大学において「学力崩壊」が言われるなかで、従来ならば、一生懸命、勉強するのは子どもであり、大人は「酒・マージャン・女」と揶揄されていたのが嘘のようです。ある識者は端的に《大人の競争を肩代わりする子どもたち》と述べております。しかし、事態は一つ回転しました。

大人の競争回避は、具体的事態から裏切られたのです。つまり、このままでは二十一世紀を生き抜けないことが、日々の仕事の現場で知らされたのです。

昨今の勉強法ブームは、当然の事態なのです。

では、勉強法は勉強法というだけで、どれも満足のいくものでしょうか。けっしてそうではありません。「受験は暗記だ」と公言し、それを実践してきた著者が現在では認知心理学をまぶした「大人の勉強法」の分野に進出し、「学力崩壊」を云々するご時世です。

味噌もクソも一緒にしてはいけないのです。

私たちは次のように考えます。

今必要とされるのは、単に知識情報を仕入れるだけではなく、その知識の中に巧みに織り込まれた情報操作にだまされないかしこさを身につける勉強法である、と。

キャッチフレーズ的に申せば、時代は学生時代の「ウブ系」勉強法から大人の「したたか系」へ転換したのだ、と。

良質で役に立つ情報を集める方法、本・雑誌の上手な活用法から柔軟な発想法、本物の「決断力」をつける方法まで。「だまされやすいバカ」の道を歩むことをすすめる暗記一辺倒の勉強ではなく、うそ、ごまかしに引っかからない「したたか系」をめざす方法こそが二十一世紀を勝ち抜く勉強法であると私どもは信じております。

百聞は一見に如かず。

ぜひとも一読されまして、本書の類書には見られないユニークさをひとりでも多くの人におすすめ下さいますようお願い申し上げます。何卒、よろしくお願い致します。

敬具

二〇〇一年二月

洋泉社編集部
小川哲生

玉木明著『ゴシップと醜聞——三面記事の研究』

拝啓

このたび、玉木明著『ゴシップと醜聞——三面記事の研究』刊行のはこびとなりましたので、早速、お届けいたします。

著者初めての新書でありますが、前著『言語としてのニュー・ジャーナリズム』『ニュース報道の言語論』と重ね合わせると著者のジャーナリズム論三部作の完成となることになります。

ところで、「三面記事の研究」はなぜなされなければならないのか。それは三面記事を論ぜずしてはジャーナリズムを語れないからに他なりません。もともと三面記事(ゴシップ・スキャンダル・犯罪報道)は、ジャーナリズムのなかでも〈人が人を裁く〉という人間社会の暗部にもっともかかわりの深い分野であるからです。

しかしながら、従来のジャーナリズム論ではこの問題に切り込み、ジャーナリズム自体の存在根拠を明らかにしようとしたものを寡聞にして知りません。あるのは、人権やプライバシーという法律に依拠したもののみであり、それゆえ、法律に依拠して論ずることはジャーナリズムを法律論の狭い領域に閉じ込め、そのうえでそれを裁断するという本末転倒を導きだします。それはひとつの自殺行為ではないのか。

内在的なジャーナリズムの論理を求めるために著者は一歩、先に進みます。

著者の問題意識が奈辺にあるかを示す端的なものは本書の目次です。それを煩雑を恐れず掲げて見ましょう。

序　章　三面記事が喚起する〈おぞましさ・憎悪〉の感情
第一章　犯罪報道がジャーナリズムをつくった
第二章　〈面白さ〉のラジカリズム
第三章　スキャンダル報道が国民意識を形成した
第四章　〈中立公平・客観報道〉が戦後ジャーナリズムの暴走を生んだ

ここに見られるのは、ジャーナリズムのルーツは犯罪報道にあるという一貫した姿勢です。このことはことさらに言っておかねばなりません。時にジャーナリズムが第四の権力であることに無自覚になり、上げ底化されているのに気づかない現状を知るためにです。

現在に迷うとき、ひとは初発のものをたずねるに如くはありません。その発生、歴史的経過を知ることは、現在の観念的な概念がいかに表層的なものであるかを知ることができ、現在を相対化できるからです。

昨今の「サッチー報道」「三田佳子報道」を見るとき、これはいつかきた道ではないかと考えないジャーナリストは失格と言ってもけっして言い過ぎではないと思われます。だれもが反対できない「万人に対する善」をタテに断罪するスキャンダル報道、犯罪報道はなぜ過激になるかは、明治以降のわが国のゴシップ・スキャンダル・ナショナリズム報道をトレースすることで明らかになるはずです。

本書の著者の試みをひと言で申せば、〈面白さ〉と〈おぞましさ〉の裏にある〈人が人を裁く〉ことの社会史的考察となるでしょう。〈人が人を裁く〉ことの無根拠性と不可避性。そのことに触れないジャーナリズム論は気の抜けたビールに過ぎません。

小著とはいえ、現在考えるべきことは過不足なく網羅したと私どもは考えます。

ぜひとも一読されまして、本書の価値を広く読書人にお伝えくださいますようお願いいたします。なにとぞよろしくお願い申し上げます。

敬具

二〇〇一年三月

洋泉社編集部
小川哲生

小沢牧子著『「心の専門家」はいらない』

拝啓

このたび、小沢牧子著『「心の専門家」はいらない』刊行のはこびとなりましたので、早速お届けいたします。

著者の小沢牧子氏は長年、いくつかの教育相談の職場を経たのち、和光大学、千葉県立短大などの非常勤講師として臨床心理学の問い直しに携わってきた人です。純然たる大学人としてよりも日常の人と人との関係に目を注いできたフリーの研究者です。現在、日本社会臨床学会運営委員をつとめております。

タイトルがいささか刺激的ではありますが、何も奇をてらうものではなく、現在の「心主義」に対するまっとうな批判を展開する本であります。わたしどもは、当初より「新書y」シリーズの柱として、従来、正しいとされ、よきものとされたものを改めて問い直す作業をすることを目指してまいりましたが、本書は、まさに、そのようなものと位置づけております。

たとえば、ここでいう「心主義」とは、いったいどういうことでしょうか。それは、「恐ろしく複雑な社会環境を人のこころ、その内面に封じこめて出来事の原因をわかりやすく説明しようとする動き」であり、日常の関係に目を向けることを避け、「心の専門家」に依存し、救済願望を託す傾向をいいます。「心の専門家」待望の背景には、人間関係に渇望しながらそれを恐れる人々の心情が渦巻いていることは申すまでもありません。

近年、何か事件、事故が起きるたびに声高に叫ばれるものに「心のケア」「心の教育」などという耳に心地よい言葉があります。この言葉を聞くたびに、何か不快な感情が湧くことをどうしても禁じえません。どこか胡散くさいのです。

たとえば、記憶に新しいところでは、二〇〇一年二月十日に起きたハワイ沖の「えひめ丸」事件があります。米海軍のまったき過失によって高校生四名をふくむ九名が亡くなったあの事件です。

あのときのマスコミの対応には、何かおかしいと感じたのはわたし一人だけではないはずです。実はこうした、おかしいと思う感情はどこに由来するのか、こうした疑問が本書の企画の成り立ちにあったことを明記しておきます。

アメリカ側の対応は遺族にカウンセラーを派遣し、「心のケア」を行うことを最優先するのに対し、一方、日本の遺族はまず何よりも原因究明、遺族への謝罪、遺体捜索をという思いがあったわけですが、そのギャップはかなりかけ離れておりました。

マスコミの大方の反応は、米のカウンセラー派遣を断った日本の対応をあたかも遅れているかのごとく報道し、「心の時代」という流行にとりこまれて、「心の専門家」の宣伝機関に化した感がありました。

専門家への過度な信仰と希薄化する人間関係(日常の生活には人と人との関係がもっとも重要です)は、現在の状況をもっともよく映しております。

「相談という商品」を「いっしょに考え合う日常の営み」へとりもどすために何を問わなければならないか。著者の問題意識は目次を見るだけでストレートに伝わってまいります。

あらゆることを個人の内面の問題にしてしまう心理至上主義と臨床心理学という学問の何が問題かを明らかにする本書は、悩むことを回避し、考えることから退却する風潮に対し、あき足らぬ思いを抱く読者には恰好の励ましの書となると申しても過言ではありません。

広く世間の人々に本書の意味するところのものを伝えてくださいますようお願い申し上げます。なにとぞよろしくお願いいたします。

敬具

二〇〇一年三月

洋泉社編集部
小川哲生

池田清彦＋金森修著『遺伝子改造社会　あなたはどうする』

拝啓

このたび、池田清彦＋金森修著『遺伝子改造社会　あなたはどうする』刊行のはこびとなりましたので、早速、お届けいたします。

昨年六月、ヒトゲノム解読（いわゆる素読であり、精読は今後の段階ですが）が完了し、誰もがバラ色の社会を思い描きました。

オーダーメイド医療とかプラスの価値ばかりに光が当てられ、あたかも近未来はバラ色の社会が到来するかに思われました。また、産業界もにわかに色めきたち、バスに乗り遅れるな、特許戦争に勝ち残れ、それには国家的プロジェクトの必要性が叫ばれたことは、耳に新しい出来事です。

こうしたプラスの側面が大部分なのですが、たまに否定的側面が議論されても、それは遺伝的差別が出現するかもしれないから気をつけろとか、プライバシー侵害が起きるかもしれないから気をつけよう、ととってつけた議論ばかりであります。

人は新しいことには、メリットもデメリットもあると頭ではわかっていても、メリットばかりに心を奪われやすい存在であることは言うまでもありません。

デメリットを強く主張すれば、それは「思想のラッダイト運動」との訳知り顔の反撥がでるのはあまりに見やすい風景です。

科学技術の発展とその応用を止めることは至難のわざだとしても、人間の自由と社会の安定的な存続を保つためには、科学技術のもたらす正・負を含めた社会的効果について明晰でなければならぬ、との覚悟から本書は成り立ちました。

しかしながら、事は専門領域に関係することで、本質を衝きながら、一般の人にもわかりやすく説明することは至難のわざです。昨今、続々と刊行された「ゲノム本」は、専門に流れるか、通俗に堕ちるかの二種類しかなかったのが現状です。

そこで、私どもは、新書という枠をいかしながら、コンパクトにこの問題に迫る本をと考えました。構造主義生物学の一方の雄の池田清彦氏と昨年度のサントリー学芸賞を受賞した『サイエンス・ウォーズ』の著者である金森修氏との対談でこの問題に迫れば、かなり、うまくいくのではと考えた次第です。対話という形式が難解な話題には意外にも効果があることを経験的に知っていたからです。出来映えはごらんのとおりです。

バラ色に彩られがちなポストゲノム社会はどうなるの

か？　ポストゲノム革命期社会が直面する難問とはなにか？

もっと具体的に申せば、近い将来、ヒトゲノムの解析が進行すれば、単一の遺伝子の異常が引き起こす病気は発病前に知ることが可能となる。そうすると、致命的な遺伝病になると予想される胎児は中絶すべきかどうか？　また、遺伝子診断の結果、病気のリスクの高い人の保険料の値上げ、あるいは加入の拒否はあってもいいのかどうか？

さらに遺伝子工学の日進月歩の進歩により、あなたの子どもの身長を高くし、知能ももう少しよくすることができ、美人の子どもすら可能であると言われたら、あなたはどうするか？

優生学と言えば、ナチスの行為を思いだし、怖気を催し、絶対反対を叫ぶことは簡単ですが、前者のネガティブ優生学のみならず、プラスを付加する後者のポジティブ優生学も考慮にいれなければ、思想のパースペクティブは語れません。事が「才能」や「容貌」や「身体的欠陥」を直す一見誰にも反対できない結果をもたらすものにたいする判断は難しくなり、闇雲に「反対」を唱えるだけでは、思想の敗北は免れません。

そういう意味で、すべて判断を迫られるものが目白押しなのです。そういう社会を生きる私どもは、どう判断をすればいいのか。一人ひとりの覚悟こそが問われます。

単に、バラ色の世界を夢見るだけでは終わらない社会が目前に迫っております。

これは、社会の、そして人間の根源の一つに触れる、とても奥深い問題と私どもは考えます。それを考えるヒントとして本書のもつ役割はきわめて大と私どもは確信しております。

ぜひとも一読されまして、ひとりでも多くの読者に本書の意味を伝えていただければ、望外の喜びであります。なにとぞ、よろしくお願い申し上げる次第です。

敬具

二〇〇一年四月

洋泉社編集部
小川哲生

滝川一廣著『「こころ」はどこで壊れるか』

拝啓

このたび、滝川一廣著『「こころ」はどこで壊れるか』刊行のはこびとなりましたので、早速、お届けいたします。

青少年の不可解な事件が起きるたびにマスコミは精神科医という識者を登場させ、そのコメントを求めます。あれは精神異常者＝頭のおかしい人間の犯罪だ、というコメントを求め、一般の人間の不安をなだめる役割をさせます。一般のわれわれは、あれは頭のおかしい人間の仕業だから、しようがない、ということで、一応の安心を得る。これはきわめて予定調和の世界です。

日常の言葉に「気がふれる」「頭がヘン」という言葉がありますが、一般に前者は関係の病いであり、後者は「脳」の問題とされます。

こうした異常な事件が起きると、一般にマスコミに登場し、コメントをするのは精神医学者と称する人間です。かつてなら文学者が果たした役目はかれら精神医学者が「こころ」の病いを専門とするという認識の下にシャシャリ出ることのなんと多いことか。そこではアメリカからの輸入の「ＤＭＳ」というマニュアルで、これこれならば、「——障害」、なになにならば「——障害」というように単に分類し、何かわかった気にさせる。そこでは安易に「正常―異常」という線引きがなされるにすぎません。

分裂病、神経症、躁鬱病といった典型的な病気からボーダーラインの病いに至るまで、病理が分類されてしまう。そこでは、警察に行けば「非行」、病院に行けば「行為障害」という笑うに笑えない現実があります。精神科医は本当に「こころ」の専門家なのか、という根底的な疑問もないままに、すべて取りしきっており、それを素直に信じているのが現状ではないでしょうか。

そうした風潮に対し、本書は、練達の臨床精神科医——木村敏、中井久夫氏の弟子にあたる——滝川一廣氏が恰好の聞き手——長年養護学校の教師として障害児教育畑に身を置き、また個人誌『樹が陣営』を主宰しながらエロス論・共生論を展開してきた佐藤幹夫氏——を得て、サブタイトルにある「精神医療の虚像と実像」について縦横に論じます。

著者の拠ってたつ立場を端的に申せば、以下のようになります。つまり、治療の本質は、「こころ」という不自由さとの共有を促すことであり、症例分類やクスリだけでは解決できない、と。まっとうな精神科医の立場を見る思いがします。

目次にありますように、「こころ」とは何かから「こころ」はどのようにとらえられてきたかまで——「こころ」とは不合理ものであり、自分にとって不自由なものであるという指摘は決して見逃せない重要な指摘であることを強調しておきたいと思います――、また精神鑑定の問題から「脳」と犯罪の問題まで、そして昨今の青少年犯罪、社会的引きこもりから拒食症・過食症、家庭内暴力まで、の思春期問題に射程を広げ、きわめて今日的問題を網羅した内容になっております。

本書は新書という一般読者を相手にする関係上、水準を落とすことなく、どれだけ本質に届く言葉を読者に届けられるかに腐心しました。難解で専門的な内容をただ難解なままに提出するのでは、昨今の専門書が読者を置いてきぼりにしてきた轍を踏むことになります。そうではなく、中身の濃い内容をどれだけわかりやすくするかに留意するとき、本書で採用したインタビューという形式が浮かんだわけです。いわばカユイところに手が届く本であると、私どもは自負しております。

ぜひとも本書を一読されまして、ひろく読者の皆様方に本書の意味を広めていただければ、これにすぐる喜びはありません。なにとぞよろしくお願い申し上げます。

敬具

二〇〇一年四月

洋泉社編集部
小川哲生

プロ教師の会編著『なぜ授業は壊れ、学力は低下するのか』

拝啓

このたび、プロ教師の会編著『なぜ授業は壊れ、学力は低下するのか』刊行のはこびとなりましたので、早速、お届けいたします。本書は「プロ教師は主張する」シリーズ全4巻の第一弾となるものです。

昨今、論壇をにぎわす問題に「学力低下」「学力崩壊」問題がありますが、これまで「プロ教師の会」ともども、学校問題に一貫して取り組んでまいりました私どもにとりましては、いまさらという気持ちがなきにしもあらず、というのが正直なところです。

校内暴力、荒れる学校、管理教育、偏差値が問題となったことがありますが、このような問題は、いわば局所的な問題で、それほど国民大の形で論じられることはありませんでした。

授業をうまくやれば、子どもは学びたがっているのだから、そんな問題は起きようはずがなく、問題が起きているならば、教師の教え方に問題があるはずだというのが、現在、「学力低下」問題を論じる大学教師をはじめとする大方の意見だったことを憶えております。

教師の資質が問題であり、授業の質を高め、教え方をうまくやれば、いうなれば、わたしなら、きちんと教育できるというのが、かれらのバックボーンにあったのは事実です。

しかしながら、時はめぐり、「ゆとり教育」「新しい学力観」の申し子たちが大学に入ってくる時期がまいりました。そうすると、急に、「学力低下」「学力崩壊」が叫ばれるようになったのです。

ちょっと待ってくれ、というのが、私どものいつわらざる気持ちです。

かつて、自分が話していたことが自分の眼前に現れたとき、「学力低下」が問題になるなんて悪い冗談ではないか。あなたが教えれば、このような事態にたいしてオタオタすることなく、彼ら学生の学力向上になんらかの特効薬をもっているのではなかったのか。教え方の巧拙がすべてを決定すると、私どもの考えとは逆に主張してきたあなたがたではなかったのか。

事態はあなたがたがいうようなものではなく、学ばない子どもの出現を言ってきた私どものほうにより真実性があったのではないか。

ここにきても、依然として文部科学省は反省すらなく、かつて敵だった日教組と同じ路線を歩み、たとえば、この路線を強力に進めてきた文部科学省の寺内研は次のような暴言を吐いている。

教育内容が三割減るからみんな百点。いや全員が百点でないとおかしいんです、と。

学校五日制に見られるように、教える内容と時間が少なくなったのだから、子どもたちができなくなった、という論理がまかりとおっています。但し、文部科学省は時間が少なくなったから、みんなできるはずだと言い募っていますが。

どこかヘンだと思いませんか。

つまり、子どもはラーニング・マシーンとして、学ぶはずのものであることが大前提とされているのです。学習する生徒を「主体」として捉える視点が欠落しているのです。「主体」がどうなっているのか問わない。すなわち、「学ばない」自由すらもっている生徒を問わなければ、たくさん教えたからよくわかるわけではないし、少ししか教えなかったからよくわからないわけではないのです。生徒たちは教わったことだけを学ぶのではなく、教わったことを土台にして自ら学んでいくものなのです。

現在の子ども＝生徒を見れば、よくわかるのですが、生徒一人ひとりは別々であり、学習に主体的に取り組む主体性もあれば、取り組まない主体性もあるということです。このことは、現在の論議の盲点になっております。

誰かをスケープゴートにすれば事足れり、とする姿勢、あからさまに言えば、悪いのは教師だ、という視点はなにも解決しないのです。

「わかる授業は見果てぬ夢」などと聞けば、また何も考えず、パブロフの犬のごとく教師バッシングに勢い込む輩も容易に想像されます。しかし、現実を冷静に見詰める目はどこにあるのでしょうか。依然として「子どもは学びたがっている」という意見と較べて。

いまさらながら、この国とはいったい何なのかと思わざるをえません。子どもが荒れても、学校が機能しなくても平気でいられたのに、学力が低下したぐらいでガタツクのはいったい何なんでしょうか。自業自得とでもいえばいいのか、当然の帰結とでも言えばいいのか。

しかし、プロ教師の会はそうは言いません。「学力」の低下は単に学力問題にとどまらず、社会を維持・発展させていくうえで致命的な問題になるからです。

ですから、教育にまつわるあらゆる幻想を剝ぎ取った後に見えてくるものを現実的に追究してきたプロ教師の会の活動は今もっとも注目されるのです。今こそ現場に身を置くかれらの主張を聞け！　と言いたいのです。

「プロ教師は主張する」と銘打たれたシリーズ全４巻の第一弾である本書を一読されまして、熱いエールをお願いしたく存じます。なにとぞよろしくお願い申し上げます。

敬具

二〇〇一年五月

洋泉社編集部

小川哲生

高井高盛著『なぜ男は暴力をふるうのか』

拝啓

このたび、高井高盛著『なぜ男は暴力をふるうのか』刊行のはこびとなりましたので、早速、お届け致します。

一寸見には、「ドメスティック・バイオレンス」の本に見えるかもしれませんが、そうではありません。生物学的立場から、男の攻撃性にはどんな根拠があるか、一般に女性よりも男性が暴力に傾くのはなぜか、明らかにしようとするのが本書の目的です。

普通、性差などを主張することは、男女平等に反することと見なされることがしばしばあります。しかし、ほんとうにこれは妥当でしょうか。性の非対称性は現に存在することは事実だからです。性の非対称性を主張することが、即、男女の不平等を助長するということは、これはひとつのイデオロギーでしかありません。

男と女の特性を無視してボーダレスを主張することは、いうまでもなく、生物学的には反自然であり、そこにひずみが生まれることは申すまでもありません。

生物的な生理と役割を考えると、造物主は人間をオスとメスを一対としてこの世にあらしめた。男は男でなければならないし、女は女でなければならない。そうすると、男と女がこの世に生まれ生き死んでいく意義はつまり、世代の命を紡ぐことにある、といってもいいのではないか。

そうした観点に立てば、男＝オス、女＝メスという関係軸からこの世界をみることもあながち意味のないことではないと言えます。

人間はどこまで動物なのか、というアプローチの必要なる所以です。

一般に、動物が争う要因を考えると、摂食、生殖、なわばりの三つにつきます。しかも動物の争いは、優劣が決まれば一件落着であり、暴力に歯止めがかかります。しかしながら、人間は違う。人は人を殺すまでに暴力をふるう。それはなぜなのか。

その切り口を脳の構造と働き方に求める、これが本書の立場です。脳の構造と働きに動物の本能と人間の理性が組み込まれていると考えるからです。すると、どうなるのか。

本書は一貫して動物の世界を下敷きに生物学的側面から人間にスポットを当て、男の凶暴性には理由はあるのか、自分という人間を生物学的側面から見ることで、心の奥にひそむ暴力について考えることを目指しております。

本書は八章から成っております。ちなみ目次は次のようなものです。


小著とはいえ、自己理解を深め、人間とは何かの探求に資するに大と私どもは考えます。なにとぞ、一読されまして、ご高評などいただければ幸いです。よろしくお願い申し上げます。

敬具

二〇〇一年六月

洋泉社編集部
小川哲生

近藤誠・日垣隆・山田太一・吉本隆明ほか著『死の準備』

拝啓

　このたび、「新書y」として、近藤誠・日垣隆・山田太一・吉本隆明ほか著『死の準備』刊行のはこびとなりましたので、早速、お届けいたします。

　この世に確定的なものなど何もないことは事実です。しかしながら、たったひとつ確実なことがあります。それは、人は必ず死ぬことです。これは例外なしに言えることです。

　だが、死は通過点ではなく、ふりかえって回顧できるものでもありません。だれひとりとして死を経験できず、ゆえに死の経験は書けない。だからこそ、「死をどう考えるか」が必要になります。

　従来、死について考察された言葉は無数にあります。それは哲学的であったり、宗教的だったり、実感的だったりします。しかしながら、そのほとんどは死一般についてであり、自分の死をめぐって考察されたものは少ないという事実があります。

　死はどこまでも自分の死であり、他人の死ではない、という自明のことが忘れられていることが多いのではないでしょうか。そう、人間は絶対に死ぬ、当たり前じゃないかと私たちは言います。しかしながら、そうは言いつつ、そのとき、私たちは、自分の死は勘定に入っていない。人間は自分の死に対して本気になれない。直視できないし、直視したくないものです。

　私たちにとって切実なことは、死一般ではなく、〈自らの死〉を考えることです。「他の誰でもない、自分の死をどう考えればいいのか。死の準備のために」。この古くて新しいテーマを追求したいという欲求から、本書の企画がスタートしました。

　最初にあげた四名のほかに、今現在、思考の最前線にいる清水眞砂子氏、西尾幹二氏、森崎和江氏、小浜逸郎氏、加地伸行氏、定方晟氏というジャンルを異にする十名の方々に、自ら切実と考える「私の死」をそれぞれ語ってもらうことで、読み手の切実さに響き合うことを目指しました。

　筆者は四十代が一名、五十代二名、六十代五名、七十代二名という陣容です。

第Ⅰ部　死の準備とはなにか
第Ⅱ部　死とどう向かい合うか
第Ⅲ部　死を知るとはどういうことか

　便宜上、三部構成にまとめましたが、いずれのページから読まれても一向構いません。自分の切実さから読まれるのが本当だからです。必ずや、自分の腑に落ちるところが得られると、私どもは確信しております。

ぜひとも一読されまして、ひとりでも多くの人の目に触れる機会を持てるよう、ご高評などいただければ幸いです。

なにとぞよろしくお願い申し上げます。

敬具

洋泉社編集部

小川哲生

二〇〇一年七月

広瀬久美子著『わが家は猫が器量よし』

拝啓

このたび、広瀬久美子著『わが家は猫が器量よし』刊行のはこびとなりましたので、早速、お届けいたします。

広瀬さんと言えば、処女作『女の器量はことばしだい』でベストセラーをだした著者というよりは、やはりNHKのアナウンサーとして知っている方が多いと思います。歯に衣きせぬ語り口のさわやかさともっとも美しい日本語の使い手として人気の方です。昨年八月にエグゼクティヴアナウンサーを最後にNHKを卒業しましたことはすでに承知のことと思います。

車を運転する人や家庭の主婦の方は土曜日の午後、「土曜サロン〜広瀬久美子のラジオワイド」を楽しみにしていた人が意外に多いことに驚きます。かく言う私もファンの一人であります。

また、アナウンサーとしてばかりではなく、「猫バカ」としてもつとに有名であります。

今度、約二年半ほどかけて、自らの「猫」との長いかかわり、猫と家族の深〜い絆、愛猫との出会いと別れを率直な筆で書き下ろしました。

本文中の写真も自ら撮ったものを二十一点収録いたしました。

広瀬さんは、この本の執筆中に触れて次ぎのように述べております。

《この本の原稿を書いている時、はるか昔のことがつい昨日のことのように思えたり、今のことが、娘時代のことだったように思えたりした。それは、走馬灯の明かりの中に、思わぬ影を見つけた時のように新鮮な驚きだったり、見慣れた絵が、ふと違う絵に見えた時のように不思議だったりするのと、似ているように思える。》と。

俗に「親バカ、猫バカ、ペットバカ」という言葉がありますが、本書は、まさにそのようなものでありつつ、家族を描くことに巧まずして成功していると、私どもは考えております。

猫がいない家族なんて考えられない……

とっておきのお話満載のぜ~んぶ猫の話をお読みくださいまして、同好の士へぜひともお勧めくださいますように。ご高評などいただければ幸いです。よろしくお願い申し上げます。

敬具

二〇〇一年七月

洋泉社編集部
小川哲生

秦郁彦著『なぜ日本は敗れたのか——太平洋六大決戦を検証する』

拝啓

このたび、洋泉社・新書yの八月の新刊として、秦郁彦著『なぜ日本は敗れたのか——太平洋六大決戦を検証する』の刊行のはこびとなりましたので、早速、お届けいたします。

今年は、真珠湾攻撃六十周年にあたり、日米戦争の見直しやパール・ハーバーものの出版物が目白押しです。八月という季節は他の月と違って、「戦争」に関する出版物がもっとも多く出版される月ですが、これは必ずしも好戦的な傾向というよりも、なぜ、あの戦争が起きたのか、を反省させる季節だからでもあります。

私ども戦争を経験しなかった世代が日本の大多数を占める時代になり、日米が戦ったことすら知らない高校生が生まれているのを聞きますと、その実相を知ることの必要性が痛感されます。

著者の秦郁彦氏は、イデオロギーに頼るのではなく、綿密な実証と明快な推理で、戦史研究を行ってきた第一人者として信頼できる数少ない一人であります。氏は子ども時代に大本営発表の新聞記事のメモをとり、赫赫たる戦果の疑わしさを子どもながらも感じていたという話は、今日の氏を予感させるエピソードとして思い出されます。

　氏は述べます。

《第二次大戦は「メカニズム」の戦争と呼ばれるほど物量と科学技術が決定的な役割を演じたが、一面いかにも人間的「錯誤の論理」によって貫かれていることに変わりない。／加えて戦争には、しばしば人間が計算しつくした合理性を超える偶然の力がまぎれこんでくる。そしてこのような非合理の作用と人為的錯誤が結びついた時、戦争の勝敗、ひいては世界史の運命を変える決定的瞬間――ツワイクが、いみじくも「歴史の天才的凝縮」と名づけたような――が突如として作り出されるのである。》と。

　少し長い引用になりましたが、この言葉に本書のテーマがすべて凝縮されておりますので、敢えて引用させていただきました。

　六大決戦――真珠湾攻撃、ミッドウエー海戦、ガダルカナルの攻防、インパール作戦、レイテ海戦、オキナワの死闘――を検証することで、「なぜ日本は敗れたのか」がわかります。けっしてアメリカの物量に負けたのではなく、軍隊の官僚主義（メンツと縄張り根性と先例主義）と歴史を見つめる眼、誤りを正すこととの責任意識の欠如が重なり合っていることがわかります。これは、けっして先の大戦に限っての話ではなく、現在に通底する貴重な指摘と思います。

　六大決戦の戦略を冷静な歴史家の眼と豊富な資料を駆使し、太平洋戦争の勝敗の岐路を明らかにする本書は、きわめて今日的なテーマを有する書物と私どもは考えます。

　ぜひとも一読されましてご高評ないただければ幸いです。

　なにとぞよろしくお願い申し上げます。

敬具

二〇〇一年八月

洋泉社編集部
小川哲生

鈴木淳史著『クラシック批評こてんぱん』

拝啓

このたび小社では「新書y」の八月の新刊として、鈴木淳史著『クラシック批評こてんぱん』を刊行いたしましたので、早速、お届けさせていただきます。

著者の鈴木淳史氏は、「新書y」では二回目の登場となります。前作『クラシック名盤ほめごろし』では、いわゆるクラシックの「名盤」といわれるCDを取り上げて、そこから「権威」や「正統性」を取り除いたらどうなるか、という視点のもので、著者の鋭い批判精神を天使と悪魔の対話形式で展開させて、非常に高い評価を得ております。

今回の『クラシック批評こてんぱん』では、いよいよ著者の矛先は、音楽に「権威」や「正統性」の衣を付与する評論家の言説に向けられます。音楽というひじょうに主観性の高い芸術のよしあしを言葉によって語ることにつきまとう「いかがわしさ」を出発点として、そこに展開される「論理」や「言葉」を著者一流の「ほめごろし」精神で「脱・権威化」させるという、凝った読み物になっています。

俎上に載せられる評論家は、吉田秀和、宇野功芳、黒田恭一、志鳥栄八郎などのクラシック評論の大御所的存在から、あらえびす（野村胡堂）、山根銀二、小林秀雄などの過去のエポックを築いた評論家、さらには現在活躍中の中堅評論家からインターネットまで、その幅は広範です。

脱臼させられたクラシック評論は独特のおかしさをかもし出し、読者の知的な笑いを誘わずにはいません。しかし、著者の立場はあくまで、「批評で笑って、書き手を嗤わず」。とくに、指示対象のあいまいな音楽という芸術を語る言葉に対しては、これこそが本来の批評精神と言えるのではないでしょうか。一見、ふまじめさを表出しながら、その実、核心をつく批評スタイルは著者の真骨頂と申せましょう。

本書は、クラシック音楽について書かれていない、唯一のクラシック音楽の書物です。

並み居る批評家を笑いとばす異色のクラシック文章「毒本」としての本書を一読いただき、ご高評たまわれば幸いに存じます。

なにとぞよろしくお願い申し上げます。

敬具

二〇〇一年八月

洋泉社編集部
小川哲生

中野京子著『紙幣は語る』

拝啓

　このたび、中野京子著『紙幣は語る』刊行のはこびとなりましたので、早速、お届けいたします。

　わが社のシリーズ「新書y」は、愚直なまでに直球勝負にこだわったシリーズ（カウンター・オピニオン）と思われがちですが、今回は、私どもでもクセ球を投げられるということを敢えてお見せしたい、という意気込みで刊行したものです。

　人は金のみにて生きるにあらず、これはまことに事実です。また、金はなくてはならないのも事実です。しかしながら昨今の出版の傾向を見ると、軒並み、「金持ち父さん」のたぐいの本が、一社があたれば、すぐ他社が追随するありさま。日本人はなんと浅ましいまでに「金、カネ、かね」ということに血道をあげる民族か、と若干、うんざり、せざるをえないというのが偽らざる心境です。

　同じ「金」なら、その多寡を論じるよりも、その「金＝紙幣」に何が描かれているのかに興味を示すのも一考ではないか、というのがこの企画のはじまりです。いわば、遊びごころがその出発点にあります。

　紙幣は国家経済を司る、もっとも重要なツールであり、また国家主権をもっとも象徴するツールであることは承知の事実です。

　しかしながら、世界にどれほどの紙幣が流通しており、それにどんなものが描かれているかは意外と知られていないのもまた事実です。とすれば、その紙幣にどんなものが描かれているかを見ることで、自ずとその国の特徴が見えてくる。「その国の顔」とも言える紙幣を探ろうというのが、本書の初発のテーマです。

　今どき住民のほぼ九〇％が男性という世界がある！　と言われれば、フェミニストならずとも、冗談でしょうと言ってしまうが、実はあるのです。それが、本書で取り上げる「紙幣著名人肖像ワールド」です。具体的に申せば、現在の世界紙幣における著名人肖像は、若干の変動はあるとしても、男性三八二人、女性は三九人となります。実に１０：１という比率であります。

　その数少ない、男から選ばれた女はいったいどんな女か？　どこが偉いと評価されたのか？　そして、本当に偉かったのか？

　その選ばれ方には、次の三つのパターンがある。男に伍して戦った女というパターン、偉い子どもを産んだ母親というパターン、最後に、玉の輿というパターンという三つが。

お札には表と裏があるように選ばれた「偉い女性」にも裏と表があるのか？

　豊富なエピソードで綴る「その国の顔」をめぐる旅。肩肘張らず、また先入観にとらわれず、雑学的興味で読みすすむなかで、自ずと「紙幣が語る」世界が見えてくる。本書は、そんな本です。

　ぜひとも一読されまして、より多くの人に本書をお薦めいただければ、幸いです。なにとぞよろしくご高評などいただけますようお願いいたします。

敬具

二〇〇一年九月

洋泉社編集部
小川哲生

西尾幹二＋池田俊二著『自由と宿命・西尾幹二との対話』

拝啓

　このたび、「新書y」の十月新刊として、西尾幹二＋池田俊二著『自由と宿命・西尾幹二との対話』刊行のはこびとなりましたので、早速、お届けいたします。

　慧眼の士ならば、すぐに気づくと存知ますが、本書のタイトルは、エッカーマン『ゲーテとの対話』に由来することは、申すまでもありません。しかし、わたしどもはけっして大言壮語するつもりで、このようなタイトルをつけたのではなく、対話をとおして、思想家・西尾幹二を知らしめることを意図したというのが実情です。

　わたしどもにとり、西尾幹二という真正保守知識人は、「新しい教科書をつくる会」の会長というにとどまることなく、やはり、『ヨーロッパの個人主義』『ニーチェ』『全体主義の呪い』『異なる悲劇　日本とドイツ』の著者という姿が浮かびます。

　本書で意図したものは、著者が三十五年に及ぶ言論活動で一貫して問いつづけてきた核髄――それをわたしどもは「自由と宿命」という言葉で呼びたいのですが――はどこにあるのかを本人の肉声で指し示すものを提出するというのが主眼です。

本書の目次を上げてみましょう。自ずから本書の意図するものが浮かびあがるはずです。

良き理解者であり、厳しい批判者を得て、著者は赤裸々におのれの半生の思想遍歴を語ります。難解であるべき内容が、語りというおのれの内面をさらけ出すのに最適な形式と本人の書いた文章の的確な引用とあいまって、重層的な内容となっております。

そもそも思想の一貫性とは何か？

近代日本の知識人たちに強迫観念としてあった西洋文明への態度――排外と拝外――に対して、ヨーロッパ中心主義に追随するのではなく、かといって諦めるでもなく、きっぱりと「反論し訂正する」思想のありかとはどういうことか？

また氏自身認めるように、論争的精神の人であるのみならず、パスカルやニーチェと同類の思想表現たるアフォリズムの達人であることも本書の内容から巧まずして窺えます。

新書という小さな本ではありますが、内容的には、本人の肉声による西尾幹二入門と言ってもあながち言いすぎではないとわたしどもは確信しております。「西尾幹二との対話」たる所以です。

戦後思想の知的怠慢と傲慢と卑小とに対し、絶えず言葉の刃で対決してきた知識人――福田恆存や小林秀雄に連なる――の内面の高貴さに多角度から迫る本として、必ずや多くの読書人に迎えられると考えております。

ぜひとも、一読されまして、ご高評などいただければ幸いです。なにとぞよろしくお願い申し上げます。

敬具

二〇〇一年十月

洋泉社編集部

小川哲生

中山治著『子どもを伸ばす37のコツ』

拝啓

このたび「新書y」十一月の新刊の一冊として、中山治著『子どもを伸ばす37のコツ』刊行のはこびとなりましたので、早速、お届けいたします。

現在の教育不全のことを考えますとき、第一に思い浮かぶのは、極端な平等主義とそれに反撥するかのようにとなえられる弱肉強食的な点数主義があります。それに関連して、本書の著者の中山治氏は「競争」と「共生」に関する「中山の法則」を以下のようにのべます。

《共生を否定すれば競争は狂争と化し、競争を否定すれば共生は寄生（パラサイト）と化す》と。

この言葉は、本書のスタンスを端的に表しております。つまり、一方に偏るのではなく、バランス感覚を重視する立場です。一般に、親がわが子や教育に期待するのは、わが子の成功であり、日本全体の教育云々は二の次なことは自明であります。しかしながら、日本が衰退しつつあるのに、わが子だけが「勝ち組」だということは不可能なのです。衰退した国で生きてゆくのは楽ではないからです。危機感だけが子どもを救い、危機感だけが希望を生むのです。

教育のあるべき姿とそれを実現するための実践のコツはないのか、といえば、それは「ある」という立場に私どもはたちます。本書はそうした観点から書かれた実践的な書です。

二十一世紀を生きぬくには、日本の教育は「ウブ系」から「したたか系」へと転換することが急務と思われますが、学校教育にそれを求めることが無理なので、家庭がそれをしなければならない。そのために親がなすべきことはなにか？

子どもの人間力から知力・学力、受験、そして「生きる力」まで。「競争しつつ共生する」ための子育てのコツを〝勉強法の達人〟が社会心理学の知見と自分の体験を踏まえて「37」の項目から伝授します。自信と責任をもって子どもにかかわれと説く親必読の書と私どもは確信しております。

学校まかせにすることなく、まして自分の無関心さを学校叩きで解消するのでもなく、子どもにかかわることを勧める本書は、単なる「ノウハウ書」を超えて、ひとつの「生き方」を指し示す書でもあると言っても過言ではありません。

ぜひとも本書を一読されまして、ご高評などいただければ幸いです。よろしくお願い申し上げます。

敬具

二〇〇一年十一月

洋泉社編集部
小川哲生

金原克範著『〈子〉のつく名前の女の子は頭がいい
——情報社会の家族』

拝啓

このたび「新書y」十一月新刊の一冊として金原克範著『〈子〉のつく名前の女の子は頭がいい——情報社会の家族』刊行のはこびとなりましたので、早速、お届けいたします。

中身を読まず本書のタイトルから見て、本書の内容を判断されますことを私どもは恐れます。本書は「姓名判断」の書ではなく、まして鬼面人を驚かすような通俗本ではありません。そうではなく、本書は、マスメディアの副作用について解明しようとする、きわめて真面目かつ本格的な内容をもつ本であります。

著者が少女論に取り組むキッカケは院生時代に塾講師として子どもたちに接し、従来考えられてきた子どもと目の前にいる子どもたちとのあまりの落差に愕然とし、なぜこのような子どもが出現したのかを探るところから出発した次第です。

子どもたちの変化は二つあります。

①彼ら同士で、あるいは両親や教師と言葉が通じなくなっていること

②本能的な衝動を抑制できなくなっていること

この現象をさぐっていくなかで、もっとも端的にあらわれているのは、少女問題であり、少女の変貌はメディアの浸透により大きく影響を受けていることに気づきます。彼女たち(著者の言葉で言えば、メディア二世)の受信する情報は、両親(おなじくメディア一世)のマスメディアへの依存によって大きくコントロールされていること。つまり、彼女たちの両親世代こそが、間接的に少女たちを規定しているということになります。

女の子の「名前」の調査——〈子〉のつく名前とそうでない名前の比率を調べるとそこに有意の差がある！——をさぐることで得た発見はまことに鮮やかなものです。

名前の変化を追跡することで、マスメディアが両親世代に与えた影響を測定することができ、受信者の「名前」の調査によって、社会の情報化の影響を生の形で追跡することができるというものです。サブタイトルにある「情報社会の家族」の所以です。

この大胆な仮説は、①高校入試に必要な学習情報　②少女雑誌情報　③フィクション情報　④身体制御情報　などの綿密な調査によって可能となったものです。

その意味で、本書は少女論であり、メディア論、コミュニケーション論の性格をもち、理解を絶するメディア新世代たる若者を考える必読書と申せましょう。まさに本書は名前か

ら不透明な現代社会を可視化する試みと言っても過言ではありません。

ぜひとも一読されまして、ご高評などいただければ幸いです。よろしくお願い申し上げます。

敬具

洋泉社編集部
小川哲生

二〇〇一年十一月

鈴木淳史著『クラシック悪魔の辞典【決定版】』

拝啓

皆様方におかれましては、ますますご清祥のこととお喜び申し上げます。

早速ではございますが、洋泉社・新書yの十二月の新刊として、鈴木淳史著『クラシック悪魔の辞典【決定版】』を上梓いたしましたので、ここにご献本させていただきます。

著者の鈴木淳史氏は、すでに洋泉社・新書yにおいて『クラシック名盤ほめ殺し』(二〇〇〇年六月刊)、『クラシック批評こてんぱん』(二〇〇一年八月刊)の二冊を上梓しており、いずれもその視点の犀利さと鮮やかな語り口で、クラシック音楽ファンのみならず、多くの一般の読者の支持を獲得していることは、クラシック音楽の新書には稀有なことですが、新聞・週刊誌・月刊誌上でご高評いただいている実績が示すとおりです。

今回、刊行いたします『クラシック悪魔の辞典【決定版】』は、著者の処女作として単行本の形で出版し、朝日新聞の書評欄の「著者に会いたい」でも話題を呼んだ『クラシック悪魔の辞典』（一九九九年八月刊）をもとに、項目数の大幅な増加、改訂を施して新書化したものですが、たんなる増補・改訂の枠を超える充実ぶりは、まさに「決定版」の名に恥じない内容になっており、別個の本と申しても過言ではありません。

著者の鈴木淳史は一九七〇年生まれで、今年三十一歳になったばかりですが、氾濫する情報のアレンジに終始するという若い世代の書き手にありがちなマンネリズムにも陥ることなく、それらの背後にある実態を軽やかに描きだす筆致は鮮やかです。本書においても、簡潔で鋭い批判性をこめた文体によって提示されるクラシックへの素朴な疑問から発する問いかけが、権威やジャーナリズムに彩られたクラシック音楽の言説の虚を見事に暴きだすという、「禁断の快楽」を読者に提供しています。

取り上げられた項目も、コンサートで見かける光景やマナーから、作曲家、演奏家、評論家やＣＤ、メディアをめぐる話題まで百花繚乱。クラシック・ファンに限らず、クラシックに少しでも関心がある読者なら、一度は感じた疑問もふんだんに盛り込まれています。

また、付録として、毒っ気いっぱいの名曲ＣＤガイドも新書版化にあたり新たに書き下ろしました。

使い方によっては、それこそ読者もクラシックの「小悪魔」になれるかもしれません。

ご一読いただき、三回笑って五回うなったら、ぜひ貴社媒体においてご高評賜りますようお願い申し上げます。

敬具

二〇〇一年十二月

洋泉社編集部

小川哲生

2002

勢古浩爾著『まれに見るバカ』

拝啓

このたび、勢古浩爾著『まれに見るバカ』刊行のはこびとなりましたので、早速、お届けいたします。

この本のタイトルを見たとき、ある種の反撥を覚える人がいることは、私どもは、「バカ」ではありませんせんので、重々知っているつもりです。

元来、「バカ」という言葉に反撥を覚えるのは、端的に言って、ある種の秩序主義者、差別主義者、そして病的な平等主義者ということがきまっております。いずれも私どもが唾棄すべき人間に数えている人種であることは論をまちません。

私どもは、他人を「バカ」などと言わない謙虚さをもっている人間だから、というのが通り相場になっておりますが、自分は、一見、立派で優しく謙虚で頭が良い、といううぬぼればかりで内実は傲慢さが彼らに色濃く漂っているのが、実情です。そのような人間に向かって、私どもは「バカ」という言葉を投げつけたいのです。

人間、他人に対し、一度は「バカ」と言ってみたいというのが疑いなくあります。自分にはねかえってこない場合は、なおさらです。なんとおまえはバカな人間であることか、と一度でも思わなかったことがない人間は、本当は人間理解が半端であるといっても過言ではありません。

しかし、そう、しかしです。かりにも赤の他人をバカ呼ばわりすることの困難を私どもは知っているつもりです。そういうのは、けっして品のいい行為ではないからです。でも下品と品のよくない行為とは千里の径庭があります。

おためごかしに、ゴマをする人間を目の当たりにするのは気持ちのいいことではないのに比して、下品でバカな相手に対し、お前は、バカだ、というのはなんとすがすがしいことでしょうか。他人をバカだというときに、そういうお前は何様だ、という反論を想定し、最初から、上から見下して「バカ」というのではなく、下からでも横から後ろからでもなく、正面の同じ高さから言うという姿勢を保持したいと考えるからであります。

本書での「バカ」は学歴などとは関係ありません。性別も年齢もまして地位や収入も問いません。もちろん有名人・無名人なんて関係がない。東大教授であろうと外務省の役人であろうがバカはバカであり、高卒で中小企業に勤めていようがバカはバカである。バカは差別であるなどとヒステリックに叫ぶ手合いもバカである。総じて自分が正しいと信じて疑わぬバカ、自分から1ミリもでようとしないバカ、恥を知らないバカを徹底的にコケにしようとするのが本書のモチーフです。

　しかしながら、バカをバカというには単なるバカにはできない芸が必要です。その証しとして、目次をご覧になっていただければ、本書はバカには書けない内容をもっていることがおわかりでしょう。

第一章　バカはなぜ罪なのか
第二章　バカ本を読む
第三章　現代バカ著名人列伝
第四章　現代無名バカ列伝
第五章　わたしの嫌いな10のバカ言葉
第六章　「あとがき日付」一言バカの諸君
終　章　バカを寿ぐ

　こうした一貫した内容をもつ本書がめざしたものは、「バカ」の生態と由来とその現状をあますところなく伝え、読む人になぜか勇気が湧いてくる、言うなれば、無用の用ということにあります。

　本書を読んで、少しでも不愉快になった人には、そう、こう言ってやるしかありません。「だから、お前はバカだ」と。たぶん、本書を読んで爽快感を味わったひとは、「ウン、私は、ああはならない。あいつらはバカだから」と感じるはずです。そう思ったとき、本書の巧まざる意図はあなたにストレートに通じたと思わざるを得ません。

　一読後、そう思ったとき、まだ読んでいない人に本書の面白さを伝えてくださいますようお願い申し上げる次第です。何卒、よろしくお願いいたします。

敬具

二〇〇二年一月

洋泉社編集部
小川哲生

小浜逸郎著『人はなぜ働かなくてはならないのか』

拝啓

このたび、「洋泉社・新書y」六月新刊として、小浜逸郎『人はなぜ働かなくてはならないのか』刊行のはこびとなりましたので、早速、お届けいたします。

二〇〇〇年七月に『なぜ人を殺してはいけないのか』を刊行して、ほぼ二年ぶりの続編となります。前著は、ほとんどこれといった書評では取り上げられることはありませんでしたが、そして大々的な広告などなしえませんでしたが、すでに九〇〇〇〇部を超えるベストセラーになっております。また大学入試では五校で取り上げられており、大学でのテキストの採用は十六大学、高校のサブテキストの採用は二十三校に及んでおります。これは何を意味するのでしょうか。

プロの書評子がまったく認めないにもかかわらず、普通の読者は、その内容にすばやく反応し、時代を感受した本の出現を好意的に迎えた結果といえるのではないでしょうか。

前著に続く本書も、そうした無視に合うことは、よもやありえないとは思いますが——もしそうなら、書評子の見識を疑いますが——、ひとつのドキュメントとして記しておきます。

それはともあれ、二年ぶりの本書は、サブタイトルに「新しい生の哲学のために」とありますように、前著が倫理的な問いに答える軸足をおいていたのに比して、今回は、少し観点を変えて、そもそも人間とはいったいどんな存在なのかという哲学的な掘り下げを主眼とするものです。

ちなみに目次を再録させていただきます。

ごらんのとおり、日常、人間とは何かに思いいたすとき、疑問に感じつつ、それに対して的確な答えを提出することがなかなか難しい問題に、答えようとするのが、本書ということになります。

本書には、テロ事件その後の世界情勢について、けっして多くのページが割かれているわけではありませんが、陰に陽に「9・11」の影響が色濃くあらわれております。それは、著者が本書を執筆する動機のひとつにアメリカの同時多発テロを上げているところからも当然頷けるものです。「人間にとって最も不可解なものは人間自身である」とするなら、いったいどういう「人間自身」のからくりによって、世界史は作られるのか？　また個人と社会、個人と国家のつながりはどういうふうになっているのか？

本書が目指すものは、どの時代や社会にあっても共通にぶつかる「生」の問題、いうなれば人間が人間であることの意味を根底から問い直す試みであります。

私どもは、いたずらに仲間誉めや過分な賞賛を求めるものではありません。ただ等価な評価をこそ求めるものです。ぜひとも本書を一読されまして、納得いただけるところがございましたら、広く読者へのご紹介の労をとっていただければ、これにすぐる喜びはございません。なにとぞよろしくお願い申し上げます。

敬具

二〇〇二年六月

洋泉社編集部
小川哲生

佐藤幹夫著『精神科医を精神分析する』

拝啓

このたび「洋泉社・新書y」七月新刊として、佐藤幹夫著『精神科医を精神分析する』刊行のはこびとなりましたので、早速、お届けいたします。三月に刊行した小沢牧子著『「心の専門家」はいらない』に引き続き刊行する野心作と私どもは考えます。

一般に私どもは、専門分野は専門家にまかせておけばいい、という思いがあります。素人の出る幕ではない、というのがその意味でしょう。確かにそうしたことは、半分は事実でしょう。素人が素人のまま勝手に発言し、単におだをあげているということもまま見られます。しかしながら、昨今の凶悪な事件が起きるたびにマスコミに登場する「精神医療の専門家」と称するセンセイ方の発言を見るにつけ、ちょっと待てよ、という思いを禁じ得ません。

私どもは理解を絶する事件に遭遇するたびに、理解を絶するということで不安を感じます。そこに何か納得できる理屈を求めて安心したい、あれは異常な人間がやったことだから、という予定調和を求めてしまいます。

そうすると、必ずその疑問に答える人間が現れます。あたかも自分だけがその疑問に答える見識を持っている人間だ、というように。時としてマスコミは罪つくりなことをします。視聴率や読者を獲得すれば、勝ちなのだから、少々胡散臭い人物であっても、神のごとく託宣をたれる人物を選びだします。その人物をわたしどもは「タレント精神科医」と呼び、その実態――メディアに求められるままに踊らされている彼らの果たしてきた役割とそのいかがわしい実態――を批判しようというのが本書のモティーフです。

本来ならば、精神科医を批判するには精神科医をもってするのが本道でしょう。しかしながら、わが国では内部批判はなかなか生まれません。こころある精神科医はそのような批判を展開するより、臨床にいそしんでおります。そしてタレント精神科医はそれをいいことにして、真偽の不確かな伝聞・推定の情報をもとに専門家の肩書きで分析し、さまざまな診断名を撒き散らしてきたのが実情です。しかし、それは単なるレッテル貼りや見込み診断ではなかったか。

そこに批評の側からの反論が待たれる所以です。

本書の著者・佐藤幹夫氏は養護学校の教員を二十一年間勤め、二〇〇一年四月よりフリーとなったひとです。発達障害児の教育という実践のなかで専門知のいかがわしさを肌で感じてきたひとりであります。ご自分では一介の素人とご謙遜をされておりますが、その「見るべきほどのことは見つ」という態度はさすがと言えます。つまり批評というものはそれほどばかにはできないということです。

そして、私が声を大にして言いたいことのひとつは彼の批評が決して高みからの批判ではなく、自分の生き方に裏付けられた内面からの声ということがあります。ちなみに「斎藤学論」のなかでの家族の捉え方、あるいは「和田秀樹論」のなかでの「共感」のイメージを見るとき、単に辛口の批評を専門とする売文の徒とは、ひと味も二味も違った趣を感じていただけるはずです。

本書で対象とした人たちの言葉のあまりにも軽さと好一対と申せましょう。

タブーは一切なし。歯に衣着せぬ語り口の妙味とその射程の幅を本書から読みとっていただければ幸いです。そして、「この人たちはいったい何をやろうとしているのか」と再度ご自分に問いを発していただければと存じます。専門家を甘やかす態度は必ず専門家の驕りを助長し、結果として自分たちに跳ね返ってくるのは自明です。

本書の価値をひろく読者の方々にお伝えしていただけるようあなたが携わる媒体で取り上げていただければと存じます。なにとぞよろしくお願い申し上げます。

敬具

二〇〇二年七月

洋泉社編集部
小川哲生

諏訪哲二著『教育改革幻想をはねかえす』

拝啓

このたび、諏訪哲二著『教育改革幻想をはねかえす』刊行のはこびとなりましたので、早速、お届けいたします。

世に疑ってはいけない言葉があります。今の世で言えば、さしずめ「改革」がそれにあたります。それを疑えば、必ず「抵抗勢力」「守旧派勢力」というレッテルが貼られます。しかしながら、ものを考える人間はそんなことを恐れたのでは、なにも始まらない。

時にお調子者はここぞとばかり発言します。曰く、「子どもは学びたがっている」「子どもの可能性は無限だ」と。それはイデオロギーというよりも、おのれの願望を表す言葉でしかありません。自分の感慨を述べることはだれも否定はできませんから、そう言わせておけばいいのですが、まさにバカのバカたるゆえんと言いましょうか、それを普遍化してことを論じて、何か言った気になるという笑えぬ現実があります。「子どもは学びたがっているのに学ばないのは教える人間が悪いからだ、質が低いからだ」というふうに論を進めてしまいます。かつて、受験教育が最大の悪であり、点数で人を評価するのはもってのほかだという意見が大勢をしめました。そしていまは「学力低下」論議が花盛りです。

そこに共通するのは、子どもは単なるラーニング・ユニットという視点です。教え方が上手ければ学び、教え方が悪ければ学ばない、という単純な視点しかありません。子どもは学ぶ自由とともに学ばない自由もあるのです。

ここ数年言われる言葉に「子どもは変わった」という言葉がありますが、それをいまだに認めない人がいます。しかしながら、現在の学校の現実を見るとき、学ばない子どもは歴然として存在し、教えられることなど何もない、教師と生徒は相対である、という近代的自我を獲得した子どもの出現に愕然としてしまいます。戦後の教育が、「遅れた日本」を「進んだ欧米」並みにすることを目標にしてきたことを考えるとき、はしなくも戦後の教育の目標が達成されたと感じるか、それとも意図と現実のあまりにもの落差にもめまいを覚えるか、どちらかでありましょう。

そして、今、「教育改革」の時代です。

私どもの立場は歴然としております。〈子どもは学びたがっている〉との思いこみを出発点にするすべての教育改革は絵に描いた餅である！　という立場です。これをわかっていただけるでしょうか。

戦後、一貫して対立してきたと思われる事象に文部省と日教組の対立というのがあります。現在では、それは「五十五年体制」の終焉とともに、相補関係とみなされておりますが、かつてはそれを次のような対立と考えられてきました。一方は、伝統的な「つめこみ」教育とナショナリズム、もう一方は「子ども中心主義」と一国平和主義というふうに。

しかるに現在はその差異はほどんどなく、文部省改革派がもっとも進歩的（ナショナリズムを欠いた）という立場に「転向」しました。この事態は、文部省改革派が伝統的な日本の学校や教育にいかに「敵対的」かがわかります。単純なマスコミは学校に敵対的であるがゆえに文部省筋により好意的であります。

現在、教育改革の目玉は「ゆとり教育」と「総合学習」にあります。教えるのではなく、学びたがっている生徒を援助するのが、教師の役目だ、いうのです。われわれは美しい言葉に酔いたい、という思いがあります。しかし、美しい言葉には「裏」があるというのは、生活者の実感でもあります。世の識者をはじめとしてあまりにも、この美しい言葉にだまされているのではないでしょうか。そして教育現場の悲鳴を直視するのを恐れているのではないでしょうか。

「教育改革」の中身がどれほど問題があるとしても、教育や学校が現状のままでいいとは、私どもも考えません。教育の困難さは「学力低下」＝国力の衰微にあるのではなく、学ばない子どもが出現し、それでいいとおもっていることにあるのです。いまは「教育改革」幻想に上げ底化されるのではなく、現実を見つめること、これに尽きると考えます。

「正しい」教育理念があれば「正しい」教育が行われ、「正しい」子どもが育っていくという「単純な」人間理解は無効であると私どもは考えます。教育改革の何が問題とするのか、何を問題とするのか、そしてそれを考える材料を提起することの重要性をこそ声を大にして言いたいのです。

現場に身を置くひとりの人間の思索――中空からの批判ではなく現場に根ざした――を読みとっていただければと存じます。そして一人でも多くのものを考える人への材料として本書の意味を現在携わっております媒体で取り上げていただければ幸甚です。なにとぞよろしくお願いいたします。

敬具

二〇〇二年七月

洋泉社編集部
小川哲生

本田有明著『哲学の練習問題』

拝啓

　このたび、本田有明著『哲学の練習問題』刊行のはこびとなりましたので、早速、お届けいたします。

　本来、哲学とは、日常生活で直面するさまざまな問題に対して、自分なりの意見や思想をはぐくむ、そのためのアプローチの仕方をあみだすことに本来の意味があります。しかし、現実のこの国の動きを見ますとき、これとは裏腹に、各国語による原典購読であったり、個別の哲学史のおさらいであったりします。そこにあるのは、哲「学者」のそれであって、けっして、「哲学」者のかまえではありません。哲学者のいない国といわれるのも故なきことではありません。

　そうではなく、日常のことばをつかい、日常の現実に遭遇する問題を自らの問題としてそこに敢然として向き合うとするならば、わたしどもはどうことばを発することが、できるのか。いたずらに、観念的なことばをふりまわしたり、他人の問題をほじくりかえしたりするのではなく、自分に切実な問題について、どう考え、どう判断し、旗幟鮮明にして生きてゆくのか、その足場をかためるために考えるべき50の問いを発するというのが、本書のテーマであります。

　私どもは、とかく勘違いしがちなことがあります。哲学といえば、象牙の塔にこもり、日常とは一線を画した、観念的なことをひたすら追求するイメージ、言うなれば大学のなかでしか通用しない高尚そうな学問というイメージと、これとは対極にある、人生哲学というイメージであります。後者はとくに、現世において成功した「勝ち組み」のイメージがあります。学校の成績など問題ではなく、私はこのようして、人生の成功者になった、というぬぎがたい功利的イメージであります。

　これらはいずれにしても、従来型のイメージでしかありません。現在、問題になるのは、哲学とは本来の意味で、厳密に考える場であり、自分の思想を磨き上げるためのヤスリであるということです。デカルトが言う《哲学的懐疑》の精神であり、カントが言う《厳密に思考する態度》こそが求められなければなりません。

　私どもは、本書において、現実に遭遇する課題を《自分》《他人》《社会》《世界》という四つの面に分け、それぞれの問題に答えようとするものであります。言わずもがですが、これらの答えはいずれも完全に正しいというつもりはありません。そうではなく、「生きる力」を養うには、自分で考え、自分で実践してみるほかはありません。そのためのひとつの問題提起として、本書を提供するものです。

ちなみに、本書で提起する50の問いの一端を掲げてみたいとおもいます。いずれもあなた自身の問題とすべき問いであることは言うまでもありません。

＊「自分であること」にはどんな意味があるのか？
＊「好いこと・良いこと・善いこと」はどう違う？
＊人はみな「ひとりでは生きてゆけない」ものか？
＊恋愛も友愛も家族愛もじつは「自己愛」の変形？
＊人を殺すことは無条件で「絶対的な悪」なのか？
＊「人命は地球より重い」はタテマエにすぎない？
＊世界を動かしている「究極のもの」は何なのか？　等々

いずれも、現在の自分を見つめなおす契機を含む問いです。まさに「哲学の練習問題」といっても過言はないでしょう。ぜひとも、本書を一読されまして、腑に落ちる個所がありましたら、若き世代にむけて、本書をお薦めいただければ幸甚です。哲学とはまさに、自分自身を見つめなおす契機を与えるものと確信するものです。なにとぞよろしくお願い申し上げます。

敬具

二〇〇二年七月

洋泉社編集部
小川哲生

プロ教師の会編著『だれが教育の責任をとるのか』

拝啓

このたび、プロ教師の会編著『だれが教育の責任をとるのか』刊行のはこびとなりましたので、早速、お届けいたします。本書は「プロ教師は主張する」シリーズ全四巻の第三弾となるものであります。ちなみに、第一弾『なぜ授業は崩れ、学力は低下するのか』、第二弾『学校の教育力はどこにあるのか』となります。

私どもの姿勢は、これまでのシリーズのタイトルを見れば明らかなように、昨今の論壇をにぎわすテーマとは、若干距離を置きつつ、現場の作法というか、スタイルを大事にすることにあります。それは、端的に言えば、子ども＝生徒が教育によって「変わらなくなった」という事実から出発するということであります。子どもは学びたがっているとか、現場の管理主義が教育を壊している、などというイデオロギーには決して立たず、今ある現実の子ども、教育を見つめることが大事であるという立場であります。

昨今の教育「改革」は、だれも反対できない「風潮」となりつつあります。まさにそれは公理のようなものであります。

だれもそれが正しいことであることを証明せずして正しいと思いこんでいるのは、「公理」以外のものではありません。公理は証明の必要がありません。

しかしながら、論証抜きの政策がムード的に流れ、それが一国の教育政策としてまかりとおっていく場合、それをただ黙って見過ごしておいていいのでしょうか。

現在、残念ながら教育をどうすべきかという国民的なコンセンサスはありません。

教師たちは文部科学省・教育委員会・管理職の抑圧に耐え、メディアの非難に耐え、親の身勝手な要求に耐え、そして子どもたちの内面からの怨嗟の声に耐えながら学校システムを支えている。このことは、現状においては、それほど認められている事実ではありませんが、教育現場を知るひとにとっては、あまりにも自明のことであります。

しかしながら、教育をどうするのかというコンセンサスがないのと同様に、この事実すらも全国民的には共有されてはおりません。今必要なのは、事実を知ることであり、イデオロギーによって曇らされことではありません。

とするならば、現在の教育をめぐる動きはどうなっているのか、それを考えざるを得ません。とくに、教育行政の問題はわれわれにとっては身近に見えませんから、それを考えるのが本書であり、この国にとって、だれが教育の責任をとっているかを考えようとするものです。

そのためには、①現状において、教育行政はいかなる原理で動いており、②教師たちはいかなる確信のもとで働いているのか。③また教育行政と学校の関係はどうなっているのか。

大雑把に言えば、その三点から、教育を問おうとするものであります。生徒の実情や教師・親の現実から出発しない教育改革は失敗に終わらざるをえないのに、そのツケを教師の能力や努力が足りない、と捻じ曲げ反省しようとしない行政当局、昨今の改革派文部官僚の動きを見るにつけ、このことはあまりにも声を大にして言わなければなりません。

だれが教育の責任をとるのか？　ふつうの教師一人ひとりが文部科学省に頼るのではなく、自立的に自己の使命を果たすことによってしかそれは可能ではありません。

なぜなら、教育という営みには、やはり「自由」の感覚や、「頭脳」のコントロールに服さない「夢」や「勘違い」や「錯覚」はかかせないと考えるからです。

プロ教師の会が現場から発言する声に耳を傾けてほしい、そして本書の主張が国民一人ひとりが教育について考える契機となることを願わざるを得ません。

ぜひとも一読されまして、ご高評などいただければ幸いです。なにとぞよろしくお願い申し上げます。

敬具

二〇〇二年八月

洋泉社編集部
小川哲生

宮崎哲弥著『ビジネスマンのための新・教養講座』

拝啓

このたび「洋泉社・新書y」九月新刊として、宮崎哲弥著『ビジネスマンのための新・教養講座』刊行のはこびとなりましたので、早速、お届けいたします。

昨今、学ばない子ども、学力低下の問題が論壇のみならず、一般の社会においても話題になっております。その一方で「大人のための」勉強法が大ベストセラーとなるように、一般ビジネスマンの勉強意欲が、一見して高いように見られる現象が散見されます。子どもは勉強しないが、社会人になって、勉強に目覚めたのか、と楽観的になる人は、よもやいるとは考えられませんが、これは一体、どういうことでしょうか。

社会人になって、初めて勉強の重要性に気づいたのではなく、自分が生き延びるためになにが必要か、に気づかざるを得ない客観的事情に自ずとぶつかったにすぎません。

しかしながら、その勉強は、あまりにも射程の短いものではないか。つまり、ハウツー的ではないのか。

偏差値的人間の然らしむる結果と言えばいいか、あまりにも短時間に結果を求めるのではないか、という気がしないでもありません。一見、迂遠の道を取りながら、言うならば、急がばまわれ、という方法があるのではないのか、というのが私どもの立場です。

それはどういうことかといえば、すぐに役立つ情報よりも、その背景にあるファクターをすべて取り込む姿勢、それを本書では、「武器としての教養」と呼びたいと考えております。

かつてあった、教養主義とは、一線を画して、ここでは「新・教養」と呼びたいゆえんです。

それでは、一体なにが「新」なのか。それは、偏差値に表わされる数値ではもちろんなく、従来、正しいとされてきた教科書的知識でもありません。そうではなく、ある命題に潜む通念や既定の知識、その前提を徹底的に疑ってみることです。問題意識を喚起して、客観的なデータとロジックのみを用いて反証できなければ、その命題は一応正しく、反証できれば、正しい命題に進む、というクリティカル・シンキングこそを身につけることが、いま必要とされるのです。

私どもは、インテリジェンスなきビジネスマンは去れ、と言いたいのです。

勝ち組み、負け組みなる言葉が流布しておりますが、一時の勝ち組みになるのではなく、どのような場合にも通用するような、教養を身につけよ、武器としてのクリティカル・シンキングを身につけよ、と言いたいのです。

所属する集団や組織が個人を価値づけた、そんな時代は終わったと知るべし。いま日本社会は未曾有の転換期を迎えておりますが、来るべき転換期の姿が一向に見えない、という情況にあります。

だからこそ、明確な目的意識と勇気と覇気と創意こそが求められる。これが、日本人にとってもっとも苦手なものとするならば、いまこそ、先行き不透明な時代を生き延びるために必要なものは、先ほど来、述べてきた「武器としての教養」に他なりません。

一人のベンチャー企業家として、また若き論客として、常に現在の問題に一石を投じてきた、宮崎哲弥の新しい分野としての「新・教養講座」は単に若きビジネスマンにとってのみならず、現在を考える人間にとって、よきアドバイスになると考えます。

巻末に収録した、木村剛氏との対談「思想なしにはビジネスができない」は単なる評論家の分析とは一味違った、重みを持つと、私どもは考えます。

新書形式という小著ではありますが、中身はぐっと重い問題に取り組んでおります。ぜひとも、一読されまして、ひろく読書人へお薦めいただけますよう、切にお願いいたします。

なにとぞよろしくお願い申し上げます。

敬具

二〇〇二年九月

洋泉社編集部
小川哲生

石井妙子著『囲碁の力』

拝啓

このたび、洋泉社「新書y」十月新刊として、石井妙子著『囲碁の力』刊行のはこびとなりましたので、早速、お届けいたします。

『ヒカルの碁』で若いひとにもブームを呼んでいる囲碁ですが、意外にも囲碁の輪郭を伝えるガイドブックが少ないことに気づきます。

従来、囲碁の本と言えば、棋士による技術解説書か、好事家による囲碁の文化史、あるいは有名棋士たちの棋譜という範疇に限られてきました。それに対してどこか隔靴掻痒の感は免れませんでした。それは、当然と言えます。

なぜならば、ある種のタレント本と同じように、有名棋士の名前は冠されてはいても、実際に書いているのは、フリーライターであることが、あまりにも明かだからです。出版界はそこを見て見ぬ振りして、あるいはそのような悪しき慣習を踏襲することに不感症になっているのです。

名前がなければ売れないのだから、そう堅いことは言わない、言わない、というのが実情です。ある新書シリーズでは、著者名はなく、監修者が九割を占めるシリーズがあることに何ら不思議に思わないのが、この国の出版界の常識です。

読者の活字離れを云々する前に襟を正すべきはわれわれ出版界なのではないでしょうか。

私どもは、そのような悪しき慣習に対して、断固として「否」を唱えたいと思います。わが国の読者はもっともっと成熟していると思うからです。名前に負けてしまよりも、中身が勝っていれば、読者は、必ずそれを認めてくれることを信じたいと思うからです。

それほどにも、わが国の読者を信じられない出版界には未来がないのです。少し、興奮して脱線してしまいましたが、私どもが言いたいのは次のことです。

囲碁を知りたいというのは、どういうことなのか。

初心者は初心者なりに、中級者は中級者なりに、そして上級者は上級者なりに、一読して、「囲碁って本当はこんなにも面白いものだとは知らなかった」と言わせるような本を出さなければ、現在、「囲碁」というタイトルのついた本を刊行する意味はないのでは、ということです。

技術はそれなりに必要なことは私どもは否定しません。ただ技術解説本ばかり、氾濫するのはどうかと思いたいのです。その読者の力量はさておいて、「囲碁」とはこんなにも面白い世界であることを愚直にもいう本こそが今日ほど求められる時代はないのではないでしょうか。


本書においては、「打つ」「知る」「考える」という三つのキーワードで「囲碁」にアプローチすることを考えました。あえて、筆者を専門棋士ではなく、囲碁観戦記者を起用することにしました。技術に偏ることなく、初心者のこころにもっとも通じると考えたからに他なりません。また棋士仲間では絶対、触れることのできない世界に切りこめるからであります。

囲碁のルール説明から、古今東西の囲碁の歴史やエピソード、さらには囲碁界が直面する問題まで、新書という小さな器ではありますが、たっぷり紹介いたします。とくに「囲碁を考える」という章では、いままで触れられることの少なかった問題——たとえば、棋士・棋戦の序列、囲碁最強国はどこか、女性はどこまで強くなれるのか、日本の女流棋士はなぜ弱いのか、など——に果敢に切りこみます。

棋士ではなく女性観戦記者だから描けた囲碁への誘い、というのはあながちわたしどもの謳い文句だけではなく、読んでいただければ納得いただけるものと確信しております。

わかりやすく、面白く、ためになる、まったく新しい囲碁入門書としての本書の価値をお認めいただき、ひろく読者の方々へお勧めくださいますようお願い申し上げます。

なにとぞ、よろしくお願いいたします。

敬具

二〇〇二年十月

洋泉社編集部
小川哲生

秋庭俊著『帝都東京・隠された地下網の秘密』

拝啓

このたび、秋庭俊著『帝都東京・隠された地下網の秘密』刊行のはこびとなりましたので、早速、お届けいたします。

タイトルにあります「帝都東京」になにげなく目を向けますと、ウム、この本は戦前の話が主なのかと、思います。然り、戦前の話であり、現在にかかわる話なのです。また「隠された地下網」に目を向ければ、だって戦前の地下鉄と言えば、銀座線一本に決まっているではないか、と不思議に思い、何かの間違いではないか。タイトルの誤植ではないかと、訝る向きがありますが、これはけっして誤植ではなく、正真正銘、地下網の話なのであります。

著者の秋庭俊氏は、一九五六年生まれの気鋭の作家・ジャーナリストであります。テレビ朝日報道局で社会部、外報部の記者を経て、海外特派員を勤め、一九八六年同局を退社、執筆活動に入りました。記者時代は、米軍のパナマ侵攻、ペルー左翼ゲリラ、カンボジアPKO、湾岸戦争などを取材した経歴の持ち主です。

著者の疑問が本書の出発点となります。その疑問点とは何か。

現在、市販されている地図——いまもっとも売れている地図の代表である『ニューエスト』『ユニオン』——の丸の内線ルートと千代田線ルートが一方は交差せず、もう一方は交差しているという違いがあることに気づいたことです。事実はひとつならば、それは単なる誤差ではなく、どちらかが明らかに嘘をついていることになる。なぜ、こうした嘘をつかなければ、ならないのか。

疑問はまだあります。

戦前には建設されていないはずの地下鉄がGHQ作成のインテリジェント・リポートに載っているのはなぜなのか、という点。さらに営団公表の地下鉄建設記録の図面にその時点では建設されていない地下鉄がなぜ紛れ込んでいるのか、という疑問。また国会議事堂建設に関しての設計図が四種類あるという摩訶不思議。

現在、開通している八路線の営団地下鉄のうち、七線が霞ヶ関、永田町に集まり、都営地下鉄四路線のうち三路線が浜松町に集中しているのはなぜか。これらが交通の要衝地でなく、乗降客がとりわけ多いわけでもないのに、なぜかくも集中しているかは、だれも納得できる解答を与えていない。いったいなんのために地下鉄は敷かれているのか。

こうした、疑問はすでに疑問ではなく、疑惑と呼ぶべきものです。疑惑は疑惑を呼び、ある隠された事実に符合してゆく。戦前にすでに東京には秘密の地下網が張り巡らされていた、と。

　しかしながら、政府・都・営団までがこの事実を国民に隠そうしている。それはなぜなのか。

　著者は自分の非力を知りながら、粘り強く執念とも言える努力を傾注する。可能な限りの資料と徹底した地図の読みこみを駆使し、国民に伏せられた東京の地下網の真実に迫る本書は、推理小説顔負けの面白さと言えましょう。

　本書の公刊後、反証の責任は政府・都・営団の三者にあると私どもは考えます。あらゆる資料を公開することなく、秘蔵しているのは彼らだからです。また終戦直後に国家機密に類する資料を廃棄したのも彼らだからです。

　事実は小説よりも奇なり、というありふれた言葉を述べるのも、いささかは恥ずかしいかぎりですが、敢えて、この言葉を述べてみたい誘惑に駆られます。

　ぜひとも一読されまして、本書で展開された事実に注目していただき、一人でも多くの読者に本書の価値を知らせていただければ、これにすぐる喜びはありません。なにとぞご高評のほどよろしくお願い申し上げます。

敬具

二〇〇一年十一月

洋泉社編集部
小川哲生

勢古浩爾著『ぶざまな人生』

拝啓

　このたび、勢古浩爾著『ぶざまな人生』刊行のはこびとなりましたので、早速、お届けいたします。本年一月に刊行し、八万部を超えたベストセラー『まれに見るバカ』を凌ぐ勢古氏の問題作であります。題して、「ぶざまな人生」です。

　人生など、なにも楽しいものなどイメージできないから、そんなものなどほしくはない、というあなた、もう少し待ってください。確かに一般的な人生論などに興味はなくても当然ですが、それでも「自分の人生」には無関心ではいられないはずです。

　否応なく、人間、とくに中年は人生に直面してしまいます。というより、中年だけが「人生の辛酸」を身にしみて知る年代なのです。

　本書は、すでに五十五歳にしてくたびれたふつうの中年の、それでもまだくたばるわけにはいかないふつうの中年による、勝ってもいないが負けてもいないふつうの中年のための、逃げも隠れもしない実践的な人生論であります。

　現在、何かと言えば、「かっこいい」という言葉だけがのさばっています。ボキャブラリーがあまりにも貧困な時代にあって、猫も杓子も「かっこいい」なんて、冗談も休み休みにしてほしい。こんなことを言おうものなら、ダセーの一言で粉砕されてしまうのがオチです。しかしながら、私どもは次のように問いたい。「ぶざまな人生」は果たして「かっこ悪い」か、と。

本書を概観するためにまず目次をごらんになって下さい。

一見してわかるように、本書はきわめてまじめに（現在ほど「まじめ」がバカにされる時代はないからこそ敢えて愚直に真面目を志向するのです）人生を考えるものです。

金がない、愛されない、学歴がなく社会的地位もない、有名でもない、おまけに流行についていけない。だが、これらのことはけっして「ぶざま」を意味するものではありません。人生とは他人に見せるものではなく、実際に生きるものだからです。人生に王道などありません。

「人間の人生」（＝運命）に翻弄されながら、それでも「自分の人生」（＝意志）を垂直に立てて生きようとすること、それだけが決定的なことではないでしょうか。

一生懸命生きるしかない。それを「ぶざま」というなら、「ぶざま」こそ人生である。「ぶざま」でなければ生きられない。だから私どもは、断固として次のように言いたい。「かっこいい人生」なんて何ほどのこともない！　と。

笑いあり、涙あり、サービス万点の「人生を黙って生きる男のための覚悟の書」と申して過言ではないと確信しております。ぜひとも人生を考えるために一読されまして、一人でも多くの人にお勧めしていただければ幸甚です。ご高評のほどよろしくお願いいたします。

敬具

二〇〇二年十二月

洋泉社編集部

小川哲生

2003

滝川一廣著『「こころ」はだれが壊すのか』

拝啓

このたび、滝川一廣著『「こころ」はだれが壊すのか』刊行のはこびとなりましたので、早速、お届けいたします。

前著『「こころ」はどこで壊れるか』と同様、佐藤幹夫氏を聞き手として、前著よりも、状況論によりシフトしたインタビュー集です。幸いにも前著は、原理論的な内容にもかかわらず、多くのひとに迎えられ、また専門化スジからも好意をもって迎えられことがこの続編ともいうべき第二弾に結びついたことを率直に喜びたいと思います。

今回、本書に通底するテーマは「精神医学化する現代社会」ということになります。いささか固い言葉でありますが、それを少し説明させていただきます。

簡単に言えば、次のようになります。つまり、自身の問題や周囲の問題を、なにかにつけ精神医療という領域に持ち込んで解決をはかろうとする現代社会に固有のあり方をさしております。

もっと具体的に申せば、子どもたちの問題行動や非行を、精神医療の対象として、「行為障害」や「反社会的人格障害」と命名し、なんらかの決着をはかろうとする見方です。そうすると、ああ、とすぐ思い浮かぶ人がおりますね。そうです。あの輩のダメさ加減を撃つことをひとつの眼目に本書はしているのです。

また、自分の中の「生き難さ」を「アダルト・チルドレン」「〇〇人格障害」であるというように、それを自分自身が引き受けて、乗り越えていく問題ではなく障害の問題としたり、安易に医療の対象としてしまう、そうした傾向への批判として考えることにあります。そこでも、また具体的な俗物の顔が直ぐに目に浮かびます。

ある慧眼の読書子によれば、一〇〇万部を超えるようなベストセラー本の特徴には「ゆるい、明るい、衛生無害」ということが見られるそうですが、本書は、まったくそうではないのです。

そうすると、本書は、売れないことを意図したのか、と半畳をいれられそうですが、そんなことは当然、意図するわけはありません。そうではなく、まま「正義の書」に見られる、いきり立つ正義ではなく、バランスのよい「ふところ深い」思考をこそを主張したいのです。

短兵急な「正義」の書は、すぐに敵を想定しそれを叩けば、即座に正義は保障されるという単純さがあります。私どもはその立場には立ちません。まさしく、いきり立つ正義などでは解決できない問題が多いからです。

左右を問わず単純な正義派は直ぐに次のようにいきり立ちます。いわく、犯罪者は「障害者」だ。いわく「児童虐待」はすぐに「保護」されるべきだ。いわく「障害」は早期治療されるべきだ。しかしながら、こうした「問題」の背後で進む、なにかにつけ医療に「お任せ」、精神医療言説に「お任せ」、あなた任せの「精神医療化」する現代社会固有の弊害にあまりにも無自覚ではないのか。それこそが「社会のふところを浅くする」ことになるのではないのか。

「こころ」はだれが壊すのか？　と各自が問いを発してみるがいい。だれでもない、「あなた」であり「わたし」であり、ほかならぬわたしたち自身ではないだろうか。

たいせつなのは、矛盾と困難のありようをじっくり腑分けしながら、それらの折り合いの方途を粘り強く探り続ける営みであると、私どもは確信しております。

その粘りを失ったところから「こころ」は綻びてゆくのではないでしょうか。

最後に本書の目次を掲げさせていただくことで私どもが考える一端を明かにしようと思います。

ぜひとも一読されまして、本書で展開されています問題意識こそが通俗的精神医療言説を根底から揺るがすことをメディアをとおしてひろく読者にお伝えしてくださいますようお願い申し上げます。なにとぞよろしくお願いいたします。

敬具

二〇〇三年二月

洋泉社編集部
小川哲生

村瀬学著『次の時代のための吉本隆明の読み方』

拝啓

このたび、村瀬学著『次の時代のための吉本隆明の読み方』刊行のはこびとなりましたので、早速、お届けいたします。

本書は、従来あるような、思想家論ではありません。まして、吉本隆明の読み方を指南するハウツー本でもありません。そうではなく、ある思想家、人物を論じることが、それを論じるその人が、それを論じる以前と以後では、その人の考えが一歩でも前に進む、というような類のものを意図しております。

そこのところを、著者は端的に次のように述べております。《……その過程（自分の思いを語る）で自分でも思いがけない発見（見え）をいろいろすることができていった。最初、吉本さんを語ることは「しんどい」に違いと思いこんでいたから、彼を語ることが、こんなに自分の視野を広げることになるとは思いよらなかった。》と。

そうです。このような幸福感をえられるような本がこれまでどれほどあったでしょうか。

単に論じられる対象をクサすための粗さがしでしかない本やこんどはそれと正反対に、教祖さまの託宣をただ拝聴し、それをただ解釈し、それで論じた気になっている類の本のなんと多かったことか。

思想の継承とはそんなところにはまったくありません。

たしかに新しい事実がつぎつぎに発見されていく時代のなかで、古くならない「思想」などあり得ません。吉本隆明とて例外ではありません。しかしながら、吉本隆明が不死鳥のように読まれていくのをどう考えればいいでしょう。

それは「読み方」によって変わって見えるからです。まさにタイトルにある「読み方」なのです。つまり、「見るものの位置」によって、「対象」がまったく違って見えることがあるからです。

「座標」と「地図」というキーワードで読み解く本書は、まさに「試行」のひとである吉本隆明を固定的に問うことではなく、その可能性に近づくための方法でもあります。思想がもつ党派性や権力性を排し、多面体としての吉本隆明の核心に迫ります。

現在、イラク戦争がはじまっており、その予断を許さぬ結末に一喜一憂するのではなく、〈戦争〉を根絶する思想はどうすれば可能なのか、と終生をかけて問い続けた思想家である吉本隆明を読み直すことが、現在こそもっとも必要と感じます。まさに「発見と希望の書」と本書を位置づける所以です。

一読されまして、ご高評などいただければこれにすぐる喜びはありません。なにとぞよろしくご高配いただけますようお願いいいたします。

敬具

二〇〇三年四月

洋泉社編集部
小川哲生

諏訪哲二著『歌舞伎に学ぶ教育論』

拝啓

このたび、諏訪哲二著『歌舞伎に学ぶ教育論』刊行のはこびとなりましたので、早速、お届けいたします。

著者は自分自身をかぶき者教師と自称していますが、それではかぶき者とはいったいいかなる者か。かぶき者とはイカれた奴のことであり、かぶくとは常態ではない行為を意味する。そうであるならば、目の前にいる生徒たちに義理を感じ、義理を果たそうする著者は言葉本来の意味でかぶき者教師ではないのか。

ここ十年ほど、「プロ教師の会」のリーダーとして、現場に根ざした教育言説を展開し、常に現場からリアリティのある、言うならば、ただ観念に依拠した言説――子どもは学びたがっている、子どもはすばらしい、管理教育・受験教育が子どもをダメにした、という類いの先見的な思いこみの言説――を完膚なきまでに批判してきた活躍振りはすでにご存知の通りです。

しかしながら、これらの言説が、市民権をもつと同時に、初発のインパクトが失われるのも事実です。あたかも、何もなかったかのごとくすべてを吸収する、ブラックホールのようなとらえどころのない現状がわれわれの前にあります。どうもいまひとつピリリとした教育像や目指すべき人間像が見えてこないという現実があります。

そこで、今回は目先を少し変えて、教育や目指すべき人間像とまったく異質なものをシンクロさせてみようとする試みであります。つまり、歌舞伎に描かれる悪・義理人情・忠孝は教育論議を意外にも深化させるという事実に切り込もうとするものです。

本来、異質と考えられる、学校的なもの、（＝近代的人間像）と歌舞伎的なもの（＝前近代的人間像）を重ね合わせ、衝突させることで何が明かになるか、それを探ることが本書の大きなモティーフであります。

このような問題意識は、教育を自明なものとし、よきものとする者にはけっして訪れません。それは教育の確かさや近代的「自己」の確かさを疑うことでしか、達成できない根源的な問いであります。その意味で、生身の教師や生徒の感覚を抜きに学力や偏差値のみで教育を語るひとや近代や人権という観念だけで教育を構想するひとはかぶき者教師の〈敵〉である、と申しても過言ではありません。

キャッチフレーズ的に申せば、**教育を疑うことでしか教育は見えこない！** とういうことになります。従来の教育書とは、ひと味もふた味も違った趣に見えましょうが、現在、本当に教育を根源的に考えるには、こうした迂遠の道が確実に真理に到達する近道とわたしどもは考えます。

たとえば、著者はさらりと、次のように述べております。

《学校的なものと歌舞伎的なものは対立する。歌舞伎と異なり学校では悪は認知されない。たとえば、学校ではいじめは日常的なものである。だが、事件化すると学校もジャーナリズムも学校という教育の場にあってはならないことと口をそろえる。子どもの持つ悪への衝動や他人をいじめようとする衝動はそのまま肯定されるべきではない。しかし、子どもたちが善や悪やもろもろの衝動や欲求を持つことは「あってはならない」と封じ込められるべきではない。「悪に強きは善にもと」河内山宗俊の言うとおり、子どもたちは悪も善も知って、善を選んでいくように教育されるべきであろう》。

ここに述べられておりますことは、物事の本質をきちんと見ている人の言ではないでしょうか。見るべきことほどのことは見つ、の覚悟があります。

ぜひとも、本書を一読されまして、混迷をきわめる教育言説への現場からの確かな回答であり、問題提起の書として受けとめていただきまして、あなた様がかかわる媒体を通して本書をより多くの人へお薦めいただけますれば幸いです。よろしくお願い申し上げます。

敬具

二〇〇三年五月

洋泉社編集部
小川哲生

池田清彦・小浜逸郎・小谷野敦・橋爪大三郎ほか著『天皇の戦争責任・再考』

拝啓

このたび池田清彦・小浜逸郎・小谷野敦・橋爪大三郎ほか著『天皇の戦争責任・再考』刊行のはこびとなりましたので、早速、お届けいたします。

戦後も五十八年を経て、いまさら戦争責任でもあるまい、ましてや昭和天皇も亡くなったし、という声が聞こえないわけでもありません。しかしながら、八月の声を聞く時、日本人にとって、なにやら居心地の悪さを感じるのも否定できません。

忘れられていたあの戦争がにわかによみがえり、肯定と否定、伝承と風化、加害と被害、慙愧と反省が渦巻く中、またぞろ戦争責任問題が蒸し返されるからです。

ドイツのように、あの戦争をすべてナチスのせいにしてしまえばどれだけ楽なことでしょう。また日本の場合、すべて軍国主義のせいにして、われわれ戦後に生まれた人間は、ナット・ギルティと言えれば、どれだけ楽でしょう。

しかし、そうはいかないのです。これはなにも自虐史観のせいではなく、確乎とした歴史観をもたず、アジア、とくに中国・韓国からの政治的な攻勢に対し、ただひたすら辞を低くし、ただその場かぎりでことを収める卑屈な対応を認めることは、ひとりの日本人として情けないという思いがあるからです。

あの戦争に対して、戦後生まれのわれわれが取るべき態度はどうあるべきか。自らあの戦争を自分に関係のないこととし、ひたすら謝罪でお茶を濁してきたのではないのか。

そして無意識のうちに、天皇の戦争責任を考えることが、古臭くて、意味のないものとしてきたのではないのか。あたかも天皇の戦争責任を問うことが、自分の古傷をなめるように愉快ではないものとして、すべてチャラにすべく、そんなことは問題にならないと、思いこもうとしてきたのではないか。

今回、わたしどもがあえて、この問題を問うことは、従来の天皇批判とはまったく、位相を異にしていることを言っておきたいのです。

昨今のモラルハザードが云々されるとき、戦争時には形式的地位にあったにすぎないにしても、開戦の詔勅の署名者であり、元首だった人間の戦争責任があいまいにされながら、戦争を経験しなかった人間が、日本人であるという理由で責任があるとの理屈が今盛んに言われることにしっくりしない、のは当然であるという立場から、本書を立ち上げた、ということを明言しておきたいと思います。

「あいまい化」と一億総無責任体制を打破するためには、いまこの問題に直面すべきというのがわたしどもの立場です。従来のように、右左のリトマス試験紙のような論考を目指すものではありません。そうではなく、戦争責任というテーマは、ひとにぎりの専門家にまかせるのではなく、日本人が日本人であるために避けてはとおれない問題として、生活者の実感に即した論理を提供するものとして、本書を位置づけるものです。

矯激な感情問題になりがちなこのテーマを冷静に開戦責任、敗戦責任、政治的責任、道義的責任のファクターから切りこみ、日本人のあり方を本質的に象徴する固有の問題として、微力ながらも世に問うものです。

本書の執筆者はいずれも専門を異にし、また立場を異にするものですが、自分の責任において言いたいことを充分に言い得ていると私どもは確信しております。

一枚岩ではなく、それぞれの意見が時にはシンクロし、ときには相互批判に至るという、大らかさこそ、現在のような多様化する価値観のなかでは、本書のようなオムニバス本の有効性を表わすものとわたしどもは考えます。

ぜひとも一読されまして、ひろく読者のみなさまに本書の価値をお伝えくださいますようお願い申し上げます。敬具

二〇〇三年七月

洋泉社編集部
小川哲生

渋井哲也著『出会い系サイトと若者たち』

拝啓

このたび、洋泉社の「新書y」八月新刊の一冊として、渋井哲也著『出会い系サイトと若者たち』刊行のはこびとなりましたので、早速、お届けいたします。

昨今、新聞・テレビ等をにぎわせるものに、出会い系サイトがらみの事件があります。いったい、なんであんな事件に巻き込まれるのか、最近の若者たちの意識はどうなっているのだ、と世の大人たちの慨嘆をしばしばきくことがあります。

こうした慨嘆をただただ垂れ流すだけでは、どうにもなりません。そもそも、いったい出会い系サイトとはなんだ、というアプローチから若者の問題に迫るべき、と考えたのが、本書のはじめの企画意図であります。

電車や喫茶店に入るや携帯電話を取りだし、一心に打ちこみをする若者を見るのは事欠きません。これらの現象をどう考えるべきでしょうか。

その背景には、インターネットや携帯電話で見知らぬ者同士をつなげる「出会い系サイト」など匿名メディアがいま急速に広まっていることがあります。そこには、他人には言え

ない悩みや「生きずらさ」をかかえ、癒しや救いを求めてアクセスする人がおります。

時には、援助交際、児童買春、殺人事件、さらにはネット心中といった、怪しげで危険と隣り合わせの世界でもあります。

あまりにも「性の敷居」が低くなった現在の状況ではだれでもが性の誘惑に駆られ、安易に接触する機会が準備されております。ある調査によれば、「出会い系サイト」の利用者には特定年齢に偏り、また男女別では女性の割合が高く、より低年齢化しており、また相手と実際にあったのは、女子中高生と主婦の割合が高いという結果があります。

なぜ彼らはさまよい、そこに魅入られるのでしょうか。

また、そうした現状を踏まえ、警察庁は「出会い系サイト」の利用規制に乗り出して、本年九月より「出会い系サイト規制」法案の一部が施行されることになっております。

その規制法案には問題点が多々あるにもかかわらず、拙速とも言える速さでの施行がかえってアンダーグラウンド化を促し、危機が深刻化する懸念があります。

本書は、そうした危険と隣り合わせの「出会い系サイト」に若者がなぜ惹かれるのか、法的規制は本当に有効か、などの疑問に答えるべく、若者への直接取材で生の声を伝えようとするものです。

著者の渋井哲也氏は、自身、ＨＰ「お元気でクリニック」を開設し、行き場のない若者たちの悩みに正面からぶつかり、また『アノニマス　ネットを匿名で漂う人々』『チャット依存症候群』の著書を持つ若手のフリー・ライターです。本書の執筆者にうってつけの経歴と造詣を持っている人と私どもは確信しております。

ぜひとも本書を一読されまして、ひろく読者に伝えるべくご高評などいただければ、幸いです。なにとぞよろしくお願い申し上げます。

敬具

二〇〇三年八月

洋泉社編集部

小川哲生

井崎正敏著『天皇と日本人の課題』

拝啓

このたび、井崎正敏著『天皇と日本人の課題』刊行のはこびとなりましたので、早速、お届けいたします。

先に刊行いたしました『天皇の戦争責任・再考』に次ぐ天皇本となります。

右翼・左翼といった分類には私どもはまったく興味はありませんが、何ゆえ、私どもは「天皇」への言及する本を刊行するか、若干、述べさせていただきます。

従来、「天皇」本といえば、天皇支持者の天皇は本当に立派なかたであり、天皇なしでは日本はやっていけない云々、か、はたまた天皇打倒の本しかないというのが、現状です。

あるいは、右翼の反撃を恐れるゆえか、事勿れ主義を決め込み、ただひたすらご立派、ご立派というだけの、いわば「皇室アルバム」や一部の皇室営業主義者の本がでているのが現状です。

これは、やはり、国民一般にとって不幸なことではないでしょうか。

本当に日本人にとって天皇とはなにかを論じることが必要なのではないでしょうか。

だからこそ、私どもは次のように問いかけたいのです。

日本人を永年捕えてきた天皇制をいま論ずる意味はどこにあるのか？

史上最強と言われる平成象徴天皇制は本当に磐石なのか？と。

世論調査において多数の支持を得るかに見えるが、じつは若い世代には、天皇制を批判する必然も必要もなくなったということがあります。それはとりもなおさず天皇制を支持する根拠も同時に失われたことを意味するのではないかということです。尊皇という観念も失われ、まして超越という意識すら感じられないなかで、ただ国民の欲望を投影する理想を皇室に演じさせるだけでいいのか？　そして、ただ国民の希望に沿うだけで、主体などという観念もなしににこにこ手をふるだけの皇室で果たしていいのでしょうか。

これは、かつて、松下圭一氏が展開した、「大衆天皇制」の完成した姿であるのですが、国民も皇室も何ら疑問を抱いていないのが現状です。

それでいて、天皇なしの日本が構想されないのは、どういうことなのでしょうか。

本当に日本人は天皇なしではやっていけないのか、そうではないのか。私どもは国民にそう問いたいのです。

しかしながら、簡単に結論は出せません。

天皇制に関して国民はおろか皇室すら転向した――この事実を直視しなくてはなりません――とはいえ、天皇という課題を回避せずに、一見形骸化したこの制度の深層に日本人のエートスが深く根を張っている事実を明かにすることは、いまなお大きな意味があるからです。

私たちの問題意識を鮮明です。目次をご覧になっていただければ、それは明かです。


天皇制が抱える問題点を根底から問い直し、国民が天皇から自立する意味と条件を提示する本書は、まさに今日的意味を有すると私どもは確信しております。

著者の井崎正敏氏は、長年、筑摩書房で編集者として価値ある仕事を成し遂げ、専務取締役編集部長を経て批評活動に入った人であります。つまり、書いておきたいテーマを実現するためにフリーランスを選んだ人であります。その第一作が本書ということになります。

この記念すべき処女作の問題意識の高さと完成度および説得力のある文体について吟味していただき世の多くの読書人への読むべき本として推薦いただければ、著者ともども私たちの喜びとするものです。何卒、よろしく、ご配慮いただければ幸いです。

敬具

二〇〇三年九月

洋泉社編集部
小川哲生

佐藤幹夫著『ハンディキャップ論』

拝啓

このたび、佐藤幹夫著『ハンディキャップ論』刊行のはこびとなりましたので、早速、お届けいたします。

著者の佐藤幹夫氏は二十一年にわたって養護学校教員を務め、二〇〇一年の四月よりフリーランスに転じた人でありま す。著者に『精神科医を精神分析する』他をもち、個人誌『樹が陣営』を拠点に表現活動を盛んに行っている知る人ぞ知る人であります。

自身、生涯、一人の教師として、すべてのことばを呑みこみ、障害児の生活に寄り添い、黙って彼らが必要とすることを自分のできる範囲で、ただ黙々と行い、ごく普通の教師として終わることを望んできたと言い切っております。

それならば、どうして教師を辞め、一介のフリーランスとして困難な道に踏み出したのか。

それは、とりもなおさず、以下の「問い」を封じることが出来なかったからに他なりません。その「問い」とは何か。

人はこの世に生を受けるにあたって、なぜときに、重いハンディを背負うことになるのか、というものです。

この問いは現場から発するのではなくては、どうしても届くものではありません。まして、テレビなどで軽やかにただ客体として語る者には、けっして共有できるものではありません。

わたしたちの近代は、何をもって、人を人として見なしているかを一考することは意味があります。つまり、近代的人間観によれば、歩行の獲得と自らの身体を自由に操作することで得られた労働と社会的生産が、人の人たるゆえんとなります。

そうすると、著者が毎日接してきた寝たきりの人間、言葉を話さない子ども、知的ハンディを持つ子どもはどうなるのか。「人が人であること」が、こうした有用性のみで見られるとすると、彼らは人間ではないのか。しかし、著者には、彼らはまぎれもなく人間である。このギャップをどのように考えるかが課題となったわけです。

時として、一般の人は誤解しがちになります。「ハンディキャップ論」などと聞けば、ああ、彼らも頑張っているんだ、と感動をおぼえ賛美する本に違いない、と。世の多くはこのような本だから。しかし、本書は違います。

「障害」とは人間が持つ多様性のひとつであり、人間の多様性の「ひらかれ」こそいまわたしたちが豊かさとしてもっとも求められるべき課題ではないか、と声を大にして言いたいところです。

「障害を生きるということ　障害をひらくということ」これ

こそが人間の多様性への視点をつくるために必要なことです。

福祉や教育の言葉ではなく、ヒューマニズムの言葉ですらなく、ましてやイデオロギーでもなく、「ふつう」の言葉で粘り強く考えるための現場から摑みとった実践的なハンディキャップ論がいまようやく展開されたことを強く訴えたいと思います。

確かに重いテーマではありますが、重いテーマをただ重く提出するのでは、意味がありません。そして糖衣でくるんで言いやすいことを提出するのではまったく問題になりません。なるべく言わないで済ませておきたい自分の問題を包み隠さず、公にすることで、本書は他の類書の追随を許さぬ域に達していると著者ともども私どもは確信しております。

「障害はひとつの個性だ」などと軽く言ってもらいたくないという著者の言葉を私どもは重く受け止めたいと思います。

ぜひとも、本書を一読されまして、著者の思いを共有していただき、本書の価値を広く読者へお伝えしていただければ望外の喜びとするものです。何卒よろしくご高評いただけますようお願い申し上げます。

敬具

二〇〇三年九月

洋泉社編集部
小川哲生

小浜逸郎著『やっぱりバカが増えている』

拝啓
このたび、小浜逸郎著『やっぱりバカが増えている』刊行のはこびとなりましたので、早速、お届けいたします。
この書のタイトルを見たとき、ニヤリとするか、腹をたてるかによって決定的な違いがあります。現在、『バカの壁』が売れているから、それに便乗する本だ、と思った方、それは不勉強です。一般に、小出版社には一枚岩を求め、大出版社には鷹揚であるのが、この国の一番ダメなところと思うのは私だけでしょうか。こういう発言が何を言おうとしているかが分からない人がいることに、若干の驚きを禁じ得ませんが、ひとつ説明しておきます。
小なりとはいえ、出版社には複数の編集者がおり、一人ひとりの編集者が自分にとって切実なテーマを追求するのが本道です。そうすると、ある批判された人間は、その出版社の別の編集者から原稿を依頼された場合、おうおうにして、お前のところは、俺を批判した本をだしておいて、よくも原稿を依頼できるものだなと、居丈高に怒鳴ります。それは私の担当したものではない、などと言うものなら、バカやろうなどと言われて電話を切られます。

ところが、大出版社の場合、編集者が多いのだから、それはそれと簡単に許すということをあまりにも見てきました。適用が出版社の大小において変わっている。

一枚岩をもとめながら二枚舌を使う、これが日本人にとって得意なダブル・スタンダードでしょう。バカも休み休みにしろと言いたいところです。私どもはすでに『バカの壁』の刊行の一年半前に『まれに見るバカ』を刊行している出版社です。状況追随出版社ではありません。

前おきはこれぐらいにして、この本をいまなぜ刊行する意味を少し述べさせていただきます。

われわれはオビに高々とコピーを掲げております。《誰かも賢いと思われているやつがほんとうのバカなのだ！》と。

有名であることが、何者であるか、ということはなんでもないことは自明です。言っている内容が正しいことなのか、ただのイデオロギーの垂れ流しに過ぎないかは、本当は、みなお見通しのはずなのに、あの有名な人が発言しているからには、そんなバカなことを言うはずがない、という思い込みが蔓延しているのです。

発言に即してみる、というあまりにも当たり前のことをこの国の人間はわすれたのでしょうか。

みんな百点ゆとり教育？　露出狂まがいの性教育にジェンダーフリー？　なんだいったいこれは？

性差と性差別をごっちゃにし、ただのわがままを個人主義とはき違え、なんて日常茶飯事でしょう。挙句は、それらが自由主義を気取った全体主義であることも理解せず、声高に発言する小利口バカのなんと多いことでしょう。

本書は、こうした現代に特徴的な「権威を持った」知識人を真正面から叩き、また彼らが垂れ流す言説をやすやすと受け入れる風潮を笑いとばすものです。言うなれば、現代日本に蔓延する「個の絶対自由主義」ともいうべき安易な風潮全般に対しての批判を展開するものです。

その基本にしているのは、フツーという感覚です。こういうとフツーが一番抑圧的なのだ、半畳をいれる手合いがおりますが、もう少し現実を見つめてとだけ言っておきましょう。

この国が抱え持つ困難から目を背けず、ふつうの男の視点から現在の時代風潮に切りこむこの鋭さを見るとき、やっぱりバカが増えている！　と言わざるを得ない、と膝を叩いて納得していただけるのでは、とひそかに感じている次第です。

ぜひとも、本書を一読されまして、こういう人間にはなりたくない、と思っていただければ、著者ともども喜びとするところです。

ご高評などいただければ幸いです。なにとぞよろしくお願い申し上げます。

敬具

二〇〇三年十月

洋泉社編集部

小川哲生

由紀草一著『団塊の世代とは何だったのか』

拝啓

このたび、由紀草一著『団塊の世代とは何だったのか』刊行のはこびとなりましたので、早速、お届けいたします。

本書を刊行するにあたって、私どもの立場を申せば、「世代論」はくだらない、ということです。

先に前世代を対象にした『天皇の戦争責任・再考』を刊行し、後世代を対象にした『出会い系サイトと若者たち』を刊行した私どもにとって、「団塊の世代」を対象にせず、ただ頬かむりをして、だんまりを決め込むのは、あまりにも鉄面皮だとの思いがあるからです。

量が多い、ということは、それだけでなにものかであります。

現在の目敏い人間は、団塊の世代をターゲットにしない商品は意味がない、とこの世代にすすり寄る姿勢が垣間見られることがあります。それは、あまりにも、この世代に属する私には気持ちの良いことではありません。

すでにご存知のように、現在、団塊の世代に対する批判は、その当否は別として、数限りなくあります。

その典型的な一例をあげると、以下のようになります。

①過剰意味づけ　これがないと動けない
②理論過多　周りにいるとうるさい
③押しつけ　自らの主張の行きつく先を押しつける
④緩急自在　何事にも積極的だが、せっかちすぎる
⑤戦略不在　目先の戦術にだけ強く、長期ビジョンがない
⑥被害者意識　他世代への加害意識はなく、もっぱら被害者意識ばかり
⑦指導力不足　過当競争の中でリーダーシップを忘れてきた
⑧無自覚　以上の点にまったく気づいていない

こうもならべられると、なんとダメな世代か、首うなだれざるを得ないではないか、と思うと、そうでもないのです。これが、この世代の食えないところであるが、いま言いたいのは、そのことではなく、こうしたバッシングがなんらの緊張感もなく垂れ流しされる現状をこそ問題にすべきだ、ということです。

これだけ言われれば、何点かは自分の胸に手を当てれば、思い当たることがあるのは、当然です。そして、このことは、団塊の世代にのみ共通するものではない。

そうすると、いったい誰にそう言いきる資格があるというのだろうか。

これは、なにもこの世代の居直りとだけ言うべき問題ではないはずです。

純粋戦後世代第一号たるこの世代を論じることは、とりもなおさずこの国の戦後が無意識に追求してきたものを論じることにほかならない。好悪の感情ではなく、自分を論じるようにこの世代を論じきることが必要である、と私どもは考えます。

そうすると、誰が論じるのが一番いいのか。私どもは次のように考えます。

団塊の世代にとってもっとも激しく批判する新人類世代——かれらは国家主義者ではないはずなのに「団塊世代が日本を滅ぼす」などと言いたがります——ではなく、団塊世代の後ろ姿ばかり見てきたシラケ世代——彼らは前世代と後世代にサンドイッチされているが故に両世代への理解力がある——だからこそ総括ができる、との思いがあります。

目次にありますように、団塊世代は「幼くして民主教育を受け」「学生として乱を起こし」「若者として歌い」「サラリーマンとして惑い」「日暮れて道はなく、課題がある」世代そのものです。

この世代を論じることは、じつに戦後を、身勝手を正当化するだけのろくでもない代物にするか生きる根拠とするか、の分かれ目である。と思うのです。

本書において、それがうまくいったかどうかは読者の判断に待つ以外にはありませんが、主観的には、著者ともども私どもは一歩を進めたという自負を持っております。

ぜひとも、本書を一読されまして、本書への活発な批評をと期待してやみません。なにとぞよろしくお願い申し上げる次第です。

敬具

二〇〇三年十月

洋泉社編集部

小川哲生

橋爪大三郎著『永遠の吉本隆明』

拝啓

このたび橋爪大三郎著『永遠の吉本隆明』刊行のはこびとなりましたので、早速、お届けいたします。

このタイトルを目にされましたとき、どのように感じられたでしょうか。

おや、と思ったか、当然だ、あるいはなんだ、このタイトルは、と感じ方はさまざまでしょうが、その感じ方でその人のスタンスがあらわれます。しかしながら、たぶん、そのいずれもハズレです。

このタイトルは一見、吉本主義者が師匠を顕彰するものだ、と感じさせますが、内容を吟味していただけば、そのようなものにはなっておりません。少しものが見えるひとは、「おや」と感じてしまうのも当然でしょう。それもそのはず、著者の橋爪大三郎氏は、この世代にはめずらしく、一貫して吉本隆明氏を批判的な立場から論じてきたその人だからです。

安保世代、団塊の世代に大きな影響を与えてきた吉本氏ですが、近年の傾向としては、その当の団塊の世代からの批判が目につきます。しかしながら、影響を受けてきた世代に属するこの人たちの批判には、なにか腑に落ちない面も感じられるのも否定できません。自分の思想形成に多大に影響を与えてきたその人を批判するのにフェアでないなにかを感じさせるものがあるからです。その源はなにかといえば、その批判のモティーフがなにに由来し、自己の思想はどの時点から批判に向かったかをはっきり明示しないきらいがまま見られるのは残念なことです。

本書の著者の橋爪氏のスタンスは明らかです。現役の思想家である吉本氏をあたかも歴史的人物になぞらえ、好悪の感情から批判するのではなく、世界史的規模で吉本氏を位置づける立場を貫きます。そして、現在の自分の立場（社会学研究者としての自分がいかに吉本氏の影響を受けつつもそこから脱出するかを研究のテーマとしているか）を明らかにするためにも吉本氏を真正面から論じる姿勢を手放しません。

なぜ安保世代、団塊の世代は彼の思想に引き寄せられたのか？

なぜ共闘者との訣別を恐れず、「孤独」を貫きとおせたのか？

彼が貫いた思想の原則はどこからくるのか？

その誠実さゆえに「代償」としなくてはならなかったものはなにか？

その思想はどんな意義があり、私たちはなにを受け継げばいいのか？

そして吉本思想の「世界的同時性」はほんとうに理解されているのか？

〝戦後思想の巨人〟と呼ばれる思想家の内実に迫り、その根拠と全貌を明らかにする本書は橋爪大三郎という恰好の書き手を得て、初めて達成されるものと、私どもは確信をしております。大いなる影響と敬意を認めつつも、あらたな思想の展開を試みる本書は、まさに二十一世紀にむけてのスリリングな挑戦といっても過言ではありません。

吉本隆明はどこかで間違えたのか？　いや、間違えなかったし、けっして読者を裏切らなかった！　タイトルのゆえんは、ここにあります。

ぜひとも一読されまして、御高評などいただければ、幸いです。なにとぞよろしくお願いいたします。

敬具

二〇〇三年十一月

洋泉社編集部
小川哲生

勢古浩爾著『この俗物が！』

拝啓

このたび勢古浩爾著『この俗物が！』刊行のはこびとなりましたので、早速お届けいたします。

本書は、『まれに見るバカ』（二〇〇二年一月刊）、『ぶざまな人生』（二〇〇二年十二月刊）に続く勢古人生論の第三弾、一年ぶりの刊行です。

俗物は人間のすべてを映し出す鏡である。著者の原点はここにあります。しかも自分は俗物ではありえない、という傲慢さは持ち合わせず、人間すべて俗物たることを免れない、という観点から書かれております。

この著者は相手を罵倒するために文章を書いている、という低脳からの批判がまま見られますが、どこをどう読めば、こうした批判がでてくるのか、理解に苦しみますが、翻って考えてみますと、人は自分の弱点を指摘されると、反省するのではなく、それを指摘した人に反感・反撥を覚え、闇雲に相手を否定するという行動にでるということがあります。著者の指摘を否定のための否定とおもいたがるのです。

しかしながら、この著者の根本姿勢には「ふつうの人」の立場に身をおくということにあります。つまり「俗ニ生キ俗ニ死ス」という姿勢です。高みからの批判はもっとも忌み嫌うことです。

本書において、著者は「バカ」と「俗物」は紙一重であると指摘し、次に俗物の俗物たるゆえんを導きます。《バカは「自分」に憑く。つまり神聖不可侵の「自分」に固着(執着)する。かたや俗物は「世間」に憑く。もっといえば「世間価値」に憑く。バカは存在の一様式であり、俗物は関係の一様式である。バカは箸にも棒にもかからない。かたや俗物は、とりあえず箸にも棒にもひっかかりはするのだ》と。

ここでいう世間価値とは次のようなものです。

つまり、地位、権力、知識、モノ、金、女、学歴、有名性、言葉、自尊心……

これらはすべて手段価値ばかりです。それをあたかも目的価値のようにみなして、血道をあげるというのが俗物の俗物たるゆえんと定義します。

こうすると、現在という時代を生きているかぎり、多かれ少なかれ、いずれも俗物たることを免れないことは必然であります。著者の真骨頂はここから始まります。

自分を高みに置く人間や知識をもつことはいいことだといわんばかりに博識ぶりをひけらかす人間にはとても真似のできない論理が展開されるのを本書を読む人は堪能できるはずです。ぜひともその楽しみは実際にこの書を繙くことで味わっていただければ幸いです。

最後に私どもの新書に対する基本的スタンスを記してこの挨拶文を締めくくりたいと思います。

私どもは新書を啓蒙書や知的入門書に限っておりません。知識を与えることも必要でしょうが、もっと大きくその本を読むことで生きることの意味がわかる本こそが新書に求められていると考えるからです。知識本のまま陥りがちな欠点にその書き手がなぜそれを書かざるを得なかったかが少しも見えないことがありますが、私どもはそのようなことを断固として排したいのです。その意味で『この俗物が!』は恰好の本と申せましょう。

一人でも多くの人の目にとまりますよう御高評などいただければこれにすぐる喜びはございません。なにとぞよろしくお願い申し上げます。

敬具

二〇〇三年十二月

洋泉社編集部
小川哲生

秋庭俊著『帝都東京・隠された地下網の秘密〔2〕』

拝啓

このたび、秋庭俊著『帝都東京・隠された地下網の秘密〔2〕――地下の誕生から「1‐8計画」まで』刊行のはこびとなりましたので、早速、お届けいたします。

前作の刊行は、二〇〇二年十二月十日ですからちょうど一年ぶりの続編ということになります。当時、小説一作をものしただけのほとんど無名に等しい著者ですが、発売されるや、反響は反響を呼び、版を重ね、前作は六刷を重ねております。また発売以降、あらゆる媒体でとりあげられ、三十四の書評がでたということも特筆に価することと申せましょう。

これは、わたしどものような小出版社にとっては、まことに勇気をあたえられることであり、類似企画だけを追い続ける現在の出版界への大きな警鐘であると感じております。

前著の刊行後、著者は新たな、そしてより緻密な実証を試み、考古学、歴史学、建築、軍事、鉄道という専門を異にする各界の権威に取材を重ね、また隠された事実の掘り起こしと地図の更なる読み込みの成果を踏まえて、一年ぶりに続編を刊行するにいたりました。

著者の執念というべき思いはどこにあるかといえば、東京の謎は地下の解明なくしては明らかにされえない。東京の闇の深さをこのままにしておいていいのか、ということにあります。

前作が刊行された際に、悪意のある批判がとかく投げかけられたことがあります。

これは著者の妄想にしか過ぎない、国家権力が国民に真実を隠すわけはないではないか、というあまりにもナイーブすぎる意見でした。また、証拠は状況証拠でしかない、決定的物証がないではないか、という意見もありました。

地下の謎の解明の場合、実際に穴を掘って、ほらこの通りとしめすことの難しさは、一介のジャーナリストにとっては非常に難しいものがあります。大ジャーナリズムが一大キャンペーンを張り、国民的規模で実証しなければ、権力はそう簡単に認めるわけではないことは私どもとしても重々承知しているわけであります。ですから、前著の刊行に際して私どもは次のように述べているわけであります。

《本書の刊行後、反証の責任は政府・都・営団の三者にあると私どもは考えます。あらゆる資料を公開することなく、秘蔵しているのは彼らだからです。また終戦直後に国家機密に類する資料を廃棄したのも彼らだからです》と。

今回のイラク戦争の大義にイラクの大量破壊兵器の存在があり、その使用をとめるというのがありましたが、その大量破壊兵器の存在の証明がないまま開戦した経緯を見ますとき、一介のジャーナリストには厳密な証明を求めつつ、一国の政府には厳密な実証を求めない片手落ちと考えるのは、あまりにもわれわれの僻みとだけいえるでしょうか。私どもは、そうは考えません。

非力とはいえ、粘り強くどこまでも真実に迫る覚悟をもって、東京の地下の秘密に取り組みたい、という思いの結晶が本書となります。

なぜ地下の真実は隠されているのか？　それはテロ対策・国家防衛のためか、あるいは利権の隠れ蓑か。判断するのは読者自身であります。

ぜひとも一読されまして前著にもまして本書への御高評などいただければ、やりがいのあった仕事と思わざるをえません。なにとぞよろしくご配慮のほどお願い申し上げます。

敬具

二〇〇三年十二月

洋泉社編集部
小川哲生

2004

西研＋佐藤幹夫著『哲学は何の役に立つのか』

拝啓

このたび、二〇〇四年一月の「新書y」の一冊として、西研＋佐藤幹夫著『哲学は何の役に立つのか』刊行のはこびとなりましたので、早速、お届けいたします。

いささか挑発的なタイトルではありますが、掛け値なしに正味、このテーマを展開する覚悟で出版するものです。

本書は、対話形式をとっておりますが、まえがき、あとがきで著者それぞれが述べておりますように、本書はお手軽な対談本ではなく、最初の対談は単に素材にすぎず、その後のやりとりのなかで質問、それに対する答え、さらなる質問とそれへの答えといった形で、優に一年の年月をかけてほとんど書き下ろしといってもよいほどの努力を傾注したものです。

私どもが、それほどの時間をかけながら「対話」という形式を踏んだのは、哲学本来での意味で「対話」という意味を考えたいからにほかなりません。つまり「問い‐答え」というやりとりのなかで哲学そのもの、哲学の思考そのものを示したいと考えたからです。

ですから、本書では、ビッグネーム哲学者の解説をする形式は採用していないのです。

生きていることの実質そのもののなかで哲学を考える、考えることの意味を考えることを一貫したいのです。

哲学はやたら小難しくて、エラそうで浮世離れした学問にしかすぎないのか？　そうした問いに真正面から答えを与えたい、というのが本書のネライです。

端的にいえば、人はひとりでは生きられない。それが哲学の始まりである。ということになります。「考えること」は知識を集めてひけらかすことではなく、人は何を足場としてどこへ進もうとするかを考える技術こそが哲学であるという立場だといえば、著者の立場はより鮮明になるのではないでしょうか。

ひとまず目次を掲げてみます。

従来の哲学入門書とは一味もふた味も違ったものになっていると考えますが、どうでしょうか。

「考える」ということを、私たちの生のなかにどうやって取り戻し根づかせるか、これこそが哲学入門書本来の意味でのありかたなのではないでしょうか。けっして難解ではなく、平易なかでこの意味を考えることがある程度納得できるかたちで提供できたのでは、と著者ともども私たちは自負しております。

ぜひとも一読されまして、本書を広く読者の方々にお勧めくださいますようご高評などいただければ幸いです。よろしくお願いいたします。

敬具

二〇〇四年一月

洋泉社編集部
小川哲生

中山元著『はじめて読むフーコー』

拝啓

このたび、「新書y」二月刊行の新刊として、中山元著『はじめて読むフーコー』刊行のはこびとなりましたので、早速、お届けいたします。

『はじめて読む〜』と銘打つシリーズ——後続企画としては、ニーチェ、カント、ヘーゲルを準備しています——は、当「新書y」にとってははじめての試みとなります。

従来、このような入門書は、新書の定番企画でしたが、昨今の新書の趨勢をみると、なかなかあらわれないのもまた実情です。入門書というのは、敷居の高いテーマを敷居を低くすることで、読者のニーズに応えることを至上命題とするものですが、読者は入門をはたすと、即座にそれ以上の内容に踏み込みたい誘惑にかられるものです。

そうです。入門書とは、そうしたものの橋渡しをするものの謂いと私どもは考えております。従来の入門書が往々にして陥りがちなことに、つぎのようなことがあります。

ある学問への入門は勉強本であり、それを解説することが使命である、と。しかしながら、それだけではなにか足りないのではないか、と私どもは考えます。つまり、ある学問とは何か、そしてそれを研究する私とは誰か、そうした問題意識からの設問のない、入門書とはいったい、何か、ということです。

　そうした発問がない学問とは、畢竟、もの言わぬ大衆といったい、どう拮抗できるのか、という問題意識です。しかしながら、問題意識があれば、いいというものではありません。

　そうした発問をかかえながら、その学問へ進む読者へ、丁寧にその学問への接近を手助けできないならば、入門書としての役目を果たしえないのも自明だからです。

　現在において、入門書の難しさはここにあります。だからこそ、入門書のやりがいがあるのも、故なしとしません。

　当シリーズにおいては、社外編集者の二木麻里氏の協力を得て進めるものです。

　そして、その第一弾として、自信をもってお届けするのが、中山元氏の『はじめて読むフーコー』であります。すでにご承知のように、中山氏は『フーコー入門』（ちくま新書）を物しているひとですが、屋上屋を重ねるものではなく、前著が、フーコーの思考の変遷を時代順に追うことを主眼としているのに比し、本書では、生涯、思想、著作という項目をすべて網羅し、タイトルの字義通り、はじめてフーコーに接するひとへの橋渡しをするものです。

　フーコーの思想を道具のように使いこなすための入門書、というのがわたしどものキャッチフレーズです。

　そのために、フーコーにとって重要な四つの思考の軸——「狂気」「真理」「権力」「主体」——を取り上げ、フーコーが、それぞれについてどのような問題に取り組み、そしてみずから定めた課題に、どのような概念を使いながら、どのような答えを示していったかを明らかにしようとするものです。

　アカデミズムとは別にこのようなことをみずからの課題とした著者の中山元氏の力量の真価がはからずも発揮されるものと私どもは考えます。

　ぜひとも、本書を一読されまして、ご高評などいただければ幸いです。よろしくお願いいたします。

敬具

二〇〇四年二月

洋泉社編集部
小川哲生

西山里見著『講談社「類語大辞典」の研究――辞書がこんなに杜撰でいいかしら』

拝啓

このたび、西山里見著『講談社「類語大辞典」の研究――辞書がこんなに杜撰でいいかしら』刊行のはこびとなりましたので、早速、お届けいたします。

「歌う辞書読み怪人」の異名をとる西山里見氏は、すでに『辞書がこんなに面白くていいかしら』(一九九二年六月　JICC出版局)の著書をもつ、知る人ぞ知る人であります。厳密の学としての、しかも実用の学としての辞書学に独力で取り組み、世にはびこる杜撰な辞書をやり玉にあげ、あるべき辞書を求める篤実のひとであります。

その舌鋒は鋭く、権威を嗤い、日本文化の貧困を憂い、辞書の進歩と良書の出現を願い、また辞書作製方法論を考える態度を一貫して持してきた稀有なるひとでもあります。

一般に、わが国の出版業界を見渡せば、仲間誉めと事なかれ主義がないまぜになっているのが実情です。内部批判はしない、見て見ぬ振りをするのが、その実態です。

なにが本が売れぬ、でしょうか。内部の恥を一切明らかにせず、陰では悪口を言い合うのがこの業界の常でしょうか。

私どもはそれに対し、真実の前にはタブーはない! と言い切りたいのです。遠慮も考慮もなく、駄目なものには駄目と言い切ることが、いまもっとも必要と言いたいのです。

世の権威ある学者・文学者がほめる辞書が本当にその名に値するかを、一般読者の前にきちんと論拠を明らかにし、判断を仰ぐ態度こそ、この国の〈出版文化〉に資するものと確信しているからです。

本書でターゲットなるのは、講談社『類語大辞典』。

この辞書の欠陥ぶりを、語釈・用例・重複項目・項目矛盾などの内容面を問わず、辞書製作という作業上の方法・手順・手続きなどから明らかにするものです。

箇条書き的に本書で批判されるべきものをあげれば以下のようになります。

1　編纂途上で仕事を放棄した老編者か、経験不足で統率力のない若編者か。

2　専門の殻に閉じこもって常識を失い、まともな原稿の書けない多数の学者先生か。

3　辞書作りの手続きを踏まず、しかも原稿の良し悪しも見分けられない辞書編集者か。

4　商業主義に走って、まともな辞書作りに取り組むことを忘れた大出版社か。

5　頽廃、疲弊する〈日本文化〉〈出版文化〉そのものか。

――著者は、凶悪犯人を追うごとく〈追及〉の手をゆるめない。と。

まさか大出版社の講談社がこのような杜撰な辞書を刊行するわけはないじゃないか、洋泉社のごとき吹けば飛ぶような弱小出版社が出す批判本なんて信用できない、という先入主に基づく意見を恐れます、いや、軽蔑します。真実のまえには、相対であるはずですから。だからこそ、まき起これ！辞書論争。といいたいのです。

ことは会社の大小にはありません。金持ち喧嘩せず、という国の悪しき伝統に汚染されないことを祈るばかりです。

国民的辞書か、ズッコケ辞書か、それが問題だ。

本読みの〈目利き〉たる皆様の判断を仰ぎたいゆえんです。ぜひとも一読されまして、ご高評などいただければ、これにすぐる喜びはございません。なにとぞよろしくお願いいたします。

敬具

二〇〇四年三月

洋泉社編集部
小川哲生

中山治著『日本人の壁』

拝啓
このたび、「新書y」三月新刊として、中山治著『日本人の壁』刊行のはこびとなりましたので、早速、お届けいたします。

本書は、これまでになかった新しい心理学的日本人論でありますが、新しいという根拠はふたつあります。そのひとつは、五つの因子から日本人の国民性を分析していることであり、もうひとつは、近年の性格心理学の実証的研究の性格を国民性研究にとりいれたことにあります。

ここで言う五つの因子とは性格のビッグファイブというものですが、具体的には以下のものです。すなわち、外向性と内向性（積極的な性格と控えめな性格）、愛着性と分離性（親和的性格と独立自尊の性格）、統制性と自然性（アリの性格とキリギリスの性格）、情動性と非情動性（もろい性格とタフな性格）、遊戯性と現実性（ロマン的性格と写実的な性格）です。

本書は、これらの概念を社会心理の領域まで拡張し、日本人の国民性を心理学的に分析するというものです。

ただ、ある種の人には、方法的な疑問を感じるかもしれません。個人の性格と国民性をそれほどストレートに結びつけることができるか、という疑問です。

それにたいする著者が用意して、反証としてあげているのは、心理学者ダニエル・カーネマン博士が、経済現象に対して人間の心理がいかに多大な影響を及ぼしているかを実証的に解明し、二〇〇二年にノーベル経済学賞を受賞したことをあげております。

いま必要なのは、学問的厳密性に固着することではなく、あらゆる可能性を他ジャンルの概念を利用し、仮説をたて、それを証明していく努力をすべきではないでしょうか。

これからの時代は、人間の活動すべての領域にわたって、人間の心理や国民性を抜きにした議論はもはや成り立たないからです。

日本人は、日本語や日本文化に呪縛され、その枠を越えられない。いわば、心理的な壁がものの考え方から感じ方すべてに影響を及ぼしている。その意味で、国民性もまた「日本人の壁」を生み出す重要な要因ではないでしょうか。

社会心理や国民性を浮き彫りにし、日本人の意識改革を迫るまったく新しい日本人論と自負したいゆえんです。

最後に本書の目次を掲げ、トンデモ本ではないことを強調しておきます

ぜひとも一読されまして、御高評などいただければ幸いです。よろしくお願いいたします。

敬具

二〇〇四年三月

洋泉社編集部
小川哲生

鷲田清一著『教養としての「死」を考える』

拝啓

このたび、「新書y」四月刊行の新刊として鷲田清一著『教養としての「死」を考える』刊行のはこびとなりましたので、早速、お届けいたします。

まずのっけから、タイトルにたいして若干、述べさせていただきます。それというのも、このタイトルにある「教養としての」ということばにひっかかるひとがいるのでは、という思いがあるからです。

「死」は教養として考えねばならないのか、という問いは、従来それほど意味をもつことばではありませんでした。目に一丁字をもたないひとにとっても、それを考えることは自明であり、おのずから死生観としてもっていたものだったからです。

しかし、現在においては、妙な理屈好きが多くなったにもかかわらず、この自明さが失われたことが問題なのです。

いわば、死が社会のものでなくなってしまったということがあります。

その意味で、私どもはあえて「教養としての」と限定して「死」を考えてみようとするものです。

本書では、あらゆる局面から「死」を捉えようとしておりますが、その底流にあるのは、次のことです。つまり、親が自分の子だと意識したときに生まれ、その人を知っている人がいなくなったとき死ぬのだ、となぜ単純に考えられないのか、ということになります。

その「不在」を、だれかが消えるという意味で、だれかがもはや存在しなくなったことを思い知るという意味でとらえれば、〈死〉はもっとリアルになるはずです。

「死ぬ」ことではなく、「死なれる」ことが、〈死〉の経験の原型なのではないのか、という著者のことばに、私どもは耳を傾けたいとおもうのです。

ヒューマニズムを偽装する近代科学、そして「生命科学」や「生命倫理」のうっすぺらさにいまさらながら驚かざるを得ないのが、現在ではないでしょうか。

生と死という人間にとって、もっとも根源的な問題を専門家まかせにしてしまい、操作可能と見ることに慣れてしまってはいないでしょうか。つまり他者があまりにも見えていないということの証左ではないかと思わざるをえません。

現在のおしゃべりといってもいいほどの、法学的でミクロな視線に偏った「死」をめぐる論議をみれば、私たちは、大切な「他者」を見失っているといわざるをえません。

他者を見失った昨今の死の論議、たとえば、「命のリレー」

の軽薄さや生命倫理の胡散臭さ、などを見るにつけ、わたしたちは、近代の悪しき思いから本来の死をどうしたら取り戻せるかを考えざるを得ません。

「死」もまたコミュニケーションであることを主張し、人間存在の意味を問い続ける著者のことばに耳を傾けたいゆえんです。

死には、他者が貼りついている、原型としての二人称の死、という著者のことばを吟味しながら、この手紙を終えようと思います。

ぜひとも本書を一読されまして、御高評などいただけますようお願い申し上げる次第です。なにとぞよろしくお願いいたします。

敬具

二〇〇四年四月

洋泉社編集部
小川哲生

三宅孝太郎著『戦国茶闘伝――天下を制したのは、名物茶道具だった』

拝啓

このたび、「新書y」の五月新刊として三宅孝太郎著『戦国茶闘伝――天下を制したのは、名物茶道具だった』刊行のはこびとなりましたので、早速、お届けいたします。

一口に戦国時代と申しましても、およそ百五十年にわたる長き時代であり、それを克明に書き記すには、司馬遷が『史記』に費やしたほど枚数を必要とします。

そこで、新書判サイズのコンパクトにまとめるのは、どうすればいいのかと悩み、キーワードに「茶の湯」を捉えてみれば、この時代をビビッドに描けるのでは、考えて、成ったのが本書です。

時代小説の定番ともいうべき、読者に人気のあるのは、戦国時代と幕末であるのは周知の事実です。いままでどれほどの作品が描かれてきたのか定かではありませんが、それほど多くの作品が書かれてきたのなら、屋上屋を重ねるのでは、という心配がないでもありません。しかしながら、本書は、決してそうではありません。

ちなみに、国民作家といわれ、現在でも多くの読者に読まれている司馬遼太郎のある作品を考えて見ましょう。本書と時代設定を同じくする『国盗り物語』『播磨灘物語』を紐解いても、名物茶道具に触れる箇所は一箇所もありません。『覇王の家』に至って、ようやく一箇所「初花」に出会うのみです。

つまり、書かれていないことがあるのです。

「名物」が単に、モノとしてだけでなく、モノと人間のかかわりが大事であり、そのことを描くことで、その時代がよりビビッドに見える、ことがあります。ここに本書の独自性があります。

織田信長が「茶の湯ご政道」を押し進めて以来、武将たちは「茶の湯」との闘いに明け暮れることとなります。すべては、信長の「名物狩り」から始まった。戦国物語は、なにも血なまぐさい戦乱物語だけではなく、ほほえましくも、涙ぐましいまでの茶闘物語であったということです。

簡単に言えば、名物は天下人である証拠であり、天下は名物の数で決まった、ということになります。

言われてみれば、まことに当たり前の事実ですが、従来、この視点から書かれた本がなかったということは驚きですが、そのことはかえって本書の独自性を証明することにほかなりません。

そのことを著者は端的に述べております。《全章を通読していただければ、これまでの戦国史の概念に、新たな風穴が開いたと感じてもらえるはずである》と。

一種の連作短編小説の趣で、一話完結、そしてそれが次の話につながり、それを読み進むうち、おのずから時代の流れをたどれるような仕掛けが施されております。

実に、「国盗り物語」は、「名物盗り物語」でもあったことが納得されるでしょう。

ぜひとも本書の面白さを広く読者に知らしめるよう、御高評などいただければ幸いです。よろしくお願い申し上げます。

敬具

二〇〇四年五月

洋泉社編集部
小川哲生

小沢牧子・中島浩籌著『心を商品化する社会――「心のケア」の危うさを問う』

拝啓

このたび、「新書y」六月新刊として、小沢牧子・中島浩籌著『心を商品化する社会――「心のケア」の危うさを問う』刊行のはこびとなりましたので、早速、お届けいたします。

本書は、先に刊行しました『「心の専門家」はいらない』の続編と位置づけております。おかげさまで、前著は、ひろく読者に支えられ、五刷を数えております。

当時もそうだったのですが、かえって当時よりも目立っている現象があります。それはひと言でいえば、「心理主義化する社会」がより深まっているということです。

ここでいう、心理主義とはなにか。それは、人の状態や行動または社会現象を、臨床心理学的な視点から人間の内面のありように還元して解釈し、問題を「改善・解決」しようとする立場を指しています。

それに対して著者の立脚する場は明らかに心理主義を排する立場――人のおかれている状況や社会的関係を捨象せずに、そこを含めて人の行動や社会現象を考えようと立場――に立っております。

耳に心地いい言葉は、一度は疑ってみたほうがいい。「心のケア」などその最たるものです。耳に心地いい言葉を疑わず、それになびくことがなんと多い昨今でしょう。そこでは、物事を考えることをせず、ただ流させることがおこるからです。昨今のミリオンセラーと少部数の分極化を見るにつけ、本当の問題が忘れられている現状を思わざるを得ません。

「心のケア」の危うさを問う、というサブタイトルをつけた本を刊行するゆえんです。

そこで、私どもは、この作られた心ブームの背後で何が進行しているか、そして、その背後にある、河合隼雄に代表される心理主義の欺瞞を根底から撃つことをこの本のメインテーマにしようと考えたわけです。目次は以下のとおりです。

Ⅰ、Ⅱ、Ⅲ章は小沢氏が、Ⅳ、Ⅴ、Ⅵ章を中島氏が執筆しております。

私どもは、現在のように専門家が幅をきかせる風潮、「癒し」

「心のケア」という言葉が流行する背景には、安易な心理主義の流行が必ずあると考えます。そこでは何事にも自己解決が迫られ、それゆえに専門家依存の風潮が進み、「心」さえモノとして商品化される状況があります。

心理主義が浸透する問題性は、生きてゆくうえでのさまざまな困難をもたらす社会的な要因を覆い隠し、問題を個人の責任に還元する構図に支えられていることはあまりにも明らかです。

その具体例としての『心のノート』批判は、本書の圧巻です。ぜひとも本書を一読していただき、「心の商品化」は作為的に作られている現状への鋭い警鐘としての本書の意味を広く読者に伝えていただけますよう、御高評などいただければ幸いです。なにとぞよろしくお願いいたします。

敬具

二〇〇四年六月

洋泉社編集部
小川哲生

小松美彦著『自己決定権は幻想である』

拝啓

このたび、「新書y」七月刊行として小松美彦著『自己決定権は幻想である』刊行のはこびとなりましたので、さっそくお届けいたします。

二〇〇〇年三月より創刊しました、当「新書y」シリーズの大きな柱に、現在、もっとも正しいとされ、誰もが反対できないものを疑い、それが本当に正しいのかを問う、いうなれば、カウンターオピニオンを提出することを考えてまいりました。

さしずめ、今回の「自己決定権」などはその最たるものと考えます。

「自己決定権」なる言葉は、だれにも反対できない強さがあります。他人に迷惑をかけなければ、自分のことは自分で決めてよいとする考え方は、きわめて当然であり、むしろ美しい響きさえおびております。まして、現在は個人主義全盛の世ですから、これに反対を唱えることは、反動的にすらおもわれてしまいます。

ところが、ここがくせものです。

だれにも反対できないものはいつの世にありました。たとえば、反核。あの膨大なエネルギーを生んだ運動が（当時ではだれも考えられなかったことですが）、歴史としてみると（現在からみると）、ソ連製の運動でしかないことがだれでもわかります。そして、ほんの少数の思想家はその当時それをつとに言い立てていたことを思い出します。

これが思想の眼力というものでしょう。結果論に依拠するのではなく、歴史を見据える眼を持ちたいと切実におもいます。

今回のテーマである「自己決定権」の胡散臭さについては、ぜひとも小松美彦氏に書いてもらいたいと私どもは考えました。それは、氏の思考作法が、常に《自分の目で観て、自分の心で感じて、自分の頭で考えなければならない》ことを基本としており、そこに私たちが信頼を置いてきたからにほかなりません。

先般のイラクでの日本人人質事件に対し、政府筋・政治家・マスコミから自己責任の名のもとにバッシングされたことは記憶に新しいことですが、国家の制止に逆らって勝手に現地に行ったのだから、迷惑をかけた分は、自分で始末しろという国家の論理が透けてみえました。これは完全なる錯誤です。国民を保護することは国家の義務であり、それをサボタージュすることなど許されません。おなじような錯誤は他にもあります。現憲法は国民の権利ばかり主張しているのでもっと義務を明示すべきだという論理などその典型です。本来、憲法は主権在民を原理とし、国民の権利を国家から守るためにあります。国家の恣意的な強権を縛るのが、憲法の根本原理であるわけです。最近は、そこをあえてネグレクトし、意識的にふれない論調が目立っていますが、これなど、錯誤がきわまった憂うべき事態だといってよいでしょう。

あえて戯画的に現在流布する錯誤をあげてみましょう。

・産む産まないは、女性に決める権利がある！
・命のリレーに参加するために、ドナーカードを持ちたい！
・「自分らしい死」につながる自殺・安楽死を認めるべきだ！
・自分の身体なのだから、「売春は自由」じゃないか！

どうです。一見、だれにも反対できないまっとうな意見じゃないでしょうか。しかし、このまま認めていいのでしょうか。これを思想の敗北といわずしてなんといえばいいのでしょう。

著者の小松氏は、これらの錯綜を放置しておくのは思想の敗北と考えます。「自己決定権は幻想である」と言い切ります。その自己決定権批判の根拠として次の四つを挙げます。①個人に閉塞した問題はない②ナチス・ドイツの亡霊③「わがまま」を保証してどうしようというのか④死は所有できない見え透いた論理のカラクリを暴いて、「自己決定権」の負の側面をあぶりだす本書の醍醐味は、私のつたない要約よりも直に本書を繙くにしくはありません。

ぜひとも、本書と共鳴する関係の『脳死・臓器移植の本当の話』（ＰＨＰ新書）と併読されまして、ひろく本書を読者にお伝えくださいますよう御高評などお願いいたす所存です。なにとぞよろしくお願い申しあげます。

敬具

二〇〇四年七月

洋泉社編集部
小川哲生

プロ教師の会編著『プロ教師は主張する④学級はどう崩壊するか』

拝啓

このたび、プロ教師の会編著『プロ教師は主張する④学級はどう崩壊するか』刊行のはこびとなりましたので、早速、お届けいたします。

二〇〇一年五月シリーズ第一弾『なぜ授業は壊れ、学力は低下するのか』を刊行して以来、二年をかけて、約半年おきに第二弾『学校の教育力はどこにあるのか』、第三弾『だれが教育の責任をとるのか』と続き、今回が最終巻となります。

一九八〇年以降の中学における校内暴力に始まり、高校中退、不登校（登校拒否）、いじめ、対教師暴力、施設破壊、授業不成立、学力低下とつづき、最後に学級崩壊が登場したことは、みなさますでに承知のことです。

しかしながら、このような学校の不全状況に対し、この国の為政者から一人ひとりの国民にいたるまで、ほんとうに学校・教育を考えてきた人間がいるのか、と考えると暗澹たる思いを禁じ得ません。

たとえば、学力低下ではあのように盛んな議論が沸きあがったかと思うと、その底にあるのは、国力低下という発想でしかない、といういささかがっかりする状況があります。国力一般の低下より本質的に問題となるのは、学ばない子どもの出現であり、それが恒常化していることが問題であるはずなのに、文部科学省は、なにを血迷ったか、「ゆとり授業」、個性化、総合学習を提起するだけで、理念はわたしたち官僚がやるから、下々の教師は言われたとおりにやれと言ってるだけです。理念は正しく、成果が上らぬのは、現場の教師が能力がないからだ、と居直っているのが現状です。

すこし、皮肉をきかせて言わせてもらえば、文部科学省の教育改革は、古い（伝統的な）学校の枠組みを壊し、〝学級崩壊〟を加速させた。改革は成功しつつあると言っていい。〝学級崩壊〟はその成果の一つなのである、と。

一方、国民のほうをみれば、書店の店頭を賑わす『本当の学力をつける本』のフィーバーぶりを見るにつけ、情けない状況があります。わが子さえうまくいけば、教育などどうでもよいのか、そしてそのような本で身につける学力とはなんであり、本当に生きる力がつくのか、あまつさえ学ばない子どもにどう教えようとするのかと、言いたい気分です。ルサンチマンのはけ口としての教師バッシングとそれは表裏一体の現象といっても過言ではありません。

一億総功利主義化の時代といってもいいでしょう。だれも責任などとりません。まさに孤軍奮闘とも言える、本シリーズなどあってなきがごとくですが、アカデミズムがけっしてことば化しようとしない教育や学校や教師や生徒の現実をことば化しようとしてきたことはまぎれもない事実です。

学校で経験している現実と教育の理念の美しさとのあまりにも隔絶した事実をどう考えればいいのか。現在の学校は「症状」を超えて「病状」に到っております。「たかが教師が」という悪罵が在野知識人からも聞こえてきます。

いま必要なことは専門家ぶったことばよりも現実を見据える曇りなき目です。言いっぱなしの無責任な言説ではなく、現実に教育現場に責任を持とうとする人間のことばです。

シリーズ最終巻にあたって、再度、現場からの問題提起を真正面から真摯に受け止め、ご高評いただけますよう訴えたいと存じます。何卒、よろしくお願いいたします。

敬具

二〇〇三年七月

洋泉社編集部
小川哲生

濱田篤郎著『疫病は警告する』

拝啓

このたび、「新書y」八月新刊の一冊として、濱田篤郎著『疫病は警告する』刊行のはこびとなりましたので、早速、お届けいたします。

著者の濱田氏は、現在、海外勤務健康管理センター研修交流部長として、海外渡航者の診療、とくにＳＡＲＳなど海外の感染症対策事業の第一線で働いている医療従事者であります。

著者の感染症への興味は、古くは幼児に腸チフスの疑いで伝染病を受診したときの異様な雰囲気であり、幼心に感じた「得体の知れぬ魔物」と戦ってみたいというおもいであり、長じて医者になり感染症の研究を志したことにあります。また熱帯医学研修のためアメリカに留学した際に、蔓延が始まったばかりのエイズの流行を経験したこともあげられます。

本書では、ハンセン病、ペスト、梅毒、天然痘、マラリア、コレラ、結核、黄熱、インフルエンザ、発疹チフス、エイズ、ＳＡＲＳなど有史以来、人間社会に影響を与えてきた十二の疫病を取り上げ、それらの病にまつわるエピソードを紹介しながら、疫病が人間社会に果たした役割とは何かを追求したものです。

本書は専門書とは違って、あくまで新書ですので、内容をただ難しくすればいいものではなく、読みやすさを重視しつつも、巻末の参考文献の膨大な量をみてもお分かりのように、現在の学問水準を下げることなく読者に提供しようとする意欲作であります。

本書でいう疫病を定義して、著者は次のように述べます。《「広い範囲で爆発的に流行し、人口動態に大きな影響を与える感染症」となる。この対比となる言葉が風土病であるが、二つを厳密に区別することは難しい。また、この定義に従えば、人口動態にまで影響しなかったＳＡＲＳは、疫病の範囲から外れてしまう。むしろ本書では、ＳＡＲＳの流行で見られたように、「爆発的に流行し、社会全体が恐怖に戦慄する感染症」を疫病として扱うことにする》。

著者の問題意識はきわめて説得的です。疫病は人間が大規模に環境を破壊したり、移動が活発化するなどで、生態系に大きな変動が起こるたびに微生物は疫病という形で人間社会に警告を与えてきたのではないか、ということです。つまり、感染症の流行は「地球の自己浄化プロセス」ではないかということです。そこに疫病のメッセージをみるものです。タイトルの『疫病は警告する』の所以です。

われわれは疫病流行の歴史からなにを学ぶべきか？
二〇〇三年のＳＡＲＳの流行を振り返るとき、われわれ人間社会が経験した疫病の縮図を見る思いをするのははたして私だけでしょうか。天然痘が新大陸の抵抗力のないインディオに瞬時に蔓延したようにＳＡＲＳはあっという間に世界に拡散した事実。また、その恐怖とそれに伴うヒステリックな社会の対応は、中世のペスト、十九世紀のコレラを彷彿させます。また近年のハンセン病やエイズの流行において経験された患者に対する不当な差別も見逃してはならないものです。

　これは決して過去の話や発展途上国の話ではありません。むしろ生態系のアンバランスが進む現代の先進国が直面する課題ではないでしょうか。

　ぜひとも一読されまして、広く読者へお勧めくださいますようご高評などいただければ幸いです。なにとぞよろしくお願い申し上げます。

敬具

二〇〇四年八月

洋泉社編集部
小川哲生

高木裕・大山真人著『スタインウェイ戦争』

拝啓

　このたび、「新書ｙ」八月新刊として、高木裕・大山真人著『スタインウェイ戦争』刊行のはこびとなりましたので、早速、お届けいたします。

　すでにご承知のように、スタインウェイとは世界一だといわれるピアノのことであり、ほとんどのピアノ演奏会で使用されていることは常識に属しておりますが、そのスタインウェイには、ニューヨーク・スタインウェイとハンブルク・スタインウェイの二種類あることはあまり知られておりません。

　この二種類のピアノ——ニューヨーク製とハンブルク製——が存在することが、すべての始まりであります。従来、わが国にはスタインウェイといえば、ハンブルク製しか輸入されておりませんでした。なぜかといえば、製造する国が違うと為替レートがふたつできることになり、混乱を避けるため、スタインウェイ社が全世界を半分に分け、ヨーロッパ・アジア地区と北米地区に販売権を分けていたからです。

　しかしながらこの二種類は、同じ会社の同じ商品名なのに、音色やタッチなどが微妙に違うのです。

本書の著者の一人であり、また主人公の高木裕は、ニューヨーク・スタインウェイに魅せられ、これこそスタインウェイの「音」と確信します。本当のピアノの音を響かせたい！

それが職人たる調律師の意地であり、腕の見せどころだ。なにも調律師は「ピアニストの後を鞄を持ってついて歩く」者ではない、とかねがね考えてきた。そうして始まったのが「持ち込みコンサート」だった。

ヴァイオリンニストがコンサートで演奏するのは自分の楽器なのに比して、ピアニストはコンサート会場にあるピアノを短時間で調律師に自分用に調律してもらうのがこれまでの慣わしでしたが、それでは本当にそのピアニスト本来の音が出せないのではないか。そのピアニストとピアノに精通した調律師が時間をかけ、十分に練習したピアノで演奏すべきと考え、自社のコンサートグランドピアノ持ち込みを開始した。まさにコロンブスの卵というべきものです。

そのかれに、あるとき一本の電話が入った。これが、本書のタイトルになる「スタインウェイ戦争」の始まりだった。

なにをトチ狂ったか、スタインウェイ社の日本総代理店の突然の横槍。ファイトが沸いた。その後の詳しい経過は、本書を読んでいただきたく存じます。

翻って考えれば、談合体質はなにも建設業界に特有のものではありません。ピアノ音楽界も無縁ではありません。というよりもっと悪質かもしれません。なぜなら、「芸術」を隠れ蓑にするピアノ音楽界の汚れた体質がこの「一本の電話」に象徴されているからです。

暴利をむさぼる楽器輸入総代理店の横暴、その代理店にすり寄るピアニスト、コンサート関係者、調律師、音楽評論家、そして音楽出版社の馴れ合い、もたれ合い。

これこそが日本のピアノ音楽界をだめにした元凶そのものである。本当の被害者は音楽を愛するファンではないか。このままではクラシック・ピアノ業界に未来はないのではと考えた調律師とその戦いに手を貸したひとりのノンフィクション作家の手でなったのが本書です。まさに「素手で大きな組織にひとりで敢然と戦いを挑んだ男の物語」と申せましょう。

このような男がいる限り、まだまだ日本のピアノ音楽界も捨てたものじゃないな、と一読後感じていただければ著者ともども私どもの喜びとするものです。広く読者にお勧めくださいますよう御高評などいただければ幸いです。なにとぞよろしくお願い申し上げます。

敬具

二〇〇四年八月

洋泉社編集部
小川哲生

鈴木淳史著『占いの力』

拝啓

このたび小社では新書yの九月の新刊として、鈴木淳史著『占いの力』を刊行いたしましたので、早速、お届けいたします。

著者の鈴木淳史は、「新書y」ではすでに、『クラシック名盤ほめごろし』『クラシック批評こてんぱん』『クラシック悪魔の辞典』を上梓し、クラシック音楽をめぐる鋭い批判精神と独特のユーモアによって多くの読者を獲得してまいりました。

前著『美しい日本の掲示板』では、〈2チャンネル〉に代表されるインターネット掲示板に着目し、そこで展開されている匿名のディスクール（言説）を、日本文化という文脈の中でとらえ、そこに古来から現代までに通底する日本独自の表現手法、コミュニケーションの形を探るというひじょうにユニークな読み物でした。

今回、鈴木はその延長として、「占い」のディスクールに着目しました。

いまや「占い」は、女性誌や週刊誌に限らず、朝のニュース・ワイドでは天気予報とともに必須のプログラムになっています。だれもが、それを胡散臭いと感じつつ、その日の「運勢」をどこか気にする。そもそも、なぜひとは占いに興味を持つのか？

著者の鈴木氏は、その「あいまい性」ゆえに、占いが人間を分類し、規定すると考えることにより、あいまいな「私という物語」に「リアル」さを付与するものであるとしています。

さらにそれは、現代社会に根ざす構造的なジェンダー性とも結びつき、女性の生き方の選択肢を「あいまいな」形で提示することによって、「自分探し」のツールとしての機能としても作用する、ということになります。

鈴木氏の言葉を借りていえば、本書は「他人の持っている物語（批評）をどう読み、受け入れるかという視点で書かれた『クラシック批評こてんぱん』、匿名性をまとった集団となることによって、「私を消す物語」として機能する様を描いた『美しい日本の掲示板』と、三部作をなすものである、と「ちょっとだけ念頭において書かれた」ということになります。

いずれにせよ、胡散臭いと敬遠される「占い」の言説の構造と論理を、本書ほど正面きって「まともに」論じたものはありません。

つまり、《「占い」は「私」をめぐる物語を作り出す装置である》ことを明らかにしております。その意味で、本書は「新書」にふさわしく、読み物としてのおもしろさと教養のエッセンスを盛り込んだ、初の「占い読本」となっているのです。
　ぜひとも、ご一読の上、ご高評たまわれば幸いに存じます。なにとぞよろしくお願い申し上げます。

敬具

二〇〇四年九月

洋泉社編集部
小川哲生

呉智英・佐藤幹夫【共編著】『刑法三九条は削除せよ！　是か非か』

拝啓
　このたび、「新書y」十月新刊の一冊として、呉智英・佐藤幹夫【共編著】『刑法三九条は削除せよ！　是か非か』刊行のはこびとなりましたので、早速、お届けいたします。
　本書のようなオムニバスの書は、カウンターオピニオンを提出することを意図しており、小社の得意とするところのものであり、また他社が真似できない問題提起の書としていままで読者から圧倒的な支持を得てきたものです。
　今回は「刑法三九条」をまな板に載せるものです。
　ところで、刑法三九条をご存知ない方はいないと思われますが、煩を厭わず、あえてその条文を掲げてみましょう。
《心神喪失者の行為はこれを罰せず　②心神耗弱者の行為はその刑を減軽する》
　この法律はおかしい。誰であろうと、罪を犯した者は罰せられるべきだ。その疑問こそが本書の出発点となっております。常軌を失した事件が起きると、すぐ「刑法三九条」を想起してしまうことがあります。またもや「精神鑑定」の結果、無罪になってしまうのか。そして凶悪殺人犯は野に放たれてしまうのか、と。

本当に精神鑑定は正しいのか、うそ臭いではないか。こんな三九条があるから被害者が救われないのではないか……そうした思いに対して、われわれは、具体的に考える材料を与えるために本書を企画したわけです。間違いなく、議論はタブーなしで行われなければと考えるからです。

本書でテーマとする「三九条」問題は、非常にやっかいな問題がからみあっております。精神病とはなにか。病者の社会復帰はどのようになされるべきか。犯罪被害者の立場はどうなるか。犯罪の責任を取るとは、取らせるとはどういうことか。そもそも近代刑法はどのような原理の上に成り立っているのか。本当に精神病者＝犯罪者＝責任能力なしなのか。

本書は、この厄介きわまりない主題に迫り、冷静に、多角的に、腰をすえて、時代に先駆けてなされる問題提起の書です。あらかじめ結論を定めるのではなく、刑法三九条問題に関心のある刑法学者、精神科医、社会科学者、文芸評論家、弁護士といった方々が、おのれの存在をかけて自由に見解を述べたものです。

できばえは読者に判断していただければと存じます。また本書を紐解いていただいて、広く読書人への指針となるようなご高評などいただければこれにすぐる喜びはありません。なにとぞよろしくお願い申し上げる次第です。

敬具

二〇〇四年十月

洋泉社編集部

小川哲生

金原瑞人著『大人になれないまま成熟するために』

拝啓

このたび、「新書y」十月新刊の一冊として、金原瑞人著『大人になれないまま成熟するために――前略。「ぼく」としか言えないオジさんたちへ』刊行のはこびとなりましたので、早速、お届けいたします。

本書の著者・金原瑞人氏はヤングアダルト文学の紹介者として夙《つと》に有名であり、また最年少芥川賞受賞者・金原ひとみさんの父親でもあります。

従来の新書では若者をいかに正しい大人にするか、といった切り口をみせるところですが、私ども「新書y」では、そうではなく、大人になれない「子ども大人」がいかにしたら成熟できるかを考えようと企画したのが本書です。

若者批判は大人たちの定番ですが、その当の大人が大人になれない現状をどう考えればいいのか、これが出発点です。

ある文芸評論家が三十を過ぎた、いい大人がなんで「ボク」なんだと揶揄し物議をかもしたことがあります。しかしながら、ある年代の人間にとって、自分のことを「ぼく」というのはなんら不思議ではなく、かえって、そう言わないと自分でないと感じてしまう心性があります。サブタイトルにある〈「ぼく」としか言えないオジさん〉のゆえんです。

私どもは自らの「子ども大人」に気づくことが必要と考えます。若者にとって、いい見本でありえないとしたら、そして見本なんて必要ないとは言い切れないとするなら、せめて嘘のない生き方を目指す以外ないではないか、と考えるのです。

保守オヤジや物分りのいい大人の嘘っぱちをいやというほど見てきたのですから、逆に「大人になれない大人」にとどまるべきと思うのです。

これは、日本ローカルの問題ではなく、世界的な規模でおきていることではないでしょうか。

団塊の世代にはじまる世界的な「若者の時代」とはなんだったのか、再度それを検証する必要性があるのではないでしょうか。

本書の著者・金原氏の専門とするヤングアダルト文学、それはアメリカ起源のものですが、それはなぜ登場し、何をめざしたのか、また若者文化と大人との関係をどう考えればいいのか、アメリカの若者文化と日本のそれとの連続と断絶はどうなっているのか、また、自分自身がどのような姿勢で若い連中と向き合えばいいのかを考えたいのです。

「ぼくたち」を条件づけている社会環境から若者に対する視線を取り出すことで、大人になれないことを許容したまま、成熟の道を探ることが本書の眼目です。キャッチコピー風に言えば、あらゆる両義性を引き受ける、ポップで少しだけ重い人生論というのが、私どもが本書にこめた思いです。

ぜひとも一読されまして、ご高評などいただければ幸いです。なにとぞよろしくお願い申し上げる所存です。

敬具

二〇〇四年十月

洋泉社編集部
小川哲生

布施克彦著『島国根性を捨ててはいけない』

拝啓

このたび、洋泉社・新書yの十一月新刊の一冊として、布施克彦著『島国根性を捨ててはいけない』刊行のはこびとなりましたので、早速、お届けいたします。

著者の布施克彦氏は大学卒業後二十八年間総合商社に勤務し、その間、アフリカ、ヨーロッパ、アメリカ、アジア各地で約十五年間の海外勤務を経験し、五十四歳でサラリーマンを引退、現在、大学の非常勤講師とNPOコーディネーターをしながら、『54歳引退論』『24時間戦いましたか』の著書を著した人でもあります。

このたび、自らの海外勤務の経験――異文化の中でのビジネスや、生活の実体験の積み重ね――をもとに、単なる文献の切り貼りや頭で考えただけではない書を世に問うものです。題して、『島国根性を捨ててはいけない』です。

一般に、日本人の短所として「島国根性」という言葉が、識者から云々されることがあります。ちなみに、辞書で島国根性を調べてみれば次のようになります。

《島国育ちの国民の根性。偏狭で、こせこせしたゆとりのない根性》(『辞海』三省堂)

《島国のため視野もせまく、包容力に乏しくこせこせした性質》(『広辞苑』岩波書店)

《外国との交流が少ない島国の国民にありがちな、視野が狭く、こせこせしてゆとりのない気質》(『明鏡国語辞典』大修館書店)

引用は、これくらいにして、いずれも「こせこせ」「ゆとりのない」などのマイナスのイメージばかりです。

だが、ちょっと待ってほしい。本当に、辞書に書いてあるように「偏狭で、こせこせしてゆとりのない性格」だけなのか。もし、そうであるなら、ほんの少しの例外を除いて、生涯、日本を離れず、日本に住み続ける日本人のほとんど大部分はだめということにならないでしょうか。これこそ自虐のきわみではないでしょうか。

日本人は日本にいる限り中国人にはなれない。欧米人にだってなれない。これは仕方のないことです。日本人には日本人の生き方があります。それで立派にやっていけるはずです。そして胸をはればいいのです。

翻って、島国根性をもつのは日本人ばかりではない。世界には四十八の島国があり、地球上の二五パーセントを占める。その島国民族がそれぞれの島国根性をもてあましているのか、グローバル時代を生き延びるための障害になっているのか、または島国根性を武器にがんばっているのかを調べてみなければ、すべて一般論ばかりになる、というのが著者の出発点となります。

　具体的に大陸国と島国を比較してみればわかることは、島国の隆盛が目立つことです。辞書の指摘は、物事のほんの一面しか捉えていない理解だということです。

　たとえば、協調性、探究心、責任感、正確さ、緻密さ、気配り。いずれも閉鎖社会の中ではぐくまれた農耕民的島国根性のプラス面であります。一方、海洋民的島国根性のプラス面は開放性、発展性、知略性がそれであります。わが身に備わったプラス面を意識し、どうマイナスの島国根性から脱皮し、島国根性を使い分けるかが、グローバル大競争時代の勝負の分かれ目です。だからこそ、著者は自信をもって言い切ります。日本人は島国根性を捨ててはいけない、と。島国根性こそが日本人の武器なのだから。

　自信を失っている日本人にむけての応援の書として、大いに読んでほしいと切に望みます。ぜひとも、一読されまして、本書を書評で取り上げていただき、一人でも多くのひとに勧めてくださいますようお願いいたします。

敬具

二〇〇四年十一月

洋泉社編集部
小川哲生

勢古浩爾著『白洲次郎的』

拝啓

　このたび、「新書y」十二月新刊の一冊として、勢古浩爾著『白洲次郎的』刊行のはこびとなりましたので、早速、お届けします。

　『まれに見るバカ』『ぶざまな人生』『この俗物が！』という三部作とは、若干趣を異にした著作と思われるかもしれませんが、その底流に流れているものは、実は一つであります。前者がふざけた、からかい本と思われることは、著者ともども編集者としても読み手の自由だと怒るつもりはありませんが、なんとも読みが甘いとだけ言っておきましょう。つまり、一連の本で著者が問うてきたものは、自分大事――自分から1ミリも出られない自分バカ――の風潮にたいして冷や水を浴びせてきたことにその本質があります。

　今回、白洲次郎を題材にしたのは、具体的にひとりの男の生き方を問うことで、こうした風潮とは別に、かつてこのような日本人がいたことを知らせ、首尾一貫しない人生のなかで首尾一貫することが、どれだけ素晴らしいかの実例として提出したい思いがあったからにほかなりません。

私どもは、自分の生とはまったく無縁の他人への関心がなぜ生まれるかに驚かない人はいません。すべて他人はカンケーネーとだけ言っておれれば、それは楽でしょうが、そうはいきません。人間は他人のなかに同類を探し、そして自分には及びがたい存在を発見し、彼に自分の理解者を見出し、人間そのものに共感したがっている存在であるからです。

本書の主人公・白洲次郎とはいったいいかなる人間か。「日本で一番カッコいい男」これはマスコミが与えた形容でありますが、それではいったいなにをした人間かといえば、なにもなしたことはないというのが実情でしょう。

しかし、そこに本書の著者・勢古浩爾は惹かれます。端的に述べているところを引用してみます。

《白洲は、ただ白洲次郎というひとりの男子であることにおいて、業績や功績や実績を最重要視する世間的評価に匹敵している。ある意味で凌駕している。そういう男である。》

ね、いいでしょう。これが勢古浩爾の真骨頂です。

《その遵守する原則において、紳士道において、向こう意気において、稀有である。そのやさしさにおいて、公平においてて、本物性において、無比である。》と。

まさに本物の人間、信じるに足る存在ではないか。昨今の「勝ち組負け組み」といういじましさ、ひとの顔色をうかがう卑屈さ、その裏返しの傲慢さ、こういえばみなさんも具体的な顔を思い浮かべる人物とは正反対の人物と考えます。

単にエピソードだけの人物ではないか、という批判には、そのエピソードだけからも「ふつう」のすごさが見られる人物とだけ言っておきましょう。

タイトルにある「的」の説明は本書の「まえがき」に譲るとして、一つだけ言えば、ひとりの人間を見るとき、その真の姿を捉えるのは困難であり、本書で描かれる白洲次郎も著者がとらえた白洲次郎以外ではないということです。しかし、その白洲次郎のなんと魅力的なことか。

私どもは読者に次のように問いたい。《あなたは白洲次郎のように生きられるか、ではなく、白洲次郎のように生きたいか》と。

見ることは知ることであり、知ることは見ることだ。こう考えます。

ぜひとも本書を広く読者にお勧めいただけるような書評をお願いいたします。なにとぞよろしくお願いいたします。

敬具

二〇〇四年十二月

洋泉社編集部
小川哲生

2005

定方晟著『憎悪の宗教——ユダヤ・キリスト・イスラム教と「聖なる憎悪」』

拝啓

このたび、「洋泉社・新書y」の二〇〇五年一月刊行の一冊として、定方晟著『憎悪の宗教——ユダヤ・キリスト・イスラム教と「聖なる憎悪」』刊行のはこびとなりましたので、早速、お届けいたします。

本書の著者・定方晟氏は、現在、東海大学文学部教授であり、中村元氏の道統を継ぐインド哲学・仏教思想の碩学の一人として夙に有名な方であります。そういう立場の人が、今回、専門外とみなされる、ユダヤ教・キリスト教・イスラム教にひとりの仏教学者として批判の目をむけるのはなぜか、といえば、仏教徒としてこれらの宗教の信者と争うことを欲するからではなく、むしろ仲良くすることを欲するからである、と述べております。

つまり、ひとは自分に欠陥があることを知るとき他に対して寛容になる、とすれば、ユダヤ教・キリスト教・イスラム教が寛容な宗教になるためには、だれかがそれらの欠点を指摘しなければならず、あえて自分を「青鬼」の役割を演じるにしくはないと考えるからであります。

一般に、われわれは思い違いをすることがあります。たとえば、こうです。信仰する人間は平和を愛し、そうでない者が戦争を起こし虐殺に走ると。本当にそうでしょうか。かつてオウム真理教事件が起きたときもそのように言われた記憶があります。彼らは本当の宗教者ではないがゆえに殺人を犯した、本当の宗教者ならば、あのような事件を犯すはずがない、と。これははっきりいって嘘です。

本当は、こう考えなければならないのです。宗教であるがゆえに起きた事件だ、と。

そうです。それは、あまりにも宗教が善であると先入観にとらわれた見方であり、宗教ゆえに起きた争い、戦争がいかに多かったかを知るべきでありましょう。

十字軍、異端者狩り、サンバルテルミーの大虐殺、インディオの虐殺、ナチスのホロコースト、北アイルランドにおけるカトリックとプロテスタントの抗争、そして今イラクで起こっていること、等など。

周知のように、ユダヤ教、キリスト教、イスラム教は兄弟宗教であります。まずユダヤ教があり、そこから西暦一世紀にキリスト教が発生し、さらに七世紀にイスラム教が派生しました。この三宗教をまとめて呼ぶ言葉に「啓典の宗教」「アブラハムの宗教」などがあります。前者は神から啓示を受けたことによって成立した宗教を意味し、後者はアブラハムが三宗教にとって共通の聖人であることを意味します。そして、決定的なことは、この三宗教がいずれも、自分のまわりに敵がいるという意識を吹き込むことで一致しているということです。つまり「ヤルダバオトの宗教」ということに共通の特色があるということです。

紛争の最大の原因は宗教にある、というのはまさにこの「ヤルダバオトの宗教」の本質にあります。このことを見逃し、軽視していては現在の国際紛争の解決などおぼつかないといっても過言ではありません。

現在、求められるべきことは、正確な認識です。「愛の宗教」という上辺だけの認識ではなく、そこに流れる宗教の「聖なる憎悪」の存在です。常識は常に疑われるべきです。碩学の透徹した認識こそが必要とされます。本書の刊行は、まさに待望されるゆえんです。

ぜひとも一読されまして、読者の方々へひろく本書の意義をお伝えしていただければ、幸甚です。なにとぞよろしくお願いいたします。

敬具

二〇〇五年一月

洋泉社編集部
小川哲生

秋庭俊著『帝都東京・地下の謎86』

拝啓

このたび、秋庭俊著『帝都東京・地下の謎86』刊行のはこびとなりましたので、早速、お届けいたします。『帝都東京・隠された地下網の秘密［1］［2］』に引き続き、第三弾になりますが、今回は趣を変えて、幕間の意味を持つ一冊であります。いわば、地下の知られざる疑惑のカタログ本といえば、いいでしょうか。

前著は、刊行するや読者の圧倒的な支持を得て、たちまち版を重ねてきましたが、読者よりの要望――東京の地下には疑惑が蠢いているというその実態をカタログ化したものを出版してほしいという――に応える意味で、前二著とは敢えて性格を異にするものの刊行となります。

ここで、ひとつ刊行する側から申しておきたいことがあります。それは、こういうことです。この「地下の謎」という場合、できるだけ謎を解明したものでなければなりませんが、解明した「謎」とは、いったい謎なのか、もはや謎ではないではないか、という矛盾に立ち至る場合があります。私どもの立場は、解明した謎もあれば、解明していない謎もあるという立場にたっております。それが一つです。

もう一つは、本当に解明できているかということです。それはあくまで推理ではないか、具体的に証明ができていないではないか、という反論は当然ありえます。しかし、戦前から、東京には、地下網が完備していた、という著者の立場を確実に証明するには現物の地下を掘ることでしか証明できず、それは無理というものです。

そうすると、歴史的資料、地図、証言を基に、こうとしかいえないというところまで論理を働かせなければなりません。こと、地下に関しては、現実に関わった人間の証言は、守秘義務の関係で、実名を出せないうらみがあります。証言は証拠として採用できないのです。

そこで、われわれは、先のイラク開戦にさいしてとったブッシュや小泉純一郎の論理を逆手にとろうということになります。

つまり、こういうことです。イラクに大量破壊兵器があるのは当然である。もしイラク政府がそれを否定するなら、ないということを証明せよ、迫った強者の論理を踏襲するということです。本来なら戦争を仕掛けるアメリカが大量破壊兵器の存在を証明しなければならないはずですが、全世界は、ブッシュの論理を認めたのです。これを私どもは、帝都の地下に適用しようと考えました。対象は地下の秘密であり、国家機密に属します関係上、どうしても物証をだすことは不可能です。それならば、われわれの疑問に答え、反証をあげて、この疑問に答えるのは、政府・都・東京メトロの責任とわれわれは考えます。そうでなければ情報を開示すべきです。この疑惑にフタをし、ダンマリを決め込むことは許されません。反証の責任は当局にあるはずです。

東京を四つにわけ、それぞれの疑惑をこれでもか、これでもかと出す本書は、単なる読み物を越えて、スリリングな内容になっております。

本書の内容をトンデモ本とみるか、当局に情報の開示を迫る有力な方法とみるか、立場は分かれます。あなたはどちらの立場に立ちますか。ぜひとも一読されまして、御高評などいただければ幸いです。よろしくお願いいたします。

敬具

二〇〇五年一月

洋泉社編集部
小川哲生

斎藤光著『幻想の性　衰弱する身体――性医学の呪縛を超えるには』

拝啓

このたび、斎藤光『幻想の性　衰弱する身体――性医学の呪縛を超えるには』刊行の運びとなりましたので、早速お届けいたします。

著者の斎藤光氏は、科学史の学徒で、現在、イギリス・グラスゴー大学の客員研究員として一年間の予定で留学中ですが、京都精華大学のメディア学科に属する教授であります。

現在の性をめぐる状況を見渡しますとき、一方でのオーガニズム至上主義、セックスレスが並立している現象が見られます。そもそも、現在の若者にとってはエロスやエロティシズムという言葉に感応することすら難しくなっております。「エロス」や「エロティック」など見向きもされず、「エロい」という言葉に代表されるように、性から離れたところやものにエロスを感じるなどということはなく、即座に生理にむすびついたものしか、イメージ化しえないということがあります。著者はそのところをエロスの退場、生理の覇権と呼んでおりますが、その背景には、意識の脱エロス化、特定肉体部分やアイデンティティのセクシャリティ化があります。

「女」、「男」、「両性具有」から「アセクシュアリティ」まで。まさに拡散し、多様化する現代の性は「性の荒野」をもたらしたと言っても過言ではありません。

そうした強迫的な性から離脱するにはどうすればいいのか。著者のモチーフはここにあります。

衰弱した性意識の回復をめざし、身体の経験を再確認する必要があります。つまり、閉じられた性意識に、規範から逸脱する生の声を聞くこと、そして混乱する語りのなかに、あらたなエロスを見つける必要性を、声を大にして主張したいのです。ちなみに、本書の目次を掲げてみます。

性医学の呪縛を超えて、性の力をどう語るべきか。本書のめざすのはまさにここにあります。

ぜひとも一読されまして、ひろく読者へご紹介していただければ、著者ともども私どもの喜びとするところです。御高評いただければ幸いです。なにとぞよろしくお願い申し上げます。

敬具

二〇〇五年二月

洋泉社編集部
小川哲生

湯山光俊著『はじめて読むニーチェ』

拝啓

このたび、「新書y」二月刊行の新刊の一冊として、湯山光俊著『はじめて読むニーチェ』刊行のはこびとなりましたので、早速、お届けいたします。

『はじめて読む〜』と冠した思想家入門としては、先に刊行しました「フーコー」に続く第二弾であります。

本シリーズは、思想家の生涯・思想・著作を一望の下に眺めることを意図し、まさにオールインワンの体裁をとり、言葉本来の意味での「はじめて読む」ための仕掛けがほどこされております。

著者の湯山光俊氏は、一九六三年生まれの在野の思想史家であります。パリ、インド、バナラシを遊学し、主にドゥルーズ、ニーチェの研究にいそしんでおります。非常にシャイな性格で、人前にでることはほとんどありませんが、その力量は誰しもが認めるほどで、その片鱗は本書で遺憾なく発揮されていると、私どもは確信しております。

かつて、新書の入門書には定番といった、思想家入門というシリーズがございましたが、昨今の風潮からは、すっかりその姿が消えていることを私どもは残念に思っております。

そこで「はじめて読む〜」思想家シリーズを遅々とした歩みではありますが、この「新書y」の一つの核にしようと考えた次第であります。他社とのはっきりした違いは、在野の書き手を起用するということです。哲学研究者ではなく哲学者を起用しようというネライからであります。

読者は入門を果たすと、即座にそれ以上の内容に踏み込みたい誘惑にかられるものです。従来のアカデミシャンでは、どうしても突破できない、何かを、このシリーズにこめたいと私どもは考えております。

ビッグネームをならべれば、売れ行きは確保できるといった安易さは私どものとるところではありません。そうではなく、本当に、この思想家に賭けてきた書き手の本気を引き出したいのです。たとえ、現在無名だとしても必ずや将来ビッグネームに連なる人材を起用しようというのが私どもの立場です。

湯山氏はわれわれの希望に十分応えてくれる内容を本書で成し遂げたことはいうまでもありません。それは、哲学にも「発見」と「発明」があるということであり、そして価値の大転倒をはかろうとしたニーチェがまさに乗り移ったかのように、本書の試みから見てとれます。

ニーチェが行った発見と発明を《概念》《心理学》《文体》の三つにわけて解説し、ニーチェ思想の現在性を敷衍します。

一見、奇異に感じますが、「アポロとディオニュソス」という発見と発明、「永劫回帰」という発見と発明、「力への意志」という発見と発明という言葉に新鮮さを感じるのはひとり私だけではないでしょう。まさにニーチェの手で、概念は血肉にかわるのです。百年の歳月を経ても磨耗しない、あの不朽のニーチェ哲学の恰好の入門書と申せましょう。

ぜひとも本書の独自性の価値をひろく若き読者へお勧めいただけますようなご高評をいただければますよう切にお願いする次第です。なにとぞよろしくお願い申し上げます。

敬具

二〇〇五年二月

洋泉社編集部
小川哲生

西尾幹二著『人生の深淵について』

拝啓

このたび、三月新刊として、西尾幹二著『人生の深淵について』刊行のはこびとなりましたので、早速、お届け致します。

群盲象をなでるという言葉があります。まさしく、本書の著者・西尾幹二氏の八面六臂の活躍は、その読者によって、さまざまな姿があらわれます。ある人にとっては、保守論壇の雄であり、ある人にとっては、教育改革者であり、比較文化論の視座から西欧思想の本質に光を当てるひとであり、ある人にとっては、ニーチェ、ショーペンハウアーの翻訳・紹介者であり、またある人にとってはモンテーニュやパスカル、ラ・ロシュフコーといった「モラリスト」の系譜に連なる人間観察者、その人という具合であります。

いずれもが氏の本質であり、どれか一つで氏の本質を表すことは難しいというのが本当でしょう。しかしながら、私一個の人間理解からすれば、もっとも氏の本質をあらわすのは、最後の「モラリスト」というのが、偽らざる実感です。

イデオロギー的裁断ではなく、氏の冷静な人間観察と鋭い心理洞察力を備えた資質はまさに「モラリスト」というべき以外に言葉がみつかりません。

『人生の価値について』にかつて接した人間はいたく、そう感じざるをえません。そしておもうのです。この『人生の価値について』に先行する「人生論ノート」という連載があり、それは優に三〇〇枚を超えた作品であり、それはまだ公刊されずにあるのだ、と耳にしたのはいつのことだったかさだかではありません。

記憶はさだかではないのですが、いつかきっと読んでみたいと長い間、考えてきたのは私だけではないでしょう。

それが、二〇〇〇年十二月に突如、その片鱗を現わしました（扶桑社版『西尾幹二の思想と行動③論争の精神』）。残念ながら、全体像ではなく、抄録という形ではありましたが、その出現はわたしの期待を裏切ることなく、圧倒的な力をもって迫ってまいりました。

しかしながら、本来の姿は、完全な形で現れなければなりません。著者の意図したものを完全に提供するのは、編集者の務めではないでしょうか。四年の歳月を経て、ようやく読者に全体像を示せるのは編集者冥利に尽きるといっても過言ではありません。なぜかくも本書の全体像が明らかにされるのが遅れたかについて、著者は次のように述べております。

《それなりに自信があるのに、なぜ単行本にしなかったかとあらためて問われるなら、（略）身近なひとびとの気に障るような内容を相当に含んでいるのではないか、という心配がずっとあったからである。（略）政治評論では公的な誰かを槍玉にあげ傷つけているが、人生論では私的な誰かの心理の内部に食い入って、これを傷つけているかもしれないのである。（略）最近その心配がすっかりなくなったわけではないが、わたしも六十五歳になり、他人の思惑や不満は墓の中に持っていけばいい、とやっと心が定まったのだった》と。

かくして、ようやく本書は陽の目をみることができました。内容はけっして古びることなく、かえって新鮮です。人生という永遠のテーマはけっして古びることはないからです。もっとも新しい意匠こそもっとも早く古びることはあまりにも自明です。

本書に展開されるテーマはいずれも難題です。解説で小浜逸郎氏も述べているように、難題が難題であるのは、生きることそのものが難題だからである、と。けだし名言です。

本書の一句一句がアフォリズム集の趣が無きにしも非ずといっても過言ではなく、またわたしどもの惹句の**「生きることに不安を感じ、迷ったとき思わず手にとる本がある。それが西尾人生論だ！」**がまぎれもなく真実であることを一読して感じていただけましたら、ひろく読者に伝えるようご高評などいただければ幸いです。なにとぞよろしくお願い申し上げます。

敬具

二〇〇五年三月

洋泉社編集部

小川哲生　拝

佐藤幹夫著『自閉症裁判――レッサーパンダ帽男の「罪と罰」』

拝啓

このたび、佐藤幹夫著『自閉症裁判――レッサーパンダ帽男の「罪と罰」』刊行のはこびとなりましたので、早速、お届けいたします。

本書は、二〇〇一年四月に浅草で起きた「レッサーパンダ帽殺人事件」を追いかけた作品であります。当時、凶悪で無差別な通り魔事件として大々的に報じられ、「自閉症」という発達障害は意識的に隠されていました。

養護学校の教師をしていた著者は、その報道に接し、自分の目でこの事件を見つめなおさなければと感じ、第一回目の裁判から一度も欠かすことなく裁判を傍聴し、また被害者家族を直接訪問し遺族の無念さを克明に聞き出しております。また加害者側の取材も精緻を極め、従来の事件物ノンフィクションとは一味もふた味も違ったアプローチを重ねております。

それは障害をもった子どもたち――たとえば自分の教え子たちが不幸にも事件に巻き込まれ、あるいは事件を引き起こした場合を想定していただければわかることです――が、どう自分を守ることができるか、ハンディキャップを持つがゆえに不利になるのではという関心がありました。

そうした意味で「障害」はどう裁かれたのか、弁護士は「精神鑑定を。心身耗弱であり刑の軽減を」という旧来の主張をくり返しただけだったのか、自閉症青年の「罪と罰」とは何か、を自分の目で確かめるために四年に及ぶ徹底取材を重ねたものであります。

すでに第一審の判決は出ております。無期懲役という判決がそれです。

しかしながら、この裁判で何が明らかになったのでしょうか。単なる「凶悪な通り魔」殺人事件のひとつが処理されただけではないでしょうか。自閉症裁判のリーディングケースとして位置づけられるべき裁判であったはずなのに、そうはならず、ひとりの「犯罪者」を罰すれば、一丁上がりという安易さしか感じられないのは私たちだけでしょうか。

被害者家族の無念さはいかばかりでしょうか。

被害者に向き合わない加害者支援運動が無効なように、事件の本質を報道せず、検察と一体となった報道や「責任能力」論議をただ垂れ流すマスコミと厳罰を処して事たれり、とする司法も論外です。

いかにしてこの「障害」を理解するか、そして加害者の「罪と罰」――それは処罰と処遇を考えるものであり、単に責任能力論に矮小化されるべきものではありません――そしてほんとうの意味での再犯防止につながる「障害」への理解がなければなりません。自閉症裁判のリーディングケースとは、その意味であります。

この裁判の判決には、そのような発想がみられません。再度、被害者家族の無念さはいかばかりでしょうか、と言わざるを得ません。

この国の司法・教育・福祉・司法精神医学が問わずにきた重要課題が本書によって明らかになるはずです。まさに鎮魂と怒りの問題提起の書といっても過言ではないでしょう。ぜひとも一読していただき広く読者に本書の価値をお伝えしていただきたく存じます。

何卒宜しくご高評などいただけますようお願い申し上げる次第です。

敬具

二〇〇五年三月

洋泉社編集部
小川哲生

大山真人著『宝くじ戦争』

拝啓

このたび、「新書y」三月新刊の一冊として、大山真人著『宝くじ戦争』刊行のはこびとなりましたので、早速、お届けいたします。

庶民の夢である「宝くじ」は、古くは江戸時代に「富くじ」という名前で誕生しました。しかしながら、宝くじは国民の射幸心を煽る不浄な金であるという宿命を持たされ続けました。そして戦中には、国家は戦争による経済破綻を無視し、ただ聖戦を中途で止めるわけにはいかない、という一点張りで、宝くじを「勝札」という名前に変えて、昭和二十年七月十六日に発行を開始しました。つまり、当時の日本は、勝札の上がりで戦争を続けようとしていたのです。

しかし勝札は、終戦終結の前日に販売を終了し、一瞬にして「負札」となってしまったのです。

戦後、勝札は「宝くじ」と名を改め、焦土と化した日本に夢を与えることになるのですが、同時にインフレ解消の最大の武器とされました。そして、インフレがひと段落すると、さまざまな商品がついたり、高額賞金がついたりと、宝くじは庶民の「夢の実現」のために、時局に応じてさまざまに姿を変えていきます。
この宝くじの歴史の背景には、宝くじの正と負を一身に背負った一人のバンカー、片岡一久という男がいました。彼は時の権力に対して孤高の戦いを挑んだのです。
タイトルにあります「戦争」という言葉は、昭和の不幸な戦争を指しているのはもちろんですが、富くじ発行を計画し衆議院本会議を通過させるために、片岡一久をはじめとする日本勧業銀行戦時債券部と大蔵省国民貯蓄局が経験した戦いも意味しています。
戦後の日本経済を宝くじ抜きに語ることはできません。
本書は、片岡一久という一人の男の行動を通して、戦前から戦後の日本経済に「宝くじ」がどのような形で存在したのか、その影でさまざまな陰謀がうごめいた歴史を活写するものので、戦後経済の軌跡を宝くじ誕生から読む裏面史でもあります。また、片岡一久氏のご子息である英統氏のご好意で、歴史を物語る貴重な宝くじの写真も収録されておりまして、楽しい本となっております。
ぜひとも一読していただき広く読者に本書の価値をお伝えしていただきたく存じます。何卒宜しくご高評などいただけますようお願い申し上げる次第です。
敬具
二〇〇五年三月
洋泉社編集部
小川哲生

井崎正敏著『ナショナリズムの練習問題』

拝啓
このたび、「新書y」四月新刊の一冊として井崎正敏著『ナショナリズムの練習問題』刊行のはこびとなりましたので、早速、お届けいたします。

本書の初校校正中に、ワールドカップアジア最終予選の北朝鮮戦が行われ、また見本出来日にバーレン戦が行われたのはまさに象徴的な出来事であります。

識者の間では、あのサポーターの無邪気な「ニッポン」コールと「日の丸」の氾濫に、一億総ナショナリストと捉える向きもありますが、それはあまりにも皮相な見方であります。そうではなく、成熟したナショナリズムを見るべきではないでしょうか。

現在の学校教育現場で行われている日の丸や君が代の国家的強制と一線を画した、「ニッポン」コールに、右翼回帰を見てしまうのは、あまりにも単純なものの見方と感じてしまいます。

戦後、一貫して排除されてきたのは、ナショナリズムの心情であります。それは、あたかもナショナリズムが簡単に克服できるほどヤワなものであると思われてきたせいであります。

自らのナショナルな心情を押し隠してきたツケは、必ずや支払わされるという思いがわたしにはあります。その意味で、わたしたちは単純なナショナリストでもアンチ・ナショナリストでもありません。

歴史を見るとき、ナショナリズムが世界中にもたらした惨禍を否定するものではありません。まして、現在も偏狭な民族主義が血で血を洗う抗争を引き起こしていることに目をつぶるものでもありません。しかしながら、ナショナリズムはただ否定すればいいものでしょうか。その気になりさえすれば廃棄できる類のものでしょうか。

羹《あつもの》に懲りて膾《なます》を吹く類のものではないでしょうか。

昨今の韓流ブームを考えるとき、単純に中年女性たちのミーハーぶりを笑えないように、そこにある意味を認めざるをえません。またもう一方での、竹島問題、尖閣列島問題に見られる、韓国・中国の激昂ぶりに、即座に反応しないわが国のナショナリティの危機を見る立場よりも、ナショナリズムの成熟ぶり、大人の態度を見るほうがどれだけいいでしょう。

ネットを中心とした排外主義の隆盛ぶりに眉を顰《ひそ》めるよりも、ある種、あっけらかんとした姿勢に共感を覚えるもあながち否定できません。

骨がらみのナショナリズムを批判するよりも、自らのナショナリティの心情に目を向けることをわたしたちは主張したいのです。

単なる否定や克服ではなく、自らを見つめ直す作業が必要なのです。

いま必要なのは、新しいナショナリズム、人権と多様な価値観を抑圧しないナショナリティを確立することです。そのためには、われわれのナショナルな心情の源流をさかのぼり、ナショナリズム転生への条件を提起することの必要を訴えたいと存じます。

「ナショナリズムの練習問題」の必要のゆえんです。

ナショナリズムに異様に怯えるのも、異様に嫌悪し敵愾心をたぎらせるのも、逆に国家に対する悲壮な危機感をきりきりと募らせるのも、国威発揚の上げ潮にのって「非国民」狩りするのも、いずれも審級を混合したナショナリズムに原因があることを訴えたいと思います。

ぜひとも一読されまして、本書の刊行がもつ状況的な意味と、そして本書の内容がもつインパクトをひろく読者にお伝えくださるようなご高評などいただければこれにすぐる喜びはございません。なにとぞよろしくお願い申し上げます。

敬具

二〇〇五年四月

洋泉社編集部

小川哲生

森達也著『こころをさなき世界のために』

拝啓

このたび、「新書y」四月新刊の一冊として、森達也著『こころをさなき世界のために』刊行のはこびとなりましたので、早速、お届けいたします。

みなさまご存知のように、映像作家の森達也氏の現在の活躍ぶりは映像、ドキュメンタリー論は言うに及ばず小説の分野にまで及んでおります。

今回、著者はじめての新書の刊行であり、インパクトのある本に仕上がっております。

今回の本の主なテーマはドキュメンタリー・親鸞・そして自分自身ということになります。まさにファンのみならず読書人にとっての待望の本と申せましょう。

『A』および『A2』で果敢にオウムに取り組んだ姿勢は、セキュリティ社会の過剰な危機感、連鎖する被害妄想への異義申し立てであり、マスコミが報道しなかったオウムの素顔をしらせることにありました。

本書の姿勢もまったく同じであります。ポストオウムという過酷な現実に向き合うとはどういうことか。悪を斥けるだけでは、終わらない、変わらない現実とはどういうことか。

次の段階に進まなければならないのは、オウムではなく、実はわれわれ社会の側ではないのか。

しかし、実際に聴こえてくるのは、過剰なセキュリティ意識に支えられた「国家」や「我々」という排除の合唱だけではないのか。リアルであるということはどういうことか。著者はこう訴えます。

まさに、著者の問題意識は鮮明です。そして自分すらも題材とする潔さがあります。

ちなみに本書の目次を掲げてみましょう。

はびこる二項対立に主語とリアリティを取り戻すために、声高な掛け声に拮抗するための沈黙の言葉、黒と白という二項対立の狭間に豊かなグレーゾーンを見出す心情のダイナミズムの可能性を追求することに著者は賭けます。

導き手は親鸞です。信仰者でもなく、まして宗教学者でもない、メディエーターを自認する森達也の親鸞理解に導かれて、私どもは、より深い世界に誘われるでしょう。

そして、思うのです。世界はもっと豊かだし、人はもっと優しい、と。

この言葉は本書の通奏低音として響いております。

ドキュメンタリー現場から俯瞰した日本社会の実像と課題が本書によって明らかにされる筈です。ぜひとも一読されまして、ひろく一般読者に本書の意義をお伝えくださいますようお願いいたします。ご高評などいただければ幸いです。なにとぞよろしくお願い申し上げます。

敬具

洋泉社編集部
小川哲生

二〇〇五年四月

矢幡洋著『自己愛上司があなたを悩ます』

拝啓

このたび、「新書y」五月新刊の一冊としまして、矢幡洋著『自己愛上司があなたを悩ます』刊行のはこびとなりましたので、早速、お届けいたします。

著者の矢幡洋氏は、気鋭の臨床心理士であり、最近、次々と著書を刊行しており、今が旬の著者であります。今回は、組織を蝕み、あなたのヤル気をそぐ元凶である「自己愛上司」の問題を全面的に展開します。

本書は、自己愛性パーソナリティーの新しい定義として、ハーバード大学医学部精神医学科元教授セオドア・ミロンの理論に依拠しております。その特徴を一言で述べるとすれば、以下のようになります。

「自分のことで頭がいっぱいで、他人に対して関心・配慮がないわりに、実行力を欠いたドリーマー」がそれです。

自分のまわりを見回すと、あれー、あの人物がそうではないか、とすぐ思い浮かぶ人物が一人や二人がいるはずです。そうです。日本に限らずアメリカにおいても、こうした人物が増えているのが実情です。

自己評価が異常に高く、もったいぶる、そして形式的なことにこだわる。ことばだけの実行力を欠いたカッコつけ、あげくは部下の手柄を横取りする……。こうした「上司になると困ったことになるタイプ」が大量発生したのには理由があるのです。かつての日本型人事評価には、年功序列や無難さが評価され、誰もが安心する保守的な人物が評価されるという弊害があったのですが、こうした自己愛上司は抜擢されることはありませんでした。

しかしながら、長引く不況から、人材登用でも、迅速さということの必要性が以前より強まり、時間をかけてさまざまな層からの人物評を集めることよりも時間をかけない人物評価が行われる領域が拡大してきたのです。

ここに自己愛上司が大量発生するリスクがあるのです。

短期決戦型の人材登用が自己アピールに長けたナルシストに有利に働くからです。一見華のある「口先だけ」が取り柄の人物がもたらす弊害をどう避けるか。これが、個人のみならず組織の大きな問題になることは、あまりにも当然です。そして、組織を滅ぼすことさえ生み出すのです。この問題をどうするかは、愁眉の課題となります。

本書では、「ワースト上司」の実例として、長野県知事・田中康夫氏に数多く言及しておりますが、それは、彼が「自己愛上司」の典型というより、県公式ホームページに公表されている部長会議の様子や自己愛的な傾向の持ち主が上司になったときの行動パターンを考察する際に参照できる素材が多いことによります。

自己愛上司は今後、増えることはあっても減ることはありません。

心理学的知見を駆使し、自己愛上司にどう対処すべきかを指し示す本書の意義は大きいと、著者ともども私どもは考えます。

ぜひとも一読されまして、ひろくビジネスマンにとって読むべき価値ある本としてお勧めくださいますようお願いいたします。御高評いただければ幸いです。なにとぞよろしくお願い申し上げる次第です。

敬具

二〇〇五年五月

洋泉社編集部
小川哲生

八木秀次著『本当に女帝を認めてもいいのか』

拝啓

このたび、洋泉社「新書y」六月新刊として、八木秀次著『本当に女帝を認めてもいいのか』刊行のはこびとなりましたので、早速、お届けいたします。

私どもは、「新書y」刊行時より、あらゆるタブーを排して、現代が抱える問題に微力を省みず、果敢に挑戦することを、当シリーズの柱とすることを明言してまいりました。「皇統の危機」の問題とて、等閑に付すことはできません。

現在、この問題をわれわれはどう考えるべきかを明らかにするのが、出版に携わる人間にとって避けることができない問題と考えるからです。

現・皇室典範によれば、皇位継承は男系男子に限定されております。まさか、秋篠宮誕生以来、三十九年間も皇室において男子の誕生がひとりもないなどということは、この皇室典範が改正・施行されて以来、あるなどと考えられてこなかったことに、いまさらながら驚きを感じざるを得ません。

もし、男子の誕生がない場合、皇統は断絶せざるを得ないのは、論理の帰結です。かつてならば、皇統の維持の担保として、傍系継承と庶子継承を考えていたのですが、その安全装置を排して、本当に継承が可能と考えていたのでしょうか。認識の甘さを感じざるを得ません。

もし、不可能ならば、皇室典範を改正すればいいではないかと考えていたとすれば、あまりにも安易・ご都合主義といわねばなりません。戦後の皇室を構想した人間たちが、果たしてどう考えたか、さだかではありませんが、きわめて楽観的であり、なんとかなるさと考えてきたとしか思えません。

皇室典範を厳密に適用すれば、いずれ天皇制は消滅する運命にあります。さてどうすればいいのか。

規則を硬直的に適用することの原理主義の弊を云々することは可能でしょうが、当事者の自覚が危機意識としてあったのか、疑問とせざるを得ません。「皇室外交」云々よりも、男子を産むことが、皇太子夫妻の最大の「ご公務」であることに、あまりにも無自覚であったことはまぎれもない事実だからです。

しかしながら、ことは、子どもの誕生ですから、神のみぞ知ることでしょう。一概には責められません。

そこで急に浮上してきたのが、二〇〇四年末に政府が設置した「皇室典範に関する有識者会議」であります。有識者会議を自称しながら、ひとりの専門家も有しない珍しい専門集団です。「国民の意識、世論を十分論議すべきで、最終的に国民の平均的な考え方で決めるしかない」というのが、座長を務めるロボット工学者・吉川弘之氏の発言です。本当これでいいのでしょうか。ノー天気な発言といわざるを得ません。「雅子さまおかわいそう」「男女平等の世の中だから女帝でもいいじゃないか」という情緒的感情論にまかせただけでいいのでしょうか。次元がずれております。

本当に女帝を認めれば皇室の危機は解消されるのか？　本当に安泰なのか？

男女平等という市民社会の論理と皇室の論理は共存できるのか？

かつて女帝が存在したのだから、女帝を認めるのがはたして妥当なのか？

男系から女系への移行は「万世一系」を標榜する天皇制の根幹をゆるがさないのか？

本書は、こうした皇位継承問題を国民が議論すべきに当たってこれだけは知っておかなければならない事項をまとめ、本当に女帝を容認することが、今、必要なのか、他に選択肢はないのか、あるとすればどんなことかを考える材料を提供すべく、企画したものです。

なぜ、国民的合意を形成する努力なしに拙速にことを進めようとするのか、皇統の危機は本当に迫っているのか。そうではなく今後三十年というスパンでじっくり考えるべきと、私たちは考えます。拙速に進めることの意味は奈辺にあるのか。歴史の意味を好悪を超えて、いま問うことはあながち無駄ではありません。

著者の言う「皇統とはロイヤル・ファミリーよりも広い概念である」ということを、ここで想起したいゆえんです。

ぜひとも、本書の問題提起に呼応する、御高評などいただければ幸いです。なにとぞよろしくお願いいたします。

敬具

二〇〇五年六月

洋泉社編集部
小川哲生

夏木広介著『こんな国語辞典は使えない』

拝啓

このたび、六月新刊として、夏木広介著『こんな国語辞典は使えない』刊行のはこびとなりましたので、早速、お届けいたします。

小社では、以前に、三省堂『新明解』を批判的に取り上げた『辞書がこんなに面白くていいかしら』(西山里見著)、講談社『類語大辞典』の杜撰さを暴いた『講談社「類語大辞典」の研究』(西山里見著)を刊行してまいりましたが、このたび利用者の立場から、わが国を代表する国語辞典として、『岩波国語辞典』『新選国語辞典』『広辞苑』『大辞泉』の四つを徹底検証すべく、まな板に載せた次第です。

著者は夏木広介氏です。フリーランスで編集・執筆・校正に従事するひとです。著者名を記した本は今回がはじめての本になりますが、無署名の本は何冊にも及んでいるひとです。いわば黒子に徹した仕事をこなしてきた人であり、こと、辞書に関しては、実際の場で、各種の辞書を使いこなし、その長所も短所も知り尽くしている人であり、本書の著者として、まことにうってつけの人であります。

よく、新しい辞書の刊行時になりますと、宣伝文に名前を連ねる高名な学者や文学者がおられます。そしてこの辞書を推薦するなどと、高説をたれる人士たちです。

私は、そのたびに疑問におもっていたのは、この人たちは、この新しい辞書を発売前にどのようにして使いこなしたのだろう、ゲラをちょっと見て、あるいは仲間の先生が監修者に名前を連ねており、昵懇の出版社だから、推薦者に名前を連ねているだけではないか、という疑問です。

使いこなしてなどいない辞書を推薦できる神経には驚きを禁じえませんが、これでは買い手＝利用者にはたまったものではありません。買ってはみたものの、使いがってが悪く、ただ積読ということがしばしばあるのではないでしょうか。

わたしどもは、そうした風潮に一矢報いるべく、無名ではあって本当にその辞書を使いこなし、その価値を客観的に論じることのできる著者の「辞書批判」の書を問おうと考えてまいりました。ようやく三冊目ということになります。

辞書批判とは、厳密の学としてのみならず実用の学としての辞書学でなければなりません。その意味で、本書は、日本語の規範たるべき国語辞典への疑問を利用者の立場から徹底的に検証しようというものです。

われわれの立場はマニフェスト的に述べれば以下のようになります。

いわく、若者の日本語の乱れを嘆く前に、日本語の規範たるべき国語辞典の疑問点の多さにこそ怒れ！　いわくなにかといえば「広辞苑によれば」とはじめるもの書きの姿勢を疑え！　と。

権威の中身を検証しない、その怠惰な精神が許せないからです。

われわれのかけがえのない財産である日本語を、少しでもよりわかりやすく、誤解のない言葉とするためにも、本書の意義は大きいと著者ともども確信しております。はっきり申しまして、中身には自信があります。小出版社からの無名の著者の本という先入観を排して読んでいただければ、おのずとお分かりいただけると存じます。

本読みの〈目利き〉たる皆様の判断を仰ぎたい所以です。ぜひとも一読されまして、御高評などいただければ、これにすぐる喜びはございません。なにとぞよろしくお願い申し上げる次第です。

敬具

二〇〇五年六月

洋泉社編集部
小川哲生

小浜逸郎著『人生のちょっとした難問』

拝啓
このたび、洋泉社「新書y」の七月新刊の一冊として、小浜逸郎著『人生のちょっとした難問』刊行のはこびとなりましたので、早速、お届けいたします。
新書に「人生」を持ち込むのは邪道だという、リゴリスティックな意見があることを私たちは決して知らないではありません。新書とは、学問の先端を安価な値段で、しかもやさしいことばで語る啓蒙書であるべきだ、というのが、その根拠です。しかしながら、かつて——それは七〇年代でありますが——そうした時代に育った読者は、とうに中年の域に達し、本来、読者と想定された若者は新書というパッケージに見向きもしなくなった事情があります。教養型新書の読者の平均年齢は五十代半ばから六十代に差し掛かっているのは紛れもない事実であります。頑迷に守ることも必要でしょうが、新しいステージに挑戦することも必要ではないか、というのが、当編集部の考えです。
人生が少し黄昏れてきたとき、あいも変わらず学問とはもないでしょう。もっと等身大の問題に直面することが必要であり、そこから逃避することは、本当に「人生」を思想する態度ではないと、私どもは考えます。

人間は、大文字言語である国家とか思想で生き死にすることとはありません。そうではなく、日常のこまごましたことで悩み苦しむ動物なのです。「何だ、そんなことか」と侮ってはいけない。生活するとは百の言語をあやつる大知識人であっても、みっともなさをさらさざるを得ない局面に立たされる現場なのです。

ですから、私どもははっきり、こう言い切ります。

「現場」とは、まず私たちが生きる日常生活そのものであり、よりよく生きようとして編み出される「知恵」こそが、いま私たちに望まれる「現場の知」である、と。

本書の著者・小浜逸郎氏は、生活のなかに思想する契機を見つめ続けてきた人であります。昨今、哲学的思弁言語領域の周辺の著作が続いておりますが、氏の本来の資質である「中二階からのまなざしを忘れていないか」というおもいから、現実の問題にどこまで氏のことばがとどくか、と氏を挑発した結果、「いや、私は、現実感覚はまだ失っていない」と私どもの挑戦に真っ向から応じてくれたものです。

質問項目は当編集部が大枠を用意し、それを著者自身が若干アレンジしたものです。当然、質問項目を公募したものではありませんが、現在の状況にたいする感度ははずしておりません。


内容は多岐にわたります。子育て、教育、お金をめぐる価値観、性と恋愛、若者たちの対人関係……などなど。

一見軽く見えるものでも、そう簡単には答えられないものがさまざまあります。

人生八十余年、誰でもぶつかる「ちょっとした難問」に生活者・小浜逸郎が渾身の力をこめて答える「考える人生」読本、是非、賞味いただけますようお願いします。そして、ひろく、読者に向けて、お薦めくださいますれば、著者ともども私どもの喜びとするものです。なにとぞよろしくご高評いただけますようお願い申し上げます。よろしくお願いいたします。

敬具

二〇〇五年七月

洋泉社編集部
小川哲生

打越暁著『呼吸を変えれば元気で長生き』

拝啓

このたび洋泉社「新書y」九月新刊として、打越暁著『呼吸を変えれば元気で長生き』刊行の運びとなりましたので、早速、お届けいたします。

タイトルから想像するに、この著者は東洋思想に通じた街の発明家、オカルト的な人間をイメージしがちですが、暗に相違して、現在、横浜労災病院呼吸器科に勤務する現役の医師であります。三十三歳と若いながらもすでに『よい呼吸悪い呼吸』（文芸社）という著書を物している現役の西洋医学畑出身の方であります。

著者は、西洋医学に身をおきながら、あまりに専門化され、臓器一つ一つに分化された西洋医学に飽き足らなさを覚えてきました。人間をひとつの統合体として捉える重要性に目を向けなければと考えてきたからです。すべて科学的に証明されたものばかりに目を向けていけば、そこからこぼれるものがあります。証明不能であってもだれもが感じることのできる世界に目を向けようと考えたわけです。

実際、長寿で現役として現在も活躍されている日野原重明氏、塩谷信男氏、池見酉次郎氏など人生の達人は、みな深呼吸や息を吐ききる呼吸法の実践を勧め実績を上げていることは夙に有名です。

息を変えることは息方（いきかた）を変えることであり、生き方が変わることである、と著者は強調しております。

息を吐くことは、こころと体をゆるめることであり、その結果、免疫力を高めることでもあります。ストレスの多い現代人の呼吸は浅くて速い。それはこころと体に深刻なダメージを与え、万病のもとになっていることに注意を喚起したいと思います。

もちろん呼吸法は万能の即効薬ではありません。末期がん患者がたちどころに直るなどといえば、まさにオカルトとなります。そうではなく考え方の問題——確実に意味のある考え方です——だ、といいたいのです。なぜこのことに気づこうとしないのでしょうか。

呼吸の大きな営みを理解するためには、西洋医学的な「物理の世界像」よりも、目に見えない全体やつながりを意識した東洋医学、東洋思想的なアプローチのほうがわかりやすい場合もあるのです。

現役の呼吸器科医師が、西洋医学と東洋の身体行法との融合を通じて、現代人の浅くて速い呼吸に警鐘を鳴らす本書は、まさに今日的課題に真正面から答えるものと私どもは確信しております。

ミッキー・グリーン＋ミンディ・ヤマモト＋津田倫男著『それでも外資系で働きますか』

拝啓

このたび、新シリーズ Yosensha Paperbacks の第一弾としてミッキー・グリーン＋ミンディ・ヤマモト＋津田倫男著『それでも外資系で働きますか』刊行の運びとなりましたので、早速、お届けいたします。

当シリーズは以下のような姿勢で現代の問題に切り込みます。

1 同時代の最も熱いテーマをいち早く取り上げます。
2 既成概念を疑います。
3 タブーに挑戦します。

本書は、この三つの姿勢から「外資系企業」の問題を内在的に批判する一冊として位置づけられます。つまり、聞くと見るとは大違い、をレポートする一冊です。

一般に「外資系企業」はかつてのイメージを払拭し、新卒者の行きたい企業の上位ランクに位置づけられる事態が発生しております。

ぜひとも一読をお願いいたします。そして広く読者へお勧めくださいますようご高評などいただければ幸甚です。なにとぞよろしくお願い申し上げる次第です。

敬具

洋泉社編集部
小川哲生

二〇〇五年九月

いわく、横並び一線ではなく、男女平等で、給与が高く、若くして権限が与えられ、実力主義が貫徹されている、そのようなイメージが主流であります。そのイメージは国内企業の単なる裏返しであり、いいこと尽くめであります。

だが、はたして、その実態はイメージどおりでしょうか。いいこと尽くめは、眉に唾つけて聞くというのがどうも習い性になっているようです。

そこで、長年、いくつもの外資系企業を経験し、いいところも悪いところも知悉している三人の著者に外資の問題点を聞いてみようというのが本書刊行のネライです。彼らは端的に次のように述べます。

社内政治がうごめき、陰にこもったセクハラ、部下の業績の横取りが横行、責任は部下に押し付け、あげく直属のボスに嫌われれば一貫の終わり。結局は、やめる「自由」しかないのが、外資系だ、と。

偶像がはがされる瞬間が目に見えるようです。にわかには信じられないような実態ですが、これが実態です。聞くと見るとでは大違い！　と言いたい所以です。

いじめ、いばり、いじけという、いわゆる「3つのい」に代表される日本人病が蔓延するのが実は外資系企業の実態なのです。これら外資系企業の実態にメスを入れ、それでも外資系企業で働きたいと考える人々に生き残るための処方箋を提供する実践的指南書が本書の存在意味であります。

ぜひとも一読されまして、読者の方々へ本書の意義をひろくお伝えいただけますようご高評などいただけますようお願いいたします。なにとぞよろしくお願いいたします。

敬具

二〇〇五年九月

洋泉社編集部
小川哲生

浜田寿美男著『「私」をめぐる冒険――「私」が「私」であることが揺らぐ場所から』

拝啓

このたび、「新書y」十月新刊として、浜田寿美男『「私」をめぐる冒険――「私」が「私」であることが揺らぐ場所から』刊行のはこびとなりましたので、早速、お届けいたします。

著者の浜田寿美男氏は、現在、奈良女子大教授で、発達心理学、法心理学、供述分析を専門とする、いまもっとも脂が乗り切っている心理学者であります。

本書でとりあげるのは、「私」であります。「私」などといえば、かなりわかりきったことのようですが、これははっきり言ってなかなかつかめないことであります。従来、哲学、心理学、文学がこのテーマに取り組んできたのには、それなりの理由があるのは、故なしとしません。

本書では、屋上屋を重ねる愚を敢えて取るのではなく、少しずらすことで見えてくるものを探ろうとするものです。サブタイトルにある、「私」が「私」であることが揺らぐ場所から眺めれば、現在、袋小路に入っている感のある「私とは何か」がより鮮明に見えるのではないでしょうか。

一瞬、迂遠の道を通りながらより本質に近づくのは、この著者の真骨頂です。題して〈「私」をめぐる冒険〉です。

ちなみに本書の目次を掲げてみましょう。この目次から本書のなさんとすることがらも見えることでしょう。

第一章　「私」とはそもそも何か
第二章　自閉症という「私」の鏡
第三章　供述分析／「私」はなぜ虚偽の自白をするのか
第四章　裁判所は「私」性を無視している
第五章　「私」をめぐる私の冒険

ごらんのように、「私」を正面に見据えながら正攻法で攻めるのではなく、あたかも蜃気楼のように、近づくと消えてしまう「私」を、自閉症、虚偽の自白、裁判といった「私」を映す鏡を補助線にして、正負両面から、「私」が「私」である根拠と〈人の生きるかたち〉に迫ろうとするのが本書です。

総じて、著者の立場はきわめて明確であります。「私」という現象は、身体性が先立ち、そのことによって「私ーあなた」という対話が成り立つ場所で起きる、と言い切ることです。

心理学の内部にいて、心理学という枠を遥かに超えていく著者の構想力は、「私」をめぐる冒険にとってまさにうってつけの著者と申せましょう。普通のことばで「私」という謎にどこまで迫れるか？　その判断は本書を繙く一人ひとりのあなた方です。
ぜひとも一読されまして、広く読者にむかってお勧めいただけますよう御高評などいただければ、これにすぐる喜びはございません。なにとぞよろしくお願い申し上げる次第です。

敬具

二〇〇五年十月

洋泉社編集部

小川哲生

夏木広介著『わかったようでわからない日本語——そうか！　いわれてみれば納得。』

拝啓

このたび、洋泉社「新書y」の十一月新刊として、夏木広介著『わかったようでわからない日本語——そうか！　いわれてみれば納得。』刊行の運びとなりましたので、早速、お届けいたします。

著者は、先に小社から『こんな国語辞典は使えない』を刊行したひとであります。フリーランスで出版業界および広告業界で広く従事し、いわば黒子として目立たない仕事をしてきた人であります。現在の出版界を見回すとき、有名無名にこだわらず、本質的な仕事を成し遂げてきたそのものを出版しようとする気概が見られないのが誠に残念に思います。

いったん売れるとなれば、どの出版社もなんの共通点も持たないのに、金太郎飴のごとく同じような本を出版する傾向があります。老舗といわれる出版社もそれに追随しながら、孤高のような態度をとり、良心的出版を僭称するのを見るにつけ、出版に従事するひとりとして歯がゆさを感じます。

しかしながら、「新書y」は、それに追随する気はさらさらありません。著者が無名であろうと、本質的な仕事をという思いがあるからです。必敗の道と陰口を叩かれるのを承知で、わが道を行くのが我々「新書y」です。

前置きが若干長くなりましたが、本書『わかったようでわからない日本語』です。『問題な日本語』（大修館書店）の大ブレイク以来、いわゆる日本語ブームが再来しているように見えて、その実、テレビでの底の浅い雑学ブームにすぎないことは残念ながら事実です。あいも変わらず、「汚名挽回」「社長も申されましたように」のおかしさを云々する体たらくです。あたかも皇太子妃が「おみ足をおっ引っ張り申し上げないよう」「皇太子様が申し上げてくれました」云々という敬語のイロハをわきまえない発言を批判できない有様と通低しているように感じます。「マサコさまおかわいそう」ではなく「かわいそうな日本語力」が正確なのです。それもそのはずです。「食う」「寝る」「遊ぶ」だけの妃ですから、彼女に日本語力を求めるのは所詮無理なはずです。

そうではなく、日本語としてけっして難しい言葉ではないが、どこかおかしい、なぜおかしいかわからない日本語のなんと多いことか。難しい言葉ではないのであえて辞典を引くまでもない。なかには国語辞典さえ気づいていない言葉に分け入ろうとするのが本書です。あいまいな言葉に迷ったり、騙されたくないと願う読者には喝采を叫んでいただけるのではと、著者ともども考えております。

たとえば、「肌が触れる」と男女関係が始まるなら、満員の電車では、言うもおぞましい事態が発生するのではないか。たとえば「譲り合うと」となぜ七人座れるのか、電車のアナウンスに疑問を感じませんか。閉まるドアに気をつけるよりも閉まらないドアに驚かない神経のほうが異常とは思いませんか。

曖昧な言葉できちんとした意志を伝えることはできません。正確な意志を伝えることが現在ほど痛感されることはありません。本書では、そうした、だれにも気づかれず深く静かに進行している日本語の曖昧さを探るものです。けっして雑学的な興味からではなく、日本語の規範たる辞典をも疑う、懐疑の精神のなせるわざと理解していただければと存じます。

一見、軽さを装いつつ、重くのしかかるテーマです。一読くださいまして、うん、面白いと感じましたら、ぜひとも広く読者へお勧めくださいますよう書評などいただければ、幸甚にお存じます。なにとぞよろしくお願い申し上げます。

敬具

二〇〇五年十一月

洋泉社編集部
小川哲生

勢古浩爾著『ああ、顔文不一致』

拝啓

　このたび、「洋泉社・新書y」十二月新刊の一冊として、勢古浩爾『ああ、顔文不一致』刊行のはこびとなりましたので、早速お送りいたします。

　今回は、言文一致ならぬ顔文一致に関する深遠にして下世話なテーマです。ここで言う「文」は文章一般のみならず、広く「生きること全般」にまで敷衍して考えようとするものです。

「顔じゃない心だよ」「人間は見かけじゃない、中身」などとことさら言うつもりはなくとも、つい口に出してしまうことがあります。口に出してしまうと妙に恥ずかしさを覚え、内心舌打ちしてしまった経験を持つ人は多いと思います。

　一方では、「人は見かけが9割」なんぞと身もふたもないことを抜けぬけといい、喝采を浴びる人もおります。残念ながら、人間は中身より外見で判断するのがつねだからです。第一、中身はやすやすとは見えないからであります。

　だが、この国では他人の顔を云々することは下品であり、悪趣味とされ、公の場ではタブーでさえあります。もちろん、これは建前にすぎません。本音ではみんな好きなのです。巷にあふれる本にはその著者の顔が著者近影として掲載されております。タレントではなくても自らの顔を装丁に麗々しく掲げて恥じない御仁も出てくる時代です。他人の顔を云々することが下品なら自分の顔をさらけ出すことの下品さも言わなければ片手落ちの感は免れないでしょう。

　それはさておき、この顔と文は一致するのか否かを論じるのが本書です。顔と文、いいかえれば顔と生き方の相関性の意味と無意味、その可能と不可能とをあますところなく考察しようというものです。

　本書を惹句的に申せば、次のようになります。

　人は顔のみにて生きるにあらず。だが、「顔は人なり」にも理ありやなしや。さては、哀しくも悩ましき顔文不一致。

　一見、不真面目を装いつつ人間の機微に触れることは著者・勢古浩爾のもっとも得意とするところです。「心ばえ」「かんばせ」なくしてなんの「顔」か。深遠にして下世話たる所以です。

　最後に本書の目次を掲げておきます。縷々言葉を重ねるよりも目次がその本質を示していますから。

第四章　顔文だけじゃない
第五章　いい顔とはなんだ
第六章　ひとは顔を克服できるか
第七章　顔文一致

ぜひとも本書を一読されまして、広く読者にお勧めくださいますようご高評などいただければ幸いです。なにとぞよろしくお願いいたします。

敬具

二〇〇五年十二月

洋泉社編集部
小川哲生

西澤健次著『「功名が辻」に学ぶヨメの会計学』

拝啓

このたび、「洋泉社・新書y」十二月新刊の一冊として西澤健次『「功名が辻」に学ぶヨメの会計学』刊行のはこびとなりましたので、早速お届けいたします。

著者の西澤氏は、現在、北九州市立大学で会計学の教鞭をとる助教授であり、記号論の観点から負債概念の研究を進めるひとです。

来春からNHK大河ドラマで『功名が辻』が放送されることが決まってから、新書で、「山内一豊の妻」モノの企画が量産されており、本書もその一冊か、という反応があることは存じております。一種の便乗本と言われることも覚悟しております。

だが、他社の本とちがって、本書の独自性を言わせていただければ、次のようになります。

史実としての一豊の妻の研究というよりも一豊の妻を題材にして、無味乾燥な会計学をわかりやすく説明するのが本書です。

従来、一豊の妻は内助の功・妻の鑑としてばかり取り上げられてきました。しかしそれだけにとどまっていて良いものでしょうか。そうではなく、成功の秘訣は二人の夢を会計的に実現したことにあることを主張するのが本書の眼目です。

愚直なダンナに才女のカップルが「ヨメの会計学」の原点である。このことは一豊の妻のエピソードがよく伝えていることです。

年功序列が崩れ、厳しい成果主義が求められている現在こそが戦国時代に学ぶことが多いことを示しております。大河ドラマが源平モノ、戦国時代、幕末・明治維新をひっきりなしに取り上げるのは、その時代が視聴者の人気があるばかりでなく、自らを主人公にアナロジーできる素材であるからでもあります。そこで今回の戦国時代です。

功名なくして出世なしの戦国時代は、まさに現代のサラリーマンの成果主義とアナロジーできるのではないでしょうか。

ヨメがダンナの収益力に貢献した成果主義の恰好の例が山内夫婦の物語だからです。お千代の生き方や数々の決断は、ダンナ大事という内助の功だけではなく、現代の会計に通じる会計的思考にあると著者は主張します。

めざすべきは家計にビジネスの発想を用いる「ヨメの会計学」という思考転換ということになります。

お千代の足跡を追うことでわたしたちは会計学のなんたるかを学ぶことができます。お千代こそ恰好のモデルと申せましょう。史実としての山内夫婦の実像を検証するのではなく、ひとつのモデルとして山内夫婦を素材に会計学を説明し、「ヨメの会計学のすすめ」を展開するのが本書です。タイトルの所以です。

ぜひ一読されまして、ひろく読者にお勧めくださいますようご高評などいただければ幸いです。なにとぞよろしくお願いいたします。

敬具

二〇〇五年十二月

洋泉社編集部

小川哲生

中山治・中山登美江著『わが子に教える「幸せ」の作り方』

拝啓

このたび、中山治・中山登美江著『わが子に教える「幸せ」の作り方』刊行の運びになりましたので、早速、お届けいたします。

いまさら、幸福でもあるまい、という揶揄の声が聞こえてきます。いまは幸福を語るのではなく、不幸を語るべきではないか、という声です。しかし、不幸を考えることは、大きく見れば、幸福論の範疇に入ります。しかも、不幸を考えることはあっても、積極的に不幸になることを望む人はおりません。したがって不幸を語る人も、なべて幸福を語るに等しいのです。それなら、何もひねくれて、幸福をバカにする必要はないのです。幸福こそ語るべきです。

本書は、著者夫婦が、ひとつの事件を契機として、書かねばならぬ必要性から生まれたものです。それは、共著者のひとりである登美江さんの交通事故を契機としたものです。二〇〇四年三月二十六日になんの落ち度もなく自転車で交差点を横断中に信号無視のトラックにはねられたことから始まります。

登美江さんは頭を打って意識不明になり、緊急手術を受け一命を取り留めたもの、意識不明は続き、その後意識は回復したもの、現在もリハビリを続けております。

その混乱する意識のなかで、わが子に語った「子どもたちは、幸せで充実した人生をおくってほしい」との思いが、この本の出発点になっております。「幸せで充実した人生を送るにはどうしたらよいか」、著者夫婦がかつて健常者だったときに折に触れて話し合ってきた事柄を核に、夫がまとめたものです。

著者は言います。落ち込みがちな気持ちを奮い立たせ、なんとか乗り切ることができたのは、なにより「家族の絆」があったからだ、と。

子どもを一流大学に進学させ、一流企業に就職させ、ようやく夫婦二人きりの悠々自適の生活に入ろうとおもった矢先の、妻の突然の交通事故、重い後遺症、そしてリハビリ、介護には、このかたい絆があったのです。つらいとき、悲しいときでもこの「絆」があれば生きていける——。本書に通底しているのはこの「絆」であります。その意味で、本書は夫婦愛の本でもあります。

幸せに歩むためには七つの知恵が必要と著者は声を大にして主張します。

その七つの知恵とは、①生きる力　②絆づくり　③バランス感覚　④生きがいづくり　⑤「智恵」「健康」「お金」　⑥

危機管理　⑦楽天主義　の七つであります。

通常の「幸福論」は観念的な幸福の追求がメインとなりますが、本書はきわめて実生活に即した戦略的幸せづくりのすすめを意図したものとなっているのは、本書の成り立ちからして当然のことです。タイトルにある「わが子に教える『幸せ』の作り方」はたぶんにそうした本の成り立ちをこめたものであり、わが子さえ良ければと言った風潮におもねるものではありません。

私どもは、本書を、（１）親子で読むことができ、この本を元に親子で話し合える。（２）学校の先生と生徒が読んで、この本を元に互いに議論できる、ように内容を工夫したものを考えました。本書を通じて、等しく家族が自らを見つめる関係を築ける一助になれば著者ともども望外の喜びとするものです。

本書を一読されまして、広く読者の方々にお勧めいただければ幸いです。なにとぞよろしくお願い申し上げます。

敬具

二〇〇五年十二月

洋泉社編集部

小川哲生

2006

石井妙子著『おそめ——伝説の銀座マダムの数奇にして華麗な半生』

拝啓

このたび、石井妙子著『おそめ——伝説の銀座マダムの数奇にして華麗な半生』刊行のはこびとなりましたので、早速、お届けいたします。

ある年齢以上の読者にとりましては、「おそめ」という言葉にある懐かしさと憧れに似た感慨を催すかも知れませんが、一般にはとんとなじみのない言葉に映るかもしれません。

本書は銀座の話でありますが、銀座が銀座であった時代の話であります。現在のように金にあかせばなんでも手に入る時代の話ではありません。ホステスが目当てではなく、マダムに惹かれて集まる店があった時代の話であります。銀座で酒を飲むなどというのは、自前で飲むのが当然であり、それがひとつのステイタスであった時代の話です。

そうであるがゆえに、一般の人にはある種、近寄りがたい〈秘境〉でもあったのです。銀座しかり、祇園しかりです。

その銀座と祇園をともに経験してきた女性が本書の主人公・おそめこと上羽秀という女性です。

偶然、その女性の存在を知り、その生き方に強く惹かれた著者は、当初は、著者へのインタビューで本書をまとめられるのではと考えていましたが、己を語ることのあまりに少なく、自分自身について、あるいは物事について論評することを好まない主人公をまえにして根本的に考えを改めて本書の執筆に向かいました。

花そのものに色や形を尋ねるのではなく、その花を見た人々にそれぞれの思いと印象を尋ねる作業でした。多いときには週に一度、少ないときにも月に一度、京都へ赴き、また銀座の女性たちにも取材を重ね、およそ一〇〇人以上の人の証言を引き出し、当時の新聞・雑誌資料をも丹念に掘り起こし五年の歳月を重ね、なったのが本書です。

「おそめ」とは伝説のバーの名前であり、主人公その人の名前でもあるのです。各界の錚々たる名士——白洲次郎、小津安二郎、川端康成、川口松太郎など——が夜な夜な集い、「夜の文壇」「夜の財界」「夜の政界」ともてはやされてきたことは周知の事実です。嫉妬渦巻く夜の銀座で栄光を摑み、「空飛ぶマダム」と呼ばれ、一世を風靡しながら、時の流れに抗することができず、やがて蹉跌する。ジャーナリズムとは無残なもので、自らの手で勝手に偶像を作り上げては、また容赦なく叩き潰す、そのような習性を持つものです。

そこで、どれほどの人が傷ついてきたか。『夜の蝶』のモデルといった、通り一遍の評価ではなく、ひとりの女性の数奇にして華麗な半生の実像に迫ることを著者は志します。戦後風俗史の一面だけでなく、家庭人として任侠映画で一世を風靡した映画プロデユーサー・俊藤浩滋の恋女房の一面も大きく取り上げ、夫婦愛の面からも貴重な証言となっており、この作品の大きなふくらみになっております。

当時を知る人はもちろん、当時を知らないひとにとっても興味深いエピソードに満ち満ちており、面白い作品に仕上がっていると、著者ともども自負しております。

ぜひとも一読いただきまして、広く読者に向けてお勧めいただけますようお願いいたします。関係する媒体等でご高評などいただければ幸いです。なにとぞよろしくお願いいたします。

敬具

二〇〇六年一月

洋泉社編集部
小川哲生　拝

布施克彦著『団塊の世代だから定年後も出番がある』

拝啓

このたび、布施克彦著『団塊の世代だから定年後も出番がある』刊行のはこびとなりましたので、早速、お届けいたします。

相も変わらぬ団塊バッシングが跋扈しています。「奴らが上にのさばるから昇進できない」「奴らが年金制度や高齢者医療制度をズタズタにする」と。

会社の重荷だった団塊の世代が、会社を辞めた後は社会の重荷になる。団塊の世代が死に絶えるまで、社会のお荷物であり続けるのでしょうか。

でも、そんな声に負けてはいけない。それは団塊世代の本質を知らない感情的な物言いだからです。そうではなく、団塊の世代だからこそ、これからも社会の役にたつということを主張するのが本書です。

書き手は『54歳引退論』『24時間戦いました』の著書を持つ元商社マンです。総合商社に二十八年間勤務し、その間、アフリカ、ヨーロッパ、アメリカ、アジア各地で約十五年間の海外勤務、五十四歳でサラリーマンを引退した著者ならで

は の論理を展開し、同世代への応援歌を奏でます。

団塊世代の武器はまず数の大きさにあります。つまりこの数の大きさは消費市場に大きく貢献できることにあります。これまでも好きなことをして消費市場に貢献してきたのはこの団塊の世代だったのです。二〇〇七年問題を悲観的に考えるのではなく、これまでになかったシニア市場を生み出す数の力に気づくべきなのです。

上のプレ団塊世代と下のポスト団塊の世代にはさまれ、常にハザマを生きてきた世代であるがゆえに双方の世代に対応する柔軟な発想と協調性が備わっているのがこの世代の特徴でもあるからです。

団塊世代の一生を概観すると一勝一敗と総括できます。高度経済成長下での美酒とバブル崩壊後の苦汁、両方を知っています。だから勝ちパターンも負けパターンも知っている強みを生かして、今後のシニア人生に勝ち越しを賭けようではないか。成長時代から成熟時代へのハザマの時代を生き、追い風や逆風の中で身につけた、団塊世代の多彩な智恵が生きる時代だ、という著者のメッセージが本書にちりばめられております。

団塊定年は終わりではなく始まりなのだ。団塊の世代だからこそそれは可能なのだ。

これが本書のメッセージです。団塊とともに歩んできた新書で団塊世代にメッセージを伝えられることを著者ともども喜びたいと思います。そう、団塊の世代はこれからも出番があるのです。団塊の世代よ、胸を張れ！　これからがあなたの出番だ！

ぜひとも一読いただきまして、広く読者にお勧めいただけますようお願いします。関係する媒体でご高評などいただければ幸いです。なにとぞよろしくお願いいたします。

敬具

二〇〇六年一月

洋泉社編集部
小川哲生　拝

響堂新著『BSE禍はこれからが本番だ』

拝啓

このたび「新書y」二月新刊の一冊として、響堂新著『BSE禍はこれからが本番だ』刊行の運びとなりましたので、早速、お届けいたします。

昨年末に政治決着されて、二年ぶりにアメリカ産牛肉の輸入が再開されて、一ヶ月もしないうちに、またもや輸入再開延期になったことは、アメリカの対応がいかに杜撰であるかばかりでなく、わが国の食の安全行政がいかに相手国の善意に頼っているかの証明になります。

これほど朝令暮改の行政では国民の方を向いているのかアメリカの鼻息をうかがっているのかわからず、がっかりします。

でも、本書は、そうした問題が孕んでいるにもかかわらず、アメリカ産牛肉はBSE危機の氷山の一角に過ぎず、もっと大きな問題があることに注意を向けるために出版したものです。それは、汚染された肉骨粉がすでに世界中にばら撒かれているということです。

マスコミなどではBSE問題=アメリカ産牛肉の輸入問題、一本やりで報道しておりますが、より大きな問題は、汚染された肉骨粉が世界中にばら撒かれた事実を報道しない姿勢にあります。これは、単なる憶測ではなく、FAO（世界食糧農業機関）が「汚染国は一〇〇カ国以上」と発した戦慄の警告に基づいております。

現在、「BSE汚染国」は先進諸国に偏っておりますが、BSEは先進国特有の病気とは考えられず、「見かけ上のBSEがない国」では監視態勢が未整備なため、結果としてまだ発見されていないと考えるのが妥当ではないでしょうか。

ヨーロッパ、特にイギリスでは肉骨粉の使用が禁止されたにもかかわらず、廃棄処分にせず、それを東ヨーロッパ、アジア、アフリカに大量に輸出していたからであります。この倫理観の欠如は広く非難されなければなりません。自国の国民の安全と他国の人々の安全は別問題というわけでしょうか。

その結果として、現在、「BSE清浄国」とされる国でも近い将来に広く蔓延する恐れがあるということです。

食糧自給率が四〇％しかないわが国にとっては、これは「遠い外国の問題」でないことは言うまでもありません。

今、必要なのは、①危険な牛を流通から除外する　②BSEの発生状況を正確に摑む　③食肉処理に際して牛の特定危険部位を除去する　④肉骨粉の使用禁止を徹底する　といった対策が考えられますが、今回のアメリカの対応は、この③が守られていなかったように、輸入先すべてにこの条件を遵守させるのは容易なことではないのです。
④すらも守られているかはあきらかではないのですから、相手国の善意に自国民の食の安全を任せることに不安を覚えざるを得ません。
ＢＳＥという厄介な代物とどう向き合っていくか、それはわたしたち一人ひとりの判断によって決まりますが、効率の名の下に牛に「共食い」させたツケがいま回ってきていることは間違いない事実です。さてどうすればいいのか。
最後になりますが、本書の著者・響堂新氏の紹介をさせていただきます。氏は一九六〇年生まれの医学部出身の作家であります。医学を修め、大学院では分子生物学とウイルス学の研究に従事し、検疫官として関西国際空港に勤務した経歴をもつ異色のミステリー作家でありますが、『飛行機に乗ってくる病原体』『クローン人間』といった著作を物しているひとであり、本書の著者としては誠に信頼の置ける人と考えます。アメリカ産牛肉の輸入再延期といった時期に刊行されますことはまさにタイムリーかつ年季の入った信頼に足る著作と自信をもって読者に届けます。ぜひとも皆様方にも広く読者に向けてお勧めいただければこれにすぐる喜びはありません。なにとぞよろしくご高評お願いいたす所存です。
敬具
二〇〇六年二月
洋泉社編集部
小川哲生

林幸司著『ドキュメント 精神鑑定』

拝啓
このたび、洋泉社・新書ｙの三月新刊として林幸司著『ドキュメント 精神鑑定』刊行のはこびとなりましたので、早速、お届けさせていただきます。

私たちはよく知らない分野に対してとる態度に二つあります。知らないがゆえに謙虚に振舞い、そのことをじっくり知ろうとする姿勢と、もうひとつ、知らない強さ、つまり無知に居直り、自分勝手にその世界をつくり、それを批判する態度であります。実態からどれほど離れようと、自分の考えを変えない、頑なな態度は一見、ぶれない態度として、時に賞賛されることすらあります。あたかも小泉首相の態度を彷彿させますが、私どもは、マルクスの言に倣って次のように言いたいのです。無知が栄えたためしはない、と。

そうです。本書でテーマとする「精神鑑定」は、そうした問題がもっともヒートする問題であります。

正直に言えば、普通の日本人は、精神鑑定の何であるかを、まだなにも知らない、というのが実情なのです。それは、ちゃんとした本がなかったという、ある種、編集者の怠慢であり、もうひとつは、例の「刑法三九条」を盾に弁護士が「精神鑑定」で裁判を長引かせる武器にしているとの観点ばかりがクローズアップされてきたきらいがあるからです。

はたしてそれは本当でしょうか。

「精神鑑定は科学じゃない」「精神科医に詐病は見抜けない」「なんでもかんでも心神喪失で無罪にしたがる」「結論は鑑定人次第」といった言葉が、精神鑑定に対する不信の表れとして、あちこちで言われております。

これは、ある種、精神科医に対して酷な言い方であることは事実であり、もう少し微細に見なければなりません。

刑法三九条では「心神喪失者の行為は罰しない」と書かれておりますが、その後がないことは、これまであまりいわれてきませんでした。刑法の不備を誰が担っているのか。

本当に殺人者は野に放たれているのか。

感情に訴える力は確かに大きいのですが、そして問題提起としては意味のあることでしょうが、実態を知ることなくして、そういうことを声高に言うことのマイナスも考えなければなりません。

類書がなければ、作ってしまおうというのが、シリーズ当初からのわれわれの態度です。

どんな手続きで精神鑑定が始まり、どう「鑑定」されるのか。裁判ではどんなやり取りがなされるのか。

本書では、そうした知りたいことを知りたい人に伝えることを主眼とするものです。題して『ドキュメント 精神鑑定』とした所以です。

目次は以下のようになります。

第一章　精神鑑定とは
第二章　メイキングオブ精神鑑定
第三章　精神鑑定ケーススタディ
第四章　精神鑑定のたどる道

といったように、本書は、鑑定と法廷証言の実際を、長年、医療刑務所勤務の経歴をもち、地道な鑑定をつづけてきた著者がふんだんなケーススタディで描く精神鑑定入門書の決定版であります。

イデオロギーから発するのではなく、地道な現場の声を素直に述べることで実態にどれだけ近づけるかを意図しました。この意図はおおむね達成できたと著者ともども胸をはっていえる自信があります。

ぜひとも一読いただきまして、広く読者へお薦めくださいますようご高評などいただければ、これにすぐる喜びはありません。なにとぞよろしくご配慮のほどお願いいたします。

敬具

二〇〇六年三月

洋泉社編集部
小川哲生　拝

高原基彰著『不安型ナショナリズムの時代――日韓中のネット世代が憎み合う本当の理由』

拝啓

このたび、「新書y」四月刊の一冊として、高原基彰著『不安型ナショナリズムの時代――日韓中のネット世代が憎み合う本当の理由』刊行のはこびとなりましたので、早速、お届けいたします。

著者の高原基彰氏は、現在、東京大学大学院に在籍中の院生ですが、すでに『中央公論』などに論考を寄稿するなど今後が嘱望されている若き社会学研究者であります。本書は著者のデビュー作であります。

書き手は処女作に向かって成熟するとよく言われることがありますが、本書の著者である高原氏の場合も当てはまることであります。

学者である場合、論証の精緻さを求められることはもちろんですが、今回は、若干、荒削りながらもスケールの大きな枠組みを提出することに主眼を置きました。

日本・韓国・中国を貫く「中間層」の変動と、それに伴う自国の近現代史の再検討という問題を、三国を横断する共通の問題として浮かびあがらせるというのが本書の眼目ですが、誠に時宜を得た著作であると私たちは自負しております。

私たちは、従来の概念では捉えられない事態に直面すると見て見ぬ振りをするか、強引にも従来の物差しでわかったつもりになることがままあります。いずれにしても、それは知の誠実な対応ではありません。新しい概念の創出が求められる所以です。

今回、テーマとする日韓中の問題、中国・韓国の若い世代の「反日」と日本の「嫌韓・嫌中」の根っこにある共通するものを考察するには、特にこのことは重要になります。

私たちは声高に主張します。ネット世代の日韓中の対立関係は、いまや千年一日の紋切り型のナショナリズム論では捉えきれない事態に直面している、と。

「反日感情の増幅」や「若者の右傾化」を憂えたり、批判したりすることよりもいま問題にすべきは、各国における「社会流動化」の進行が「不安」を増幅させ、ナショナリズムがその逃げ場になっている、この事態を見つめなおすことが重要であるということです。

旧来の「左右対立」とはまったく異なる形で進行する事態を摑むためには、雇用不安や階層分化と言った国内問題と結びつけて論じなければなりません。若年層問題がその最大の争点になることは間違いありません。

若き社会学者がグローバル資本主義下の三国に共通する課題を浮かび上がらせる本書は、この世代の著者を必要とするはずです。まさに高原基彰氏は、新しい書き手として『不安型ナショナリズム』を引っさげてデビューした次第です。この著者の限りなく広がる可能性に惜しみなく拍手を送りたいと思います。

ぜひとも本書を一読いただきまして、広く読者へお薦めくださいますようご高評などいただければ、これにすぐる喜びはございません。なにとぞよろしくご配慮いただけますようお願いいたします。

敬具

二〇〇六年四月

洋泉社編集部
小川哲生

田川建三著『宗教とは何か［改訂増補版］上　宗教批判をめぐる』

拝啓

このたび洋泉社では五月より従来の「新書y」に加えて、新しいシリーズとして「新書MC」を刊行することになりました。第一回配本として、田川建三『宗教とは何か［改訂増補版］上　宗教批判をめぐる』と網野善彦『日本中世に何が起こったのか』の二冊同時刊行となります。

本シリーズ名となります「MC」とはModern Classicsの略であり、近過去において出版された本で現在入手困難な本を復刊しようという意欲的なシリーズにはぴったりの名前と私どもは考えております。

本来、古典的書物の復刊は主に文庫版ということがあります。皆さんもすでにご存知のように文庫本は、そのような本来の意味での古典の復刊の意味を失いつつあります。ベストセラー本の廉価版としての意味しか持たず、小出版社からの収奪とも言えるような文庫本化が当たり前のようなことが日常茶飯です。

読者がより廉価な形で本を入手できることは喜ばしいことでありますが、効率だけに向かった文庫本市場の矛盾はいまや露呈しております。

文庫本化されるや元版は絶版に追いやられ、文庫本は点数が多数にわたるゆえ、ある一定数の部数がはけないと棚があふれるがゆえに、ある一定数を残して絶版になります。かくして、読みたい本は手に入らず、どこにでもある本がどこにでもあるという豊かさゆえの貧困というのが、文庫をめぐる出版界の現状です。何が読者のためでしょうか。笑止です。

そこで私どもは新書という器を利用し、新書の常識を覆すことで、本来、文庫本が担ってきた古典の復刊を新書という形で行おうと考えたのが「新書ＭＣ」立ち上げの意図であります。

本来なら、良心的出版を標榜する社にまかせ、私ども小出版が出る幕ではないのでしょうが、暖簾大事の大出版にはやる意欲もないのが現状です。それなら隙間産業のとため口を言われるのを覚悟で、ロット的には無理だが、今後も読み継がれる本の継続的刊行を行おうとするのが、当シリーズの眼目です。

本書、田川建三著『宗教とは何か［改訂増補版］上　宗教批判をめぐる』の元版は一九八四年二月に大和書房から刊行されたものではありますが、今回は改訂増補の形で、二分冊とするものです。下巻は七月刊行の『宗教とは何か［改訂増補版］下　マタイ福音書をめぐって』となります。

さらに今回の特徴としては、十分に文庫本としても成り立つ本であるにもかかわらず、文庫本編集者の怠慢で刊行にいたらなかった本を発掘するものであり、また元版の編集者が出版社を替わったにもかかわらず若年時に作った本を復刊させるという意味もあります。別れた子どもをまた引き取るというわが国では例の少ない試みであります。

本書の著者・田川建三氏は、新約聖書学において世界に誇れる数少ない第一人者であり、『イエスという男』『書物としての新約聖書』などで広く読者に迎えられている人であります。中身は当時のものと変わりはありませんが、読みやすさとその後の研究成果を踏まえた加筆を施し、新たに読者に提供するものであります。

新書にしては若干、定価が高い嫌いはありますが、入手困難な状況と昨今の出版状況を考えますと、ご理解いただけるのではないでしょうか。

未来の子どもたちに残すべき本は、という御託を並べるよりは、現実的に名著を提供することが我々出版に携わる責務と非力を省みず考えます。続編も用意しております。

ぜひとも私どもの意図をお汲み取りいただき、このシリーズを育てて欲しいものです。なにとぞよろしくご高評などいただければ、なお一層の努力のし甲斐があります。よろしくお願い申し上げます。

敬具

二〇〇六年五月

洋泉社編集部
小川哲生　拝

渡辺京二著『神風連とその時代』

拝啓

このたび、新書MCの六月新刊として渡辺京二『神風連とその時代』刊行のはこびとなりましたので、早速、お届けいたします。

新書MCは五月より刊行の運びとなりましたが、従来の新書に比して定価も高く、刷り部数も少ないにもかかわらず、読者およびマスコミの反応も手ごたえを感じるほどで、創刊の二冊ともたちまち重版が決定し、幸先のよいスタートを切ることができました。

人文書の読者離れが叫れている昨今ですが、読者がもとめている本を的確に届ければ、決して読者は裏切らないものと確信した次第です。日本の読者はそう捨てたものではない、ということを実感しました。

そこで、第二弾が本書になります。

戦後はおろか、当時ですら理解されなかった「神風連」とは何だったのでしょうか。

戦後は、一貫して、反動派士族の一反乱にしか過ぎない、と一顧だにされてきませんでした。しかしながら、それで果たしていいのでしょうか。

神風連への評価は、一言で言えば、「彼らは無知であったかもしれないが、にもかかわらず高潔であった」という命題と、「彼らは高潔であったかもしれないが、にもかかわらず無知であった」という命題を揺れ動いてきたことは事実です。

しかしながら、思想史家・渡辺京二氏は、そのような評価に対して、断固として「否」を唱えます。

神風連にまつわる解釈上の厄介さは、それがひとつの思想的な形象として提起している問題が、日本近代史の基本的な逆説にかかわっており、しかもその提起がはなはだしく神秘的な、わかりにくい形態で行われているという点にあることを力説しています。

一連の反動派士族の反乱とはまったく異なる行動は、〝うけひ〟によって決定したように他の反乱に比して際立った異相にあった。軍事的成算をはじめから度外視した彼らは、熊本における一政治党派というより、一種宗教セクトに近い。福本日南のいう『清教徒神風連』を思い出される人も多いのではないでしょうか。

狂信といわれても、信仰者として命を賭けて異文明を拒否したそのパトスとはなんだったのでしょうか。現代から見れば理解を絶することにぶつかったとき、とりうる態度は二つあるとおもいます。一つは、彼らは狂信者だから理解を拒否するという態度と、もう一つはだからこそまず理解する努力をするという態度です。本書は、当然、後者の立場にたつものです。

全身全霊をもって時代を否認した「反時代的反乱」の精神史的意味を解き明かすには、嫌悪や顕彰を超えて、彼らの特異な現実批判の方法を私たちの思想的伝統に組み込む方法以外にはないことを知るべきではないでしょうか。そしてまた思います。純粋の天皇主義者は必ず天皇制国家によって殺される歴史の逆説をどう考えるべきか？　と。

この「反時代的反乱」の精神史的意味を、その時代とその師林櫻園の思想を通して解き明かすには、熊本に在住し、地域党派性を脱却している渡辺京二というひとりの思想史家をおいていないということです。ロングセラー『逝きし世の面影』に先駆けて、その独自の存在感を示しながら、長らく品切れ状態であった本書を復刊する意味は、まさにそこにあると私どもは考えます。

本書を一読の上、ご高評などいただければ幸いです。なにとぞよろしくお願い申し上げる次第です。

敬具

二〇〇六年六月

洋泉社編集部
小川哲生

田川建三著『宗教とは何か［改訂増補版］下　マタイ福音書によせて』

拝啓

このたび、新書MCの第三弾として七月新刊、田川建三『宗教とは何か［改訂増補版］下　マタイ福音書によせて』刊行のはこびとなりましたので、早速、お届けいたします。

新書MCは五月より刊行の運びとなりましたが、従来の新書に比して定価も高く、刷り部数も少ないにもかかわらず、読者およびマスコミの反応も手ごたえを感じるほどで、創刊の二冊もたちまち重版、第二弾も品切れ状態という状況です。

人文書の読者離れが叫れている昨今ですが、読者がもとめている本を的確に届ければ、決して読者は裏切らないものであり、効率を優先する出版界にとっては、バカな試みと揶揄されながらも着実な売れ行きは心強いものがあります。

そこで、第三弾が本書になります。

第一弾『宗教とは何か［改訂増補版］上　宗教批判をめぐる』に続く完結編となります。

人口に膾炙した福音書といえば、やはり「マタイ福音書」の右にでるものはありません。新約学を専門とする学者、キリスト者ばかりではなく、思想分野でも、たとえば「関係の絶対性」を引き出した、吉本隆明氏の「マチウ書試論」をはじめとして、「マタイ」に触発された書物があることは周知の事実です。

しかしながら、護教論に陥らず、実証的に緻密に、しかもキリスト教会関係者に閉じられたものではなく、一般読者向けに書かれた「マタイ福音書」論はあったのか、といえば、そうはいえないのが事実です。

一般に、「マタイ福音書」と言えば、やはり「山上の説教」に代表されます。

そこで問われているのはいかなることでしょうか。

本当に「貧しい者は幸い」なのか。抑圧者に対する「怒りは殺人と同じ」悪なのか。姦淫するなというなら、「目をもって姦淫する」のは、どういうことになるのか。一切誓うなと書いてあるのに、キリスト教徒が誓うのは、どういうことなのか。

素人のわたしですら疑問をもつこれらの問いに今まで十分に答えた本があったでしょうか。

そのような疑問を持つことは宗教者にあるまじきこととして、単に封印されてきただけではないでしょうか。

不都合なことには、あえて目をつぶることは、こと日本だけではなく全世界的なことです。

わたしたちは考えます。

マタイ福音書の有名な「山上の説教」は、本当に自己への責めは厳しく、他者に対しては愛と平和、神に対しては、「心貧しい」素直な心を教えたものなのか、と。

それに対する著者の田川建三氏の答えは次のようになります。

本来のイエスの言葉を実生活から遊離したマタイ教団が精神主義的に改作し、実践の観念論をふりまわすことになり、それが今日のキリスト教界の口当たりのいい説教のもととなっている、と。まさに目から鱗の発言です。

マタイ福音書にたいするこれほど鋭い実証的批判はあっただろうか、と言わざるをえない所以です。

実証的に緻密な論証を重ねて、護教論的な「定説」を覆す一冊がようやく刊行されたのです。長らく品切れ状態であった本書を増補改訂して刊行する意味は、まさにそこにあると私どもは考えます。だから私どもは胸を張って次のように言います。本書を読まずして「マタイ」を語るな、と。

ぜひとも本書を一読の上、ご高評などいただければ幸いです。なにとぞよろしくお願い申し上げる次第です。

敬具

二〇〇六年七月

洋泉社編集部

小川哲生　拝

山下悦子著『女を幸せにしない「男女共同参画社会」』

拝啓

このたび洋泉社「新書y」七月刊行の一冊として山下悦子『女を幸せにしない「男女共同参画社会」』刊行のはこびとなりましたので、早速、お届けいたします。

世にだれにも反対できない言葉があります。正しいがゆえに反対できないのですが、理念が正しいが、その実態たるや、見ると聞くとは大違いということが、これまたしばしばあります。「反核」や本書で問題とする「男女共同参画社会」などその最たるものでしょう。

たとえば、我々は普通「男女共同参画社会」なる言葉を聞けば、次のように感じます。

つまり、女性が安心して子どもを産み育てながら仕事を行える社会、男性も仕事だけではなく、家庭生活において家事・育児を行う社会である、と。素直に聞けばまさにその通りです。

まがりなりにも共働きで二人の子どもを育ててきた私などはそうでなければと考え、妻と手を携え、子育てを行ってきた世代からみれば、不思議な感じがします。昨年の合計特殊出生率も一・二五になり、男性の家事、育児参加の時間は相変わらず短く、育児休業を利用している人はほとんどいないというのが、現状です。やはり、男性社会の弊害だ、ということを言いたいのではなく、理念と実態の乖離した「男女共同参画社会」ということに問題があるのではといいたいのです。

誤読から始まった「ジェンダー・フリー」にその淵源があるのです。「ジェンダー・フリー」ではなく「ジェンダー・センシティブ」であるべきはずなのに、一部のフェミニストが味噌も糞も一緒にした「ジェンダー・フリー」が男女共同参画の名の下に君臨してしまっている現状が、今日の問題を象徴しております。

一部のフェミニストが御用学者化し、それに行政が乗っかることで推進しているところに問題があるのです。その根底には、拭い難きシングルの思想がはびこり、男女共生の発想がほとんど見られません。

一般に次のような疑問に答えた「ジェンダー・フリー」論者はいたでしょうか。

①セイフティネットとしてきた主婦を「主婦の構造改革」として切り捨てたのはなぜか。主婦は本当に無用の長物なのか？

②子どもを不要とする社会風潮はなぜ作りあげられたのか？

③少子化対策がなぜ子どもを増やす対策ではなく、労働力確

保に擦りかえられたのか？

この疑問に行き着くとき、「男女共同参画社会」は紛れもなく、労働力確保と税源確保のため、「一億総働きバチ社会」をつくるためのものではないかと考えられます。実に日本経団連と財務省とフェミニストの巧みな連携ではないでしょうか。フツーの女性にとっては、「男・女」格差が温存されたまま、「女・女」格差をも背負うはめになります。

時あたかも、「勝ち組」「負け組み」「上流」「下流」を面白おかしく語られる風潮があります。そして現在では「格差社会」論が花盛りです。

行政主導のフェミニズムに基づく「男女共同参画社会」は少子化をさらに促進させ、「女・女格差」を広げ、「一億総働きバチ社会」をつくると断じざるを得ません。いったい誰のための男女共同参画社会なのか。『女を幸せにしない「男女共同参画社会」』と本書を名づけたゆえんです。

ぜひとも本書を一読の上、ご高評などいただければ幸いです。なにとぞよろしくお願い申し上げます。

敬具

二〇〇六年七月

洋泉社第一書籍編集部
小川哲生

鈴木淳史著『萌えるクラシック』

拝啓

このたび、洋泉社新書ｙの七月の新刊の一冊といたしまして、鈴木淳史著『萌えるクラシック』を上梓いたしましたので、ご案内させていただきます。

著者の鈴木淳史はこれまで「新書ｙ」に年一冊のペースで執筆してきておりますが、なかでもクラシック音楽についての斬新な視点は、各方面より絶賛を寄せられているのはご承知のとおりと思います。

今回は「萌え」というキーワードでクラシックを捉えてみました。

いうまでもなく、「萌え」という言葉はいわゆる〝オタク用語〟であり、一般的なイメージからすればクラシック音楽のようなハイカルチャーに分類されるものとは結びつきづらい言葉です。しかし、「日本でクラシックがハイカルチャーであることなどありえるのか？」と鈴木は問い続けています。むしろクラシックを「異文化」として捉えない限り受容すらできないと。

そこでキーワードとして浮上してくるのが「萌え」です。

本来の文脈からずらされたところで発生する「萌え」こそ日本文化の独自性をもっとも端的に特徴付ける特性であり、そこからクラシック音楽を見てみると、あたらしい受容の枠組みが見えてくるのではないか、というのが本書を執筆した動機になっています。

そこのところを著者はこう述べております。

《ヨーロッパをはじめとする異文化との付き合い方は、「萌え」に頼るしかないのでは、との思いがわたしのなかにも芽生えてきた。異文化として付き合うのは無理なんであって、それよりも「萌え」を自覚して音楽に接するほうが、このニッポンで生きていく限り、まことに健康的ではないのか。それがいちばん正しい方法なのではないか》と。

「好き」「嫌い」だけではこの国のクラシック音楽需要は語れない、のです。

著者が「萌え」する音楽家たちは、アーノンクール（指揮者）、エマー（ピアニスト）、ツェンダー（指揮者）、パレー（指揮者）、ロスバウト(指揮者)、ギーレン(指揮者)、サバール（古楽奏者）、シュタイアー（フォルテピアノ）、カルミナ弦楽四重奏団、クーレンカンプ（ヴァイオリン）、クレーメル（ヴァイオリン）、ヴィス（カウンターテナー）、ハーディング（指揮者）、ロバートソン（指揮者）、ツァグロセク（指揮者）、シュトルツェ(テノール)、ヴェデルニコフ(ピアノ)、ブール（指揮者）、チェリビダッケ（指揮者）という十二人。

ごらんのとおり、ひじょうに多彩であり、かつマニアも納得の人選になっております。

ぜひご一読いただき、貴社媒体においてご高評賜れば幸いに存じます。

なにとぞよろしくお願い申し上げます。

敬具

二〇〇六年七月

洋泉社第一書籍編集部
小川哲生　拝

片田珠美著『薬でうつは治るのか?』

拝啓

このたび、洋泉社「新書y」九月の新刊の一冊として、片田珠美著『薬でうつは治るのか?』刊行のはこびとなりましたので、早速、お届けいたします。

著者の片田氏は一九六一年生まれの精神科医であり、精神科医として臨床に携わりつつ、精神分析の視点から精神疾患の構造について研究する気鋭の著者であり、現在、神戸親和女子大学教授であります。フランス政府給費留学生としてパリ第八大学でラカン派の精神分析を学びＤＥＡ(専門研究課程修了証書)取得。

こう紹介していきますとなにやら堅いイメージばかり先行しますが、本書は、昨今の薬物中心とマニュアル偏重の現在の治療方法にたいする違和と警鐘をやさしいことばで展開するために書き下ろしたものです。

現在の流れは、〈うつ〉は、「心の病気」というよりも「脳の病気」ということにあります。そこでは、脳の機能低下を改善するための抗うつ薬による薬物療法が必要だ、という声ばかり聞かれます。

あたかも糖尿病患者にインシュリン投与が必要だと、いう理屈と同じ発想が、そこにはあります。はたしてそれだけでいいのでしょうか。

現在、治療中の患者たちは不安に駆られております。

「薬が効いているのかいないのかわからない」

「いったいいつになったら治るのか」

患者のこのような声に耳を貸す精神科医はいないのでしょうか。

精神科医が表面に現れた状態像だけに注目して、根底にある病理を見極めようとせず、漫然と抗うつ薬を投与している現状は、しょせん対症療法にすぎず、慢性化という新たな壁にぶつかっているにすぎないのではないか。本当に、薬でうつは治るのか?

われわれ素人からみれば、本当に治しているのか? 薬漬けにしているにすぎないのではないか。これに対する明確なる回答を求めているのでは、という切実な要求から生まれたのが本書です。

薬の助けを借りながら症状を抑えるか、自らの人生を振り返って苦悩も引き受けられるようになることをめざすか。著者はこう問いかけます。

このように問いかけながら、著者はいたずらに薬物療法を否定するわけではありません。精神療法を切り捨てず、休養と薬物療法を並存させる方法を模索しているのです。

そのためにも本書の目次を掲げておくことは意味があります。

第一章　あなたがもし〈うつ〉と診断されたら
第二章　あなたは本当に〈うつ〉なのか
第三章　あなたが抗うつ薬をもらったら？
第四章　なぜ、〈うつ〉はこんなにも増えたのか？
第五章　〈うつ〉の処方箋

即効性を求める読者にはいささか迂遠の道に思われるかもしれませんが、簡単な回答を与える本の犯罪性と現在の主流の治療方法がかえって、新たに〈うつ〉を長期化させ、慢性化させている現状をあぶりだしていることは間違いありません。

さて、あなたはどちらを選びますか？

本書を一読されまして、一人でも多くの読者に本書の価値を知らしめてくださいますように、ご高評などいただければ幸いです。なにとぞよろしくお願い申し上げます。

敬具

二〇〇六年九月

洋泉社編集部
小川哲生　拝

吉本隆明著『甦るヴェイユ』

拝啓

このたび、洋泉社・新書MC九月新刊として、吉本隆明『甦るヴェイユ』刊行のはこびとなりましたので、早速、お届けいたします。シリーズ六冊目になります。

本シリーズは少部数の刊行ながら、すべて読者の反響が大きく、一ヶ月以内に重版となっており、この国の読者も捨てたものではない、と編集部一同、安堵と共に心強くしております。

本書の元版は一九九二年の刊行でありますが、当時の「社会主義」の崩壊やソ連の消滅を身近にみたものにとって、それより半世紀も前に、ソ連の体制を批判していたヴェイユをいまさらながら想起せざるを得ません。そして、思想の可能性を真正面から問うことは、ヴェイユ思想の核心を〈現在〉を読むように読むことではないかと考えます。

その意味で本書のタイトルは暗示的です。『甦るヴェイユ』。まさに、そうなのです。ヴェイユは決して古びることはないのです。

ヴェイユの思想は、初期の「革命」の考察から後期の「神」

の考察にいたるまで、ひろい振幅をもっています。そこが、ヴェイユを理解する際に、彼女の思想の難解さとして、私どもには映ってまいります。

そこを一つの転向の問題と考える人もいるかとは存じますが、そうではなく、著者の言うように、《革命思想を内在化し、内攻させていった資質の方向に掘りすすんで、神の考察にどうしてもぶつかったといった方があたっていると考えたい》と思います。

つまり、思想の可能性と資質のドラマのゆくえを考えるという立場からヴェイユに接近したい、というのが私どもの立場であります。

ちなみに本書の目次を掲げてみましょう。

Ⅰ　初期ヴェイユ
Ⅱ　革命と戦争について
Ⅲ　工場体験論
Ⅳ　痛みの神学・心理・病理
Ⅴ　労働・死・神
Ⅵ　最後のヴェイユ

過不足なく、ヴェイユを論じていることがお分かりになるでしょう。

同時代のいちばん硬度の大きい壁にいつも挑みかかり、ごまかしや回避を忌み嫌ったシモーヌ・ヴェイユに、私どもが真正面から向かい合うということは、そのようなことだと考えるからです。

著者は本書で、初期ヴェイユの考えを説明しながら、できるだけわからないように自身の考えをブレンドするように試みたと述べております。これが『甦るヴェイユ』というタイトルにした理由のひとつだとも述べております。

著者自身を宮沢賢治とともに、もっとも強い関心で惹きつけてやまないヴェイユ思想の核心に迫り、ヴェイユ像の全的転回を迫る本書の価値は、ここ数年の世界史のうごきも射程にいれたものと断言できます。

思想が思想として生き残ること、この厳しい問いを孕む本書をぜひともご一読いただきまして、ご高評いただければ幸いです。

なにとぞよろしくお願いいたします。

敬具

二〇〇六年九月

洋泉社編集部
小川哲生

黄民基著『唯今戦争始め候。明治十年のスクープ合戦』

拝啓

　このたび、九月新刊として洋泉社・新書ｙの一冊として、黄民基（ファン・ミンギ）著『唯今戦争始め候。明治十年のスクープ合戦』刊行のはこびとなりましたので、早速、お届けいたします。

　昨今の新書は、タイトルが長くなる傾向がありますが、本書のタイトルもその例に漏れず、結構長いものとなっております。

　本書は、ずばり言って、「西南戦争報道」論であります。でも、いまなぜ「西南戦争報道」なのか。真正面からのタイトルではなく、「明治十年戦争」と言えば、西南戦争をさすことは、自明なのですが、最近の若い世代にとっては、それが自明でないことに驚きを感じます。

　西南戦争が、日本の新聞がジャーナリズムとして成り立つターニングポイントとなったことは、ここでことさら言うまでもないことですが、現在の「客観報道」「速報第一主義」一辺倒になんら疑いを挟まず、記者の思想性を問題にしない現在を照射するためにも、草創期の新聞とそこに携わった新聞人の心意気を考えるのもあながち無駄ではないと思います。

　当時の新聞は、御用新聞と民権派新聞に分かれ、激烈な言論戦を戦わせていました。いわば、新聞はジャーナリズムというより、政論の武器だったのです。そのさなかに西南戦争は勃発したのです。

　当然、新聞はうろたえました。戦争を報道するという意味と方法がつかめなかったからです。これは現在でも、突き詰められているとは思えないのですが、読者の声に突き動かされるままに新聞は戦争の波に飲み込まれていきます。

　この報道合戦のなかで新聞は二人のヒーローを生み出していきます。一人は『東京日々』の福地櫻痴、もう一人は『郵便報知』の犬養毅であります。この二人の抜きつ抜かれつの取材合戦を縦軸に、明治新聞人のもう一人の勇・『朝野新聞』の成島柳北の沈潜を横軸に三つ巴の新聞人の格闘ぶりを描きだします。

　戦争報道はどうあるべきか？　客観報道とは何か？　権力との緊張関係はどうあるべきか？

　この古くて新しいテーマはすべてこの西南戦争報道に現れております。

　西南戦争報道で明治の記者たちはある一瞬、近代ジャーナリズムの矛盾をすら衝いていたことに驚きを禁じざるをえません。西南戦争報道をもう一度、今日に甦らせる意味はここにあります。

　その戦争報道が百三十年の時を超えて私たちに迫ろうとしているのは何か？

　まずは知ること。そして考えること。歴史を知ることはそれに尽きます。歴史は繰り返すかどうかは、さておき、まず謙虚に知ること、そこからはじめたいと考えます。

　ぜひとも、本書を一読されまして、一人でも多くの読者に本書の価値を知らしめてくださいますように、ご高評などいただければ幸いです。なにとぞよろしくお願い申し上げます。

敬具

二〇〇六年九月

洋泉社編集部
小川哲生

色川大吉著『定本 歴史の方法』

拝啓

　このたび、十月新刊の洋泉社・新書ＭＣとして色川大吉著『定本　歴史の方法』刊行のはこびとなりましたので、早速、お届けいたします。

　本書の元版は一九七七年に大和書房から刊行されましたが、そのときの刊行に携わったのも実はわたしであり、めぐりめぐって二十九年ぶりの再会であります。あたかも別れた子どもを引き取り、また一緒に生活をともにするという感慨があります。

　その間、一度は新装版として若干の手直しをしておりますが、今回の刊行に当たって、著者の色川氏は再度原稿に手を入れ、作品の完璧を期したことはここで強調しておきたいことであります。タイトルに「定本」と冠した所以です。

　二十九年ぶりの今回の再刊に当たって、今一度本書を読み返したとき、初版当時のことがまざまざと思い出されると同時に、もうひとつの大きな驚きは、内容がまったく古びていないことであります。

　昨今の本は、どんなに射程距離を長くとったつもりでも五年もすれば、内容は古色蒼然といったことがあり、愕然とするものですが、本書はけっしてそうではないのです。

そこのところを著者自身は次のように述べております。

《三十年も前の古い著作、しかも絶版になったものを、いまさら新しい読者の眼にさらす意味があるだろうか、再刊の話をもちかけられたとき、私は迷った。そこで改めて読み直してみることにした。他人が書いた本を読むようにして読みとおしてみた。／すると、これが面白いのである。方法といっても観念的な理屈をこね回しているところがほとんどなく、終始具体的、具象的で、それを区切りごとに抽象化してまとめているし、まるで物語を読んでいるように面白い。》

ここに書かれていることばは、まさにこの本が今なお読み継がれるべき秘密といってよいでしょう。

まさに、本書の惹句で述べているように、現在ほど日本人が日本の歴史や民衆の現実からそれぞれ研究の体験を踏まえ編みだした理論書、しかも哲学としてではなく、豊かな具象に彩られ、方法として平易に記述した本が求められるべき時代はないからです。

本書を超えるような本が刊行されたとは寡聞にして知りません。

本書が現在でも生き延びる理由ではないでしょうか。

近代民衆史の第一人者が自らを題材に歴史叙述の方法を語った歴史学界への挑戦状が今甦ったのです。

ぜひご一読いただきまして、広く読者にむけて本書をお薦めくださいますようご高評などいただければ幸いです。なにとぞよろしくお願い申し上げる次第です。

敬具

二〇〇六年十月

洋泉社第一書籍編集部
小川哲生　拝

吉本隆明著『生涯現役』

拝啓

このたび「洋泉社・新書y」十一月の新刊の一冊として、吉本隆明著『生涯現役』刊行のはこびとなりましたので、早速、お届けいたします。

著者の吉本氏は現在、八十二歳で、眼が不自由ですが、とにかく生涯現役のこころ積りで執筆とインタビューなど数多くこなしております。今回はフリー編集者の今野哲男がインタビューしたものをまとめ、それに著者の手が入って、現在のようなかたちになったものです。

おのれをめぐる幾多の困難を前に一度として目をそらさず発言し続ける著者の本領が遺憾なく発揮されている一冊となっております。「老い」をめぐる問題は、時として発言を控えたい内容を含みますが、著者は一回として、問題をすりかえたり、はぐらかすことなく、真正面からインタビュアーに答えております。それは若年時に好きで追っかけていた人物が、この問題はどう考えるのか、という答えが欲しかったとき、何も発言を聞くことができなかったということを経験していたからでもあります。

発言を聞きたい読者がいる限り、絶対に発言する。自分が間違っていたとか訂正せざるをえないことになっても、自分が「こう感じた」ということを発言することをプリンシプルにしているからにほかなりません。

テーマは「老い」であります。

著者は言います。

《わたしは、老齢期に達して身心の新しい感覚の変化を体験し思考に乗せたとき、本質的に〈思想〉の意味を理解できたように思えた》と。さらに《この一冊は個々人の身体性の内包する人間力と外在の歴史との関係について考えたわたしの現在を語り出したものだと言えよう》と。

ユーモアに満ちた語りは率直であり、就寝時には自ら紙オムツをつけていることすら開陳しております。かつてこのような大家といわれる人はいたでしょうか。自ら巨匠たることを拒否する巨匠の面目躍如であるゆえんです。

また、「老い」は自然にやってくると思うのは間違いであり、黙っていたら老いなんて誰でも同じようにやってくると思っているのは大いなる錯覚と。自身、体験するまではそう考えなかったことを表明し、自然に老いるところまでにいくには、自分で粘るしかない。衰えないのではなく、衰えの程度を自然にすることを力説しております。

また「老い」と対峙せず、若さを保とうとすれば落とし穴に落ちることも強調しております。

「老い」の孤独のさなかから、老人になってはじめて見えてくるものを、自分すらを題材にして語る吉本流「老いの処方箋」の決定版、老いてなお現役であるための決意と覚悟の書と申せましょう。

　目次を列挙することが本書の価値をおのずから示すものと考えますので煩を厭わず掲げてみます。


　ぜひとも本書を一読されまして広く読者に本書の意味を伝えるべく、ご高評などいただければ幸いです。なにとぞよろしくお願い申し上げる次第です。

敬具

二〇〇六年十一月

洋泉社第一書籍編集部
小川哲生　拝

『自由訳・養生訓』（貝原益軒著・工藤美代子訳・解説）

拝啓

　このたび、「洋泉社・新書y」十一月刊行の一冊として、『自由訳・養生訓』（貝原益軒著・工藤美代子訳・解説）刊行のはこびとなりましたので、早速、お届けいたします。

　日本の古典啓蒙書の中で群を抜いて有名な作品であるにもかかわらず、何が書かれているかはもちろん、読まれていない本に貝原益軒の『養生訓』があります。

『養生訓』ってなんだ、言われると、即座に「ああ、あの接して漏らさずの本でしょう」という答えが返ってきますが、質問した本人も答えたほうも、実はほとんど読んでいないことがあります。

　有名な割には、ほとんど理解されておらず、あまつさえ房事の本と誤解されている嫌いがあります。

　こうしたことはよくあることで、クイズや〇×テストではそれで事足りるでしょうが、あまりにももったいないことであります。

　実は『養生訓』とは益軒が自らの体験をもとに著した健康と長寿の手引書であり、その延長線上に現在の「マクロビオティック」が流行しているのは存外知られていないことがあります。

実際に、『養生訓』を手にいれ、いざ読もうとしても、現在では、そう簡単に読める代物ではありません。流麗なかな文字と漢字の混交文体からなっており、歯が立ちません。また江戸時代の本ということもあり、小見出しがついているわけでもなく、とっつきにくいのです。

今回は工藤美代子氏の手により現代語訳したものを読者に提供するものであります。『養生訓』は必ずしも医学書ではなく、生活のための実用書という観点にたつ工藤氏は、現代医学や漢方の専門家のご教示をえてやさしく読み下したものであります。「自由訳」をタイトルに冠するゆえんです。

全体を十章構成にし、それぞれに小見出しを付し、現代人にわかりやすくし、また解説もふんだんに入れました。この解説は、ひとつの貝原益軒論としても読んで楽しめるものになっております。

無理をしない、身の丈でいきていく、汗を流して働く、適当な運動を心がける。そうすることでみずからの品性を高めることが、結果として長寿につながる。言ってみれば、益軒の目指したものはそのように結論付けられます。

《『養生訓』は三〇〇年に及ぶロングセラーです。歴史とともに熟成してきた毅然たる晩節の姿にふれるのも、また品性ある日本人をしる喜びではないでしょうか》（本書「あとがき」）

長寿の秘訣は古典に学べ！　五十歳以上の男女の必読書と言っても過言ではありません。

ぜひとも広く読者にお薦めいただけますよう、ご高評などいただければ幸いです。なにとぞよろしくお願いいたします。

敬具

二〇〇六年十一月

洋泉社第一書籍編集部

小川哲生　拝

森崎和江著『慶州は母の呼び声——わが原郷』

拝啓

このたび洋泉社「新書ＭＣ」十二月新刊として、森崎和江著『慶州は母の呼び声——わが原郷』刊行のはこびとなりましたので、早速、お届けいたします。

本書の元版は、一九八四年に新潮社から刊行されましたが、知る人ぞ知る本として、必ず愛読書の一冊に選ばれてきましたが、長らく品切れ状態のまま現在に到ってきました。

昨今の内向きの日本人にとっては、植民地・朝鮮で成長した著者が、自らの感性がなにによって育てられたのかを本書を通じて読むとき、必ずや粛然とした感動をもたらすものと私どもは考えます。

わたしにとりましては、評伝や自伝といったジャンルはことのほか好きなジャンルでありますが、自分を美化するのではなく、無名の少女が何を考え、どのように、その時代を生きたかを知るには、この自伝といったジャンルは最適と申せましょう。

とくに、時代は戦争に向かいつつある時代です。現在の威勢のいい偏狭なナショナリズムを煽る本とは確実に違った趣であります。まさに痛切な昭和史というゆえんです。

幼い少女の眼には、朝鮮の大地は母のようにやさしく映っていた。そして、あの地の空はあくまで青く澄んでいた。戦争は遠いものにおもわれていたが、いつとはなしに生活のなかに忍び寄っていた。ことばや土地を奪われた人々の嘆きも知らずに……。朝鮮の新天地に理想の教育をとの理想を抱いた著者の父親は、植民地の校長として朝鮮人の反日意識と日本の憲兵の双方から狙われていた。母はかの地でガンを患い、三十六年の生涯を閉じた。その父の悩む姿と母のかなしみを少女はきちんと見据え、けなげにも生きていた。

十七年間かの地の大地とオモニに育てられた、ひとりの少女が戦後、日本人として生き抜くために、いつの日かわが原罪に地に立つことができる日本の女へと生きなおしたいと願った心の軌跡を余すところなく伝える本書は、まさに自伝文学の白眉と申しても過言ではありません。

ことばとはなにか。ふるさととはなにか。

生活者が国家意志とは関係なく生きるために、侵略者としてしか存在しえなかった歴史とはなんだったのか。単なる被害者ではなく心ならずも加害者にならざるをえなかった植民者二世のひとりの少女が見たものはなんだったのか。

このテーマは植民地をもつ先進国の文学者に共通するテーマであるにもかかわらず、寡聞して知りません。本書の著者・森崎和江にして初めて展開しえたものと確信しております。

本書は長らく品切れ状態でしたが、このような本こそもっともっと読まれるべきと考え、私どもは、「新書ＭＣ」シリーズを立ち上げた次第です。

一読されるや、必ず粛然とした感動を覚えるものと私どもは確信しております。

解説に同じ植民者二世として育った児童文学者の清水眞砂子氏（『ゲド戦記』の訳者であり、青山女子短期大学教授）にお願いしました。この解説も本書の内容にたがわず出色のものであります。

あわせてお読みいただきまして、ひろく読者の方へ、本書の意義などお知らせくださいますように、ぜひともご高評などいただければ幸いです。なにとぞよろしくお願い申し上げます。

敬具

二〇〇六年十二月

洋泉社第一書籍編集部
小川哲生　拝

勢古浩爾著『新・代表的日本人』

拝啓

このたび洋泉社「新書ｙ」十二月新刊の一冊として、勢古浩爾著『新・代表的日本人』刊行のはこびとなりましたので、早速、お届けいたします。

昨今の日本人は内向きになったのか、観念的に「国家の品格」や「美しい国」に惹かれているようですが、これは日本人であることに自信がもてないがゆえに、かえって「国家」にすりよっているようにしか見えません。なぜ、有名・無名を問わず、人間そのものの魅力に肉薄しないのか。私どもは常々、そう考えてきました。

個人に品格や美なくして「国家の品格」も「美しい国」もありはしないのは自明だからです。

言うまでもなく、本書は、内村鑑三の名著『代表的日本人』を念頭において書かれております。確かに、内村が提示した人物たちが生きた時代と、現代とでは社会構造と人の意識も違います。だが、時代は違っても、日本人の基本は変わりません。

内村が選んだ人間は、一般には偉人と呼ばれる人たちですが、本書に登場する八名、内二名が女性でありますが、彼らは一般的には「偉人」ではありません。ごく「ふつう」の人間であり、「ふつう」の日本人であります。本書に「新」とつけたのは、この「ふつう」に力点を置きたいからに外なりません。

内村が世界に向かって代表的日本人を紹介したのとは違って、本書では、人間の基準では世界のどこに出しても恥ずかしくない人物ですが、世界にだすよりも、むしろ、変わらないとはいえ、変わりつつある、変わってしまった日本人の前に差し出したい、という思いがあります。

選定基準は日本人のあるべき理念型であります。

それを掲げてみれば以下のようなものであります。

至誠、無私、研鑽、一途、寛容、繊細、情熱、愛情——。

過去においては偏在していたが、現在ではある人にはまだ多くあり、ある人には多少あり、ある人にはまったく失われたこれらの美質を備えた日本人とは誰か。

目利きが選んだ代表的日本人は以下の八名です。

広瀬武夫、石光真清、中江丑吉、小倉遊亀、笠智衆、須賀敦子、白川義員、陽信孝。うち存命者は二名です。従来の書には見られない人選ですが、本書を読んでいただければ、納得が得られる人選と著者ともども私どもは自信をもっております。

この八名を知ることで、日本人であることの誇りと自信がおのずと湧いてくるものと私どもは考えます。こんな日本人がいる（いた）限り、まだまだ日本人も捨てたものではない、という感慨が必ず湧いてきます。偏狭なナショナリズムではなく人間への共感といったほうが正確でしょう。

彼らのようにはなかなか生きられませんが、すこしでも彼らに近づきたいと思えれば、本書の意義が半ば達成されたも同じです。

ぜひとも本書を一読されまして、ひろく読者に本書の意義など伝えて欲しい、そのようなご高評などいただければ、これにすぐる喜びはございません。なにとぞよろしくお願い申し上げる次第です。

敬具

二〇〇六年十二月

洋泉社第一書籍編集部

小川哲生 拝

2007

渡辺京二著『なぜいま人類史か』

拝啓

このたび洋泉社・新書MCの一月新刊として、渡辺京二著『なぜいま人類史か』刊行のはこびとなりましたので、早速、お届けいたします。

本書の元版は一九八六年に福岡の葦書房から刊行されましたが、今回は、新書版のためのあとがきと齋藤愼爾氏の解説を付して刊行されるものです。

日本近代史家としての渡辺京二氏は、最近は『逝きし世の面影』ばかりが取り上げられておりますが、それに先立つ『小さきものの死』『神風連とその時代』『北一輝』など日本近代の逆説の構造を一貫して追究してきましたが、初期と現在のちょうど、ターニングポイントとなった作品として、今回の『なぜいま人類史か』が位置づけられます。

本書は、著者はじめての講演集でありますが、単なる講演集ではなく、講演は原型に過ぎず、徹底した書き込みによって書き下ろしの論文に近いものになっております。また、話し言葉での本ということで、読みやすさも加味されていることは言うまでもありません。

人類史的な課題を射程にいれた著者存念の思いがこの一冊にこめられたという惹句はけっして大げさではなく、この講演集という形でこそ発揮される形式であるとの思いはしきりです。

話しぶりは断固たるユーモアに富んでいてわたしたちの哄笑を誘います。

われわれはどこへ行くのか？　世界はいかに獲得されるのか？　現代資本制システムによって断ち切られ、漂流する〈個〉の孤絶を真正面から見据えつつ共同社会をイメージする本書は、著者積年のテーマを平易な言葉で語った初の講演集です。

大胆かつ鮮烈な試みは、思想家・渡辺京二のアルファからオメガがすべて凝縮している。そして、本書をとおして、人がこの世に誕生し、存在し続けることの必然性とその意味を知ることになる、と申しても過言ではありません。

また、本書の巻末の齋藤愼爾氏の解説も出色です。

『なぜいま人類史か』一冊について語ろうとすれば、渡辺京二氏の思索の軌跡の一端に触れないわけにはいかないとして、初期から現在に至る氏の思想的テーマを端的に整理しております。

曰く、《低位の倫理思想や倫理判断を峻拒し、時代的根拠を支配しきろうとする思想は、歴史的な既知の文脈に刃を突きつけねばすまぬ超出の思想でもあり、来るべき時を予言するその恐るべき言葉》と。
ぜひとも本書を一読されまして、いままで論じられることの少なかった本書に光を当てていただければと存じます。そして広く読者に本書の価値を明らかにしていただけるような御高評などいただければ、著者ともども私どもの喜びとするものです。なにとぞよろしくお願い申し上げる次第です。

敬具

二〇〇七年一月

洋泉社第一書籍編集部
小川哲生　拝

小浜逸郎著『人はなぜ死ななければならないのか』

拝啓

このたび、洋泉社・新書yの二月新刊として、小浜逸郎『人はなぜ死ななければならないのか』刊行のはこびとなりましたので、早速、お届けいたします。

本書は小浜逸郎氏の三部作――『なぜ人を殺してはいけないのか』（二〇〇〇年七月）、『人はなぜ働かなくてはならないのか』（二〇〇二年六月）――に続くシリーズ第三弾であり、しかも三部作の完結編となります。

一見、自明のことがらを問うていくと「永遠の課題」が見えてくる、というコンセプトからこのシリーズは始まりましたが、圧倒的な読者の支持を得まして、おかげさまで、それぞれ16刷、5刷と順調に版を重ね、ようやく三部作の完結にいたりました。

本書をふくめて著者の一貫した姿勢は、日常におけるふつうの人々の生き方を肯定するということにあります。

自明のことを論理的に追求することは、論理的思考を徹底することであり、それが日常から乖離することが間々あります。ややもすれば、その緊張感に耐えられず、鬼面人を驚かす類の論理展開でひとり悦にはいる誘惑にかられることもありますが、先ほど述べた著者の一貫した姿勢はそれを拒絶することにあります。

アカデミズムの人間なら、そんなことは考慮の範囲外として、論理展開すればすむことでしょうが、そして、現在の哲学が陥っている難解の隘路というか袋小路をどう抜け出せるか、というモティーフをもつ著者としては、そうではない方向性をだすものでなければ、自分の存在価値が問われることになります。

「哲学はなんの役にも立たない」という現代日本の哲学者たちの言明に対しては、ある種の批判的スタンスからの発言になります。とはいえ、通俗的な意味でのお役たち本を意図していないことは著者の名誉のためにも言っておかなければなりません。

本書は、ひと言でいえば、「死の自覚こそが生を規定する」という考え方を日常生活の基本項目に即して展開する、ということになります。

人生の意味や目的は何であるのか？　哲学や思想の営みとふつうの生活者の意識はなぜ乖離するのか？　人間にとって死はなぜ不条理で恐ろしく、また悲しいのか？　そして、人はなぜ死ななければならないのか？

以上、四つのテーマを順を追って解答を与えます。

これらの問いは、人生の青春期において、そして中高年期においてしばしば訪れます。しかしながら、この実存的テーマは老若を問わず、人生全体を視野に入れれば、必然的に自らにふりかかってくるテーマでもあります。つまり、永遠のテーマといってよいでしょう。

もっとも今日的な生＝死とは何かを生物学的還元主義と宗教的＝超越的観点を排して、問うことをめざしております。

それがうまくいっているかどうかは読者の判断にお任せいたしますが、著者ともども私どもは、ある種の自信があります。

ぜひとも一読されまして、ひとりでも多くの読者の目にとまりますよう、ご高評などいただければと存じます。なにとぞよろしくお願い申し上げます。

敬具

二〇〇七年二月

洋泉社第一書籍編集部

小川哲生　拝

阪谷芳直著『三代の系譜』

拝啓

このたび、洋泉社・新書MC、三月新刊として、阪谷芳直著『三代の系譜』刊行の運びとなりましたので、早速、お届けさせていただきます。

阪谷芳直という名前は、一般にはそれほど知られておりませんが、プロの物書きではなく、大蔵省、日銀、輸銀、アジア開銀に勤務し、一貫して発展途上国援助に従事してきた筋金入りのエコノミストですが、その本業を知らない人でも、異数の思想家・中江丑吉を積極的に世に知らしめてきた人といえば、ああ、あの人かとうなずく人があろうかと思います。

中江丑吉とは、中江兆民の遺児であり、世に知られることなく、ひとり北京に隠棲しながら、透徹した思惟と「自覚した大衆《マッセ》」として生きた稀有なる思想家であります。その中江に若き日に出会った著者は、その教えを大事にし、多忙な仕事の傍ら、生涯の大半を、中江丑吉を世に紹介することに情熱を傾けました。

もし阪谷芳直という人間がこの世に存在しなかったら、多分、わたしどもは、永遠に中江丑吉を知ることなく、そして、このような立派な日本人がいたことを知ることなくすごしたことでしょう。その意味では、実務家でありつつアカデミシャンがなしえなかった業績を残した阪谷芳直を、同じ日本人として、誇りに思うのは、私ひとりだけではないと、断言したいと思います。

本書の元版となったのは、一九七九年にみすず書房から刊行された『三代の系譜』であります。長らく品切れでしたが、今回、みすず書房版の単なる復刻ではなく、生前、著者が改訂していたテキストを底本にし、あらたにご令嬢の阪谷綾子氏の「あとがき」と、『渋沢三代』の著者である佐野眞一氏の「解説」を付して、刊行するものです。

著者はこう述べます。

《昭和二〇年八月一五日をもってピリオドを打ったともいえる近代日本の支配階級の生成・興隆・衰退過程の典型として、四つの家の生きた道を、それぞれの生活的背景と内面の精神構造に光を当てつつ描いた》と。

その筆致は、きわめて客観的、事実提示的であり、近親者のみが語りうる微妙な心理過程の推察を含むものです。類書にまま見られる、単なる自家のルーツ探しではなく、家の歴史を超えて現代史への独自の寄与をなす貴重な証言と高く評価されるゆえんです。

ここに描かれる官界・実業界・学界に綺羅星のごとく人材を輩出してきた〝華麗なる一族〟は、実にノーブレス・オブリージュそのものを体現するといっても過言ではありません。昨今の支配層の支配層であるがゆえにもたなくてはならぬ高貴な精神の欠落、日銀総裁の福井某の財テクや皇太子夫妻の「私」優先のあまりにもアレレな生活ぶり（「公務」をないがしろにし、私的楽しみばかりを特権的に享受する）にみられるモラルハザードをみるにつけ、その高貴さは目を見張るものがあります。もはや失われたかに見える日本人の美質、ここにありと実感できる、貴重な一冊であると、声を大にしていいたいところであります。

公正、品格、信念といったことどもをもう一度、日本人として考えなくてはなりません。その意味で、本書は、恰好の生きた手本となると考えます。まだまだ日本人も捨てたものではない、という思いしきりです。

ぜひとも、一読されまして、ひろく読者に本書の価値をひろめていただけますよう、御高評などいただければ、泉下の著者ともども私どもの喜びするものです。なにとぞよろしくお願いいたします。

敬具

二〇〇七年三月

洋泉社第一書籍編集部
小川哲生　拝

上野英信著『天皇陛下萬歳――爆弾三勇士序説』

拝啓

このたび、五月新刊の一冊として新書MC、上野英信著『天皇陛下萬歳――爆弾三勇士序説』刊行のはこびとなりましたので、早速、お届けいたします。

昨年の五月より、刊行を開始しました新書MCも遅々とした歩みながらも、ようやく一周年を迎えることができました。これもひとえに皆様方のご支援と読者の熱き支持に支えられた賜物です。高定価・小部数のシリーズながらも一度として赤字になることもなく、一年を続けられましたのは、読者が現在の文庫本市場のベストセラー志向に飽き足らぬ思いを抱き、小社のこのシリーズに期待をいだいている結果ではと考える次第です。

そこで、今回は、上野氏の『天皇陛下萬歳』ということになります。著者の上野氏はすでに一九八七年に死去しておりますが、いまなお根強い人気を保っております。

本書の元版は一九七一年筑摩書房から刊行され、初版当時の装丁は、故・田村義也氏の手になるもので、白地の布製の函入りで、タイトルを朱の角ベタで囲みその上に黒の文字を入れた単純なものでしたが、それがあたかも遺骨を入れた白木の箱を髣髴させるものとして、鮮烈なイメージが残っております。

その後、文庫本化されましたが、長らく品切れ状態が続き、今回ようやく復刊のはこびとなりました。

この国の民衆にとって、天皇制とはなんだったのか、という思いは、日本人からなかなか消えません。

本書のテーマはこの「天皇陛下萬歳」という六文字にどう決着をつけるか、ということになります。

一九三二年二月、上海事変に際し廟巷鎮で、突撃路を開くために破壊筒をかかえて鉄条網に突っ込んだ三人の工兵——作江伊之助、江下武二、北川丞——は敵陣に運び込んだ爆弾とともに「天皇陛下萬歳」の一声を残し、自らの身を散らせた。世にいう爆弾三勇士です。

いったん、このことが報道されるや、全国的に爆発的な三勇士ブームを呈します。

彼らを軍国主義日本はいかにして神様に仕上げたのか。いやそもそも彼らは本当に「天皇陛下萬歳」と言ったのか。彼らはなぜ〝勇士〟であって〝軍神〟ではないのか。そして、彼らのなかに被差別部落民がいるという心ない噂はなぜ民衆に広がったのか。まさに民衆の英雄・爆弾三勇士の栄光と悲惨、これにきわまれりです。国家の品格なんて笑止です。

「天皇のために」死すべき存在としての日本兵士にとっては、〈死〉は〈天皇〉と結びつかないかぎり実体を持ちえず、両者がひとつに結びつくことによって、〈天皇〉と〈死〉は実体を獲得したのです。〈いわれなき神〉と〈いわれなき死〉という日本人の思想の根を掘り起こす本書は、忘れられてはいけない一書と確信している次第です。まさに日本人の原罪を問い詰める本として記憶にとどめるべきと私どもは考えます。

ぜひとも一読されまして、本書の意味を広く読者に伝えていただけるような書評などいただければ、これにすぐる喜びはありません。なにとぞよろしくお願いいたします。

本書の読後に本当に「天皇陛下萬歳」と言える日本人は果たしているのでしょうか。天皇その人に問いたい思いです。

敬具

二〇〇七年四月

洋泉社第一書籍編集部
小川哲生 拝

プロ教師の会【編著】『教育大混乱』

拝啓

　このたび、洋泉社「新書y」四月新刊の一冊として、プロ教師の会【編著】『教育大混乱』刊行の運びとなりましたので、早速、お届けいたします。

　考えて見ますと、政府主導の教育改革で成功したものがあったのか、といえば皆無というのが現状ではないでしょうか。

　内閣が変わるつど、政権の目玉として教育改革が提起されます。それはおのずと前政権の教育改革がうまくいっていなかったことの証左でありますが、政権浮上の目論見として、またぞろ教育改革案が出されます。

　安倍内閣の教育再生会議もただ目新しい実効性のない改革を出すだけにしか過ぎないのですが、ここで、なぜ教育が大混乱するのか、しつつあるのかを、じっくり考えることは必要です。改革案が出されるたびに混乱するのは教育現場ですから、どうせ失敗するさ、で高みの見物というわけにはまいりません。

　緊急の教育課題はどこにあるのか。「学力低下問題」と捉えるか、「子ども・若者問題」と捉えるか。大きく分ければ、このどちらかに立つことによって、立場は分かれます。簡単にいえば、教育といえば、すぐ「学力」とか「知識を学ぶ」と考える人と、「人間形成」と考える二種類の人がいるということです。教育的コンセンサスの断絶があるのです。

　当然のごとく、私どもの立場は、後者、すなわち、今日の教育不全は、学ばない、学ぼうとしない子どもにあるとの立場に立ちます。

　もし教育問題が単純に学力問題だったら話は楽です。もしそうなら、たくさん教える、熱心に教える、厳しく教えることで改善できるからです。

　今日の教育不全は、学力低下などにあるのではなく、学ばない、学ぼうとしない子どもにこそあるということ。なぜこれを直視しないのか。一九八〇年代中葉以降に顕著になった子どもの変容を認めず、相も変わらず「子どもは変わっていない」「子どもは変わるはずがない」という認識では現在の問題がとけないのです。その認識のままなら、当然、学ばないのは子どもの問題ではなく、教える側の問題に帰着します。いわく、学校が悪い、教師がダメだ、という犯人探しに右往左往するだけです。

　挙句は、いじめが起きるのは公共心の欠如だから、公共心を育成するには愛国心教育が必要だなどと、風が吹けば桶屋が儲かる式の言説まで見える。いったい、本気なのか。「愛国心」でいじめがなくなるなんて、悪い冗談にしか見えません。

子どもは本来学びたがっているのだから、ダメ教師を査定して排除すれば子どもは学ぶはずだなどと現実を無視した床屋政談にうつつを抜かす。「生徒のために死ねない教師はダメ」などと途方もない言い方まででてくる。いったい本気なのか。そんな論者は国民のために死んで見せてくれ、といいたくなります。

わが子を「勝ち組」にするために、わが子の成績だけにこだわる親と、競争と効率と市場論理で教育を語る新自由主義だけではこの国の教育の再生は見えてきません。

根はひとつです。学ばない子ども、働かない若者たち。それを考えることが教育の不全を語る前提です。もしそうしなければ、永遠にいまの状態は続くでしょう。道徳の教科化や君が代・日の丸強制で教育再生が可能などとはとてもいえません。第一、夫子自身がそれを信じていないのです。

是非とも、本書を一読されまして、現場の教師の声をお聞きください。政府主導の教育再生のナンセンスさにうなずかれるはずです。そして本書の価値を広く読者に知らせるような書評などいただければ幸いです。なにとぞよろしくお願い申し上げます。

敬具

二〇〇七年四月

洋泉社第一書籍編集部
小川哲生　拝

齋藤愼爾【責任編集】『吉本隆明に関する12章』

拝啓

このたび、「新書y」五月新刊の一冊として齋藤愼爾【責任編集】『吉本隆明に関する12章』刊行のはこびとなりましたので、早速、お届けいたします。

これまで数多の吉本隆明論が出版されてきましたが、それにもう一冊付け加えるというだけには収まらないものを私たちは考えてまいりました。

吉本氏が戦後最大の思想家といわれる所以は、その本質的で骨太な文学論、政治論、宗教論だけにあるのではない、という基本線を確認したところから出発するのが、本書のはじまりです。

わたしたちが本書で企図したことは、吉本隆明という比類なき思想的多面体に、十二の異なる方向から多彩な照明を当て、その生活者吉本隆明の全体像をだれもが見ることができるようにライトアップしようとすることにあります。

群盲象をなぜるという言葉がありますが、逆にそれをとっことにとることにより、思想的多面体に光を当てようとするものであります。

ある部分から見れば、こう見える、ということを意識的に異なる方向から光を当てることによって際立たせる、しかもそれを唯一のものとするのではなく、相対化しつつ、総合する視点を提供する、そのキーワードが小文字の思想ということになります。

一九八〇年代までならいざ知らず、二十一世紀に突入した現在でも、依然として〈国家〉〈幻想〉〈宗教〉といった大文字の思想から吉本隆明を論じる手合いのなんと多いことか。それがあたかも高級な思想を語るかのごとく、勘違いしている人に対する批判となるような本をと考えた次第です。

なぜならば、それだけでは、この戦後最大の思想家の稀有なる価値の半分しか見えてこないし、氏の巨大さはそれには納まりきれるものではないと考えるからです。

本書で採用した小文字の思想とは、〈映画〉〈漫画〉〈ファッション〉〈猫〉〈恋愛〉といった一見、瑣末に見える12の方向から光を与えることです。思想家吉本と生活者吉本を二つながらに語ることでしか見えてこないものは何か？　答えは本書の中にあります。

本書はコンパクトな一冊ではあります。けれども、ある意味では大きな一冊であると、私たちは自負しております。従来の吉本論とは一線を画す、エピソードに満ちた本として楽しく読めること請け合いです。

吉本隆明は細部に宿り給う、と申せましょう。

ぜひとも一読されまして、御高評などいただければこれにすぐる喜びはありません。なにとぞよろしくお願い申し上げます。

敬具

二〇〇七年四月

洋泉社第一書籍編集部

小川哲生　拝

山下真弥著『六本木発　グローバル恋愛』

拝啓

このたび四月新刊として、山下真弥著『六本木発　グローバル恋愛』刊行の運びとなりましたので、早速、お届けいたします。

グローバル恋愛という言葉をご存知でしょうか。

本書でいう「グローバル恋愛」とは、従来から存在していた「国際恋愛」に対して、主に欧米系の高学歴、高職歴、高所得でリッチな東京ライフを楽しむエリートビジネスマンたちと日本人女性との恋愛をさす言葉です。略して「グロ恋」といいます。

著者は現在、二十五歳の女性です。親の仕事の関係で渡米、米国カリフォルニア州にある私立の芸術高校でビジュアルアート、クリエイティブライティングを学び帰国。慶応大学文学部在学中にミス日本コンテストに出場、モデルにスカウトされる。パーティーに招かれる機会がおおくなり、取材、執筆を行うようになる。大学卒業後、ファイナンス系の一部上場企業勤務を経て、ラ・ファミニテ事務所のライターとして本格的に執筆、取材活動を始めます。

本書は彼女の処女作でありますが、この本のバックグラウンドとなる著者の経歴は今、述べたものです。

著者は、この本を書くために二十三人の男女に対面式インタビューを重ね、かれらの胸のうちを聞きだしております。

恋愛とは、いうまでもなくもっともプライヴェートな事柄なので、当事者は多くを語るのを躊躇するものです。

他人はどのような恋愛をしているのか？　恋愛から結婚にいたった経緯や、あるいはどうして別れてしまったのか？　事が順調に運んだケースならともかく、失恋に終わったり、心が深く傷ついてしまったりしている場合は、取材は難航するのは当たり前です。

しかし、著者は果敢に取材を重ね、貴重な体験や考えを赤裸々に語ってもらうのに成功します。

いまどきのＴＯＫＹＯの「グローバル恋愛」事情を知るにはうってつけの本の仕上がりとなっております。

本書でリポートされる男女の生き方への賛否は種々あるでしょうが、肯定的に考えるにしても否定的にとらえるにしても、まずは実態を知ることが必要です。

日本の若い女性たちは、傷ついたり、失敗したりしながらも、外国人の男性と交流し、日々、異文化コミュニケーションをしているのです。

失敗を恐れずに自分を知り、自分を表現し、コミュニケーション能力を高めることが大切なことは、本書を通じてひとつのメッセージとなっております。

ひとつの風俗現象から見えるのは何か。そしてそこから私たちは何を学べばいいのか。

その答えは本書のなかにあります。

ぜひとも本書を一読されまして、書評など書いていていただければ著者ともども、これにすぐる喜びはございません。若い書き手の誕生に拍手を送ってください。なにとぞよろしくお願いいたします。

敬具

二〇〇七年四月

洋泉社第一書籍編集部
小川哲生 拝

佐藤幹夫・山本譲司【共編著】『少年犯罪厳罰化 私はこう考える』

拝啓

このたび、五月新刊の一冊として「新書y」佐藤幹夫・山本譲司【共編著】『少年犯罪厳罰化 私はこう考える』刊行のはこびとなりましたので、早速お届けいたします。

本年五月少年法の再改正が行われました。実際は、少年犯罪はかつてよりも減っているにもかかわらず、凶悪化、低年齢化が起きているかのようにマスコミもあおっているのが実情です。本当は少年による殺人は一九五〇年代がピークにもかかわらずです。

安倍内閣の戦後レジームの総決算の一環としての憲法改正、教育基本法・少年法の改正がその根底にあることは疑いありません。

しかしながら、厳罰化の是非を論じる前に私どもは本当に少年犯罪の実態――審判・処遇・更生――を知っているのでしょうか。

たとえば、少年院と少年刑務所はどう違うのか。少年刑務所が本当に更生の「力」になっているのか。処遇の現場を知らない、感情的な議論が多いのではないか。机上の論議をする前にまずは現場の実態を知るところから出発すべきだ、というのが今回の企画の出発点です。

少年法改正以降、原則逆送制度によって、家庭裁判所の審判が応報感情に左右され、本来の役割が有名無実化しているのをどう考えればいいのか。

あるいは、少年刑務所がいま、二十代から四十代の成人で溢れかえっているが、それは意外と知られてない事実です。その過剰収容が深刻化し、治安悪化の大きな一因になっていることを恐れます。そして加害少年は十年後、二十年後、必ず社会復帰する。そして私たちの隣人となる。どんな隣人となってくれることを私たちは願うのか。

昨今、推し進められている厳罰化を広く考えていかねばならぬゆえんです。

ですが、これは、犯罪被害者や遺族に対し、「冷や水」をかけることではありません。当然のごとく犯罪被害者や遺族に十分なケアを保障することにはまったく異論はありません。ただし、そのことと、少年司法の「全体」を冷静に論じることは別と考えるからです。

本質的なところをネグレクトし、少年犯罪に厳罰化をもって対処すれば、犯罪の抑止力になるというのはあまりにも短視眼の見方ではないでしょうか。

処遇の現場の人の言によりますと、犯罪を犯した少年が反省をし、更生にいたった場合とそうではない場合では、その再犯率に雲泥の差があるというのをどう考えればいいでしょう。

本書では、矯正や司法、教育、医療、福祉など第一線で携わっている人間が、それぞれの立場から発言し、広くこの問題を考えるための材料を提供するものです。

まずは実態を知ること。感情的な議論は意味がありません。無知が栄えたためしはないからです。

厳罰化は本当に少年犯罪の抑止になるのか。

厳罰化は再犯率を上げ、社会的リスクを先送りし、コストを上げるための愚策でないかを、検討することが、いま緊急の課題と私どもは考えます。

現在、最良と考えられる執筆陣による現場の臨場感溢れる記述、時代を先取りする問題意識、これが本書の持ち味です。

ぜひとも本書を一読されまして、ひろく読者の方々へお勧めくださいますよう、書評などで取り上げていただけますようお願い申し上げます。なにとぞよろしくお願いいたします。

敬具

二〇〇七年六月

洋泉社第一書籍編集部

小川哲生　拝

西部邁著『六〇年安保——センチメンタル・ジャーニー』

拝啓

このたび、洋泉社・新書MC、六月新刊の一冊として西部邁著『六〇年安保——センチメンタル・ジャーニー』刊行のはこびとなりましたので、早速、お届けいたします。

本書は、一九八六年に文藝春秋から刊行されたものですが、長らく品切れで入手が困難でしたが、今回、新稿「日米ブントに平定された『ブント』」十五枚と宮崎学氏の解説十枚を付して装いも新たに復刊するものです。

昨年の五月より、刊行を開始しました新書MCも遅々とした歩みながらも、ようやく一周年を迎えることができました。これもひとえに皆様方のご支援と読者の熱き支持に支えられた賜物です。

高定価・小部数のシリーズながらも一度として赤字になることもなく、一年を続けられましたのは、読者が現在の文庫本市場のベストセラー志向に飽き足らぬ思いを抱き、小社のこのシリーズに期待をいだいている結果ではと考える次第です。それを励みに二年目に入って、今後とも良書を読者に届けようと考えております。

そして、今回の『六〇年安保』となります。

著者はこう述べます。

《六〇年をめぐる事柄は私が大人になるためのイニシエーションであった。そしてこの書物は私の壮年期のターミネーションであり、それは直ちに老年期のイニシエーションでもある。》と。

まさに、六〇年世代にとっては安保闘争とは実に戦争であったのです。現在、真正保守の論客として活発な発言を続ける著者は二十代の初めに指導者として、それに関わっていました。いま四半世紀の沈黙を破って総括する。あの闘争とは何であったのか、と。

言葉の真の意味においてラディカルであることは右とか左とかを問うことではありません。ましてや転向・非転向の軸を行為の〝一貫性〟だけに求めるのは知の怠慢ですらあります。

その内実を問う契機、つまり転向ならぬ転回、認識の〝首尾一貫性〟をネグレクトするからです。知の誠実のためにあえてあの安保闘争とは何だったのかを検証する著者の姿勢は凡百の類書とは異なり、よりリアルであります。

あえて「センチメンタル」に語ることがそれを逆証するのではないでしょうか。〝空虚な祭典〟の哀しき勇者たちは真に輝いていたか？　もっともよく闘ったゆえにもっともよく敗れた安保ブント「非行」派たる著者の面目躍如たる本書は、ひとつの貴重な証言です。

パセティックでありつつ、きわめて理性的な筆のはこびです。四十年前のことがあたかも眼前のことと感じられます。筆力のなせる業でしょうか。

ぜひとも一読されまして、御高評などいただければこれにすぐる喜びはありません。なにとぞよろしくお願い申し上げます。

敬具

二〇〇七年六月

洋泉社第一書籍編集部
小川哲生　拝

小澤勲著『自閉症とは何か』

拝啓
このたび小澤勲著『自閉症とは何か』刊行のはこびとなりましたので、早速、お届けいたします。

本書は、ご覧のとおり大部の著であります。それはなにも量的ばかりではなく、質的においてもそうなのです。本書の元版となったものは、一九八四年に精神医療委員会から刊行されたものに新たに著者による「復刻版に寄せて」と今回、本書の復刊に並々ならぬ努力を傾注された、同志社女子大学教授の村瀬学氏の「解説」を付して刊行するものです。

自閉症の歴史とは、学説の変転の歴史であり、多くの論争の歴史でもあります。研究の進展に伴い、前に主流だった学説が後からの学説に席を譲ることは学問の世界では普通であり、当たり前のことでしょうが、こと自閉症の学説では、そのような単純なものではありません。

わたしたちが自閉症という概念を知ったのはそう昔ではありません。一九四三年にアメリカの児童精神科医カナーが発表した論文以降ですから、かなり新しい概念でもあります。

本書は、そうした点を踏まえ、一九六〇年代の自閉症論、一九六〇年代から七〇年代、一九七〇年代以降と目次立てを構成しているのは、この概念のよって来るところを述べるためには必然的であります。

わが国における自閉症論の変遷を歴史的に追い、その必然性を社会的な文脈のなかで理解する、つまり学説史を単なる学説史に終わらせず自閉症児処遇との関連性において批判的に論述するところを目的としております。

目次をみればわかるとおり、「疾病論批判」から始まり、「心因論批判」「遊戯療法批判」「言語・認知障害批判」「行動療法批判」、そして「処遇論批判」にいたる著者の批判意識は徹底しております。本書の「解説」で村瀬学氏がいみじくも述べていますように、著者のその姿勢は「診断理性批判」というところに余すところなく示されております。

本書を読んでいて感じることは、学者・研究者の不誠実な態度があります。たとえば、「心因論批判」の箇所で、「自閉症児は母性の欠如した、冷たい親が作り出したものだ」式の発言があったという事実、それも現在でも活躍中の高名な人たち——たとえば、河合隼雄、山中康裕といった著名人——からの差別的な発言であるからこそ驚きです。信じられないことです。なにもこれは少数の人間だけのことではなく、全体にあふれております。

消せない汚点といってもいいでしょう。

本書は大部ではありますが、その文章・表現はきわめて明快であり、またやさしい素直な文章で綴られております。

そして、本書が目指したものは、自閉症概念が生物学的、医学的あるいは心理学的概念であるよりは社会的範疇であることを強調するものです。

通説としての生物学主義的自閉症論にたいして徹底的批判を加えます。いわば論争の書であります。その故にもっとも今日的でもあります。自閉症を論じながら、じつは病気とは何か、障害とは何か、精神医学と責任論の関連について示唆し、さらには、精神医学とは何かという問題にまで具体的に考察するものです。

元版が自費出版に近いかたちで刊行されたため、また著者が事実上、封印した形になったため、名のみ有名で手にとることが難しかった本がいまようやくその全貌を現すときがまいりました。

この機会に待望久しい孤高の大著を一読されまして広く読者の方にお薦め下されるような御高評などいただけますようお願い申し上げます。

本書の存在を抜きにして自閉症は語れない、と私どもは自負しております。なにとぞよろしくご配慮のほどお願い申し上げます。

敬具

二〇〇七年七月

洋泉社第一書籍編集部

小川哲生　拝

黄民基著『「ならず者国家」はなぜ生き残ったのか』

拝啓

このたび黄民基著『「ならず者国家」はなぜ生き残ったのか』刊行のはこびとなりましたので、早速、お届けいたします。

北朝鮮をめぐる最大の謎は、世界から孤立している「最悪の国家」がなぜ潰れないのかという点にあります。内に対しては、二〇〇万人もの国民を餓死に追いやり、ささいな罪をとがめて地獄の強制収容所に押し込め、外に対してはテロ、贋ドル（スーパーノート）、麻薬とミサイルの輸出、拉致、帰国した在日を人質にして金銭の強要など無法の限りをつくしています。挙句は核兵器の開発・保持という暴挙も辞さない。まさしく「ならず者国家」というしかないこの国が内部から打倒されることもなく、外に対しても瀬戸際政策を強行し続けることで、ついにはアメリカの譲歩まで引き出しつつあるのは、現在、私たちがみている現状ではないでしょうか。

これまで、しばしば自壊論やクーデータ説が唱えられてきましたが、それは緻密な情況分析というより単なる願望でしかなかったことはあきらかです。北朝鮮ウオッチャーに乗せられてはならないのです。

いつ潰れても不思議ではない政権が生き延びているのには理由があります。その理由を読み解かない限り北朝鮮問題の核心は見えてきません。

ですから、私どもは、北朝鮮はいつ崩壊するのかではなく、なぜ崩壊しないのか、と問わねばなりません。そうしない限り、説明できないことが多すぎるからであります。

素朴に次のような疑問を投げかけてみましょう。

独裁政権への憎悪は失せてしまったのか？

北朝鮮はしたたかなのか？

中国は何をしたのか？

日本外交は無能なのか？

韓国は核放棄を願っているのか？

これらの疑問をぶつけてもはっきりした解答はまだ得られません。いわゆるインテリジェンス（情報）がなにか欠けているのです。

北が生き延びているのは内部要因以外に地政学的要因が働いているのではないか、考えることが真っ当なのです。

本書はネオコンが後退し、ネオリアリズム勢力が台頭してきた米政権内部の新しい情勢から始まり、中国の「慢慢地」の底力、つまり、近い将来、北朝鮮が中国に併合されるかもしれない可能性すら射程にいれている中国の野望、さらに韓国のかつての反共政策の反動としての金日成思想＝主思派の台頭とその迷妄ぶり、いわば「中国の野望」と「韓国の変節」

そして「アメリカの裏切り」が、北の存続を解く鍵ということになります。

日本の大手マスコミやメディアが摑んでいないワシントンの変化の一部始終からはじまり、六カ国協議の茶番の舞台裏、書かれざる中国の思惑、韓国の似非左翼が跋扈する土壌を追いながら金正日が打倒されない真の理由を明らかにします。

豊富な取材体験とそのなかで培われた人脈・情報源を駆使し、大胆に描き出す本書は、インテリジェンスの重要性を余すところなく示すものです。マスコミが報道しない真実に迫る本書は、確実に現在進行している六カ国協議の奇奇怪怪を先取りしております。事実は本書の指摘通りに進行しております。誰が北朝鮮を崩壊させせないのか？　答えはおのずから明らかです。

ぜひとも本書を一読されまして、ひろく本書の価値を紹介していただけますよう、ご高評などいただければ幸いです。なにとぞよろしくお願いいたします。

敬具

二〇〇七年七月

洋泉社第一書籍編集部
小川哲生　拝

村瀬学著『初期心的現象の世界——理解のおくれの本質を考える』

拝啓

このたび、「洋泉社・新書ＭＣ」八月新刊として、村瀬学著『初期心的現象の世界——理解のおくれの本質を考える』刊行のはこびとなりましたので、早速、お届けいたします。

本書の元版は一九八一年六月に大和書房から刊行されたものですが、著者三十二歳の処女作であります。脱稿まで数年かかったことを考えますと、じつに二十代の大半をかけてこの著作にかけた著者の思いがしのばれます。

実を申せば、この著作は、私が大和書房時代に手がけたものでありますが、発売以来数度の版を重ねましたが、故あって、私が大和書房を退職して以来、品切れ・絶版となり、入手が困難になってまいりました。マーケットプレイスで六五〇〇円の値段がついているのを見るにつけ、初版担当者としては、ぜひとも復刊しなければと、気がかりにしてきた一冊であります。

作家は処女作に向かって成熟するとはよく言われることですが、それは作家に限らず、書き手一般、研究者一般にも通ずる言葉です。本書は、著者の第一作であり、その後の活動は、みなさんご存知のように本書に向かって成熟していくことを実感させるものです。

著者は大学を出て、二十代のはじめに心身障害児施設で〈ちえおくれ〉とか〈自閉症〉と呼ばれる子どもと出会います。その子どもを前にして何とか理解したいと考えます。発達心理学や障害心理学などを借りて理解しようとしますが、皆目理解する手がかりがつかめません。それなら自力で自前の論理を作らねばならぬ、それも〈症状〉としてではなく〈心的現象〉として理解する道を――。

当時、著者は、まったくの無名の青年であり、研究者ですらなく、一介の心身障害児施設の職員でしたが、日々の仕事の合間をぬってひたすら研鑽に励みます。いまは廃刊してしまった北川透氏主宰の自立誌『あんかるわ』に発表舞台を見つけ、そこに本書のもととなる原稿を発表していきます。そこで私との出会いが生まれ、その後、あらたに書き下ろしの形で本書の元版の刊行となります。

いささか過去の話にこだわってまいりましたが、編集者というのは著者とともに成長していきたい思いがあるものです。編集者生活の晩年にはいりつつある私にとりましては、本書をもう一度世にだすことは、当然のごとく、責務であり、そのためにも本シリーズ「新書ＭＣ」を立ち上げたといっても過言ではなく、感慨無量の思いがあります。

個人的な思いとは別に、本書の価値は初版発行以来四半世紀を経ても決して古びることなく、かえって今こそが本書の価値が世の中に受け入れられていく思いが切にします。〈知〉の基盤の基本的組替えから〈発達〉や〈ちえおくれ〉に〉に肉薄する本書は、「客観―科学」の一面性を突き破ろうとする著者の出発点となった記念碑的作品にとどまることなく、自分を理解するように子どもたちを理解する視点を決して手放しません。これは言うに易く行うに難く、自閉症の研究史を紐解くときに感ずる研究者への違和とはまったく別種のことであり、貴重な姿勢でもあります。

本書を通してわれわれは、かつてどんな発達心理や障害心理からも得られなかった人間洞察に富む心的世界の原理的把握が得られることでしょう。

そのあたりの経緯は本書の解説で吉本隆明氏が触れているところを読んでいただければ理解できるはずです。

ぜひとも本書を一読されまして、ひろく読者への導きとなりますよう書評などで取り上げていただけますように切に望む次第です。なにとぞよろしくお願い申し上げます。

敬具

二〇〇七年八月

洋泉社第一書籍編集部

小川哲生　拝

宇佐見陽著『野球神よ、大リーグ球場に集え』

拝啓

このたび、「洋泉社・新書y」八月新刊として、宇佐見陽著『野球神よ、大リーグ球場に集え』刊行のはこびとなりましたので、早速、お届けいたします。

著者の宇佐見陽氏は、すでに『大リーグ野球発見』『大リーグと都市の物語』の著書を物している人です。

企業勤務で一九六八年から九四年まで主にニューヨークを中心に米国東海岸に駐在し、企業勤務の傍ら野球の研究を続ける真の大リーグ・ファンのひとりといっても過言ではありません。

帰国後も定期的に北米の球場を訪問し、大リーグの三〇の根拠地（新旧球場を含め四七球場）をすべて訪問した人ならではの経験を元に本書を執筆したものです。いわば年季の入った本物の大リーグファンなのです。

現在では、イチロー、松井、松坂などの活躍もあって、NHKは日本人選手が出場する試合をライヴで中継するなど、日本のプロ野球に比しても遜色のない中継ぶりをみるにつけ、大リーグが日本に定着した感があります。

しかし、著者も述べているように、ニュースでのMLBの紹介はあくまで「大リーグ所属の日本人選手」の紹介に過ぎず、日本人選手のいない球団の結果が報じられることが少ないことがあります。

果たして、これで本当に大リーグがわかったといえるでしょうか。

Take Me Out to The Ball Game. や Take Me Out to The Ball Park. ということばがあります。ここで言う Ball Game とは野球を、そして Ball Park とは球場を意味する言葉ですが、ことほど左様に、アメリカ人にとっては野球とはアメリカ文化そのものなのです。

それはイタリア人にとってのオペラと同じ意味をもっているのです。

オリンピックにおいてあれほど勝負にこだわるアメリカ人がこと野球においては、勝敗だけではなく、野球、そしてわが地域のチームに入れあげるのは、故なしとしません。

日本においては、球場名はただ〇〇球場でしかないのに、アメリカにおいては、たとえばヤンキー・スタジアム、フェンウェイ・パーク、リグレー・フィールドといったように「スタジアム」「パーク」「フィールド」といったように多様な名称をもちます。その成り立ちが一様でないように名称にも違いがあります。

これが文化といえるのではないでしょうか。

また、アメリカの球場は日本人の感覚から言えば、不平等ともいえるような左右対称ではない変形球場があります。設計段階から打者有利、投手有利、または右打者有利、左打者有利、あげくはホームチーム有利を意図的につくりだしたものもあります。

均質ではない条件のなかで闘う戦術やチーム造りこそが大リーグの醍醐味であることを知るとき、わが国が学ぶべきことが多いことを知るべきでしょう。

勝負の勝ち負けだけでは見えてこない球場の魅力とは、「魅力をたたえた配慮ある設計」「観客の数、密度」「緊迫した熱戦、好プレー」の掛け算である、と本書の著者は主張します。まさにものが見えている人の言として、聞くべき言葉ではないでしょうか。

テレビでは見られない、よりレヴェルの高い間一髪を俯瞰できる球場での観戦、そしてその楽しさを説く本書は、すべての大リーグ本拠地球場に足を運んだ著者ならではの観点がぎっしりつまっております。

だから、わたしどもはあえて言いいます。「ヤンキーズよりもヤンキー・スタジアムが好きだ」と。これは含蓄のあるひとつの批評の言葉です。

本書のタイトルの由来は「野球の神は球場に宿り給えり」「野球神＝野球人」をかさねたことを蛇足ながら申しのべておきます。

ぜひとも本書を一読の上、広く読者にお奨めくださいますよう、御高評などいただければ幸いです。なにとぞよろしくお願い申し上げます。

敬具

二〇〇七年八月

洋泉社第一書籍編集部

小川哲生　拝

中山治著『「格差突破力」をつける方法——勉強法から人生戦略まで』

拝啓

このたび、洋泉社「新書y」十月新刊の一冊として、中山治著『「格差突破力」をつける方法——勉強法から人生戦略まで』刊行のはこびとなりましたので、早速、お届けいたします。

著者の中山氏は、二種類の方向性をもった本を刊行しております。日本人の国民性、日本文化論に基づいた本ともうひとつは教育心理学の知見から教育論および勉強法に関する本がそれです。本書は、その二つを兼ね備えた内容になっております。

現在、問題になっている「格差社会」をどう生きるかを考える場合、日本人の国民性ばかりではなく、そのなかで生きていくための方法を考えるという二正面からのアプローチが必要だからです。

本書のテーマは、格差社会をどう生き残るか、そのためには格差「突破力」をどうつけるか、ということにあります。

世界的潮流といわれる成果主義と拝金主義にわれわれはあまりにも惑わされてはいないか、と著者は問いかけます。

本来、地位や名誉、お金の多い少ないかに関係なく普通に生きる者にとって、人生の目的は充実した幸せな生活を送ることにあります。人生の真の勝者は中間層の中にいるはずなのです。

だが、今日の日本は格差社会が到来しており、社会の中間層が薄くなり、一握りの上流と大多数の下流に二極分化しているのが現状です。

口当たりのいい政府やエコノミストの言い分を信じて、なんとかなるとのんびりかまえていたり、異能の人の成功体験に自分の夢を託したりしていたのでは､下流転落は必至です。自己決定と自己責任の名の下に切り捨てられるからです。

問題は、中流の暮らしを保ち、そのなかでいかに充実した人生を実現するかにあります。これは言うは易し、行なうは難し、です。生き残るためには、漫然と受身でいたのでは不可能なのです。戦略が求められるゆえんです。

そのためにはどうすればいいのか。「格差突破力」を身につけなければなりません。

具体的には次のようになります。

①「時代のトレンド」をどう読み取るか
②「良質の情報」と「ゴミ情報」をどう見分けるか
③「不都合な真実」を見抜いて、勝ち抜く戦略をどう立てるか
④「良質な人的ネットワーク」をどう築くか
⑤安全確実にマネーをどう増やすか

の五つの点を押さえる必要があります。

　その勉強法から人生戦略までを射程に入れる必要があります。そしてそれを伝授するのが本書です。普通のひとの目線から具体的に論じるのが本書の持ち味です。

　ぜひとも一読されまして、御高評などいただければ幸いです。なにとぞよろしくお願いいたします。

敬具

二〇〇七年十月

洋泉社新書編集部
小川哲生　拝

高田宏著『言葉の海へ』

拝啓

　このたび、洋泉社「新書MC」十月刊行の一冊として、高田宏著『言葉の海へ』刊行のはこびとなりましたので、早速、お届けいたします。

　本書の元版は、一九七八年に新潮社から刊行され、八四年に新潮文庫に収録されましたが、長らく品切れ中のものであります。

　本書は著者の処女作であります。著者は長らく、光文社、アジア経済研究所、エッソ石油で編集者生活を続けてきましたが、本書によってデビューし、八四年よりフリー、その後の著作は一二〇点以上も数え、八面六臂の活躍をしていますが、本書は、まさに著者の代表作であります。

　作家は処女作に向かって成熟するとは、よく言われることですが、まさに著者の場合もそれが当てはまります。本書の中に著者・高田宏のアルファからオメガまでがあります。

　著者は、一人の人間の内と外を描くことでその人物の生きた時代を呼吸する、伝記あるいは伝記小説に惹かれると述べておりますが、著者の出発点となった本書は、その意味で、一人の人間の内と外を描くことでその人物の生きた時代を呼吸することに成功したものと申せましょう。

当然にも世評は高く、処女作にもかかわらず大佛次郎賞・亀井勝一郎賞をダブル受賞したことは特筆に価します。

本書は、タイトル「言葉の海へ」からも想像できますように、わが国初の近代国語辞書『言海』とそれを完成させた大槻文彦の生涯を描いたものであります。

現在では、書店の辞書売り場には数多くの国語辞書が溢れております。コンピュータ一台あれば誰にでも辞書はだせそうな気がして、編纂者の一生を費やして完成させた先駆者の苦労など、さして気に留めない風潮があります。道のないところに道をつくるということは、それほど簡単ではありません。当時、依拠すべき辞書など存在していないからであります。すべて一からはじめなければならないのです。

本書の主人公・大槻文彦の気宇壮大な意図は、わが国に、英語のウエブスター、仏語のリトレに比肩するものをつくるということにあります。国語の統一こそが独立の標識であり、そのためには文法の統一と本格的国語辞書の完成が急務と考えたからであります。

彼の最大の関心は、国の独立、国の盛衰、国の道徳にこそあったのです。自己の立身出世よりも国の独立という使命に燃え、子を失い、妻に先立たれながらも十七年の歳月をかけ、遂に『言海』を完成させたのです。かれは言葉の真の意味での「ナショナリスト」、明治人の典型といえるのではないでしょうか。

著者の関心は、大槻文彦個人にとどまりません。大槻文彦を描くことで欠かせないことは、大槻家の洋学の血――大槻玄沢・大槻磐渓に列なる――、および戊辰の役の敗者につながる出自――仙台藩出身――にあります。そのことが大槻文彦の個性――「反藩閥の心情」――であり、当時の日本のおかれた低い国際的地位から必然的に生じた国家意識の問題であります。

スケールの大きな伝記文学の記念碑的作品である本書は決して古びることはありません。ぜひとも、こんなすごい日本人がいたことを、若い読者に紹介する意味でも、本書の価値を広く読者に届けるべきご高評などいただければ幸いです。忘れ去られていい本ではないからです。なにとぞよろしくお願い申し上げます。

敬具

二〇〇七年十月

洋泉社新書編集部

小川哲生 拝

粕谷一希著『二十歳にして心朽ちたり』

拝啓

このたび、洋泉社・新書MC、十一月新刊として、粕谷一希著『二十歳にして心朽ちたり』刊行のはこびとなりましたので、早速、お届けいたします。

先月の高田宏著『言葉の海へ』に続く伝記ものです。

畢竟するところ、人間は人間に一番興味がある、ということを私は信じております。時代のモードや最先端の事象は、そのときは興味を駆り立てられてもすぐに飽きがくるものです。だが、人間にはやはりすたりはありえません。

このような人間がいたことに反撥を感じるか、シンパシーを感じるか、ひとそれぞれでしょうが、確かなことはこのような人間が生きていた、ということに対する興味は、決してなくならないものと考えるからです。

本書の元版は一九八〇年に新潮社から刊行され、版を重ねましたが、いつの間にか入手することが困難になったものです。本来ならば文庫に収録されるもののはずですが、その機会を得られなかったみたいで、このまま忘れられるのはいかにも惜しい本の一冊です。

モダン・クラシックを標榜するこのシリーズにはまったくうってつけの本と申せましょう。

私の偏りをありていに言えば、伝記と処女作と編集者だった人が回顧的に書くのではなく、自分を確かめるように書いた本にたいしては、いやおうもなく支持を与えるということがあります。

著者は、元『中央公論』の辣腕編集者であり、四十八歳で退職し、はじめて世に問うた本であります。作家は処女作に向かって成熟するとはよく言われることですが、本書は著者・粕谷氏にとってそのようなものと考えられます。著書を多数物している著者には失礼になるのも省みず言わせてもらえば、本書は著者の原点であり、アルファからオメガまですべて入っていると申しても過言ではありません。

若年時にそのタイトル「二十歳にして心朽ちたり」に惹かれ、総合雑誌『世代』や本書の主人公・遠藤麟一朗に関して無知であったにもかかわらず一気に読んだことがいまおもいだされます。まして、本書のタイトルの由来が唐の詩人・李賀にあったことは本書を読むまで知らなかったことを正直に言っておきます。

そして、本書の主人公・遠藤麟一朗です。いまではほとんどの人が忘れている人でしょうが、やはり忘れられてはいけない存在のように思います。

府立一中・一高・東大で「秀才」の名をほしいままにし、同世代のシンボル的存在、「紅顔の美少年」、詩藻豊かな同世代の代表者、総合雑誌『世代』の伝説的な編集長。これだけで触手が動きます。そのかれが、無名のサラリーマンとして逝ったのはなぜなのか。まさに謎解きの興味すら抱かされます。そのとき、かれが生きた時代が競りあがってまいります。

　敗戦直後から一九五〇年代、真の意味での「戦後」の錯乱の季節の底に流れていた、異様なほど熱気に満ちた「ルネサンス野望」は、どう葬られたのか？　敗戦直後のあの〝精神の季節〟とは何であったのか？

　著者の数年前の世代として、数歩前を歩く〝都会の秀才〟たちはまさに著者の青春の前景にあったのですが、かれらの生涯とは、いったい何であったのか。

　自らの青春の構造を確認すべく著者の取材の旅――著者自身「行脚と巡礼」と表現していますが――は本書の白眉です。「秀才」の脆さと「戦後日本社会」の病理を渾然一体として描ききった記念碑的処女作は、いまも読む人に感動を与え、けっして古びることはありません。

　ぜひとも本書を一読されまして、ひろく読者への導きとなりますよう書評などで取り上げていただけますよう切に望む次第です。なにとぞよろしくお願い申しあげます。

敬具

二〇〇七年十一月

洋泉社編集部
小川哲生　拝

澤宮優著『「二十四の瞳」からのメッセージ』

拝啓

　このたび、澤宮優著『「二十四の瞳」からのメッセージ』刊行のはこびとなりましたので、早速、お届けいたします。

　著者の澤宮優氏はサラリーマン生活の傍ら執筆活動を続けるノンフィクションライターであり、すでに数冊の著書をものし、二〇〇三年に『巨人軍最強の捕手』で第十四回ミズノスポーツライター賞優秀賞を受賞している若手の書き手です。

　従来、スポーツノンフィクションの作品を主なジャンルとしてきましたが、今回は、それまでのジャンルとは異にした「映画をめぐる」人間ドキュメンタリーに果敢に挑戦したものが、本書です。

　発端は平成十六年四月の夕刊の記事でした。

　映画「二十四の瞳」が上演されて五十年を迎えたことを記念して、当時の映画に出演した子役たちが小豆島に行き、再会するという内容でした。

　直感的にピーンとくるものがあった。そこから著者の長い旅は始まったのです。

この直感的にピーンとくるにはそれなりの理由がありま す。かつて著者はシナリオ作家協会のシナリオ講座に通っていて、シナリオを学ぶためには日本映画の名作を見ることだと教えられ、その中に木下恵介の名があったことがひとつの伏線となっていました。

同時代にではなくビデオではあったのですが、木下恵介の作品をみることを通して、喜劇・メロドラマ・社会劇すべてに一流の監督であることを発見していた経緯があります。

そうした経緯を踏まえての新聞記事だったのです。

時代が平成に入ってから、人の命を軽んじ、目を塞ぎたくなるような悲惨な事件ばかりが目につく昨今ですが、当時、あれほど評価が高かった木下恵介はほとんどだれ一人知るひともいなくなって忘れ去られようとしている今こそ、もう一度再評価すべきではないかとの思いがあったのです。

人の命の尊さ、戦争への憎しみを描いたこの映画は、いま忘れられつつありますが、日本映画史上もっとも多く、もっとも深く感動させた映画「二十四の瞳」は、現在こそ見直されるべきではないのか、と。

単なる映画論ではなく、この映画の成功のひとつの要因である素人の子役――十二組二十四人の兄弟姉妹――のその後の生き方を縦軸に映画のつくりを横軸にしてひとつの人間ドキュメンタリーを描くことで、映画「二十四の瞳」の真実はいかに継承されてきたのか、それこそがこの映画のメッセージのはずだからです。

この映画に出演した子役のひとたちは、出演後、「役名」でお互いを呼び合い、交流を続け、だれ一人、芸能界に進まず、周囲の思惑に左右されず、ぶれることなく、自分の人生を歩んだのです。これは、この映画に出演することでその後の人生に決定的に影響を受けたことにほかなりません。精神のリレーは確かに受け継がれてきたのです。

子役たちの生き方、また俳優・スッタフの貴重な証言、当時の資料を丹念に調べ駆使しながら、いまやうしなわれつつある日本人の原点を見据える本書は、かならずや読む人を感動させると著者ともども私どもは確信しております。

ぜひとも一読されまして、ひろく読者への導きとなりますよう書評などで取り上げていただけますよう切に望む次第です。なにとぞよろしくお願い申し上げます。

敬具

二〇〇七年十一月

洋泉社編集部
小川哲生 拝

片田珠美著『やめたくてもやめられない――依存症の時代』

拝啓

このたび、洋泉社「新書y」十二月の新刊の一冊として、片田珠美著『やめたくてもやめられない――依存症の時代』刊行のはこびとなりましたので、早速、お届けいたします。

先に著者は『薬でうつは治るのか?』を刊行し、その中で昨今の薬物中心とマニュアル偏重の現在の治療方法にたいする違和と警鐘をならしてきました。

本書は、その延長線上に、依存症、とりわけ薬物依存症が増えているその背後には、根強い「薬神話」と自己愛的万能感を際限なく肥大させる時代の病理に警鐘を鳴らすべく本書を書き下ろしものです。

著者の片田氏をかいつまんで紹介すれば、氏は一九六一年生まれ、精神科医として臨床に携わりつつ、精神分析の視点から精神疾患の構造について研究する気鋭の精神科医であり、現在、神戸親和女子大学教授であります。フランス政府給費留学生としてパリ第八大学でラカン派の精神分析を学びDEA(専門研究課程修了証書)取得。いまもっとも旬の著者と目されております。

昨今の精神科医はともすれば、臨床にいそしむよりマスコミに登場することに忙しく、タンレント化している例がまま見られますが、彼女の場合は、より地道な研究にいそしんでおり、信頼に足る人であり、人間的にも魅力に富む女性であります。

うつと依存症はうらはらの関係にあります。それはどういうことかと申せば次のようになります。

できることとできないことの限界に直面したとき、あきらめきれずに落ち込むのがうつであり、薬物の力をかりてでも、あきらめを回避しようとするのが依存症であると、著者は述べます。つまり、片方の手に自己実現というバイブル、もう一方の手に消費社会における肥大化した欲望を抱えたわれわれには常に満たされない不全感と渇望が影のようについてまわります。その結果として、依存症はこれほどまでに増え、「時代の病」になったのです。

それは、あたかも差別の撤廃が新たな差別を生むといった現代の逆説と軌を一にする現象と等しく思われます。ここに、著者の真骨頂があります。この依存症はそれほど簡単な事象ではなく、安易な処方箋を出し、事足れり、とする凡百の精神科医と隔てるものがあります。それほどに「依存症」の問題は大きいと申せましょう。

フランスの社会学者アラン・エレンブルグが命名した「サイキック・ビル」という言葉は、薬物が個人の行為のドーピング剤として認識される社会状況を皮肉を込めて評しておりますが、著者の認識を補強する言葉といっても過言ではありません。

「やめたくてもやめられない」――いわば、依存症の根底に潜む願望や幻想を生み出した現代社会の構造を分析することは、安易な処方箋を提出するよりも、より重要とわたしどもは考えます。その根底を見つめよ、と。

一見、患者の気持ちに従うような、リタリン、抗うつ薬ＳＳＲＩの安易な乱用に警鐘をならす本書は、迂遠の道ながら、より本質的と言わねばなりません。古来よりよくいわれる言葉に、急がば回れという言葉がありますが、その言葉を吟味したいものです。「医薬品のドラック化」と「薬神話」のリスクを直視せよ！　この問題にもっと多くの人々の関心が向けられますように。さて、あなたはどう態度を決めますか？　本書を一読されまして、一人でも多くの読者に本書の価値を知らしめてくださいますように、ご高評などいただければ幸いです。なにとぞよろしくお願い申し上げます。

敬具

二〇〇七年十二月

洋泉社新書編集部

小川哲生　拝

2008

勢古浩爾著『日本人の遺書』

拝啓

このたび、二〇〇八年一月「新書y」新刊として、勢古浩爾著『日本人の遺書』刊行のはこびとなりましたので、早速、お届けいたします。

わたしたちは遺書に接するたびに粛然としてしまいます。覚悟の言葉に接して、かれらとわたしは共感と哀切において繋がるからです。

ですから、静かな声でこのように言わずにいられない。人間が生きるとは、なんと悲しいものか、と。

本書には八十二通の遺書が収録されております。有名・無名を問わず、また文筆家にとらわれることなく、学生、軍人、市井のひと、死刑囚、いじめ自殺の子どもまでがふくまれます。そこには、哀切な死、壮絶な死、そして悲痛な死があります。死には軽重がありません。

ただ、書かれた死だけが重要なのではありません。言葉ひとつ残すことなく死んでいった無数の死はもちろんあります。そこに思いをはせることなく、遺書をのこした人の死だけを特権的にあつかうことは著者ともどもわたしたちがもっとも避けたかったことであります。

本書を執筆する際の著者の覚悟といったものは、つづめていえばつぎのようになります。

遺書にすべて本心が書かれているかどうかはわからない。死に臨んでもそこにわずかな虚栄が混入していないとはいえない。

書ききれなかった万言が放棄されたかもしれない。死に臨んだ気持ちに言葉が追いつくはずはないのだ。

にもかかわらずそれは、読む者をなぜか粛然とさせる。生と死を取り替えた覚悟の言葉、その言葉のなかにその人の生が閃光のように現出するからである。覚悟の言葉に接して、自分の現在の生が遺書の前に引きずり出される。おまえの生はどうなのだ、おまえの死はどうなのだ、と。

いまはただ本書を読んでいただきたい、という思いでいっぱいです。できばえはごらんのとおりです。ただ本書に接して、幾分か粛然となり、そして少しでも多くの人に本書の存在を知らせる意味があるとお感じになりましたら、ぜひともご高評などいただければ、著者ともども幸いに存じます。なにとぞよろしくお願い申し上げます。

敬具

二〇〇八年一月

洋泉社新書編集部

小川哲生　拝

吉本隆明著『「情況への発言」全集成1　1962〜1975』

拝啓

　このたび、二〇〇八年一月新刊「新書MC」吉本隆明『「情況への発言」全集成１　1962〜1975』刊行のはこびとなりましたので、早速、お届けいたします。

『「情況への発言」全集成』は、吉本隆明主宰の雑誌『試行』の巻頭を飾った「情況への発言」のすべてを全三巻に収録するものであり、一九六二年十月から一九九七年十二月にわたる三十五年間の軌跡をすべて網羅するものであります。

「情況への発言」というタイトルを冠した本は、一冊だけありますが、それは本書とは異なり、講演録の記録であります。現在、この「情況への発言」をすべて収録した本は、意外なことになく、すべてを読みたいという読者は、雑誌『試行』に当たるしか方法はなく、商業誌として出発したものではなく、個人誌のため図書館でもなかなか所蔵されていないのが実情です。たぶん全部そろえているのは国会図書館以外にはないでしょう。

　吉本氏の熱心な読者なら、いや、書籍でも読むことはできるのではと考える方もおられるかも知れませんが、すべてといわなければ、それも可能かも知れません。その場合、単行本・著作集を探し出し、八冊に収録されているものでよむことができますが、それでも全部ではありません。

「アジア的ということ」全七回分がどの本にも収録されていないし、『試行』最終号に掲載されたものがあるからです。それをすべて発表順に収録し、解説（松岡祥男執筆）とあらたに著者の「あとがき」を付し、全三巻で刊行するのが、この「全集成」の全容です。本書、全三巻ではじめて「情況への発言」の全貌があきらかにされます。

　情況論の面白みと危うさは紙一重のところがあります。話題がホットであり、みながみな、その話題に興味を持っている場合は、こぞって読むということがありますが、時代がたつにつれ、その話題が忘れ去られると見向きもされないことがあるからです。しかも、この種の文章は、事後にアリバイ的に自らの発言を糊塗することは不可能であり、自らの情況に対する認識が等身大にでてしまう類の文章ということになります。自らの予見がどう当たったか、あるいはどうはずれたか、あとで言い訳ができない真剣勝負の趣きがあります。「情況論の面白みと危うさは紙一重」といったゆえんです。

　しかしながら、それは杞憂に過ぎません。情況は情況を捉える確かな目によって情況となることを吉本氏は完全に証明しているからです。その意味で、ひとりの思想家が自らの思想的軌跡を自らの発言で裏切らないことを証明している「ドキュメント」といっても過言ではありません。

本書の醍醐味は、情況への認識の徹底さ、透徹度ばかりでなく論敵への仮借ない辛らつさ、罵倒ぶり、そしてそこに醸しだされる巧まざるユーモアにこそあるとわたしどもは考えます。氏は論争の態度として、「党派性からの批判には必ず反撃する」ことを明言しております。「それだけが、人間が人間の至上物と考えられる道に至る過渡的な課題を貫くための態度だからなんだ」と考えるからです。

それは本書でも遺憾なく発揮されております。情況を捉えずしては本質に迫れない、という著者の覚悟がこめられた時代との格闘の書として、本書の価値をわたしどもは確信する次第です。

ぜひとも一読されまして、ご高評などいただければ幸いです。なにとぞよろしくお願い申し上げます。

敬具

二〇〇八年一月

洋泉社新書編集部

小川哲生　拝

長浜功著『北大路魯山人という生き方』

拝啓

このたび、洋泉社「新書y」二月新刊として長浜功著『北大路魯山人という生き方』刊行のはこびとなりましたので、早速、お届けいたします。

著者の長浜功氏は、教育社会学を専攻し、その専門とする著書も数冊もっておりますが、二〇〇七年三月に東京学芸大学教授を定年退職したのを契機に、「学芸評論」に専念すべく、最初に表したのが本書であります。

従来の魯山人に関する多くの評論や解説の類はきまってひとつの定型があります。それは、ある一冊の書物に「事実」を拠っていることです。その事実が本当に事実ならなんら問題がないのでありますが、評伝の決定版とみなされる本――白崎秀雄『北大路魯山人』――が、単なる「小説」であり、読者をひきつけるために面白おかしく紹介されるエピソードの多くはよく言えば「創作」であり、実を言えば「捏造」であることを突き止めたのは、ほかならぬ本書の著者・長浜功氏なのです。

通説では、魯山人は「傲岸不遜」「唯我独尊」「漁色家」「昭和の妖怪」などという烙印が押され、それがあたかも事実であるかにひとり歩きしているのが現状です。

本書は、それを糾すべく、魯山人の「生き方」に焦点を当て、強烈な個性、人間味溢れる魅力ある人物の実像を伝えようとするものであります。

一般に世の中には、万人に好かれる人がいる一方で、毀誉褒貶相半ばしながら、カリスマ的熱狂を呼ぶ人間がおります。

自分の好みを措くとしても、万人に好かれる人よりも敵が多くてもその人なりの人生を送った人のほうによりシンパシーを感じることがしばしばあります。自分がどう生き、生きたいと思うかがその人の評価を定めるポイントになるからです。万人に好かれる、その極北にいるのが、本書の主人公・北大路魯山人ではないでしょうか。

学歴、師、流派に一切、寄りかからず独学独歩で人生を駆け抜けた男は、料理のみならず書画、骨董、陶芸に大きな足跡を残した稀有の日本文化の保護者でもあったのです。

『美味しんぼ』のモデルとしての魯山人は「料理」のみがもてはやされる傾向がありますが、独学でいずれも分野でも超一級の人でもあった魯山人は若い世代にも魅力ある人間にうつることは間違いありません。

対象に曇りなき目で接すること、本書がめざしたものはそれです。ためにする批判とはおのずと一線を画します。「独学」者にありがちな偏狭さを云々するよりもまずその実像に触れること、北大路魯山人をまともにみつめることに供したいという著者の思いはわたしども出版者の思いでもあります。

新書判という小さな本ではありますが、その目的は達成しているのではと、ひそかに考えております。ぜひとも本書を一読されまして、ひろく読者にお薦めくださいますようご高評などいただければ幸いです。なにとぞよろしくお願い申し上げます。

敬具

二〇〇八年二月

洋泉社新書編集部
小川哲生　拝

浜田寿美男＋奈良女子大学子ども学プロジェクト＝編
『「子ども学」構築のために　赤ずきんと新しい狼のいる世界』

拝啓

このたび、浜田寿美男＋奈良女子大学子ども学プロジェクト＝編『「子ども学」構築のために　赤ずきんと新しい狼のいる世界』刊行のはこびとなりましたの、早速、お届けいたします。

かつて、子どもとおとなの関係のかたちは一定で、子どもが親を乗り越えておとなになっていくというイメージは、いまよりずーと鮮明でした。しかし、現在は子どもとおとなの関係は大きく組み替えられております。子どもの生きる世界とおとなの生きる世界が、どこでどのように接続し、どこでどのようにすれ違っていくのがよく見えない、そんな時代であります。

また現在は、消費経済が地球全体に広がり、子どももおとなも消費主体であるという意味では同じです。そんななかで少子化が進み、この社会で子どもの占める位置が大きく変わっております。

これはすべて客観的な状況でありますが、そのようなことを背景として、奈良女子大学では、「子ども学」プロジェクトを立ち上げました。

子どもの世界を新たな目で捉えなおし、子どもとおとなのあらたな関係を模索するためです。子ども学の内包が定まらないなか、その外延を広げ、確かめる試みをしようとの考えからであります。

第一回めとして「子どもの安全・保護と自立のはざまで」と題して、学内外の論者を学際的につなげ、そこから、現在、起きている子どもの問題を論じようとするものです。子どもが被害者となる事件が世間を騒がせ、「子どもを守れ」という大合唱が起きている一方で、「子どもの巣立ちにくさ」が、引きこもりやニートをうみだしている、そのジレンマをどう読み解けばいいのか。

確かに子どもは守られなければなりません。しかし、リスクを侵してでも子どもは巣立っていかなければなりません。

こうした問題を発達心理学、児童文学、心理カウンセラー、家族心理臨床家などの専門家が議論を重ねてなったのが本書です。

今後とも「子ども学構築のため」の努力を果たすのは申すまでもありませんが、本書はその始まりの一歩です。この企画を持続させていくためにもぜひとも広く多くの読者にむけて、本書をお薦めいただければ幸いです。なにとぞよろしくお願い申し上げます。

敬具

二〇〇八年二月

洋泉社書籍編集部
小川哲生　拝

吉本隆明著『「情況への発言」全集成2　1976〜1983』

拝啓

このたび、二〇〇八年三月新刊「新書ＭＣ」吉本隆明『「情況への発言」全集成　2　1976〜1983』刊行のはこびとなりましたので、早速、お届けいたします。

『「情況への発言」全集成』は、吉本隆明主宰の雑誌『試行』の巻頭を飾った「情況への発言」のすべてを全三巻に収録するものであり、一九六二年十月から一九九七年十二月にわたる三十五年間の軌跡をすべて網羅するものであります。今回はその第二巻目にあたります。

今回の大きな特徴は、「アジア的ということ」全七回分が、単行本として、はじめて収録されることであります。

いままでは、初出である『試行』をひもとかなければ、読むことができなかったものでありますが、今回、ようやくその全貌が明らかになります。

ヘーゲル、マルクスの規定した歴史概念を対象化し、世界史的な意味での〈アジア的なもの〉を考察する意味はどこにあるのでしょうか。

主語を置き換えれば、体制の翼賛と迎合にそのまま通じる理論をまったく克服することもなく、「正義」を仮装する運動、たとえば、差別問題における「言葉狩り」や「反核」問題を考えてみれば、ことの本質が見えてきます。そこで展開される「正義」なるものは、「アジア的ということ」で批判した対象そのものが、歴史の亡霊のように立ち現れたからでもあります。

本書の「あとがき」で著者はこう述べます。

《かつてマルクスはヘーゲルの世界史観を、あまりにも単純な進歩、合理的にすぎるとして、西欧近代化が本格化した時期に、原始時代と古典古代の間に「アジア的」な段階を設定した。ヘーゲルは西欧と接触する地域に限って「アジア的」な社会について略図を描いている。マルクスはこれでは合理的な進歩主義でありすぎると考えたのかもしれない。（中略）わたしは日本列島民を基本にした視点を用いれば、ウィットフォーゲルのマルクス主義的アジア理解は、単純にアジアをひとつにくくることはできないと、わたしはそう述べてきた。西欧的（アメリカを含めて）段階とアフリカ的段階の中間にあって、わたしたち日本列島の住民は、アフリカ的段階を含めて、本当のグローバルとは何かを確定する好位置にある。単なる利潤や思想なきイデオロギー主義を超えることもできるひらかれた位置をしめているといってもいい》と。

情況が強いる課題に対する無意識の構えがよく示される言葉ではないでしょうか。

〈アジア的〉という世界史的な概念の解明とその深化の課題に取り組む論考の全貌が、いま本書によって明らかになります。

ぜひとも一読されまして、ご高評などいただければ幸いです。なにとぞよろしくお願い申し上げます。

敬具

二〇〇八年三月

洋泉社新書編集部

小川哲生 拝

井崎正敏著『〈考える〉とはどういうことか？——思考・論理・倫理・レトリック』

拝啓

このたび、井崎正敏著『〈考える〉とはどういうことか？——思考・論理・倫理・レトリック』刊行のはこびとなりましたので、早速、お届けいたします。

著者の井崎正敏さんは、長年、筑摩書房の編集者をつとめ、二〇〇一年に専務取締役編集部長を最後に退職し、批評活動に入った名物編集者であり、武蔵大学客員教授、東京大学、明星大学非常勤講師を務めております。

新刊を含めて昨年一番売れた文庫本をご存知でしょうか。それは十年以上前に刊行したものにもかかわらず、急に売れだしたものですが、外山滋比古著『思考の整理学』がそれです。井崎氏が企画編集したものでありますが、それに触発されたわけではありませんが、氏は編集者時代から〈思考〉をテーマにしてきており、いつか自分の本をだしたい、と念願してまいりましたが、ようやく満を持して世に問うのが本書です。氏自身、四冊目の著書となります。

われわれはどうやって考えているのか？　論理はどうして組み立てられるのか？　感情と論理はなぜ対立するのか？

われわれが日ごろ、疑問に思うことを自分の言葉で、そして自分の論理で解決を与えようとしたのが本書です。氏自身、子ども時代は内向的な少年であり、死の不安についてあれこれ考えていたことを開陳しておりますが、考えることをそれ自体考えることはなかったと。しかし、中学に入り英語を習い始めたとき、日本語の構造に急に自覚的になったと述懐しております。

本書のテーマは明らかであります。それはつづめて言えば、人間の感情的な想いから抽象的な論理まで、この思考のメカニズムを一貫したまなざしのもとに、平明に、しかも原理的に解き明かそうとするものであり、思考論の新スタンダードとして世に問おうとするものであります。

従来の論理学は基本的に演繹的な推論だけを取り扱ってきたが、論理とは言葉の正しい用法であるにもかかわらず、そこでは論理が言葉の基本的な用法である喩と関連させて論じられることはなかった。そこに著者の疑念があります。

またレトリック論がいちばん関心をもっているのは、言葉の標準的な意味を転じて新たな意味をつくりだす思考作用である喩の働きであるが、しかしそれが論理というはたらきと密接に関係していることを閑却してきた。ここにも著者の疑念が生じます。

論理学もレトリック論も、その根底に人間関係の理法である論理が存在していることを無視ないし軽視してきたのではないのか。

本書は、論理学・言語学・レトリック論・倫理学の垣根を超えて、「ロジックはレトリックの一部である」、「論理は倫理だ」という斬新な観点から考えることの本質にせまったものです。

著者の年来の思いが込められ一冊です。ぜひとも一読されまして、ご高評などいただければ、著者ともども私どもの喜びとするものであります。ひろく読者に本書をお薦めいただけますように。なにとぞよろしくお願い申し上げます。

敬具

二〇〇八年四月

洋泉社編集部
小川哲生　拝

橋爪大三郎著『「炭素会計」入門』

拝啓

このたび、洋泉社「新書y」五月新刊として、橋爪大三郎著『「炭素会計」入門』刊行のはこびとなりましたので、早速、お届けいたします。

現在、地球温暖化問題が騒がれており、書店の店頭に山積みされておりますが、わたしたちがどう行動すればいいのか、きちんと筋道たてて論じられている本は皆無に等しい。

それは、二十一世紀の環境問題が、これまでの公害や環境問題とわけが違うからです。公害は、有害物質が排出されて引き起こされる問題ですから、有害物質を出さないようにすれば解決できる問題です。

この分野では、日本はオイルショックを乗り越え、省エネ省資源にはげみ、いちばん効率的な経済を発展させてきました し、公害対策もうまくいっています。いわば環境問題は日本の得意分野のはずです。

しかし、政府も産業界もこと地球温暖化問題ではなんら新しい施策を出せず、後ろ向きの発言しかしておりません。それはなぜでしょう。

地球温暖化の問題と正面から向き合うには、税金や会計の仕組み、政治や外交のあり方などを、過去にとらわれずに、柔軟につくり直していく必要があり、そうしたことが日本人は苦手であり、いわば政治が立ち遅れているからにほかなりません。

地球温暖化問題は、非常に大きな問題であり、いくつにも専門がまたがっている問題であります。気象学で解決できる問題ではありません。化学や植物学、地質学や都市工学、経済学や法律学、国際関係論や政治学などあらゆる分野が関係しており、ひとつの専門分野では解決できません。いうなれば専門家がいない分野であり、その意味でいえばあらゆる分野の叡智をこそ必要とするジャンルなのであります。

本書の著者である橋爪大三郎氏は、東京工業大学で「世界文明センター」の設立にかかわり、地球温暖化をテーマに、WG（ワーキング・グループ）をつくり、資料をあつめ毎週のように議論を重ね、この議論が本書の背景となっており、本書の厚みとなっておりますことは申すまでもありません。

エネルギーを消費する限り、熱が生じ、炭酸ガスなど温室効果ガスのせいで大気圏に蓄積していきますが、これを防ぐ唯一の方法は炭酸ガスの大幅カット以外にありません。不平等条約である「京都議定書」の失敗に、これを脱退せよなどとあたかも新政策であるかのように言い募る論者もありますが、国際政治のイロハも知らぬひとりよがりの発言であることは本書を読めば、納得できるでしょう。

ＥＵとアメリカの対立のなかで日本が果たす役割がいまこそ自覚されねばなりません。資源効率の悪いアメリカでは他国を納得させえる提案はむりだからです。「低炭素文明」の牽引役は省エネ大国である日本こそが世界に貢献できるはずのものです。

温暖化対策の切り札であると同時に日本にビジネスチャンスを広げる「炭素会計」「炭素隔離技術」のプランを大胆に提言する本書は、まさに日本の進むべき道を示唆するものです。

ぜひとも本書を一読されまして、ひろく読者に本書をお薦めいただけますよう書評などいただければ幸いです。なにとぞよろしくお願い申し上げます。

敬具

二〇〇八年五月

洋泉社書籍編集部
小川哲生　拝

吉本隆明著『「情況への発言」全集成３　1984～1997』

拝啓

このたび、洋泉社「新書ＭＣ」五月新刊の一冊として、吉本隆明著『「情況への発言」全集成　３　1984～1997』刊行のはこびとなりましたので、早速、お届けいたします。

『「情況への発言」全集成』は、吉本隆明主宰の雑誌『試行』の巻頭を飾った「情況への発言」のすべてを全三巻に収録するものであり、一九六二年十月から一九九七年十二月にわたる三十五年間の軌跡をすべて網羅するものであります。

今回はその最終巻にあたり、これで完結です。全巻あわせると一三二四ページになります。この三十五年間の著者の情況との格闘は生半可な対応から生まれたものではなく、情況を捉えずしては本質に迫れない、という著者の覚悟がまさに本物だったことを証明することになるはずです。

「情況への発言」といえば、主客問答体がつとに有名ですが、この主客問答体がはじまったのは、じつは一九八四年五月の『試行』62号からであり、あの主客の対話形式は主体の自己分離のうえで書かれたものであることは言うまでもありません。

本書に陰に陽に影を投げかけているのは、「反核」運動とその余波であります。

情況というものは過酷なものです。

かつて、盟友・同じ陣営と思われた人間との訣別・離反現象を生み出したことです。柄谷行人、蓮實重彦、浅田彰ら空虚なポスト・モダニストの変わり身の早い同伴知識人への「転向」はいうに及ばず、長年の詩的盟友と目された鮎川信夫、反スタという同陣営と見られた埴谷雄高との訣別も必然だったのです。

総じて彼らは時代の切迫に追い上げられ、情況に振り切られ、振り落とされたからであります。

敵対すると途端に、デマゴギーを振りまき、ある者は吉本はスパイであると中傷し、ある者は、吉本は兵役逃れのために工業大学に進んだと公言し、またある者は、コム・デ・ギャルソンの服のモデル、シャンデリアをからかったりしました。なにがかれらを吉本憎しに駆り立てたのでしょうか。

彼らは時代の切迫に追い上げられ、情況に振り切られ、振り落とされたから、としかいいようがないのであります。

だが、ひとり吉本隆明だけが、離反や決裂をものともせず孤立という代償を支払いながら情況の深部と拮抗したのです。つまり、ひとりで闘い得ないものは全部ダメだという口癖のように、ひとり〈権力止揚〉の意志を貫き通したのです。本書は、そのドキュメンタリーの意味をももちます。

文化主義や機能主義の跋扈に決定的に「ノン」を突きつける著者の真骨頂を示す魂の鮮烈な記録と申しても過言ではありません。

ぜひとも、全三巻完結の機会に、もう一度この三巻を通読していただき、ひろく読者へお薦めいただけるように書評など賜れれば、これにすぐる喜びはありません。

なにとぞよろしくお願い申し上げる所存です。

敬具

二〇〇八年五月

洋泉社新書編集部

小川哲生　拝

佐藤幹夫著『「自閉症」の子どもたちと考えてきたこと』

拝啓

このたび七月新刊として、佐藤幹夫著『「自閉症」の子どもたちと考えてきたこと』刊行のはこびとなりましたので、早速、お届けいたします。

氏は、ご承知のように『自閉症裁判』（洋泉社）、『裁かれた罪　裁けなかった「こころ」』（岩波書店）、この二冊で発達障害者がかかわる「殺人」事件の背景を鋭く抉り、書き手としての地歩を築き上げてきました。なぜ、彼がこうした事件に心血を注いできたかは、彼の経歴に大いに関係があると考えられます。

ジャーナリストとして自立する前史は、養護学校（現在は特別支援学校という）の教師として二十七歳から二十一年間、知的障害とか自閉症と呼ばれる子どもたちと接してきたことがあるのです。教員時代に接してきた子のおおくは言葉のない子どもたちであり、言葉がないがゆえに、自分としては、いろんなことを手がかりに、彼らはどんな状態なのか、何を感じているのか、あれこれと手探りしながら理解しようとつとめてきたわけです。

精神科医などの自閉症理解をどう現場に反映させるかに苦心しながら、教師として質問などをすると、あなたがたは子どもと付き合っていればいいとの発言に反撥を覚えることもあったことを正直にあかしております。

自閉症の学説は、ひとつの理論が作られては壊されるという歴史であり、それは十年周期で繰り返されたことがあります。一介の現場の教師として、医者の理論に振り回されるだけに飽き足らず、現場での理論化を志し、現場と理論の架け橋になろうとその後研鑽を続け、現在に至っております。

本書は、そうした彼の実践記録であり、理論化の道を後輩にむけて率直に語ろうとするものです。前著『ハンディキャップ論』（洋泉社・新書y）の延長線にありますが、前著をさらに前進させ、より具体的に論じるのが本書であります。

著者の言葉を引用すれば端的に次のようになります。

《お医者さんの描く自閉症論には、お医者さんなりの視点があるでしょう。治療者の観点からの自閉症論ですね。あるいは学者には学者の学問的な視点、研究者的視点というものもあるだろうと思います。また心理の専門家や教師であれば、療育的・教育的視点から自閉症という症状を見て取るだろうと思います。私がここで採ろうとしているのは、それとは別のものです。

医療者や研究者によって積み上げられてきた研究の成果を、無視するということでもありません。毎日接してきた者から見た自閉症論といいますか、むしろ一緒に笑ったり泣いたり、ときには彼らの訴えの前に立ち、困ったなあと悩んだり考え込まされたりしながら考えてきたこと。そうした「喜怒哀楽を共にしてきた者」の観点から、彼らを描いてみたいということです。》と。

「自閉症」の子どもたちの特徴をどう考えたらいいのか？　彼らとの〝かかわり〟をどうすればうまくつくることができるのか？　「障害」や「症状」を羅列し、どう治療し、どう教育するか、といった記述をしりぞけ、「喜怒哀楽を共にしてきた者」の観点から彼らの体験世界に分け入っていくことを本書では追求していきます。

これまでの類書とはまったく異にする本書は、ハンディキャップを抱える当事者、家族、福祉、教育の現場すべての人に贈るエールの書と申せましょう。

ぜひ一読されまして、ひろく読者に向けてお薦めいただけますよう書評などご高評いただければ、著者ともどもわたしたちの喜びとするものです。なにとぞよろしくお願い申し上げる次第です。

敬具

二〇〇八年七月

洋泉社書籍編集部
小川哲生　拝

渡辺京二著『日本近世の起源——戦国乱世から徳川の平和《パックス・トクガワーナ》へ』

拝啓

このたび、洋泉社「新書MC」七月新刊として、渡辺京二著『日本近世の起源——戦国乱世から徳川の平和《パックス・トクガワーナ》へ』刊行のはこびとなりましたので、早速、お届けいたします。

本書の元版は二〇〇四年二月に弓立社から「叢書日本再考」シリーズの一冊として刊行されたものでありますが、少部数の刊行の故か、意外と読者には知られていないきらいがありますが、骨太の史論家の面目躍如たる一冊として長く記憶にとどめられるべき本と私は確信しております。

本シリーズ「新書MC」とは、世に知られることが少なく埋もれてしまっている名著の発掘を目指すことをシリーズの目的としておりますが、本書はまさにその目的にかなった一冊と確信をもって刊行するものです。

本書の原型は、『週刊エコノミスト』に連載された「われら失いし世界」の第二章「徳川の平和」ですが、この第一章が現在、ロングセラーとなっている『逝きし世の面影』です。本書は、前著のいわば前へ時代をさかのぼったものと考えればよいでしょう。笠松宏至、勝俣鎮夫、藤木久志らの一九九〇年代の研究成果に依拠しつつ大胆に論をすすめるものです。

元版の刊行時に新聞のインタビューに答えて本書の意図を著者は端的に次のように言っております。

《一番のモチーフは左翼史学批判、マルクス主義史学への不満。日本のルネサンスともいうべき可能性をはらんだ室町後期の社会的活力を、血の海におぼれさせて出現したのが反動的、専制的な織豊政権ひいては徳川国家であり、日本の近代への胎動は徳川体制の下で窒息させられたという説を、きっちり否定せねばならない》と。

具体的には、日本中世社会「乱世」を江戸時代には失われた「自由」があふれていた時代として評価してきた、網野的史観がなぜ誤ったかを徹底的に論証しようとするものです。

つまり、戦後史学、とりわけ網野史観が流布させた戦後左翼の単純な自由礼賛・反権力志向による錯誤であることを明らかにしているのです。

明るい中世、暗い近世という網野学説がなぜ実態にそぐわないのか。戦後左翼ロマン主義を排して、迷路のような中世史学の書き換えを迫る本書は、本来の理論の面白さを実感させる一冊といっても過言ではありません。

本書によって、戦国から徳川初期に至る壮大な歴史の再現に立ち会えると同時に単なる日本中世史論を超えた現在的問題に繋がっていることを再確認させるものとなるでしょう。

西欧近代を民衆意識の最も根源から乗り超えようとする「渡辺史学」の達成点――『逝きし世の面影』に連なる――である本書こそ、いまこそ広く読まれるべき本として世に問いたいと考えます。

本書を一読されまして、ひろく読者にむけてお薦めいただけますよう書評などに取り上げていただけますようお願い申し上げます。なにとぞご高配賜りたく存じます。

敬具

二〇〇八年七月

洋泉社書籍編集部

小川哲生　拝

入江隆則著『告白——ある文明史家の精神遍歴』

拝啓

このたび、入江隆則著『告白——ある文明史家の精神遍歴』刊行のはこびとなりましたので、早速、お届けいたします。

すでに皆さまはご存知のように、著者である入江隆則氏は、文芸評論家として一家をなした人でありますが、近年では、文芸評論家というより文明史家としての活躍がより鮮明に記憶される人であります。

とくに戦後処理の問題を世界史的文脈で論じた『敗者の戦後』は、記憶に残る名著であります。

本書は、雑誌『正論』に十六回にわたって連載（平成十八年七月号〜平成十九年九月号、平成二十年一月号掲載）されたものであります。

人間は老いを自覚したとき、自分の人生を振り返ります。わたしの人生とは何であったのか、と。功なり名を遂げた人物が得意げに自分の人生を語ることには興味がわきませんが、悔恨、反省、そしてそれでもわが人生に悔いなしと言いきる、その姿にわたしたちは感動を受けます。自伝にままある自分を飾る誘惑というのは、当然あるかも知れません。だが、それは書かれたことの事実と客観的事実を付け合せることで相対化できるものです。

まったく無名の人間だった、たとえば、石光真清、末松太平。彼らのことは、もし『城下の人』四部作や『私の昭和史』という自伝が存在しなかったら、まったく世に知られなかったでありましょう。

そして、魅力に富んだ日本人がいたこともわれわれは知らずにいたことでありましょう。だが、彼らは貴重な本を残しました。そしてそれを刊行した出版社があったことをひとりの日本人として感謝しなければなりません。

そして、入江隆則氏の自伝である本書です。

氏は昭和十年生まれ、現在七十三歳です。D・H・ロレンス研究者から出発し文芸評論家・明治大学教授を経て、現在、明大名誉教授ですが、それよりも一冊の本『敗者の戦後』で、戦後処理の問題を世界史的文脈で論じたことで記憶に残る人物であります。

保守派論客のひとりでありますが、現在は、文明史的視点から江戸期をテーマに、太平洋文明などに健筆をふるっている著者が自らの半生、著者の言葉を借りれば「痛恨の半生」を赤裸々につづったのが本書です。

著者は、本書を書くことで、私は残り少ない人生を心から愉しみたいと思えるようになったと、感慨ぶかげに述べておりますが、それはなぜでしょうか。

担当者である私は以下のように考えます。

人間はだれしも必ずオギャーと生まれたその場所に帰ります。人生の後半に差し掛かったときに気づくのは、そのことのはずです。

公的な生活での順調な思いとは別に私的な生活での判断の誤り、失敗の数々があったのは事実です。だが、まぎれもなく、それが自分の本当の姿だ、言ってもいいでしょう。著者にとっての亡母の溺愛、そして疎開生活での過酷ないじめ。それが著者の人生にとって、いかなる意味をもったのか。考えてみれば、そのことが、著者の永年のテーマである、「愛の不能」と「対人恐怖症」をもたらした、と言っても過言ではありません。

あらゆるものになれたはずだがこうとしか生きられなかったことを洗いざらい、正直に書いてみよう、と考え、本書を執筆した著者の思いはこのようなものではなかったでしょうか。

無意識に考えられていたものを、あえて自分をもう一度見つめなおす機会を与えたことは、この「自伝」という形式がなせる技と思わざるを得ません。

古くてもっとも新しい形式である「自伝」というジャンルのすばらしさを再度確認したいおもいです。

ぜひとも、本書を一読されまして、広く読者にお薦めくださいますよう、書評などいただければ、著者ともども私どもの喜びとするものです。なにとぞよろしく、ご高評いただけますよう切に望む次第です。

敬具

二〇〇八年八月

洋泉社書籍編集部
小川哲生　拝

清水眞砂子著『青春の終わった日――ひとつの自伝』

拝啓

このたび、清水眞砂子著『青春の終わった日――ひとつの自伝』刊行のはこびとなりましたので、早速、お届けいたします。

著者の清水眞砂子さんは、ご存知のように『ゲド戦記』の翻訳者にして児童文学批評の第一人者として、現在活躍中のひとです。『子どもの本のまなざし』で日本児童文学者協会賞を、そして『ゲド戦記』で日本翻訳文化賞を受賞しておりますが、刊行する一冊一冊が幅広い読者に受け入れられ、児童文学という枠を超えて支持をえている数少ない著者のひとりです。

わたし自身、これで彼女との仕事は単独著書としては四冊目になりますが、すべて版元が違うという珍しい経験でもあります。

わたしたちは自分がどう生きてきたのかを時として振り返ります。なんとはるかに生きてきたのかと。こうとしか生きられなかったと自信をもって振り返る人生をもてたらどんなにいいでしょう。人間は、あらゆるものになれたはずだが、これにしかなれなかったという悔恨があります。しかし、後ろ向きに考えるのではなく、わたしはこう生きてきたといえたらどんなにいいでしょう。そういってみたい誘惑にかられます。ある種の「自伝」に接するとき、わたしたちは感動します。この人の半生とは、なんと生き生きしているのだろうと。

わたしにとっては、自伝・伝記というのは好ましいジャンルではありましたが、編集者としては、それほど刊行してきたジャンルではございません。若い書き手にとっては、縁のない分野であり、また功なり名を遂げた人の自慢話では、作品としての魅力を失うからでもあります。

そうではなく、現役バリバリのひとに自らの半生を書いてもらうには、時期を選ぶ必要があり、なかなか好きなジャンルであっても刊行が難しいことがあります。この人の書くものをすべて断簡零墨まで読んでみたいという欲求とこの人の人生そのものを見ておきたい、という欲求が合わさって初めて可能なジャンルではないか、という気持ちがわたしにはあります。

現在の出版状況を見ますとき、かつてあった特定の著者に入れ込む、という風潮が薄れつつあり、テーマでしかよりつかない風潮がますます強くなっております。ひとがどう生きたかに関心を向けるのではなく、自分にとって役立つかどうかだけが問題になるのでしょう。しかし、読書とはもっと多様性があっていいものでしょう。わたしはそう思います。

その意味で、本書のもつ意味は大きいと自負しております。

著者の原点としての〝子ども時代の森〟に分け入っていく姿勢は、これから人生を切り開いていく若い読者にとっては、大きな指針になるに違いありません。たとえ時代は変わっても同じようなことに悩みながら成長していくことに変わりはないからです。

本書の書き出しは、二〇〇五年に著者が新疆ウイグル「自治区」の西の果て、カシュガルの町で一軒の古道具屋に立ち寄ったところからはじまります。

そこで見たものは、一枚の写真でした。セピア色に変色した日本人の家族写真。それは戦前、朝鮮や満州に住んだ日本人の家族写真だったのです。

なぜこんなところに日本人の写真があるのか。思いがけない場所で、遠い過去がふいに閉じていた口をかっと開けて襲いかかります。

そこから著者の「心の旅」ははじまります。

著者には、一枚の「家族写真」もありません。すべて失われたのです。それはなぜか。終戦時に朝鮮から引き揚げるときに失われたからです。そのことが著者に強烈に迫ってきます。そうだ、もういちどあの時代をさぐってみよう。そして父母・兄弟姉妹と、私自身を辿ってみようと。

三年の歳月をかけてようやく書き下ろした作品がいまその全貌を現します。読者待望の自伝といっても過言ではないでしょう。

ぜひとも、本書を一読されまして、広く読者にお薦めくださいますよう、書評などしていただけましたら、著者ともどもわたしどもの喜びとするものです。なにとぞよろしくお願いいたします。

敬具

二〇〇八年九月

洋泉社書籍編集部
小川哲生　拝

橋爪大三郎著『冒険としての社会科学』

拝啓

このたび、洋泉社「新書MC」九月新刊の一冊として、橋爪大三郎著『冒険としての社会科学』刊行のはこびとなりましたので、早速、お届けいたします。

本書の元版は一九八九年七月に毎日新聞社から刊行されたものです。この「〜の冒険」と命名されたシリーズは、ほかに竹田青嗣『現代思想の冒険』、内山節『哲学の冒険』、池田清彦『構造主義科学論の冒険』などがあります。

本書の初版の担当者のコピーは「戦後日本社会がわかる！本書は立派な市民として生きるためのガイドブックである。」となっており、このシリーズそのものが入門書と位置づけております。

刊行時から十九年を経て、現在、入手困難な情況になっており、今回、復刊するのは、本書の内容は古びておらず、いま現在こそ、吟味されるべき本と私どもは考えるからであります。

社会学者・橋爪大三郎の真骨頂はテーマを重厚に語ることではなく、その歯切れのよさにあります。

本書もまたその例外ではありません。難しく語ることが、何事かであった時代は確かにありましたが、それに反して難しい内容をやさしく語ることは非常に困難であり、筆者の力量が試されるということがあります。その困難に立ち向かうことは、橋爪大三郎氏にとっては自明であり、常にそのような姿勢を崩さない姿勢こそ橋爪氏が読者から支持されるゆえんです。

社会科学に必要なのは、まず、自分の社会をまじまじと見つめること、それを世界に通用する普遍言語におきなおす。必要なら、西欧の学問の常識を遠慮なく突き崩していく。そうやって、社会科学を自在に消化してこそ、日本人の同時代の知的世界で通用するというものです。

これは日本社会が、天皇共同体の殻を破って、つぎのステップに脱皮していくための足がかりになる。そのためには、社会科学が武器になる。それを考えるためにこの本を書いた、と著者は述べております。今さらながら吟味したい言葉です。

本書では、近代国家、市民社会を体系的に捉える社会科学の立場から近代の源流をたどることによって、日本社会が抱える共同体の問題を「日本国憲法」、「マルクス主義」、そして「天皇制」という三つの機軸から明らかにしようとしたものです。

自らの全共闘体験の敗北を糧に、近代の道筋をたどりなおそうとするのは、全共闘の残した宿題になるべく早く決着をつけようとしたからにほかなりません。

本書の「解説」で北田暁大氏は次のように述べております。つまり、「驚くべき精度をもった論理に貫かれ」「ウエットな心情倫理を極力排除した文体」が「時に冷たく映る」氏には、「珍しく節々に著者の心情が表れている」と指摘し、橋爪大三郎という思想家への入門書としても読むことができると述べておりますことは、本書の意義を簡にして要を得た表現と申せましょう。

歴史的文脈が深く刻み込まれたポレミークかつ驚くべき精度をもった論理に貫かれた本書は、今こそまた読み継がれるべき本と考えるゆえんです。

ぜひとも一読されまして、広く読者にお薦めくださいますよう書評などで取り上げていただければ、これにすぐる喜びはありません。なにとぞよろしくお願い申し上げます。

敬具

二〇〇八年九月

洋泉社書籍編集部
小川哲生 拝

木村敏著『臨床哲学の知――臨床としての精神病理学のために』

拝啓

このたび、十月新刊として、木村敏著『臨床哲学の知――臨床としての精神病理学のために』刊行のはこびとなりましたので、早速、お届けいたします。

皆さんもすでにご存知のように、著者の木村敏さんは世界的に有名な精神病理学者であり、一貫して自己と患者との「あいだ」で「個別化の原理」を追い求めてきた人であります。

著書をすでに多数を物しており、『木村敏著作集』全八巻にまとめられておりますが、今回は、インタビュー形式の語り下ろし作品であります。インタビュアーに今野哲男氏という得がたい人材を得て、互いに現場感覚を共有するところからの出発となっております。

木村敏氏のこれまでの著作は、一般の読者に向けた解説書、啓蒙書というよりは、同業者を意識して専門書の色彩の濃いものがほとんどでしたが、今回は、一般の読者を意識したものになっております。氏自身の言葉をつかえば、《現場感覚を共有するふたりの会話では、二人がともにそこに立っている場、本書にしょっちゅう出てくる言葉でいうと二人の「あいだ」の場が、ひとりでに話題をつむぎ出してくれる。（中略）今野さんというすぐれた読者代表との共同作業を進めることができて、これでわたしもようやく読者の立場で本を作れたということになる》と。

インタビューという形式のゆえか、話題は多岐にわたり、しかも伸びやかにすすんでおります。ちなみに目次を掲げれば次のようになります。

第一章　「自己」と「あいだ」からの出発
第二章　生命と生命論について
第三章　生きる主体
終　章　精神科医の臨床現場

話題が多岐にわたることは、ともすれば話が散漫になるきらいがありますが、本書にはそんなことはありません。話がひとつのことに収斂することをめざしているからでありま す。それは何か。ひとことでいえば、現場感覚を大事にして哲学すること、つまり、「臨床哲学」という一言に凝縮されるはずです。

学としての哲学は、えてして本当の意味で「哲学している」とはいえない場合があります。著者のいう「哲学」はそういう意味での「哲学学」とは無縁の場所から発せられるものです。

哲学は自ら哲学を促す臨床の場によってはじめて哲学となり、臨床は臨床を促す哲学の力によってはじめて臨床となる。――著者の基本的スタンスを、こうまとめられるのではないでしょうか。

著者の積年の思いが、きわめてわかりやすい言葉でまとめられた本書は、木村敏その人を知る上で、格好の入門書と申せましょう。まさに「臨床哲学」の場所から現代科学にパラダイムチェンジを促す書といっても過言ではありません。

現在の精神医学が患者の内面を無視して外面的な症状だけを治療対象としている現状をみるにつけ、本書の意義は大きいものと確信する次第です。

ぜひとも一読されまして、ひろく読者にむけてお薦めくださいますよう書評などいただければ、これにすぐる喜びはありません。なにとぞよろしくご配慮のほどお願い申し上げる次第です。

敬具

二〇〇八年十月

洋泉社書籍編集部
小川哲生　拝

宮崎哲弥＆川端幹人著『「メディアの辻説法師」と「業界の地獄耳」の高級時事漫談　中吊り倶楽部』

拝啓

このたび、洋泉社の十一月新刊単行本、宮崎哲弥＆川端幹人『「メディアの辻説法師」と「業界の地獄耳」の高級時事漫談　中吊り倶楽部』刊行のはこびとなりましたので、早速、お届けいたします。

本書は、「メディアの辻説法師」宮崎哲弥が、「噂の眞相」で活躍した「業界の地獄耳」川端幹人を相棒に、週刊誌を一刀両断！　と銘打たれた『論座』名物の連載をすべて収録したものです。二〇〇五年年十月から二〇〇八年十月号まで三年間にわたり、途中、数回の休載を経て、二五回すべてを収録する四〇〇ページを優に超える大部の物ですが、値段は極力抑えております。

「週刊誌時評」と銘打たれているかぎり、ジャーナリズム批判に終始していると思うのは早計であります。ジャーナリズム批判はいうまでもなく、ジャーナリズム批判をとおして、現在の大衆の思いのありかをさぐり、その思想的意味を明らかにするメタ批評でもあるのです。ふたりのキャラクター——「メディアの辻説法師」と「業界の地獄耳」——は際立っており、丁々発止の高級漫談の趣です。

彼らの流儀は、次の言葉に端的に現れております。「難しい話を分かりやすく」ではなく、「分かりやすく難しいことをいう」と。

この連載が開始された年と『論座』休刊に至る三年間は何があったのでしょうか。

目次を見てもらえばわかるように、ヒルズ族、小泉解散、皇室報道、芸能界問題、安倍首相の登場と退陣、サブプライム問題、下流問題、アキバ事件など耳目を集めた事件のオンパレードです。

キャッチフレーズ的に申せば、政界の内幕から芸能界の裏話まで。皇室報道から金融・経済の隠されたカラクリまで——。危険な話をタブーを破って全部語ってしまった！

あくまでも軽やかにそして情報通特有の暴露をまじえて、「知の上半身」に訴える行儀のいい「報道」よりも「知の下半身にグッとくる」、いうなれば、硬直した週刊誌ジャーナリズムに対して、ゲリラジャーナリズムの重要性を指摘するものです。自らを「言論の南京虫」と位置づけ、きれいごとを排して、事の本質をズバリと衝く、きわめて硬質な時論でもあります。

週刊誌をネタにしつつ、それを超えた「裏事情」を発信していくことを狙い、メタ批評の態度をとりながら、同時にそのテーマに付随する新たな情報も盛り込む手法を駆使しているのを目の当たりにすると、知的興奮が呼び覚まされること請け合いです。エンターテイメント性を失わないのは、かれらの戦略的手法からしていうまでもありません。

ひとつのドキュメントとしてのみならず、この時代がなんであったのか、わかる仕掛けをもった戦略的ジャーナリズム論としても貴重なものと申せましょう。

今は亡き『論座』の名物連載を丸ごと一冊になった本書をぜひとも一読いただき、広く読者にお薦めくださいますよう紹介の労をとっていただければ、これにすぐる喜びはありません。なにとぞよろしくお願いいたします。

敬具

二〇〇八年十一月

洋泉社書籍編集部

小川哲生 拝

吉田満著『提督伊藤整一の生涯』

拝啓

このたび、洋泉社「新書MC」十一月新刊として、吉田満『提督伊藤整一の生涯』刊行のはこびとなりましたので、早速、お届けいたします。

すでに、ご存知のように、著者の吉田満さんは一九七九年九月に日本銀行監事在職中に肝不全で死去されておりますが、本書は著者生前中に刊行した最後の本になります。

ここで、誤解なきよう記しておかねばならないのは、生前最後の本は『戦中派の死生観』ではないか、という疑問を呈する方がいらっしゃるかもしれませんが、それは遺作であるということであります。

『戦艦大和ノ最期』にはじまり、最後に公刊した本が、日本海軍最後の艦隊出撃である戦艦大和の司令長官・伊藤整一の伝記であることは、何か運命的であると思わないわけにはまいりません。

私は、本書を「大和」四部作の掉尾を飾った記念碑的作品と位置づけましたが、『戦艦大和の最期』「臼淵大尉の場合」「祖国と敵国の間」、そして本書である『提督伊藤整一の生涯』

を指しているのは申すまでもありません。本来なら、氏はもう一冊、下士官・兵を中心にした書を準備していたはずですから、その早すぎる死は、返すがえすも残念でなりません。

氏は名著『戦艦大和ノ最期』を執筆後、永らく筆を絶っていましたが、昭和四十八年から四十九年にかけて、再び筆を執り始めましたが、それは戦後日本が重大な転機にさしかかっていることが自覚されたからにほかなりません。

あの戦争とは自分にとって真実何であったのか？　果たしえなかった切なる願望とは何であったのか？

生前、自分の一生を「戦争を書くことに捧げたい」と言っていたのは、まさにそれが第二の「天職」と位置づけられていたからではないでしょうか。

戦争を描くことが、好戦的と思われた不幸な時期が確かにありました。なんと浅薄な時代だったことでしょう。あの戦争の是非とは別に、戦争に生命をささげざるを得なかった人物たちの思いはそんななかで忘れられていいものではありません。

現在の皇太子夫妻のグダグダした体たらくを思うとき、あの戦争で亡くなった人たちは、この国の現状をどう考えるかと、しばし思わざるをえません。こんな国にするために命を捨てたのか、と。

本書は、「大和」の司令長官の評伝ではありますが、伊藤整一の生涯に「戦争というものの本質に根ざした悲劇性」を見る戦争叙事詩ともいうべき力作評伝でありますが、それは戦後社会を生きる著者の自己省察であると同時に国と運命をともにした「大和」全乗組員に捧げる鎮魂の書であります。いわば、戦死者たちの叫びが凝縮した自己省察の書と申せましょう。

戦後、日本においては軍人、軍事に関してはかたくなに触れることを忌避する風潮がありましたが、見てみぬふりをすることからは何も生まれません。

事実を直視すること、そして戦死者たちの魂の叫びに耳を傾けること、それこそがわたしたち戦後に生を得た人間の務めではないでしょうか。私はそう考えたいと思います。

ぜひとも一読されまして、日本人が忘れてはならないことを考える、よすがとして、本書を広く読者に勧めていただけますよう、書評などいただければ幸甚です。なにとぞよろしくお願いいたします。

敬具

二〇〇八年十一月

洋泉社書籍編部
小川哲生　拝

諏訪哲二著『学力とは何か』

拝啓

　このたび、洋泉社「新書y」、十二月新刊の一冊として、諏訪哲二著『学力とは何か』刊行のはこびとなりましたので、早速、お届けいたします。

　今回は「学力」に、あえて真正面から取り組む――「新書y」特有のひねりやずらしではなく――ものであります。

　定義的に申せば、学力とは学ぶ力ではなく、学んで身につける知的能力のことであり、学校で教えていることとつながる知的能力であり、社会や生産に直接役立つ知的能力のことではありません。このことを確認しておかなければ、現在のあらゆる言説が混乱しているのが見えません。

　しかしながら、現在、声高に叫ばれる学力低下論議は、そのことを意識的に無視しております。たとえば、『分数のわからない大学生』では、理系ばなれを「ゆとり教育」の結果としていますが、それは原因と結果の取り違いなのであります。公教育が立ち行かなくなったがゆえに「ゆとり教育」――カリキュラムの縮小――がとなえられたのが実情なのであって、本来なら、学力低下よりも学ばない子どもが出現してきたことが問題なのだ、ということがまったく見えていない、論の典型なのです。

　著者が再三再四、いっているように、学校教育には「生きる力」派と「学力」向上派が対立してきましたが、文部省＝文科省は一貫して「国民形成」重視をしてきたのですが、学力低下論議におされて、転向を余儀なくされております。産業界や大学人、自分の子さえ「勝ち組」になればと思っている親の意向を無視できなくなって、その見えない圧力でおされているのが現状なのです。

　学力を単純に受験力と主張する陰山英男の『本当の学力をつける本』がベストセラーとなり、ＯＥＣＤ主催の「生徒の学習到達度調査（ＩＰＳＡ調査）」二〇〇六年実施分で〇〇年、〇三年に比べて順位と得点を落としたことで、国際的にも学力低下が明らかである（ＰＩＳＡショック）との観点から、学力低下ばかりが問題になっておりますが、本質的なことはそんなところにはありません。

　学力とか子どもの学びを論じることとは、人間とは何か、世界を論じることを意味するのに、そうした観点からの問題提起がないことに慄然としてしまいます。あまりにも単純な考えがはびこっているのではないでしょうか。

　人間は学力だ、学力とは受験に通用する力だ、学力とは知識の集積だ、という俗耳に入りやすいあっけらかんとした言葉があちらこちらから聞こえてきます。だが、教育によって個人が形成されるという観点は一顧だにされておりません。教え方やコツの問題だけで学力の問題を解決できると考えるのが間違いなのです。

学力低下は実は勉強や学力の問題ではありません。子どもや若者たちの生き方や自己認識の問題なのです。学力問題は社会が子ども・若者をどう育ててきたかのひとつの結果なのです。いま考えるべきは、ノーテンキな学力低下ではなく、学力を含む子どもたちの人間力の低下にあるのです。本書では、そうした点を踏まえ、現在の学校がおかれている問題を「学力」というキワードで論じるものです。

キャッチコピー風にひと言で本書の特徴を言えば、「文科省も日教組も日本経団連もカリスマ教師もお子様教も全部間違っている」ということに尽きます。現場のリアルな目で学力低下問題に一石を投じる論争の書！　である本書をぜひともお読みいただき、ひろく国民的規模でこの問題を考えるきっかけになればと考えます。なにとぞよろしく、書評などで取り上げていただけますようお願い申し上げる次第です。

敬具

二〇〇八年十二月

洋泉社書籍編集部

小川哲生　拝

2009

佐々木正著『親鸞・封印された三つの真実』

拝啓

このたび、佐々木正著『親鸞・封印された三つの真実』刊行のはこびとなりましたので、早速、お届けいたします。

著者の佐々木正氏は、長野県塩尻市の真宗の寺の僧侶でありつつ、親鸞研究に研鑽してきたひとです。すでに『親鸞始記——隠された真実を読み解く』(筑摩書房)、『法然と親鸞——はじめて見たつる思想』(青土社)、『いまを生きるための歎異抄入門』(平凡社新書)を物しており、その成果は梅原猛氏が高く評価しているひとです。

今回は、問答形式(吉本隆明氏の「情況への発言」を踏襲した)を採用し、二泊三日の討論の形をとっております。

二泊三日の「仮想対話」に具体性を与えるために、ひとまず状況を設定し、邂逅の場所は信州・中山道の宿場町・洗馬宿の寓居(著者の住居・長野県塩尻市)です。そこに学生時代の友人(客人)が突然訪ねてきた。団塊の世代に属する友人は、定年を迎えたあと、親鸞に関心を抱いて関連本を読みあさった。その途上で生まれたさまざまな疑問や質問を、主人(モデルは筆者)に投げかける。

いっぽう応対する主人は、親鸞に関心を抱いてから十数年、学会や専門家とは無縁の場所(在野)で研究に専念、その成果を書物として発表してきた。客人(友人)の率直な疑問と主人の独自の研究成果が交差することで、従来の定説がゆらぎ、謎が深まりながら、さまざまな変容と展開を見せつつ、〈親鸞の実像〉が輪郭をもって浮かび上がるという、「コラボレーション(共同作業)的対話」として、状況の設定がなされております。

本書のテーマは、人間・親鸞を発見するには青年時代の〈三つの選択〉——

①「なぜ比叡山を下りたのか」。

②「なぜ法然の弟子となったのか」。

③「なぜ結婚に踏み切ったのか」

——の謎を解くことにあります。なぜ、それが問題かと言えば、この三つの重要な、親鸞の青年時代の選択が、これまでの伝記や評伝には全く記述されずに、空白のままで放置されてきたからです。本来ならば、親鸞のもっとも親鸞たるゆえんを解く鍵がここにあるはずなのに。

江戸時代から明治初期までは、親鸞直弟子の直系である東国初期教団の流れを汲む高田派専修寺などの史料や伝記と親鸞の血脈を継承する東西本願寺の主張する史実や論拠が平行しながら絡み合い、反撥しあってきましたが、明治に入ると本願寺系統の学者が研究分野の主流を占めたため、本願寺に伝わる伝記〈親鸞の曾孫・覚如の製作した『親鸞伝絵』〉を唯一の決定版と見做す潮流が生まれました。

大正十年、西本願寺の倉庫から偶然に発見された、親鸞の妻の手紙（『恵信尼消息』）が、決定的役割を果たすことになり、それ以降は、親鸞の実像を解読する絶対的素材と見做され、そこから導きだされる史実や伝記が今日の定説となっているのです。

偶然に目を通した存覚作『親鸞聖人正明伝』（東国初期教団に伝わる「伝承」をふんだんに採用されている）中には、その〈三つの選択〉が、親鸞の内面の葛藤や逡巡、とりまく人間関係を含めて、まさに詳細に記述されており、この「伝記」に記された〈親鸞像〉こそが、間違いのない真実であることを論証するため、『正明伝』がなぜ本願寺本流から抹殺され偽書とされたかを明らかにしようと著者は考えます。「実証主義」の隘路を、踏み破るために採用したのが〈内在的アプローチの方法〉なのです。

〈生きられた思想〉を始発点にして、伝承の底に流れる「史実」や「実像」を読み解いていく。その作業をくぐることにより、実証主義では届くことの困難な、血の通った〈人間・親鸞〉が、浮かび上がってくると思われます。空白のまま放置された、謎がいま明かされます。

従来の定説をひっくり返す論理的叙述は、まさに謎解きに匹敵する趣きであり、ミステリーを読む知的興奮をおぼえさせてくれます。

ぜひとも一読いただき、広く読者にむけてお薦めくださいますよう書評などいただければ、これにすぐる喜びはありません。なにとぞよろしくご配慮のほどお願い申し上げる次第です。

敬具

二〇〇九年一月

洋泉社書籍編集部

小川哲生 拝

金田義朗著『定年後を楽しむ人・楽しめない人』

拝啓

このたび、二月新刊として、金田義朗『定年後を楽しむ人・楽しめない人』刊行のはこびとなりましたので、早速、お届けいたします。

著者の金田義朗氏は、一九三四年生まれですから、現在、七十五歳。まさに「定年後」を楽しんでいるひとです。

氏はゼンセン同盟の教育情報活動を担当し、「定年準備教育」に長年携わってきたひとです。そのなかですでに定年生活を体験しつつある人々に直接会い、その体験談を聞き集めたものが本書の背後にはあります。

二〇〇七年から団塊の世代の人間が一斉に定年退職にはいっていっており、その人数は六七〇万になります。団塊の世代の第一陣は昭和二十二年生まれですから、この一〇〇人のうち三五人が中学卒で働いてきた人たちであり、四四人が高校卒、大学以上が二一人という割合です。

同じ会社勤めといっても一様ではありません。歩んできた職場人生も暮らしのレベルも退職金の額も老後の楽しみも再就職の方面もいろいろです。全員が「ホワイトカラー」というイメージで考えがちですが、実際には多種多様な「第二の人生」が繰り広げられ、階層的な「ＯＢ社会」ができていることは、あまり意識されておりません。

従来の「定年後」を考える本は、そのほとんどが、「ホワイトカラー」層向けに限られておりました。それは、執筆する著者の体験による差だったと考えられます。サラリーマンから大学教師へ、あるいは定年後コンサルタントといった人は、経済的な観点からの記述が多いのは、その体験からして当然のことかもしれません。

だが、本書の著者はこれとはちょっと違います。

自らが取り組んできた「定年準備学習」とともに実際に定年後を生きている「定年ＯＢ」に直接会い、彼らの体験を踏まえて、本書をしたためました。キイワードは「気づき」のすすめです。

現役時代には無関心であった社会生活のノウハウ——社会保障制度の実際のかかわり方、行政サービスと暮らしのつながり、町内での人づきあい、生きがいになるような趣味の育て方——、そして定年後をこえていく生き方への「気づき」など、体験者が口をそろえていうのは「気づき」なのです。

本書は、定年生活のさまざまな話を聞くことで、多様な生き様を見、「定年準備学習」の有効な教材を提供するものです。実際「定年ＯＢ」たちの実体験から学ぶことは多いのです。実際に「生き方計画」を用意した人としなかった人の差は、定年後を楽しめるか、楽しめないかに大きくかかわります。「定年ＯＢ」たちの実体験の成功例、失敗例から学ぶ本として観念的ではなく、実例に即した記述は、必ずや役にたつものと考えます。

　ぜひとも一読されまして、広く読者にむけてお勧めくださいますよう書評などいただければ幸甚です。なにとぞよろしくお願いします。

敬具

洋泉社書籍編集部
小川哲生　拝

二〇〇九年二月

柏原竜一著『世紀の大スパイ・陰謀好きの男たち』

拝啓
　このたび、二月新刊として柏原竜一『世紀の大スパイ・陰謀好きの男たち』刊行のはこびとなりましたので、早速、お届けいたします。

　著者の柏原竜一氏は、一九六四年生まれの西側情報機関の歴史的研究者であり、現在、『明日への選択』誌に「情報史を学ぶ」、『ワールド・インテリジェンス』にフランス情報史を連載中です。共著に『世界のインテリジェンス』（ＰＨＰ研究所）、『インテリジェンスの20世紀』（千倉書房）がありますが、本書は単独著書としてははじめての書となります。

　事実は小説より奇なり、ということがあります。とくにスパイという分野は、ことのほかその感じがするものです。その活動にかかわる個人という点からみれば、神なき時代の聖人列伝であり、同時に背教者による裏切りの記録でもあるわけです。極限における人間の活動の記録であり、勇気、知恵、策謀といった通常の社会生活とは必ずしも相容れない資質が試される場でもあります。

　とくに、情報収集、防諜、プロパガンダ、情報分析、そして特殊活動といった具合に情報活動は多方面に及び、これらの活動は有機的に結びついているのが通例です。

　本書では、その具体例を挙げて、展開しております。要するに、エスピオナージュのノンフィクション版として刊行するものであります。読者は、具体的には、この分野についてほとんど知らないが、面白い歴史読み物を探しているタイプをターゲットにするといえばいいのではないか、という観点から本書は展開されます。

　そのような認識の下に、本書では、著者が専門とする情報史学という立場から、冷戦終結以前、スパイがスパイらしかった時代を中心に情報機関、端的に言えば、スパイが果たした役割を、具体的場面を再現しつつ、一回読みきりの手法で明らかにするものです。世界の歴史を動かした事柄の背後には、陰謀、スパイの活動が有機的に結びついております。情報を制するものが世界を制するものだということはいくら強調してもしすぎることはありません。

　本書では、とくにナチスドイツとソヴィエト・ロシアを類書以上にページをさいております。すなわち、ロシア革命以前の共産主義とインテリジェンスの関わりから、ソヴィエト・ロシア内部での情報機構、チェカーを嚆矢とする公安機関、国際政治組織でもあったコミンテルン、そして赤軍情報部を紹介しております。第一次大戦から第二次大戦にかけての時期、共産主義が急速に世界中に広まった原因の一端がこうした情報機関の活動から垣間見られるのではないでしょうか。現実のほうがフィクションより面白い！　華麗で残酷なスパイの世界へようこそ。

　ぜひとも一読されまして、広く読者にお勧めいただけますよう、書評など賜れば、これにすぐる喜びはございません。なにとぞ、よろしくお願いいたします。

敬具

二〇〇九年二月

洋泉社書籍編集部

小川哲生　拝

吉本隆明著『源氏物語論』

拝啓

このたび、「洋泉社・新書MC」三月新刊として、吉本隆明著『源氏物語論』刊行のはこびとなりましたので、早速、お届けいたします。

本書の元版は一九八二年十月に大和書房から刊行されたものですが、実を申せば、この著作は、私が大和書房時代に手がけたものであります。長い間、別れていた子どもに約二十年ぶりに会ったが気分がします。

昨年二〇〇八年は『源氏物語』千年紀といわれ、それに関連して各種の行事や各種の本が刊行されましたが、私どもが敢えてその記念すべき年ではなく、それが終わった段階で刊行するのは、単に私がへそ曲がりというばかりではありません。

安易にブームに乗るのを潔よしとしなかったのは当然ですが、それればかりではありません。売れるならば、ひとつの方向に雪崩を打つ安易で迎合的な現在の出版界へのひとつのアンチとして、自分たちを位置づけることを考えたからであります。

この作品は、そうした姿勢を示すには恰好の作品でもあるからです。現在のお祭り騒ぎとは無縁のところで、すでに二十年前に『源氏物語』の作者の内奥の作業にまで立ち入ったことを思うとき、千年紀をあえてはずして刊行することが必要と考えた次第です。

発売以来数度の版を重ねましたが、現在は品切れ・絶版となり、入手が困難になってきました。初版担当者としては、ぜひとも復刊しなければと、気がかりにしてきた一冊であります。

著者の問題意識は鮮明です。『源氏物語』の作者および作品を深層で統御しているのは何かを探ることです。

著者は、『源氏物語』を論ずることは、ひとつの特定の物語、特定の作品を論ずることではなく、作品そのもので物語、文学を論ずることだときっぱりと言い切っております。

作品をつらぬく無意識としての〈自然〉、霊威＝物の怪に対する人々のありよう、また歴史物語『大鏡』や『栄花物語』とのトポロジカルな同型性に着目し、作品の構造と深層を浮き彫りにします。

当代髄一の古典論の妙手ならではの読みで、『源氏物語』をひとつの小説作品として自由に読み解く、通説を超える創見と洞察に満ちた本書は、決して古びることなく、現在こそ読まれるべき古典論の傑作と申しても過言ではありません。

最後に本書の目次を掲げておきます。
第Ⅰ部「母系論」
第Ⅱ部「異和論」
第Ⅲ部「厭離論」
第Ⅳ部「環界論」
本書の解説で、詩人の藤井貞和氏は、吉本『源氏』論を「暗い、沈鬱な水を覗き込むような論だ」と指摘しております。まさに的確な評であり、本質を見抜く人の言と申せましょう。ぜひとも本書を一読されまして、ひろく読者への導きとなりますよう書評などで取り上げていただけますように切に望む次第です。なにとぞよろしくお願い申し上げます。

敬具

二〇〇九年三月

洋泉社書籍編集部
小川哲生　拝

浜井浩一編著『家族内殺人』

拝啓

このたび、洋泉社「新書y」六月新刊の一冊として、浜井浩一編著『家族内殺人』刊行のはこびとなりましたので、早速、お届けいたします。

一般に考えられるのとは違って、殺人事件は、通り魔や事件に巻き込まれるよりも、親族によって行われるのは、専門家からすれば当然のことではありますが、意外と知られていないことであります。

昨今のマスコミをにぎわす親の子殺し、子の親殺しなどが急に増えたかのような印象を与えておりますが、そうではなく、一貫して、殺人事件に占める親族、もっと言えば、家族間における殺人が過半数以上占めることは、強調してもしすぎることはありません。確かに割合については、家族殺そのものの割合も実数もやや増加しているが、殺人全体が減っているせいであります。

日本の殺人事件の検挙率が高いのも、第一発見者が疑われるのも、日本においては最も一般的な殺人の形態だからです。その中で、子どもの親殺しは、子どもが未成年の場合、少年法の壁があり、また未成年者が、発達障害などが考えられる場合、マスコミも及び腰になり、報道されることが少なくなります。

それでは、一方で、親の子殺しは、どうなのでしょうか。親の子殺しがマスコミに大々的に取り上げられたのは、昭和五十二年の開成高校生息子殺人事件が思いだされますが、マスコミに報道されない限り、事件がなかったということではありません。底流には、数多くの事件があります。

コインロッカーベイビーで有名になった嬰児殺（これは経済的・文化的な問題が背景にある）、支配的な親から（閉塞・孤立的家族関係）の子どもの自立型（暴発型）殺人、奈良、板橋などの事件が典型的であります。

トルストイが言うように、幸福な家庭はどこも同じだけれど不幸な家庭はそれぞれに不幸である、ということを思い出さざるを得ません。

統計的に傾向性をみることと同時にそのひとつひとつのケースを見ながら、いま日本の家族が抱える問題が親の子殺し、子の親殺しを通して見えてくるのではないかと考えます。このテーマは、ともすると、保守的な歴史・伝統志向の人たちから、「不安をあおる意味もあり、「日本の家族の崩壊」や「家庭内モラルの低下」、「愛情の欠如」などに結び付けられやすいため、きちんと実態を示しておくことが重要であります。基本的には、家族殺は、形態としては、法的にも、個人の尊厳という観点に立てば、他殺であるが、心理学的には自殺に近いともいえるのではないか。

研究者と実務者の研究会である「犯罪統計研究会」（代表＝浜井浩一）が、この家族内殺人をめぐって、各種統計の整理、新聞等による事件の整理、公表可能な資料による事例、諸外国や先行研究の整理で「家族内殺人」を多角的に解き明かすのが本書であります。

本書の基本的姿勢は次の言葉に端的に示されます。

家族内殺人は激発していない！　それは昔からあるし、むしろ減少している。日本の伝統的家族の崩壊というシナリオでは現在の家族内殺人の実像は読み解けない。

ぜひとも本書を一読していただき、日本の家族崩壊が進んだ結果、家族内殺人が頻発するとんでもない時代になったというような短絡思考に警鐘をならし、ひろく読者への導きの書として書評などに取り上げていただければ幸いです。なにとぞよろしくお願いいたします。

敬具

二〇〇九年六月

洋泉社書籍編集部

小川哲生　拝

勢古浩爾著『大和よ武蔵よ――吉田満と渡辺清』

拝啓

　このたび、洋泉社七月の単行本新刊の一冊として、勢古浩爾著『大和よ武蔵よ――吉田満と渡辺清』刊行のはこびとなりましたので、早速、お届けいたします。

　本書は、戦艦大和の電測士官だった吉田満と、戦艦武蔵の二等兵曹だった渡辺清の生涯を描こうとするものです。吉田満と渡辺清は一度だけ対談をしていますが、それ以外にほとんど接点はありません。生き方も考え方もちがう。なのに、あえてこのふたりの生と死を交叉させたのは、そこにおなじひとつの魂を見るからであります。生き残ったものの責務を、降ろそうにも降ろせない重い荷物を、生涯、誠実に背負いつづけた魂です。

　そして、その重い荷物を背負わせたのは、疑いもなく大和と武蔵の死です。

　一方は電設会社社長の子として東京青山に生まれ、東京府立第四中学校、東京高等学校を経て、東京帝国大学法学部を卒業した。学徒兵となり、二十一歳で海軍少尉に任官。戦艦大和に副電測士として搭乗した。復員直後に、わずか一日で一気に書き上げられた戦艦大和の戦没に関する覚書は、のちに荘重な叙事詩『戦艦大和ノ最期』に結実した。同書は戦記文学の名作と目され、吉田満の盛名は上がった。復員した年、日本銀行に入行し、のちにキリスト教に入信した。

　もう一方は、静岡県の貧農の二男として生まれた。純粋無垢な軍国少年だった。尋常高等小学校を卒業するや、十六歳で憧れの海軍少年兵に志願入隊し、数々の海戦に参加したのち、戦艦武蔵乗組員となった。復員後、闘病で入退院を繰り返しながら、苦学して大学に進み、教職を得た。やがてわだつみ会に入会し、四十六歳のときに凄絶無比の『戦艦武蔵の最期』を著した。吉田満の戦後が、ある意味で信仰者としての生であったとするなら、渡辺清の戦後は天皇批判者としての生であった、と考えます。

　私どもはつぎのように問いを立てます。

　生涯を通じて戦友たちの死を二十歳の学徒士官と十六歳の志願少年兵はなぜ背負い続けたのか？　と。

　吉田満と渡辺清はひとつの卓越した人間像を結び、共に重なり合うように思われます。その出会う地点とは、無類の人間的なやさしさによって、重い荷物を背負い続けることの責任という一点です。大和も武蔵も沈んだ。大和二四九八名、武蔵一〇二三名も海底深く沈んだのです。吉田満と渡辺清はその、ものいわぬ仲間たちの声と魂を背負いつづけたのです。戦後、それぞれの道で背負いつづけた吉田満と渡辺清の魂を、今度はだれが背負うのだろうか。その魂のつぶやきに耳を澄まして、ぜひ聴いてみたい。そう考えます。

正しく死ぬためにはその前提として正しく生きなければならない。そう願い、そのように生きた日本人がいた。このことを忘れたくはありません。

本書の主人公は、この二人であり、戦艦大和であり、戦艦武蔵であり、もの言わぬ戦死者たちであります。戦後六十四年目の彼らへの鎮魂の書として刊行するものです。

ぜひとも本書を一読していただき、あの戦争とはなんだったのか？　日本と日本人が生きることとの意味を根底から問い直す一助として、ひろく読者への導きの書として書評などに取り上げていただければ幸いです。なにとぞよろしくお願いいたします。

敬具

二〇〇九年七月

洋泉社書籍編集部
小川哲生　拝

小浜逸郎著『癒しとしての死の哲学』

拝啓

このたび、洋泉社「新書MC」七月新刊の一冊として、小浜逸郎著『癒しとしての死の哲学』刊行のはこびとなりましたので、早速、お届けいたします。

本書の元版は、一九九六年十一月に王国社から刊行されたものです。刊行されるや、竹田青嗣氏の朝日新聞書評もあいまって、版を重ねましたが、現在では、小出版社からの刊行でもあり、書店ではほとんど見ることがなくなりました。

本来ならば、心ある版元ならば文庫版として刊行されているべきものでありますが、編集者の怠慢なのか、大部数が確保されない本は一顧だにされないゆえか、奇跡的にも残っていたという僥倖で小社からの刊行となります。

本書は、今日的な生＝死とは何かを哲学するための本であります。そのことを著者は端的に次のように述べます。

《この本では、医療という枠組みのなかに発生する死の問題を哲学的な死の考察に結びつけるという、これまであまりなされてこなかった方法を用いている。私たちひとりひとりが、近代の申し子のような「医療」というパラダイムからどれくらい自由に「私たちの死」のイメージを構成できるかというのが、私の死の言説に手を染める主たるモチーフのひとつだったからである》と。

氏の強みである、日常の何気ない事象および事件、社会的なホットな話題となった事柄を本質的に繰り込んで、哲学する姿勢がもっとも鮮明にでており、記憶されるべき本として、今でも注目される本であることは間違いありません。

とくに現在、国会で審議されようとしている――衆議院では可決され参議院で審議に入ろうとしております――「脳死」をもって人間の死と見做し、子どもの臓器をも移植の提供者にすべきという案でありますが、善意にたてば、なにごとも許されるべきだ、たとえ、それが哲学的に整合性を欠いてもという法案がだされるという時代においては、本書が刊行された一九九六年とどれほど物事が突き詰められてきたかを問うと同時にそれほど問題が深化されなかったことを示す、いうなれば本書が古びず、現在でも、本書の意義があることをおのずとあきらかにするものです。

また現在の哲学なき時代、あまりにプラグマティックに死をとらえる時代なればこそ、現在の国会の対応などは、まさにレーニンのいう、「善意」の道は一直線に地獄に通じるということを、想起させることをひと言付け加えさせていただきましょう。

その意味で、死との新しい付き合い方を考えるための、救済の哲学の誕生を告げる本であることは、刊行後十三年たってもほとんどかわりません。

もっとも今日的な生とは、死とは何か。脳死とガン告知を手がかりに、死との新しい付き合い方を問いかけます。自らの生が有限であるという認識をいかに徹底的に深めるか、そのためには「死」にたいしてどのような哲学的とらえ方をすればいいのか。「死についての説得力のある物語」が共有されなくなった時代に新しい生と死の物語を展望する。いうなれば、医療における死の問題を哲学的な死の考察にむすびつける情理を兼ね備えた試みとして、本書は記憶さるべき本と私どもは考えます。

ぜひとも一読されまして、広く読者にお薦めくださいますよう書評などで取り上げていただければ、これにすぐる喜びはありません。なにとぞよろしくお願い申し上げます。

敬具

二〇〇九年七月

洋泉社第二書籍編集部
小川哲生 拝

山崎佑次著『李朝白磁のふるさとを歩く』

拝啓

このたび、山崎佑次著『李朝白磁のふるさとを歩く』刊行のはこびとなりましたので、早速、お届けさせていただきます。

著者の山崎佑次氏は、一九四二年生まれの骨董商です。その前身は、岩波映画、大島渚プロダクションを経て、大阪にて株式会社サンクラフトを設立。テレビ番組、ビデオソフトを制作。『西岡常一社寺建築講座』『瀬戸内寂聴雪月荘』などを制作してきた映像作家でありますが、還暦後に会社を倒産させ、その後の自分を見つめるために、本書を物したものです。いうなれば、追憶と自己確認の旅が本書に当たります。

その意味で、本書は、単なる紀行文というよりも、著者自身の言葉によると、《それはあの烈しかった時代への追慕であるとともに、「これが韓国だということを忘れないでほしい」とのメッセージを自分のものとする旅でもある》ことを感じさせるものであります。

「白い肌だが純白ではなく、ほんのりと青味を秘めていた」白磁丸壺との出会いが著者を「李朝白磁のふるさと」に駆り立て、このような一書を物させたことを納得させる内容であります。

十六世紀の壬申倭乱（日本では文禄の役）以降、多くの陶工が日本に連行されたことも、白磁を語る際には、欠かせないことでありますが、その歴史的事象も書かれており、著者は、司馬遼太郎の『街道をゆく』を意識して書いている節があります。

ただ、司馬遼太郎は鳥瞰的というか俯瞰的な記述であるのに比して、著者の目線は、地べたにはいつくばる趣があります。それは著者が、還暦後に会社を倒産させ、食うために露天骨董屋になったいきさつが反映しているからでもあります。

会社社長時代に、コレクターとして李朝白磁を求めていましたが、商売人としての目をよりも、自分を立ち直らせた、この「李朝白磁」がいかなる事情で発展していったかを、現在は埋もれてしまった窯址を訪ねあるき、欠片を拾い集めながら、眺め、手に取り、李朝時代の陶工への思いと現在の自分をかさねながら辿る、そのさまは、まさに「自己発見の旅」といってもいいのではないでしょうか。

白磁の色が、時代が下るにつれてより白色に近かずいていくことを、実際に窯址を訪ね、その欠片を色から分析する箇所がありますが、その分析は、単なるコレクターの域を超えて、専門家の域に達しております、と申しても過言ではないでしょう。

そのためカラー写真は重要なポイントとなると考え、その欠片までふんだんにカラー写真を掲載したことは、李朝白磁ファンには堪えられない内容となっていると私どもは考えております。

著者が言うように、「人は一足飛びに歴史を超えることはできないが、文化に触れて目が洗われることはある」ことの、実際の経験が、まさに白磁丸壺だったことは疑うことのない真実であります。

ぜひとも本書を一読されまして、李朝白磁に魅了された男の生きざまと還暦以降の会社倒産にも負けず、リベンジする男の人生の見本として読んでいただき、広く多くの読者にむけて本書を勧めていただけるような書評などいただければ幸いです。なにとぞよろしくお願いいたします。

敬具

二〇〇九年八月

洋泉社第二書籍編集部
小川哲生　拝

石牟礼道子著『西南役伝説』

拝啓

このたび、洋泉社・新書ＭＣ、九月新刊として石牟礼道子著『西南役伝説』刊行のはこびとなりましたので、早速、お届けいたします。

本書は、一九八〇年朝日新聞社から単行本として、刊行され、その後、朝日選書の一冊として収録されましたが、現在は品切れであります。

著者の石牟礼道子氏は、『苦海浄土』でつとに有名でありますが、水俣と水俣病の患者さんたちの世界に触れる数多くの作品が、村と近代へ、その終わりから遡行する試みであるとすれば、本書はそれを始まりから凝視しようとする試みであります。

ノンフィクション作家の佐野眞一氏は、ノンフィクションの名作１００篇を選ぶ際に、『苦海浄土』をさし措いて『西南役伝説』を第一に推しておりますが（『現代プレミアム・ノンフィクションと教養』二〇〇九年五月・講談社）、これは渡辺京二氏も本書の解説で触れておりますように、まさに佐野氏の見識というべきであり、日本民衆の近代経験の叙述という点で、『西南役伝説』は『苦海浄土』に劣らぬ評価を受けてしかるべきでしょう。

「目に一丁字もない人間が、この世をどうみているのか」。語り伝え、聞き伝えのなかに姿を現す西南役は、「世の中の開くる始め」であったと同時に、それ以後、日清、日露、満州事変、日中戦争と続く、いくさの始めでもありました。「天下さま」と入れ替わった「天皇さま」といっても、どんなお人かさっぱり分からず、「日本国」というのはどういう国やら知らない村人にとって、西南役は、薩軍や官軍が村を通過し、ときには男手が兵隊にとられて船に乗せられて曳かれていった「実地」の「近代」の経験だったのです。

明治十年の戦いに庶民はどのように関わり、どう受けとめたのか——。

本書は、西南戦争の舞台となった九州の北薩摩、天草、小国、九重などの現地に古老を訪ね、古老の語りを通して近代百年をさかのぼり庶民の世界を生きいきと再現する貴重な証言であり、著者の原点とでもいうべき作品であります。長く記憶にとどめられるべき作品と確信しております。

ぜひとも一読されまして、ひろく読者にむけてお薦めくださいますよう書評などいただければ、これにすぐる喜びはありません。なにとぞよろしくご配慮のほどお願い申し上げる次第です。

敬具

二〇〇九年九月

洋泉社書籍編集部
小川哲生 拝

鈴木淳史著『背徳のクラシック・ガイド』

拝啓

このたび、洋泉社・新書yの十月の新刊として、鈴木淳史著『背徳のクラシック・ガイド』を刊行いたしましたので、早速、お届けします。

著者の鈴木淳史氏は洋泉社・新書yの創刊以来、ほぼ毎年一冊のペースで主にクラシック音楽関連の著書を書き下ろしてまいりました。

その既成のクラシック音楽についての言説に真っ向から異を唱える独自のスタンスと、強い批評精神に貫かれながらも軽妙な文体によって、もっとも注目される音楽評論家のひとりにまで成長してきました。

今回の『背徳のクラシック・ガイド』は、著者の個人的な体験と音楽の「出会いが紡ぎだす物語」が語られた前著『愛と妄想のクラシック』から一転、一癖も二癖もありすぎて一般にはあまり「人には勧められない」クラシック音楽の作品や演奏をガイドする、その名も『背徳のクラシック・ガイド』です。

とはいえ、「人には勧められない」というのはクラシック・

ファンの勝手な思い込みや優越感である、と鈴木はいいます（まえがき参照）。そうではなく、過剰な故に人に勧められないのであれば、その過剰さにこそクラシック音楽を聴く愉しみがあるのではないか、それをストレートに楽しんでみよう、というのがこの本のコンセプトです。

それはたとえば、その過剰さを認めなければ歴史的名盤の誉れ高きフルトヴェングラー／バイロイト祝祭劇場のベートーヴェンの第9も、ホロヴィッツのチャイコフスキーの協奏曲も名演奏たり得ないという事実からクラシック音楽を見直してみよう、ということでもあります。

そんな歴史的名盤から口笛によるフランクのヴァイオリン・ソナタやジャズ・ギター一本で挑む《春の祭典》のようなキワモノまで、「過剰」と「逸脱」の快楽を尽くしたクラシック音楽のカタチをガイドします。

名曲／名盤主義の対極にある、背徳の快楽、これこそこの本の醍醐味といえるでしょう。

ご一読のうえ、ぜひ貴社媒体においてご高評賜れば幸いに存じます。なにとぞよろしくお願いいたします。

敬具

二〇〇九年十月

洋泉社書籍編集部

小川哲生　拝

田川建三著『批判的主体の形成』

拝啓

このたび、洋泉社・新書MCの十一月新刊の一冊として、田川建三著『批判的主体の形成』刊行のはこびとなりましたので、早速、お届けいたします。

本書の元版は、一九七一年八月三十一日　三一書房から刊行されたものです。順調に版を重ね八刷までいきましたが、版元である三一書房のゴタゴタに紛れ、いまではまったく入手困難になっておりまして、読者の再版への要望が高い本であります。

本書は、著者が専門書以外の本ではじめて世に出した本で、この本が刊行されたときのインパクトはいまでもはっきりおぼえております。

私事を申せば、この本の初版が刊行されたときは、編集者になりたてのときで、次の本は、自分の手で出したいものと考え、著者に手紙を出したことを憶えております。その結果は、当シリーズの一冊目と四冊目にあたる『宗教とは何か』に結実することになります。

それはさておき、「宗教批判から現代批判へ」は著者が一貫してもっているもので、宗教批判を狭義の宗教批判として終わらせるのではなく、現代批判へと連なっていくことを意図したものであります。まさに著者の「原点」いうべき著作であります。

ここで、思い出したい言葉があります。それは、著者は処女作に向かって成熟するという言葉です。厳密に言えば、本書の元となる本は処女作ではありませんが、若年時から追い求めた姿が初発の姿として、ここにあります。この言葉は本書のためにこそあるといっても過言ではありません。

刊行年は古いのですが、そのテーマの関係上、内容は古びておりません。寡作である著者のファンにとっては必ず入手したい本であることは間違いありません。

本書の目指すものは端的に言えば、次のようになります。

キリスト教批判の現代的課題とは何か？　宗教批判をただの宗教だけの批判に終わらせず、宗教批判をあらゆる批判の前提にする作業には何が必要か？　著者の問題意識の根底にはいつもこの問いがはらまれております。われわれの思想的課題は、歴史的現実の中で、どのようにして批判的主体を形成していくべきかを問うことであります。三十九年の歳月を経ても古びず、現在の実り多き達成点を髣髴とさせる著者の「原点」いうべき書の待望の復刊と申せましょう。

だから、私どもは次のように言いたいと思います。

マルクスの『経哲草稿』をもじって言えば、日本において宗教批判は、実践的にも本質的にも終わっていない。宗教批判はあらゆる批判の前提である。若き新約聖書学者は第一評論集においてすでに現在を予見させている！　と。

今回の刊行に当たっては、わかり難いところは手直しし、当時の文で多少の解説を必要とするところは「註」として書き足しております。［増補改訂版］のゆえんです。

先に刊行した『宗教とは何か』上・下が、こちらが考えている以上に、値段がはるにもかかわらず、若い読者が手にとってくれるという望外の喜びがありましたが、前著と同様、ぜひとも若い読者向けに書評などいただければ幸いです。なにとぞよろしくお願い申し上げます。

敬具

二〇〇九年十一月

洋泉社書籍編集部
小川哲生　拝

三浦淳著『鯨とイルカの文化政治学』

拝啓

このたび、三浦淳著『鯨とイルカの文化政治学』刊行のはこびとなりましたので、早速、お届けいたします。

著者の三浦淳氏は、現在、新潟大学人文学部教授であり、専門はドイツ文学専攻の学徒であります。自身、若干の韜晦をこめて、「趣味」と申しておりますが、捕鯨問題、および欧米人の鯨＝イルカ観に関して一書をまとめる本書は、なかなかに「趣味」を超えて、すでに本格的な領域に達しており、現在の「鯨」問題に関してひとつの「水準」を示しております。外国文学を専攻するということは、なぜお前は外国の文物などを研究するのかという疑問と付き合うことでもあると著者と考えております。「なぜそれをお前はやるのか」という根本的な問い――思想の輸入業者には立てられない問いでもありますが――、その意味ではドイツ文学も捕鯨問題も、著者にとっては同じ次元であると断言しているところに、この著者の問題意識はあきらかであり、輸入業者ではない、著者の真骨頂があらわれております。

動物と人間の関係には、歴史的にみると興味深いところが多々あります。人間が動物をどう見るかは決して自明のことではありません。時代ごと地域ごとに一種のイデオロギーに支配されているからです。近年そうした研究が進んでおります。たとえば、ハリエット・リトヴォ『階級としての動物――ヴィクトリア時代の英国人と動物たち』は英国における動物たちのさまざまなランク付けの歴史をたどり、それが英国人の階級や差別意識、植民地主義とかかわりを持っていることをあきらかにしております。また、ボリア・サックス『ナチスと動物』は、ナチスが動物保護に関してきわめて先進的であり、それがユダヤ人を虐殺した彼らの世界観と矛盾するものでなかったという事情を解明しております。

本書では、鯨とイルカという動物を通して、現代人の心にひそむそうしたイデオロギーや偏見、価値観を明らかにしようとするものです。

なぜ著者がこうした分析を行うのか、端的に次のように述べております。

《一九八二年、国際捕鯨委員会（ＩＷＣ）は商業捕鯨の無期限モラトリアム（一時休止）を決定した。しかし、そこには、単に鯨資源が減少したからという客観的理由だけでは済まされない理由があった。資源量とは無関係に、鯨は捕獲してはならない特殊な動物、高度な知性を持つ動物、あるいは神聖な動物、とする見方が混じり合っていたのである。つまり、捕鯨問題とは、単に資源量やその科学的測定の問題ではなく、鯨という動物をめぐる世界観の問題であるわけだ。文化的な価値観とは無縁のはずの自然科学専門誌においてすら、鯨をめぐる価値観の相違が顕在化している。こうした問題に光を当て考察を加えるのは、人文系の学問に属する仕事である》と。

著者は、現在、新潟大学で教養科目「鯨とイルカの文化政治学」の講義を展開しております。本書は、それを基に新たに書き下ろしたものでありますが、本書によって、文化や国籍による鯨＝イルカ観の相違、そしてそこから見える人間のさまざまな観念や思想、政治性のあり方を明らかにするものであります。

本書のような問題意識にたった類書は寡聞にして知りません。きわめて意欲的な作品であると申しても過言ではありません。ぜひとも、本書を一読されまして、欧米中心の世界構造を根本から変化させるとは、どういうことかを考えていただければと存じます。本書の意味を広く読者に伝えていただけるような書評などいただければ、これにすぐる喜びはありません。なにとぞよろしくお願いいたします。

敬具

二〇〇九年十二月

洋泉社書籍編集部
小川哲生　拝

2010

渡辺京二著『黒船前夜――ロシア・アイヌ・日本の三国志』

拝啓

このたび、渡辺京二著『黒船前夜――ロシア・アイヌ・日本の三国志』刊行のはこびとなりましたので、早速、お届けいたします。

名著『逝きし世の面影』からはや十余年。あらゆる分野の人から続編への要望が絶え間なく私どもに寄せられておりましたが、今回、ようやくその続編が刊行されることになりました。まさに満を持しての刊行となります。

著者の渡辺京二氏は一九三〇年生まれですから、現在、七十九歳になります。著者自身のことばを使わせていただければ、「まだ頭も手も使いものになると自信を新たにできた」というほどに、本書の出来栄えは期待に違わず、すばらしいものとなっております。

今回の本は、時代は前著より一〇〇年ほど遡っております。日本は十六世紀半ばから十七世紀半ばにいたるおよそ百年間、ヨーロッパ文明との最初の接触を経験しました。これをヨーロッパとのファースト・コンタクトと呼ぶとしますと、鎖国という中断を経てやがてセカンド・コンタクトへ到るのは時の必然というものだったことになります。

鎖国というセカンド・コンタクトを省みるとき、もっぱら一八五三年のペリー来航に焦点が合わされるのは再考を要するのではないでしょうか。それはひとつの画期ではあっても、セカンド・コンタクトそのものの開始を告げるわけではなく、それを求めるならば時ははるかに早い安永・天明年間、場所は北方の蝦夷地に求めねばならない、と著者は考えます。

ですから、本書は「黒船前夜」に光を当てることになります。タイトルの由来です。

私たちはともすれば、西洋文明との接触を、海を越えてやってくる西洋人を迎える立場で物事をみてしまいがちですが、その遭遇の様相を手落ちなく叙述するには、海を越えて訪れる者たちの視点も必要と考えます。

ロシア人はどのようにして日本の北辺を騒がせるようになったのか。ロシアの東方進出史を知らずして、北方におけるセカンド・コンタクトの開始を世界的視点で捉えることはできません。

たとえば著者は次のように述べます。

《私が書く歴史は、エピソードから成り立っている。政治史や経済史ではない。それが人間の歴史だと思っている。外交の過程でも、政治史に出てこないような異文化との接触で生じる食い違いなどが重要だと思う。外交記録などの中から、あまり知られていない新鮮なエピソードを取り上げ『逝きし世の面影』の手法で書いていこうと思う》と。

そうです。本書でも、前著『逝きし世の面影』で、成功した視点と重なることは申すまでもありません。

異文化との接触で生じる食い違いなどエピソードに満ちた、これこそ人間の歴史といいたいものが本書なのです。渡辺史学の達成点を示す待望の書と申しても過言ではありません。

本書のもとになったものは、二〇〇八年七月十日から二〇〇九年九月二十四日まで熊本日々新聞夕刊に週一回連載され、六十三回を数えた「黒船前夜」を全面改稿し、かなり詳しい注を付してなったものであります。本書の装画に日本画家の中村賢治次画伯の絵を使用させていただいたことも特筆すべきことのひとつです。

なお、私事になりますが、一つ付け加えさせていただきたいことがあります。

本書は、私にとりまして、長年の編集者生活の最後を締めくくるものの一冊として、刊行するものであります。厳密にいえば、最後の本の二冊のうちの一冊ではありますが、若年時に渡辺京二さんの『評伝　宮崎滔天』を刊行させていただいた編集者として、自分のキャリアの終わりに尊敬すべき人とまたご一緒できたことは感慨深いものがあります。あえて触れさせていただきました。

最後に、これまでのご厚情に感謝しますとともに、今回も本書を書評などで取り上げていただけますよう、切にお願い申し上げる次第です。なにとぞよろしくお願いいたします。

敬具

二〇一〇年二月

洋泉社書籍編集部
小川哲生　拝

村瀬学著『「食べる」思想――人が食うもの・神が喰うもの』

拝啓

　このたび、三月の新刊単行本として、村瀬学著『「食べる」思想――人が食うもの・神が喰うもの』刊行のはこびとなりましたので、早速、お届けいたします。

　本来ならば、本書は、渡辺京二さんの『黒船前夜』と同時発売を予定していましたが、刊行がすこし遅れましたが、なんとかわたしの現役最後の本に間に合ったのは、本当に幸運なことであります。いささか個人的なことに属しますが、本年三月をもって、編集者稼業を店じまいすると、一年前に決め、最後の本と決めていたものが、実は、この二冊だったのです。わたしの退職というタイムリミットがあるにもかかわらず、多忙な時間を脱稿・刊行に協働していただき、あまつさえ、それをわたしに捧げていただきました村瀬学さんには心から感謝いたします。

　いささか、センチメンタルな書き出しになりましたが、私の編集者最後の本ということでお許し願います。

　今回の本は、人を食ったタイトルになりますが、『「食べる」思想』です。

　哲学では、しきりに「われ思う、ゆえにわれあり」を教えてきましたが、そのわれが「思う」間にも何かを食べていなければなりません。つまり「われ食べる、ゆえにわれあり」があるにもかかわらず、そのことについて哲学はしっかりと教えてくれてはこなかったことがあります。

　このところに目を向ける村瀬学という企画はじまりました。というところからこの企画ははじまりました。

　当然、人の命は大事であり、動物の命も大事だ、ということになると、そこで「食」の問題が見えなくなります。一つの命がそこにあるというのは、そこにたえず別の命が「食」として投入されているということがあるからです。命を大事にという裏には、必ずその命を支えるために他の命を「食う」ことの問題が出てきており、命と命の間には「食」というあり方が介在しているのであります。「食べる」思想が追求されねばならぬ所以です。

　近代哲学が意識の外においてきた、「食としての存在」が「私」という存在を根本で支えている意味を根源的に問うというのは、この「食べる」思想をさぐることです。

　たとえば、「解体」された究極の食べ物は「スープ」であります。「スープ」の怖いところは、「スープ」になってしまったものには、そこに何が入っているのか誰にもわからないというところがあります。「カリバリスム」に関心を示す人たちの関心は、人間の姿をしているものを食べる情景のおぞましさにあります。ゴヤの人を喰う巨人の有名な絵のように。
しかし、本当に怖いのは、そういう情景ではありません。自分は人を食べたりしないといいながらも、スープになったものは、何が入っていても「美味しい」と食べてしまえるところがあります。映画『ハンニバル』でも、「かちかち山」でも「赤ずきん」でも「うまかった、うまかった」と食べる話であります。でも、これは「カニバリスム」の話ではありません。

著者は、人が人を食ってきた歴史をあたかも、人の歴史のように拾い出して、おもしろがる感性ほど嫌なものはないと言い、「カニバリスム」論批判の方に立つものとして自分を位置づけながら、「人を食べる」話をテーマに持つことでは、「カニバリスム」論者と自分は畢竟、同じことをしようとしているところがあると、考えます。そこが「問題」だった、と。

その難題を解くためには《「人が食べる過程」と「神が喰べる過程」の両方をしっかりとつき合わせる大きな発想が必要だった。そしてその発想をくりかえし検証する中で、この二つの過程が「逆さまの形」で相関する総体が思い描けるようになってきた。そのときに、えらく大変なものを手にいれているという感じがしていた。》と述べております。

そうです。ここにこそこの著者の存在感がしめされるのです。「人が食うもの」と「神が喰うもの」という二つの過程が「逆さまの形」で相関するということが、はじめて指摘されたということが本書の意味があるところです。

その意味で、本書は、自分の編集者というキャリアの最後を飾るにふさわしい本として感慨深いものがあります。

ぜひとも今回も書評などで取り上げていただけますよう切にお願い申し上げる次第です。なにとぞよろしくお願いいたします。

最後に長年のご厚情に感謝して筆をおかさせていただきます。いつかどこかで会える日がございますように。

本当にありがとうございました。

敬具

二〇一〇年三月

洋泉社書籍編集部

小川哲生　拝

吉原公一郎『墜落――日航機羽田沖墜落事故の真相』
吉本隆明著『源氏物語論』
菅谷規矩雄著『近代詩十章』
M・フェルデンクライス著　安井武訳『フェルデンクライス身体訓練法』

1983年
村瀬学著『理解のおくれの本質――子ども論と宇宙論の間で』
スーザン・E・ヒントン著　清水眞砂子訳『アウトサイダーズ』
小澤俊夫著『昔ばなしとは何か』
岡崎満義著『長島茂雄はユニフォームを着たターザンである』
中村征子著『子どもの成長と絵本』
スーザン・E・ヒントン著　掛川恭子訳『さよなら、金色のライオン』
吉本隆明著『増補 戦後詩史論』
鈴木明著『ジャン・ギャバンと呼ばれた男』

1984年
田川建三著『宗教とは何か』
渡辺茂男著『すばらしいとき――絵本との出会い』
松居直著『絵本の時代に』
兵頭正俊著『ゴルゴダのことば狩り――喩体の方法』
清水眞砂子著『子どもの本の現在』
井出耕也著『ゲーム』
村瀬学著『子ども体験』

1985年
上田由美子著『子どもの本のかけ橋』
河内朗著『ヒロシマの空に開いた落下傘』
秋山さと子著『子どもの情景』
村瀬学著・長新太・絵『小さくなあれ』
高橋正嘉著『36歳のグリーンボーイ江夏豊――大リーグ挑戦の六十六日』
吉本隆明著『重層的な非決定へ』
佐藤通雅著『日本児童文学の成立・序説』
小浜逸郎著『学校の現象学のために』

1986年
高橋康雄著『不思議の国の子どもたち』
工藤美代子著『女が複眼になるとき――体験的カナディアン・ライフ』
江藤慎一著　構成＝永谷脩『野球は根性やない』
芹沢俊介・村瀬学・清水眞砂子・最首悟・小浜逸郎・共著『家族の現在』
松居友著『わたしの絵本体験』
芹沢俊介・玉木明・藤村厚夫編著『思想としての風俗』
吉本隆明著『吉本隆明全集撰　1　全詩撰』
村瀬学著『新しいキルケゴール――多者あるいは複数自己の理論を求めて』
吉本隆明著『吉本隆明全集撰　3　政治思想』

1987年
本田和子著『子どもという主題』
吉本隆明著『吉本隆明全集撰　4　思想家』
小浜逸郎著『方法としての子ども』
吉本隆明著『吉本隆明全集撰　6　古典』
吉本隆明著『吉本隆明全集撰　5　宗教』

1988年
村瀬学著『「人間失格」の発見――倫理と論理のはざまから』
吉本隆明著『吉本隆明全集撰　7　イメージ論』
松居友著『昔話の死と誕生』
吉田裕著『幻想生成論――吉本隆明三部作解読の試み』
松本孝幸著『やわらかな未知のものがたり――現代〈表現〉論』
丹羽一彦著『現象としての〈現在〉』
小浜逸郎著『可能性としての家族』

1989年
吉本隆明・菅谷規矩雄・村瀬学・鈴木貞美・長野隆『吉本隆明［太宰治］を語る――シンポジウム津軽・弘前'88の記録』
村瀬学著『未形の子どもへ――人生四苦八苦から』
高橋康雄著『ドストエフスキーの天使たち』
小浜逸郎著『男がさばくアグネス論争』
村瀬学著『「銀河鉄道の夜」とは何か』
芹沢俊介著『現代〈子ども〉暴力論』
由紀草一・夏木智共著『学校の現在』
丹羽一彦著『現代思想のフロンティア』
松岡祥男著『アジアの終焉――吉本隆明と吉本ばななのあいだ』

1990年
大和岩雄著『人麻呂の実像』
米沢慧著『事件としての住居』
小山俊樹著『知床スキャンダル――知らされていない自然保護運動の光と影』

資料篇（大和書房時代に企画編集した書名目録）

1971年

菅孝行著『劇的空間のかなたへ――演劇における近代の死とは何か？』

森崎和江著『異族の原基』

1972年

甲田寿彦著『わが存在の底点から――富士公害と私』

1973年

石牟礼道子著『流民の都』

上野英信著『骨を嚙む』

菅孝行著『騒乱のフォークロア――方法としての民衆』

中村宏著『呪物記』

1974年

森崎和江著『奈落の神々――炭坑労働精神史』

宮田登著『原初的思考――白のフォークロア』

谷川健一著『原風土の相貌』

1975年

谷川健一著『古代史ノオト』

菅谷規矩雄著『詩的リズム――音数律に関するノート』

松永伍一著『鮮烈なる黄昏』

1976年

河野信子著『シモーヌ・ヴェーユと現代――究極の対原理』

渡辺京二著『評伝 宮崎滔天』

滝沢誠著『評伝 内田良平』

松本健一著『評伝 北一輝』

菅谷規矩雄著『国家 自然 言語』

1977年

村上信彦著『高群逸枝と柳田国男――婚制の問題を中心に』

色川大吉著『歴史の方法』

森崎和江著『ふるさと幻想』

1978年

菅谷規矩雄著『詩的リズム・続編――音数律に関するノート』

橋本真理著『螺旋と沈黙』

新川明著『新南島風土記』

吉本隆明著『戦後詩史論』

1979年

上野英信著『火を掘る日日』

色川大吉責任編集『三多摩自由民権史料集　上・下』

色川大吉編・校訂・解説『大矢正夫自徐伝』

菅谷規矩雄著『萩原朔太郎１９１４』

伊藤貞彦著『どこに生きる根をおくか』

阪谷芳直編『中江丑吉という人――その生活と思想と学問』

1980年

森崎和江著『ミシンの引き出し』

末松太平著『軍隊と戦後のなかで――「私の昭和史」拾遺』

秋山清著『やさしき人々――大正テロリストの生と死』

安間清著『柳田國男の手紙――ニソの杜民俗誌』

色川大吉著『流転の民権家――村野常衛門伝』

菅谷規矩雄著『宮沢賢治序説』

村上信彦著『近代史のおんな』

1981年

色川大吉著『書物という鏡』

中本信幸著『チェーホフのなかの日本』

村瀬学著『初期心的現象の世界――理解のおくれの本質を考える』

菅孝行著『日本の思想家［近代篇］』

色川大吉著『矩形の銃眼――民衆史の視角』

森崎和江著『髪を洗う日』

1982年

阪谷芳直著『ある戦中派「市民」の戦後』

河野信子著『近代女性精神史』

中川李枝子著『本・子ども・絵本』

編集後記

小川さんの口癖に「今度のはちょっといいですよ」というのがある。「ちょっと」というのは、小川さんのひそかな誉め言葉だった。ときどき、今手がけている本のことで、「この人、新人なんだけど、ちょっといいですよ」と言われることがあって、そのときはいつもその人の本をはやく読んでみたいものだと思ったものだった。

私は京都を離れることがなかったので、小川さんと話ができるのは、ほとんどが電話だった。一杯飲んで議論をするということもできなかった者なので、ほんとうならもっと身近で小川さんとお付き合いをされた方々に、この編集後記で語っていただくのがいいのかもしれないが、そこはお許しいただくとして、それでも、電話口を通してにしろ、私なりに「ちょっと」だけ垣間見た小川さんの心の片隅のことをここで書かせていただくことにする。

とくに深く心に残っているのは、次のようなことだ。それは小川さんが無名の書き手に、出版の依頼をすることを意図的にされてきたということについてである。それは編集者の目利きというか、鑑定力、判断力が試される危険な賭けであった。たいていの出版社や編集者は、できるだけ名の通った書き手に書いてもらいたいと思うものだ。売れることがわかっているものを作りたい。もちろん小川さんもそうである。売れる本をつくらないといけない。会社の企画会議の要望もある。しかし、そんな中で、小川さんは無名の新人へのアプローチも意図的にされてきた。誰かが新人発掘をしてゆかないといけないのだから、自分がするということだったのか。しかし、話はここからなのだ。小川さんの目利きは当たってしまうわけで、新人は、本が売れると名が知られてしまう。すると、その知られることになった新人にはさっそく、他の出版社から、あるいは他の編集者からお声がかかる。そして、その出版社から本が出る。

小川さんからすると、そこに釈然としないものが残る。自分は売れるかどうかわからない新人を、ある意味では自分の鼠を賭けるようにして選択して、社内の企画会議を乗り切り、出版まで持ち込む、という努力をするわけで、それは大変な苦労を伴うものであった。ところが、そういう苦労をしない他社や編集者が、売れ始めた著者に声を掛けるだけで本をつくれるというところを見てしまうと、小川さんとしては面白くない。そしてそれがいつも小川さんの悩みの種になっていたと私は思う。もちろん小川さんも、そんなふうにいってもしょうがないことはわかっておられるわけで、わかった上で、それでも自分がいつも「損な立ち回り」をしていることは、思わずにはいられなかったのだと思う。その無念の思いが電話口からふと聞こえてきそうだった。もちろんいまでも、です。

　ところで小川さんの編集された味わい深い本の一つに吉本隆明『追悼私記』がある。そのなかに「岩淵五郎――現存するもっとも優れた大衆が死んだ」という文章がある。よく知られた文章である。今回読み直してみて、小川さんとかぶるところがあるなあと改めて感じたので、そのことをここで書いておきたい。それはつぎのような文章である。

「そうするうちに、この自己について語りたがらない人物が、どこかでいつか〈放棄〉したにちがいない生の構造がおぼろげながらわかるようになった。岩淵五郎は、どんな理由で、なぜそうしたかは知らないが、過去のある時期にじぶんの人生を棄てたにちがいない。」

　小川さんに、今回書評集のようなものを出したいと申し入れをしたときに、自分の書いたものをまとめるなんてことは考えたこともないと言われて固辞された。この時に、小川さんの頭の中には、大和書房から、ＪＩＣＣ出版局、宝島社、洋泉社、と仕事場を変わってこられた過程が、走馬燈のようにあったと思う。思い出したくもない、過ぎたことだと心の中で切り捨てられていることがあったかも知れない。そこに私は勝手に小川さんの「放棄の意志」を感じていたような気がする。「放棄の意志」といっても編集者としての仕事を放棄するというようなそんな野暮な話ではない。むしろ「放棄の意志」を秘められてからの仕事には、他の人にはまねのできないものがたくさんあったのではないか。ではその「放棄の意志」はいつ頃生まれていたのか。

　私は、あつかましくも大和書房時代からの経過を、まえがきにでもいいですから、どこかで書いてくださいと申し入れはしたが、それはしないときっぱりと言われた。できないと言われたのではなく「しない」と言われた。それがきっと「放棄の意志」に関わっていたのだと思う。会社や業界を「放棄」する、でも「毒舌」は封印しない、しかし「仕事」はする、「給料」はもらう、そして「カミさんは大事にする」・・・。これらがセットになって私たちのよく知っている「小川哲生」があったと私は思う。そんな小川さんの努力で日本の思想界に開かれていった地平がどれだけあったことか。この冊子を読まれた方は、口には出されないでしょうけれど、改めてその「編集者の重み」を感じられることと思います。小川さん、本当に長い間闘ってくださってありがとうございました。でもこれで終わりではありませぬ。これで「終わり」にせぬためにこの小冊子を作ったのですから、しばらくゆっくり休養をなさったら、またつぎの「小川哲生」をどうぞ立ち上げていってくださいな。

二〇一〇年三月

暖かな春の日に　　村瀬　学

付記

本書は、二〇一〇年三月に刊行した私家版『編集者＝小川哲生の本　わたしはこんな本を作ってきた』（編集・発行＝村瀬学）を内容はそのまま、付録に七人の論者による「小川哲生論」の小冊子を付して公刊するものである。私家版（非売品）ゆえに限られた人以外には、実際には手にとることができず、入手したいという要望に応えられなかったが、ようやく一般の読者の方にも入手が可能になった。

忙しいさなかに小冊子に原稿をよせていただいた渡辺京二さん、勢古浩爾さん、田川建三さん、河谷史夫さん、清水眞砂子さん、小浜逸郎さん、そして佐藤幹夫さん。オビの推薦文を書いていただいた吉本隆明さん。最初の私家版を刊行していただいた村瀬学さん。今回も装丁を引き受けていただいた菊地信義さん。そして刊行の労をとっていただいた言視舎の杉山尚次さんをはじめいろいろな方々のご好意なくしては公刊できませんでした。みなさまの友情に感謝するとともに公刊を喜びたいと思います。

さらに公刊のきっかけをつくっていただいた東京新聞コラム「大波小波」の〈白衣童子〉子。この記事がなければ、公刊に至らず私家版のままひっそりと消える運命でした。

そしてさいごに、わたしの拙い仕事に身銭をきって買っていただき読んでみようと思ってくださった方々に感謝のことばを申し上げます。

二〇一一年四月二十日

小川哲生　記

［著者紹介］

小川哲生（おがわ・てつお）

1946年宮城県生まれ。早稲田大学第一政治経済学部政治学科卒業。

1970年大和書房を皮切りに、1990年JICC出版局（現・宝島社）、1995年洋泉社を経て、2010年3月に40年来の社員書籍編集者生活を終える。この40年間に企画編集した書籍は400冊になる。

現在、フリー編集者。

共著に『吉本隆明に関する12章』（齋藤愼爾責任編集　洋泉社・新書y）、『渡辺京二コレクション』1・2（ちくま学芸文庫　編者・解題）。

本文組版……社会福祉法人 京都梅花園 あんびしゃ
付録DTP制作………勝澤節子

編集者＝小川哲生の本

わたしはこんな本を作ってきた

発行日❖2011年5月31日　初版第1刷

編者
村瀬学

著者
小川哲生

発行者
杉山尚次

発行所
株式会社言視舎
東京都千代田区富士見2-2-2 〒102-0071
電話03-3234-5997　FAX 03-3234-5957
http://www.s-pn.jp/

装丁者
菊地信義

印刷・製本
㈱厚徳社

ISBN978-4-905369-05-9 C0095

言視舎関連書

978-4-905369-01-1

うまく書きたい
あなたのための
文章のそうじ術

書く力は「捨てるテクニック」です。元新聞記者の著者が、プロの技術・現場の知恵を惜しげもなく公開。企画書、レポート、小論文……最短距離の表現が求められる時代に、徹底して削る技術。

片岡義博著　　四六判並製　定価1300円＋税

言視ブックス　978-4-905369-01-1

作家は教えてくれない小説のコツ
驚くほどきちんと書ける技術

読む人より書きたい人が多い時代に待望の基本技術書。作家先生はゼッタイに教えてくれない小説の基本を、文学賞下読み人が技術として丁寧に解説。賞のウラのウラまで知り尽くした著者が教える、だれも書かなかったノウハウ。

後木砂男著　　A５判並製　定価1500円＋税

シナリオ教室シリーズ　978-4-905369-03-5

１億人の超短編シナリオ実践添削教室

短歌・俳句感覚でシナリオを始めよう。600字書ければ、何でも書ける！どこを直せばもっと良くなるかを実例を挙げて手取り足取り指導。これをつかむと、どんなシナリオでもすらすら書けてしまうキーワードでの構成。

柏田道夫著　　2011年6月刊予定　A5判並製　定価1600円＋税

シナリオ教室シリーズ　978-4-905369-02-8

いきなりドラマを面白くするシナリオ錬金術
ちょっとのコツでスラスラ書ける
33のテクニック

なかなかシナリオが面白くならない……才能がない？そんなことはありません、コツがちょっと足りないだけです。シナリオ・センターの人気講師がそのコツをずばり指導！ シナリオのコツ・技が見てわかるイラスト満載！

浅田直亮著　　2011年6月刊予定　A5判並製　定価1600円＋税